普通玉器 的鉴定与交易

赵春霞　著

山东美术出版社

图书在版编目（CIP）数据

普通玉器的鉴定与交易 / 赵春霞著. —济南：山东美术
出版社，2010.1

ISBN 978-7-5330-3068-1

I. 普... II. 赵... III. ①古玉器—鉴赏—中国②古玉器—
交易—中国 IV.K876.8 F768.7

中国版本图书馆CIP数据核字（2009）第211406号

策　　划： 王　恺
责任编辑： 徐　璐　王立生
装帧设计： 金迪云

出版发行： 山 东 美 术 出 版 社
　　　　　　济南市胜利大街39号（邮编：250001）
　　　　　　http://www.sdmspub.com
　　　　　　E-mail:sdmscbs@163.com
　　　　　　电话: (0531)82098268　传真: (0531)82066185
　　　　　　山东美术出版社发行部
　　　　　　济南市胜利大街39号（邮编：250001）
　　　　　　电话: (0531)86193019　86193028
印　　刷： 杭州富春电子印务有限公司
开　　本： 787×1092毫米　16开　32.75印张
版　　次： 2010年1月第1版　2010年1月第1次印刷
定　　价： 220.00元

目　录

【普通玉器的鉴定与交易导论】

在中国玉器的收藏范围里，一般有两种收藏群体同时存在，一种是以收藏新工新料为主的收藏者，主要是以时装女性为主，她们对玉器的主要兴趣在于佩戴，所以，这个收藏群体的收藏行为一般比较简单；另一种是以收藏中国古代玉器为主的群体，在这一群体中，又可以分出两种类型：一是纯粹以收藏研究为目的的收藏者；二是以投资为目的的经营者。由于对购买古玉的目的不同，那么，所投入的关注点与审视角度也就不尽相同。

从新石器时期到明清时期的玉器，我们一般笼统地称之为"古玉"。自古以来，玉器就是上等社会的奢华佩饰品，其原因不外两点：一是玉器本身被赋予了很高的社会评价，历史上多以玉比君子，"君子佩玉，无故不离其身"，将玉器人格道德化了，使得这一美石的社会意义超越了作为物质的存在意义；二是被称为"玉"的材料来源始终处于匮乏的状态，这既是历代人们孜孜以求的原因之一，又是古今赝品、仿品层出不穷、甚嚣尘上的解释理由。就目前古玉器的市场发展走向来看，更多的人是出于投资增值的动机跻身于这个大市场的，利润大，风险更大，其中有太多的变数是一般"散户"所始料不及的。如果将这种市场行为看作是一种收藏或投资，那么，至少要懂得一些市场准入的规律与技巧，这样，才能相对安全地保证既定目的的实现。

古玉收藏技术的高层次表现，其实不是对玉件真伪的辨识与制作时代的判断，而是对整个治玉历史的总体把握。不管是喜欢收藏高古玉，还是喜欢收藏明清玉，其中的用料、纹饰、刀工、打磨乃至对作品的欣赏方法，都是相通的，忽略了对其中的任何一个时期的认识积累，都会对整个判断力的形成产生不利的影响。有的收藏者永远处在业余层次上，达到了一个相对稳定的认识高度，一生都难以再向上一层台阶迈进一步，原因就在于他的技术积累眼光仅限于他所感兴趣的那一领域，缺少一个纵向的历史支持，喜欢清代玉器，却不懂刀法；喜欢高古玉器，又不懂玉质。这种收藏者很难真正进入专业收藏者的行列。这样说，并不意味着收藏古玉的

人一定要不分疆域地"通吃",但一定要"通晓",因为只有达到了通晓的认识水平,才能保证藏品的质量层次位置。在收藏领域里,"收藏家"与"收藏者"的区别,不决定于藏品数量的多寡,而是藏品质量的高低。举一个书画收藏的例子,张伯驹先生一生收藏中国古代书画为数不多,甚至在数量上大大低于现在的书画爱好者,却因收藏了中国现存最早的名人墨迹——西晋文学家陆机的《平复帖》和最早的国画——隋代展子虔的《游春图》,而成为举世瞩目的书画收藏大家,这就是藏品质量对于收藏者地位的作用。

为了使初涉收藏古玉的朋友们能有一个通晓的"台阶",或是洞开"石门"的"敲门砖",本书对古代玉器收藏与鉴赏的一些基本常识做了通览式的介绍,意在提高这些朋友的基础素质。现在能读书的收藏者,文化程度与信息纳入量一般都要高于老一辈鉴定家的年轻时代,也就是说,现在的每个收藏者都有成为鉴定家的可能,一旦基础素质提高了,鉴定真伪与断代只是阅历积累的加法过程,真东西见得多了,假的也就可以辨别出来了。

古玉器的收藏者一般分为两大阵营,一是收藏汉代以前的高古玉,一是收藏明清玉,这两大阵营的收藏泾渭虽然不是绝对的鲜明,但是应用与实际操作的相关技术是不尽相同的。譬如高古玉主要是讲究沁色与刀法,而明清玉则主要讲究的是玉质、造型口彩与加工工艺的难度。而唐宋古玉在传统意义的收藏上,始终位于关注视线的盲区。

纵观玉器的发展历史,我们知道在纹饰的设计雕制与用料质量方面,以明清时期的作品最为豪华典丽,而高古玉则以其具有"物稀为贵"的收藏价值而受到历代藏家的追捧。这时期的玉器雕工质朴,造型生动形象,饱有独特的韵味。久远的历史在每块玉的身上都打造出了"老"的印迹,作品的表面上呈现出

龙山文化 玉璇玑

良渚文化 锥形器

各种灰皮、包浆和沁色，但在每块作品中都留存着一段历史沧桑和跨越千年的发展见证。

新石器时期的玉器在雕琢上细腻与粗犷并存，倾向于风格鲜明的夸张。比如良渚文化的玉器，带有江南的细腻隽秀，而红山文化则充斥着草原游牧特有的旷达与率直。我们可以认为新石器时期的琢玉工具原始而低下，但是所表现出来的那种独特的美感，则是迥别于其后的任何一个朝代的独造神品。我们现在所有幸得以观摩的，多为近几十年出土的作品，其中有玉琮、玉璧、玉玦、玉斧、玉镞、玉管、玉珠、玉璇玑等，尤以红山文化的"C"形龙佩、猪形龙佩以及良渚文化中的玉琮最具代表性。这两个地域文化所出土的玉器分别代表了南北两种不同的琢玉风格，具有鲜明的时代特征。该时期除了红山文化与良渚文化的玉器制作工艺精细之外，其他文化时期的玉器大都器形简单，很少纹饰，实用性的玉器大多素面无饰。

我们常把夏、殷商、西周时期的玉器称为"老三代"玉（"新三代"玉器指的是清朝的康、雍、乾时期的玉制品），从现在的传世品来看，除了考古发掘，夏代的作品很难从工艺造型特征相近似的玉器中断出。我见过一本收集古代玉器的图录，其中被断为夏代的玉器为数不少，其实这其中很多是新仿品，零星的真品也是商、周时期的东西。殷商、西周时期的玉器存世相对多一些，除了在造型上延续了新石器时期的风格外，在形制、纹饰和雕工方面，也发生了很大的变化。

玉器在殷商、西周时期的用途有一部分纹饰精美的小型片状玉被用作佩饰佩戴，这从造型与考古发掘的位置上可以得到支持，问题是另一部分如玉璧、玉琮、玉璋的社会作用我们尚不清楚。如果按照经典上讲，这类玉造型主要是作为礼器，譬如在《周礼·春官·大宗伯》上，就将这类玉造型作为惟一的神秘礼器加以使用指导：

以玉作六器，以礼天地四方：以苍璧礼天；以黄琮礼地；以青圭礼东方；以赤璋礼南方；以白琥礼西方；以玄璜礼北方。皆有牲币，各放其器之色。

其实，这些作为礼器的玉璧、玉琮，我们只能从汉儒们传衍下来的经典中得到使用上的仿佛，没有得到考古发掘的证实与支持。譬如玉璧，红山文化的发掘可以证实，玉璧只是一种供佩戴的装饰，而殷商时期的玉璧则内缘多带唇凸，与其前后各时期的造型都不相同，这只能从社会审美意义上加以诠释，而不能说典祀制度的变异；而玉琮自良渚文化之后，始终就没有占据过玉制作的主流位置，甚至在殷商时期，玉琮的造型也由"天圆地方"变为内外皆圆的箍形器，到了西周良渚造型才又得以恢复，汉代中山靖王刘胜墓，记录着这位汉代的王室竟把用来礼地的玉琮套在阴茎上，考古发掘的玉琮位置彻底颠覆了《周礼》关于用玉的经典文字，这就是汉儒经典与社会现实的"两层皮"。考古前辈郭宝均先生对此深有感慨并一针见血地指出，经典与考古实际"分之两真，和之两舛"。

随着琢玉工具的进步，殷商与西周时期对器物表面的装饰手段与装饰效果有了越来越多的表现，出现了大量的纹饰，如龙纹、鸟纹、兽面纹等。由于所呈现的雕琢数量、质量以及雕琢主体功能的重要，使得这几种纹饰设计有条件成为当时的主流纹饰，为历代收藏者提供了极其鲜明的鉴定依据。

另外值得一提的是，这个时期还首次出现了镂雕、巧雕等高超的琢玉技巧，使玉器更为美观和形象。但是现在能够用于市场交易、收藏的殷商、西周时期玉器真品并不多见，传世很少，其原因有四：

1. 殷商、西周玉器的收藏功能开发得很早，宋代就有收藏记录。地上传承关系越早，自然损耗也就越严重，进而直接导致了藏品的稀缺。

商 玉环

2. 殷商、西周玉器本身的数量就少，所以直接导致传世的更少，多见石性较大或很大的器件，这些一般不为真正藏家所看重，所具有的标本研究功能高于品玩收藏功能。

3. 收藏商、周玉器的多为真正的玩家，存之高阁，轻易不予示人。因此，殷商、西周玉器实际是收藏三代高古玉的制高点。

4. 殷商、西周古墓的集中发掘基本上是从上世纪50年代开始，出土器全归国家所有，零星生坑完全不能支持对殷商、西周收藏的数量需要；同时，传世器中还要剔除比例很大的赵宋以来的仿古品，这样，真正比较开门的殷商、西周玉器就所剩无几了。

西周 玉琮

春秋、战国在玉器的设计造型乃至制作上，都是特征比较突出的两个时期。春秋的造型多见粗犷，曲线转折生硬，更多的是继承了殷商的风格；而战国的设计直取阴柔的造型美化，线条婉转细腻，对造型的细部刻画是西周一脉传承的结果。但是从整体上分析，春秋、战国时期的玉器制作开始脱离了殷商、西周风格的约束，有了制作题材上的新型设计与加工工艺上个性化的快速发展。至战国时期，中国玉器的制作迅速达到了第一个高峰期。和阗玉，作为中国雕琢用玉中质地最优良的一种，在战国时期的使用也第一次达到了高峰。这一时期玉器的用途除了用作"礼器"如玉璧、玉璜外，同时又制作了大量的具有佩戴功能的佩件，并形成了一种社会时尚。战国时期的雕饰纹饰种类繁多，有云纹、卷云纹、矩云纹、乳丁纹、卧蚕纹（或称谷纹）、蒲纹、重环纹、鳞纹、绳纹、弦纹、圆圈纹等。这些复杂多变的纹饰，不仅极大丰富了战国时期的玉器制作形式，而且对于汉代乃至于唐宋的制作风格，都具有不可忽视的影响和作用。

汉代玉器的制造风格朝着两个方向发展：

一是继续战国时期的细腻精雕一路，代表作品譬如出廓璧、剑具、各种佩饰等，这路雕件在延续战国风格的同时，也行将走到了纯工艺化模式的尽头。所以，在其后的魏晋南北朝的出土、传世玉器中，不复见这路雕工细腻的精品。

二是粗犷风格的创建，主要表现为寓准确、细腻于简易、概括之间的刀法的出现，主要表现在以之为制作特征的葬玉之上。具有这种典型风格的葬玉是汉代所独有的，直观感觉用刀寥寥，但是仔细观察真品刀痕，其精细、准确程度同样令人叹为观止。尽管其后的历朝玉制作都曾出现率简风格的制作形式，但完全不具备汉代的那种高度的概括能力与由于用刀的力度而带来的视觉冲击效果。后代将这种风格特征鲜明的用刀称为"汉八刀"。

汉代玉器主要有两种用途：葬玉与佩饰。其中由于葬玉的广泛使用，使得"汉八刀"艺术的成熟与艺术的认可，成为支撑汉代玉器制作风格的主要支柱。汉代的葬玉雕制不仅有玉握及琀，尚有金缕玉衣。组成金缕玉衣的玉片，工艺要求相当严格，不仅要将大量的玉片切割成方形，而且要求薄厚均匀，凹口、钻孔位置准确等，尽管玉片上没有雕工，其繁复、细致的加工工艺，使得这种葬玉几乎不复见后代的墓葬之中。

在高古玉的收藏范围里，人们除了对玉质、器形以及出土时间的不同表示出高度的关注之外，玉器本身所带有的各种沁色的种类、性状以及对玉体本身所浸蚀的深浅程度，都是构建品玩、鉴赏的超越前者的唯美指标，或指标之一。

沁色是指玉器在经过十分漫长的地下掩埋后，与周围土壤中的各种有机元素相互作用，在玉体表面（或者玉器的全部）留下的浸蚀痕迹，经收藏者长期的盘玩，这种受浸蚀的痕迹逐渐变化成丰富多彩的颜

汉　镂雕夔龙凤纹璧

色，这就是所谓的"沁色"，也有人称之为"浸色"。沁的颜色规模相当丰富，严格地说，世界上如果没有一片相同的树叶的话，那么也就没有一片相同的沁色。如果按照传统收藏的观念分类，沁色的种类大概可以分为土沁、血沁、水银沁、铜沁等若干种。在良渚文化的玉中，有些玉器通体钙化，完全变成黄白颜色，这就是常说的"鸡骨白"。"鸡骨白"是玉的质变过程或结果，不属于沁色的范围之内，但是古今收藏者却将浅层鸡骨白视为最高等级的"沁"。这种质变使玉呈象牙白色，经过盘玩，可以出现漂亮的红色，是藏家追求的高级境界。当然，这仅指浅层质变而言，一旦质变厚度过深，就没有盘玩变色的希望，藏家往往因此失去了收藏的兴趣。一次偶然的机会，我出差到某地，逛了一处古玩市场，那里大概一共有三十来家商铺，总的感觉是古代玉器品种比较丰富，红山文化、龙山文化、良渚文化都有。驻足在几家商铺前大致看了一下，很少能见到具有收藏价值的真品，大多是赝品，还有一些零星的残器或受浸蚀很深已经不能盘玩出来的高古玉器。那些赝品的雕工十分粗糙，玉质也较差。有的冷眼一看无论从形制、纹饰还是从"沁色"上，虽然带有几分古玉的味道，但是一上手就感觉出其中现代工艺的匠气。

平时到各地出差旅游的时候，我总会到古玩市场转转，关注赝品的仿制进展程度。即使作为一名高古玉器的收藏者，关注与研究赝品，也是提高鉴定能力的必修日课，往往在叹服目前玉器造假技术越来越高的同时，也为古玉的收藏爱好者们感到担忧。

就目前的高古玉收藏品真伪混杂程度来看，殷商、西周古玉的市场交易并不活跃，伪品相对较少，红山、龙山这两个文化时期的古玉仿品有铺天盖地之势，而尤以红山为最，几乎完全不见真品。战国两汉古玉的真伪平平，一般大件的重器或雕工精良的礼器，交易价位高，多掺杂着大量的赝品；而一些小件或制作较粗的葬玉，真品稍多，是普通收藏者重点关注的区域。

从传统的收藏惯势上看，高古玉中的殷商、西周、西汉传世品和明、清两代的玉器，是古代玉器收藏的两大分支派别，共同构建了传统古玉器收藏的主流层面。这主要是因为这两种不同时期的玉器都有着各自鲜明的鉴定特征，以及相对独立于其他时期的审美表现与工艺风格。譬如战国玉器以细腻、严谨著称于世，而商代、西周玉器则多为传世古玉，器身附着有醇厚的包浆与斑斓的沁色。这些本属于玉器材质、雕工以外的

附加成分，往往却成了提升收藏价值的重要因素。明、清玉器始终受到各时代各阶层收藏者的喜爱，主要是这一时期对于玉材的选择已近苛刻，所以传世藏品基本上都是比较讲究的和阗玉。同时，明清时期的玉器在雕工上极尽精微，尤其是清中期的玉器，在雕琢工艺上已经完全超过战国、西汉，达到了古今无可逾越的巅峰。而中古玉器，尤其是唐、宋玉器的历史位置，正处于战国、西汉与明、清这两座工艺制造巅峰的中间，无论通过寻找什么样的理由作为理论支持，也不能改变中古玉谷底位置的这条历史 K 线存在。

话虽如此，当我们通过对中古玉，尤其是对唐宋时期的玉器进行较为深入细致的研究之后，仍会发现唐宋玉器是中国玉器发展史上的一个重要阶段，对其后的各个历史时期的玉器发展，都产生着重要的影响。

第一，唐代玉器首先将现实的存在与浪漫的想象最为完美地结合在一起，形成了玉雕艺术里程碑意义上的风标，这是其后包括清代在内的各个历史朝代都无法逾越的美学高度。最具代表性的就是玉飞天。飞天的出现，基本上结束了高古玉时期玉器与现实的隔膜，实现了这两者相对完美的整体对接，并由此使玉器的作用明显地萌生了实用化的倾向。

第二，唐代第一次将中原汉族以外的西域玉雕造型艺术引进玉器的琢制设计之中，为延续千年之久的玉器注入新的艺术因子。西域进贡的玉带饰对于现代的收藏来说，只是一种不同的品种；但对于千余年前的李唐时代的高端消费阶层来说，这种观念上的接受是一场重大的意识形态上的革命。因为具有西域风格的东西不仅是玉器，还有金、银器，铜镜中的海兽葡萄图案也是来自于域外。这种"全盘西化"对于后来的清代产生过强烈的影响，最明显的就是那种"痕都斯坦"（hindorstain）式玉器纵横捭阖于清代宫廷玉舞台，是 17 世纪玉器设计制作中的一种重要的另类。

第三，宋代的仿古，是对古玉的一种带有时代特征的继承，对清代的仿古玉器产生了一定的影响。宋、清两代的仿古玉器都具有一个相同的特点，那就是以古代器物的基本造型为依托，充分显示出本朝代对造型审美的一种划时代的理解。这种仿古与商业上的刻意造假具有完全不同的属性，所以，仍不失其本身应该具有的收藏价值与传承价值。

第四，宋代是玉器发展史上的一个尤为重要的历史时期。之所以这样说，是因为从宋代开始，玉器进入了准市场化操作的运作模式，开始从为统治阶层的无偿服务转而为有钱阶层的交易服务。只有当玉器进入市场的交易领域，才能有制作质量上的发展与行货的对比，才能有玉质上的山料与籽料、和阗玉与杂玉的对比。有了位差，就产生了动力，这是玉器制作在商业模式的推动下，得以快速发展的重要的社会环境。而这一切，都发生在赵宋时代。

第五，唐、宋这两个时代的玉器对于后代都分别产生过各种不同的影响。我以为，中国玉器史上的制作巅峰只有两次：一次是战国，另一次则是清代。那么，战国、西汉精细一路的玉雕风格直接影响到了清代，使之在精细方面远超前者；而唐、宋玉器的余脉，则经过元代传递到了朱明一朝，在不少的地方，明代与唐、宋确有着相似的地方。

从收藏的视角来看中古玉器，百年来似乎始终未被藏家所顾及，投入玉器市场的大量资金也还尚未浸入其间，因为纵观近百年来的古玉收藏史，真正玩家的聚焦点，是在三代古玉之上，明清玉作为实用的佩饰，也以其做工精细、用料讲究而受到一般消费者的重视。惟独唐宋古玉所处的历史位置尴尬，讲年份、沁色不及三代；讲精工、细料则又逊于明清，在百年前的古玉收藏大环境中，传世品数量与收藏者数量相对平衡，这种不古不今的年代制作，几乎为更多的收藏者所不屑。而百年后的今天，唐宋古玉的收藏交易环境对于普通的收藏者来说，已经形成了真正的百年不遇的契机，有积淀下来较多的唐宋古玉待价而沽，而且逐渐成为古玉收藏的热门。在大量的商业投资资金回旋于高古玉和明清玉的交易阶段，中古玉的交易价位一般不会产生异动。这时只要能以相对公允的价格入藏，这种价位相对于未知的日后中古玉市场来说，就应该算是"捡漏"。一旦人们意识到中古玉这片净土的存在，而且开始疯狂之时，你的"权利"是与三五藏友，在悠闲的品茗时大侃特侃当初入藏价格的便宜，享受着一览众山的快慰；而你的"义务"，则是保护好你阁中的这些藏品。

在品评中国玉器发展的总趋势的时候，有人将玉器制造划分为5个制作高峰，即：新石器时期晚期为第一高峰；殷商时期为第二个高峰；战国时期为第三高峰；西汉为第四高峰；清代为第五高峰。也许是对于历史的理解不同，我觉得上面的这种划分至少有两个方面值得商榷：

一方面是对高峰期时代坐标因素的评价，也就是说构成高峰期的社会条件与在历史坐标上的位置。从这一意义上看，新石器时期的玉石混用与殷商时期的制作工艺的原始，完全不能与战国，乃至清代比肩。而西汉的设计琢制工艺虽自有其风格存在，但尚未超出战国的高度，只是在一定的阈值内延续了战国的余韵。因此，对这三个时期玉制作水平的品评标准尚有过量之处。

　　另一方面是对高峰意义的诠释。所谓"高峰",是一个时代在同一品评标准下,在同一历史纵轴上,与其他时代相对的最高位置标示,达到了为其他时代所难企及的最高水平。如果这一诠释成立,那么,中国制玉史上的高峰最多有两个:一是战国,另一个是清代。又,如果说西汉是战国高峰的余绪的话,那么,明代则是清代高峰的序曲。如果用同一设计制作尺度来审视明代的玉器,就会发现在这两个高峰之外,明代玉器的位置远高于其他时代,至少与西汉处在同一坐标点上。明代玉器的这一高度,形成了清代玉器制作历史巅峰高度的塔基,在实际收藏中,明、清之间的分界至今仍存有一定的边缘。

　　考古发掘中的断代与收藏中的断代几乎不是一回事,前者的断代要有土层、同墓出土器互为印证,很科学,在写作时,所援引的论据一般都习惯于出土器;而后者,则更多的是依赖于对玉器本身所表现的纹饰设计、雕琢工艺以及沁色、包浆的习惯认知,这种断代具有一定的适意性。在高古玉器上表现出的工艺瑕疵,譬如歧出、蜂腰孔、折铁线等,往往成为断代的重要依据;而一个朝代的早期与上一朝代的晚期、一个朝代的晚期与下一朝代的早期一定形成工艺瑕疵、特征以及制作风格上的重叠。随着雕琢工艺的不断完善,明清时期制玉刀法特征已被完全成熟的打磨工艺所掩盖,收藏鉴定的标准只能在器形上、磨光质感上、做工粗细上寻找。因此说,明清玉器的鉴定标准有着许多含糊不清的地方。而习惯上,又将料好工细、时代特征不明显的玉件归到清代,从而形成了"粗大明"的习惯鉴定思维。事实是,明代不乏工细料好的玉器,清代也有工粗料次的玉制品。这件清代的螭虎纹挂件就是比较典型的民间普品,用料虽是和阗山料,但质地欠润,所雕螭虎粗疏写意,造型与细部根本谈不上具有典型的时代风格,这类民间用玉设计加工质量并不好于明代普品,即使价位较低廉,也不宜成为藏品的主要部分。

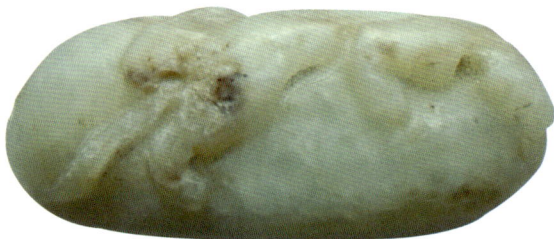

清 螭虎佩

　　在玉石混用的老三代,由于运输路途的遥远、信息的不通畅,作为真正意义上的玉材料(专指新疆的和阗玉)极其罕见。所以,和阗玉器用于佩戴与殉葬是非常奢侈的行为，只有王室的重要成员才有资格享受。殷商时期的妇好是当时的一员猛将，也是商王武丁的后妃，所以在她的大墓里发现了用来殉葬的和阗玉器；西周的王室级大墓至今没有发现的报告，所以用玉情况不得而知。在战国、西汉时期非常讲求玉璧、玉璜的制作，这两种器物的造型一直延续到清代都有仿制，清代晚期、民国时期仿制品最多，但一般不用白玉仿，多用带颜色的岫岩玉。岫岩玉的质地较软而易雕，颜色近似和阗玉中的碧玉，而且价格低廉，是仿品的首选材质。

大多数收藏者把明清玉器看作是一个完整的收藏投资的重点区域，对明清玉器的收藏倾注了极高的热情，其原因在于：

第一，明清玉器的设计制作时间距离现代最近，审美意趣与现代基本相同，具有强大的亲和力。

第二，明清玉器雕琢的设计复杂繁缛，耗用工时多，人力成本高。

第三，雕琢工艺复杂，刀法简单，外观靓丽，与元代以前玉器的刀痕外露形成鲜明的阅读对比。

第四，明清玉器用料多为和阗玉，黄玉、白玉甚至羊脂白玉作品虽少，但仍可一见。

第五，明清玉器的交易价格上扬很快，近几年的上涨幅度超过了官窑瓷器，是一种十分好的投资选择。

话虽如此，明清玉器的收藏也是一种比较危险的投资。如果我们将民国间仿清代玉器也算作清晚期作品的话，那么，上世纪90年代以后的赝品对收藏明清玉器者信心的动摇是致命的。常见的明清玉器高仿品一般都用较好的老岫岩玉或和阗山料。按照一般的材料辨识规律，在制作成本的约束下，仿品很少使用优质的玉料，但是精仿仿清中期的玉器，所投入的仿制人工成本很高，只有同时投入好料，才能换回高额的利润回报。这些精仿品充斥着各地重要的玉器交易市场，稍不留意，或者说实战经验稍有欠缺，必定上当。这种精仿品具有相当的艺术性与复制性，远胜于宋代仿古，较清代的"乾隆仿古"更逼真，本身也具有了更高的收藏价值，一旦被冒用于清代的作品来参与交易，就无异于明珠暗投，与赝品画上了等号。

对于明清玉器入藏行为的分析，可以划分为两种：

一是真正意义上的收藏。作为具有普通实力的收藏者，对明清玉器的品位期望值不宜太高，应以中等偏下为佳。因为明清玉器的等级差别

很大，皇宫用玉工料极其讲究，代表了这一时代的最高设计、雕制水平，但不能代表普遍制玉水平。皇宫用玉流传于民间的作品数量极其有限，很多与御用玉器相仿佛的高位交易品都经不住仔细的推敲。换言之，当代的精仿品一般都集中在明清时期的高层位的玉器之上，而用好工好料精仿的普品则相对少些。作为收藏，要以"真"为第一要义，而以"精"为终极目标，在明清玉器传世品内掺有大量不同时期的仿品、赝品的收藏环境下，如果能冷静地分析出精品、普品、仿品、赝品所处的不同位置，趋利避害，在普品中寻求精品，这应该是明清玉器收藏的一条路径。

二是交易与投资。作为交易与投资，对明清玉器的要求与收藏完全不同，要将目光牢牢锁定在高端传世品上，重点在于类似于瓷器中"琢器"一路的立件与仿古器。这类玉器历来是交易重器，真品一般均是皇宫的御用品，近年的精仿品也屡有乱真的记录。对这类玉器的鉴定要求很严格，也很复杂，其中更多的成分是依靠鉴定者的感性与直觉，见仁见智的风险很大，书本上的所谓鉴定要点基本上无用武之地。

明清玉器的硬性鉴定条件不多，例如出现在高古、中古玉器上的许多种刀法形态都逐渐消失在打磨工艺之中了，就如同篆刻，明清时期的刀法主要分为冲刀与切刀两种风格，发展到了上世纪中叶的陈巨来先生、当代的韩天衡先生，这两种风格已经在印面上没有了明显的区分，高度的技法融合，掩盖了原始不成熟的工艺瑕疵，只把完美的结果传递给了读者。明清玉器的鉴定很难，同样是工艺技法的高度纯熟所致，在可资参照和总结的规律很少的鉴定条件下，更为复杂的鉴定手段就在于长期训练后的感觉，除此之外，再也没有其他捷径可走。

这里附带介绍一些淘玉的建议及小诀窍，仅供读者参考：

1. 收藏玉器的一个正确的心理素质就是因器论价，硬碰硬地买，绝不图便宜，这就是"物有所值"的价值规律。那种"物超所值"的企盼是有条件的，条件就是：

（1）你要从经验阅历上高出售卖者几十倍。

（2）交易品的鉴定特征极不明显。

这是"物超所值"的捡漏两大前提，尤其是鉴定特征极不明显的前提更为重要。所谓"捡漏"，就是在这一前提的作用下买卖双方的水平较量。否则，一件开门的玉器，无漏可捡。

2. 不要轻易地听信卖家讲的故事。有些卖家常会对玉的来源、接手方式等编出一套令你耳熟能详的老故事，以显示古玉的真实性。而对于真正的古玉交易，一般买卖双方都很少说话，让玉器的鉴定特征来沟通双方的交易价位。凡是售卖者喋喋不休地向你述说或帮你移动交易物，一般有两种目的：一是推销赝品；二是真品身上有品质瑕疵，通过不断地移动，来加以掩盖。

3. 不要自信自己的鉴别力能凌驾于对方之上，这是一种很危险的交易心理。面对地摊、古玩店的售卖者，就是专业鉴定人员，也不敢有丝毫的轻视目光，因为对于赝品，他们比我们更了解、更清楚，有时这些人表现出的无知是一种商业行为，千万别信以为真。还是让鉴定特征说话。

4. 在入藏古玉时要懂得对可支配的自有资金的预算，量入而出，别让眼前对古玉的购买冲动打乱了正常的生活节奏。除非这种购买是用于投资，否则，一旦作为收藏品购入囊中，是很难再出手的。原因很简单，作为投资，在购入之前必须具备相应的销售通道；而这种通道收藏者没有，同样是购买行为，其结果完全不同。

5. 价位较贵的古玉，建议在国营的文物店里选购，这样会有相应的质量保证。同时，一般国营文物店的商品都要经过专家的鉴定，很少存在商品的欺诈行为。

6. 古代玉器的实物与照片的观感有着很大的视觉差别，在摄影师的灯光作用下，古玉往往会精光四射，漂亮宜人；但实际的古代玉器远远没有那么靓丽。这就是要读者了解这样一条道理，真正的古玉并不好看，而在好看的"古玉"中可能有真伪的问题发生。

7. 有些仿品也有一定的购买价值。但要切记此条只限于玉质相对要好、雕工相对符合真品鉴定标准的仿古器，且必须以新品的价格来购买，全当购入了一件现代的工艺品。

翡翠，因其硬度高而被称之为"硬玉"，又因其颜色的艳美、材料的稀少而被划归于宝石（本书中"宝石"一词系泛指，包括钻石——著者）类。大家都知道翡翠的特点是颜色漂亮、珍贵、耐久，更重要的是便于佩戴，除了作为装饰品使佩戴者、拥有者增加财富的溢彩外，还被视为一种可靠的投资而游走于古玩宝石的流通领域。

宝石在我国有着悠久的历史，据考古发现，早在五千多年前，就曾有松石、玛瑙和一些骨制品的使用器存在。可以这样说，尽管对装饰材料的开发和加工的程度有所不同，但是对美的需求与为满足这一需求所使用的材料，五千年来并没有改变。史前的佩饰品大多在简单地雕刻后用于佩戴，有时在松石或玛瑙石的自然形状上只打一个眼，穿绳佩戴，可见古人对美的塑造与现代人没有本质上的差别。历史上较早用于佩戴的宝石有珍珠、玛瑙、骨制品、珊瑚、琥珀、玉石等。

清代是一个宝石佩饰流行的时代，尤其是翡翠更是蔚然盛行，备受

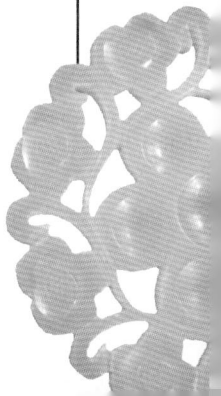

时人的青睐。翡翠石那迷人的光泽，佩戴不但使人显得华贵又不失典雅，更重要的是好的翡翠又是财富的另一种形式，所以就有了"黄金有价翠无价"的商业性的评估。好的宝石翡翠的确可以价值连城，现代的人们则把高品质的翡翠看作是超越于货币、黄金的另一种硬通货，而翡翠的交易价格在和平年代基本上不存在低线的走势，其交易价格的运行曲线又往往被视为古玩交易行情的浮动参考。

据笔者对翡翠收藏群体的深入观察，发现可以划分成这样两个收藏购买群体：

一是专门收藏清代的高等翡翠。这种人往往更注重的是翡翠作品年代的久远，也就是对所藏翡翠作品不仅需要其具备经济价值，同时还要对其自身所承载的历史有着准确的表述，用于保值、升值是投资上的必然回报，而由此欣赏到清代工匠对翡翠纹饰的设计与琢制，欣赏到古人高超的雕工技法，则是另一种精神上的饕餮盛宴。古代匠人的雕制手段很具有艺术性，他们的雕工与现代的机器表达着截然不同的艺术格调，与现代的机器雕工显示出各有不同的美学欣赏属性。现在，这些藏品大都要到大型拍卖会或专门的翡翠经营市场才可买到，才可以保真。

而另一种消费群体主要买一些普通的翡翠饰件，用于自己佩戴或作为馈赠他人的礼品，这种情况最为多见。其收藏的主要特点就是交易价格要适中，无论新旧翡翠，不讲究必须具有一定的流传年代或出身，只要器形、颜色、价位对路，适合佩戴与收藏即可，甚至是否增值都不在考虑的范围之内。这种情况的购买，升值空间一般不会很大，但也不会贬值，比较适合大众消费。但是真品的品质保证往往是这一群体所遇到的最大的问题，而现在市场上有很多翡翠的仿制品，如用激光清洗过后的翠，我们称之为"B货"；后加绿色或本身不是翠材料的称之为"C货"。B货是加工过的翡翠，佩戴可以，但器身带有很多隐形的损伤璺，不存在保留增值的价值，因为这路翡翠当时看很漂亮，过若干年后其颜色会慢慢褪掉，光泽也就没有了。而且，由于材料经过了激光的清洗，其材质内部的晶体结构被改变或破坏，从而丧失了原有的硬度，变得极易破碎，如果不是为了保值，为了一时的喜爱，对于那些价格便宜、清洗程度又不高的B货，还是可以购买的。而C货则是绝对不能买的，因为C货除填加颜色外，有的材质根本不是翡翠，而是一些其他的合成品，不但没有保留价值，而且本身会带有对人的身体非常有害的射线。C货的绿色光泽保存的时间很短，不能因为价格便宜就随便购买。这种商品在当今的市场上到处可以见到，尤其是小商品市场、旧货市场等，价格非常便宜。

硬玉的收藏是一件复杂的事，与玉器的收藏行为一样，各有其自身的规律可言。所以，学会一些相关的知识，是完全必要的。

第一章

新石器时期玉器

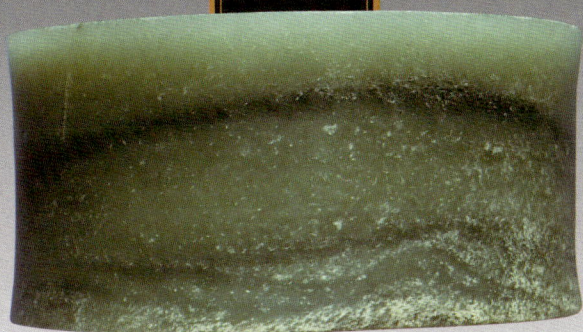

【第一节 红山文化玉器】

    红山文化属新石器时期，距今约4500年至6000年，分布于我国东北地区，因1935年内蒙古赤峰红山遗址的发掘而得名。在中国的史前玉器发展进程中，红山文化玉器占有十分重要的地位。它的造型特征、雕琢工艺以及用玉制度都自成体系，具有鲜明的地域和时代风格，红山玉器除了外在的造型美，更具有内在的古拙美，是东北地区史前玉器雕琢和使用进入鼎盛阶段的主要标志。

    红山文化遗址主要分布在内蒙东南部、辽宁西部、河北北部、吉林北部等地，其中在辽河流域上游发现的一批包括龙及多种动物题材在内的玉器，证实了在传世玉器中许多动物题材的作品，应属红山文化时期所制造。

    在新石器时代的玉器中，红山文化的玉器多就地取材，使用那些质地细密、硬度稍低、色泽均匀的岫岩玉。玉器的造型以抽象为显著特征，具象的造型相对较少，与南方的良渚文化共同形成了新石器时代中国玉器的两大主力支柱，其设计风格与制作手段，对商、周玉器的发展方向产生了非常显著的影响。在琢制的特征表现上，一般采用大块面雕刻手法，造型概括、简练、质朴，装饰纹饰简洁、疏朗，与商代妇好墓所出土的玉人物有着密切的内在风格关联。

    红山文化玉器多呈现两种形制：其一为动物形器，主要有玉龙形玦、玉猪龙形玦、玉鸟、玉鹰、玉鸮、玉龟、玉鱼、玉蝉等，侧重于动物形象上的简单塑造，寥寥数刀就能将动物形象雕琢得栩栩如生。虽然所使用的刀法极其简练而概括，但作品的神态却达到了隽永的境地，这种用刀的方法多体现在祭祀偶像的神物——玉龙类玉器之上；其二为几何形器，主要有马蹄形器、方形器、钩形器、云形器以及方形片状的玉璧。这类玉器的主要特点是除玉璧等少数具有显著肖形特征外，一般外观形象多不明显。所以，对于红山文化的玉器，最好别问"是什么"，因为这里面有太多的形状疑问尚未解惑。但是，并不是制作完全没有章法可循，红山文化时期的玉制作看似简单，实际上，其对称结构的设计、联圆中心的确定、玉器表面大块面的抛光等，都存在着非常典型的鉴定风格，读者如果有机会能切身观察红山文化真品，而且注意这些光素的平面处理，自然就能感觉到现代的仿品由于加工工艺太先进而导致了严重的失真。能够用于交易的红山文化玉器其实并不多，常见的器形也就那么几种，在购买交易时，有两种情况需要注意：一是常见器形是造假者的目光集中区域，比如"C"形龙、玉兽形玦（玉猪龙）等，因为这两种玉器曾经在拍卖交易中间取得了惊人的成绩，成为名品，现在各种尺寸的仿品基本上都集中在这两种器形上，这是读者需要充分注意的；二是冷僻的、不见著录的器形有时也容易对收藏者构成威胁。因为处于史前的红山文化，确有一些用途不明的玉器出现，比如"牙璧"是什么东西，现在尚且搞不清，造假者正是利用了有些人越搞不清越要买回研究的心理，造一些四不像来欺骗这些似懂非懂的收藏者。这里，我们介绍几种常见的器形，供读者参考：

1. 玉龙（"C"形龙）

古人称不完全的环为"玦"，谓其"环而不周"。在红山文化玉器中已有不少玉玦出土。玦的一端往往制成动物形状，雕琢简单，概括力极强，表现出了高层位的造型艺术水平，这是与其他地区的玉玦最为重要的区别点。以红山文化的"C"形龙为例，其鉴定特征如下：

（1）龙形体似环，身体较为粗壮，向前蜷曲，伸曲刚劲有力。头、尾相近，头部与身体直径相当。"C"字形的龙体蜷曲弧度几近椭圆。

（2）只有头部雕琢有纹饰，龙眼的前眼角圈弧，后眼角细尖，上雕有眼帘。

（3）嘴巴前端平齐，上唇部减地下凹。

（4）颈部有较长的鬣后飘，显得极有生气。

（5）额顶部有网格形装饰，网格凸起作规整的小菱形。

（6）细部运用浅浮雕的手法表现，通体打磨光洁圆润。

（7）龙体背的正中有一小穿，或对钻，或一面钻。

这种玉龙最为驰名的是大家常见的形状，除此之外，还有一些并不如此伟岸，玉质、雕工均不佳。这些虽为真品，但因上述原因，只能作为博物馆收藏品，而没有多少个人收藏价值。

2. 玉兽形玦（玉猪龙）

玉兽形玦常以青黄色的岫岩玉料琢制。整体为环形，一侧有一开口，也有的靠近圆心处暗连未断开。开口上端为兽首，下端为兽尾，兽身屈而成环，颈部有孔。目前，多处红山文化遗址中出土了这类器形，它表现的是一种神化了的动物，反映了较大范围的动物崇拜。在红山文化玉器中除"C"形龙外，玉兽形玦是另外一种非常具有代表性的器形。玉兽形

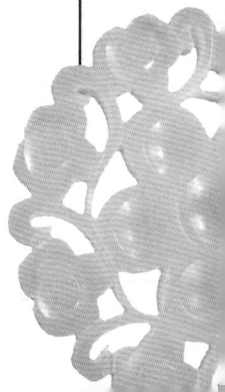

块的名称源于这种玉器独特的造型,它由一个类似于猪的头部和一条龙形的身子组合而成,肥厚的双耳高高耸起,在头部形成两个三角形,双眼圆睁,宽大的眼眶将双眼连成一个整体,嘴巴微微张开,嘴唇向外突起。龙的头部肥大,耳翼比较明显,后面的身子弯曲成圆形,由于镂空的直径较小,所以显得龙身厚实丰满。整个龙身除颈部的一个对钻的穿孔外,光素无雕,凸显出打磨的功力为现代所不及。

3. 玉鸟

红山文化的玉鸟有大小两种,大者为鹰,小者为鸟,还有的称为"鸮"。是鹰,是鸟,还是鸮,不过是现代收藏者、研究者的自由命名,没有一个统一的标准。红山文化的这种鸟类玉雕,是一种比较抽象的造型体,基本上作展翅飞翔的变形造型,两只眼并列放在顶端,汉代的玉蝉的双眼就是这个样子。在正面展开造型上,雕法有一些变化,如用宽阴线做纵向区隔,以表示出羽翼;或减地雕出头、翅的轮廓。鸟头的面部、足爪等有较多的凹凸变化,背部雕琢得较简朴。一般的玉鸟背部都有一个对穿的象鼻孔,是用来穿绳悬挂的。目前发现的玉鸟的形态大致有两种状态:

(1)整体略厚,近似于方形,两翅的上端较平直,头部较小,在鸟翅的腹面一侧带有凸起的弦纹。

(2)身体短小,做展翅欲飞状,整体近似于长方形,腹面加工精致而背部简练。这种玉鸟多称之为"鹰",形态的构思源于古人仰望飞鹰所得的观察结果。

总体上来说,这两种玉鸟的腹部都比较厚,翅的边缘比较薄,有较明显的立体感。

4. 其他动物形

红山文化当中的其他动物玉雕有背部刻龟甲纹的龟,有背部光素的鳖,还有蝉、鱼等。所有肖生动物玉器均有牛鼻式穿孔或贯通孔,可以缝缀在衣物上。

红山文化 玉鹰(正面)

红山文化 玉鹰(背面)

这些玉器通体素面，制作方法简练，造型简括传神。一般多着重于大块面的抛光，仅在眼、口部做精细的雕琢，器形多为扁平形，无论是单面或双面的雕琢均有厚薄的变化。

5. 马蹄形器

马蹄形器在红山文化玉器中流传较广且颇具代表性，又可称为玉箍形器、玉筒形器、玉束发器、玉冠状器等。整体形状为椭圆形，中空、筒状，无底，一端比另一端略粗，粗的一端口部劈为斜坡形，另一端的壁上常可见有两个小孔。器表琢磨光滑，内壁有直线或弧线磨痕。对于马蹄形器的功用很难推测，有认为是用来束发的，也有认为是用作臂饰的，这种讨论不在本书的叙述范畴之内。

6. 双联、多联玉片

双联玉片和多联玉片是由两个或多个单孔玉片组合而成的器物，以多个小环连接玉片，或纵向排列，或横向排列。其中纵向排列的多联玉片，下端的玉片较大，上端的玉片较小。这类玉片器形多呈扁平状，器物表面的边缘呈坡状，开片较薄。双联玉片当中的每片都是由一整片玉制作而成的，在每个圆环的分段处略有分割，用斜磨之法使分割处由两侧向内部凹，凹口呈楔状，孔是由两面对钻的，且钻孔较大，其中一面钻得较深，呈喇叭口形。每一联都近似于圆形，边缘往往出现较短的直线，此种风格在红山玉器当中比较有特点。

7. 玉勾云形佩

玉勾云形佩是红山文化玉器中的重要器类之一，器体形状为扁平的长方形。勾云形为在器具中心镂空一弯勾，四角对称地向外呈卷勾状，在正面或两面琢磨出与器体轮廓走向一致的浅凹槽。此物自发现以来就备受学术界关注，围绕它所展开的讨论非常多，关于其造型创作理念的推测，大致可以归纳为来源于动物（包括龙、凤、鹰、鸟、鹿角与猪獠牙、饕餮等）或者云、气、玫瑰花、旋目神面等数种看法。

8. 玉璧

红山文化的玉璧就形状而言，可以得到这样的信息：

按照形状分：有圆形、近似方形与带牙形三种。其中圆形较为规范，而方形则有类似正方形与长方形的区别，还有一种与后来的"玉璇玑"形状差不多，有的专著将之归于"牙璧"。

按照装饰分：所见的玉璧基本上全是光素无纹的素璧。良渚文化的玉璧有极少琢以饰纹，而目前红山文化玉璧尚不见这种先例。

按照孔的直径分：有大孔、小孔两种，大孔玉璧与环相似，小孔玉璧与一般概念上的玉璧相同。

按照作用分：一种为礼器，形制与常见玉璧相同；另一种明显用于佩饰，在璧壁上钻有 1~2 个小穿孔，用于佩挂。

红山文化的玉璧由于玉料的开片极其原始，所以厚度不均匀，基本上中间厚，外圈渐薄呈坡形。整器浑圆厚重，部分器物上部两个穿孔附近有凹槽，两面凹槽的位置不同，一面是两孔之间平行横槽，另一面是两个平行向上的竖槽。凹槽的形成，可能是当时为穿系方便打磨的，也可能是由于使用的绳系过于粗糙佩戴日久形成的。

器物雕琢工艺，是工艺技巧及艺术表现力等因素的总和，最能反映时代特征。红山文化玉器琢制工艺擅长以磨碾手法制作出类似于泥塑当中的刮削效果的沟槽，压地隐起的阳纹和斜面棱线，后期才在隐起图案上加刻阴线纹。在制作工艺上大量运用了起凸技术，如凸起的弦线、鸟兽的眼部等，以挤压法制出的起凸，将凸起部分的两侧剔去，留出凸线以刻画器物。而槽形痕迹则在红山文化玉器的勾云形、丫形等器物上有较多的出现，其表面有宽而浅的凹槽，应为刻意制造的装饰痕或便于捆绑的防滑槽。器物上的线条多以阳纹（凸起纹）、阴纹（刻线）为主，但也有阳纹与凸脊并用，以及阴纹与凹沟并用（瓦沟纹）的表现手法等。

红山文化玉器中肖生形器件的眼部一般呈菱形、梭状，以及环形眼和旋涡眼四种形式。

1.菱形眼。为两头比较尖、中间宽，如同我们常见的橄榄核，在眼球的突起部位弧面很光滑自然，这

红山文化 梯形玉璧

红山文化 圆形玉璧

种类型的眼睛经常出现在传世不多见的人形雕件上。

2. 梭形眼。为一头尖、一头圆，其眼球的突起部位弧面同样光滑自然，这类眼睛也常常出现在人形或者动物雕像上，比较典型的是"C"形龙，几件著名的"C"形龙基本上都是这种梭形眼。

3. 环形眼。在玉猪龙的眼部表现得最为令人印象深刻，玉猪龙的眼睛尚未进化到利用桯钻磨出，通过观察实物，可见眼睛似圆而椭圆，以环线刻画出轮廓，环线虽然浅刻但十分有力度。

4. 漩涡眼。出现在勾云形玉器上，在勾云形佩和兽面纹佩饰上我们经常会看到这类眼睛。

这四种不同的眼睛雕工制作，都是将其眼眶底部打磨得十分光滑，即使在放大镜下也基本上看不到其中的粗疏线条或痕迹。

红山玉器的穿孔，分对穿孔、单面穿孔与象鼻孔三种。

1. 对穿孔。出现在立雕的玉器中，以及有一定厚度的玉器上，比如在人体的腋下、腿间等处。对穿孔的特点是两头直径大中间直径小的蜂腰形，且由于两面对钻的缘故，中间的接口处往往因对接不准而造成错位，出现台阶。这一点很重要，仔细观察真品的穿孔内壁，一定有台阶。现代的仿品一般用小直径的钻直通到底，再两头扩眼，这种蜂腰眼没有接口，也没有台阶。

2. 单面穿孔。较薄的玉件就一面打通，没有蜂腰。

3. 象鼻孔。出现在平面类玉器上，比如玉鹰的背面都有这样的孔。有些人形玉器的颈部也会有象鼻孔出现。象鼻孔的琢法，是在同一个面上斜向钻孔，再用刀纵深穿通。

红山文化 玉鹰象鼻孔

红山文化 玉鹰象鼻孔放大

此外，红山文化还有一种在器物脊上和顶上的穿孔，其虽为两面对穿，却又状似象鼻孔，常出现在人面形的佩饰上。以上这两种琢孔方式在商、周时期仍沿用。

在红山玉器的孔内有的能见到十分明显的螺旋状打磨痕迹。有专家因此认为孔内有螺旋痕迹的红山文化玉器才是真品，但只把是否有螺旋状打磨痕迹作为判断红山文化玉器真伪的依据又显得过于绝对和片面了。事实上在正式出土的红山文化玉器中，也有不见螺旋状打磨痕迹的象鼻孔。

纹饰是一个时代思想观念、审美意识和信仰在玉器工艺美学上的表现。红山文化玉器的纹饰相对于良渚文化来说，简单而深奥。为什么呢？红山文化的纹饰基本上是以粗阴线构成的线条组合，极少有细腻的加工纹路，大面积的是裸露的光面，这对于一般鉴定者来说，其特征依赖的难度系数较良渚文化增大许多，在没有第一手资料的情况下，很难对玉件做出正确的判断。红山文化常见的有凸弦纹、阴线和瓦沟纹。

1. 凸弦纹。凸弦纹也叫"棱线"，是红山文化玉器纹饰中仅有的数种纹饰之一，具有显著的装饰特征。凸弦纹在玉器上粗细均有，顶端圆滑，装饰效果简单而大气。这类纹多见于鸟类翅膀、尾羽，龙的长鬃和勾云器的弦上。

2. 阴线。与凸弦纹相对的是阴线纹饰，红山文化时期的玉匠具有高度的概括能力与构成把握，在一件玉雕作品上，有时仅寥寥数刀阴刻线，就能准确地表达出作品的生理结构。比如玉猪龙的喙部，大概不过两三刀阴刻单粗线，就能完整地表达出那一时代对猪造型概括的表现能力，以后各时代的能工巧匠对此远不能及。

3. 瓦沟纹。瓦沟纹是红山文化玉器的标志性纹饰，即在平面玉佩或圆雕玉器上磨出平整匀称的凹槽形纹饰，在大多数的红山玉器上都可以发现这种纹饰的存在，它常被用于勾云形器的面部、鸟类的身体以及箍形器的正面。器物上的瓦沟纹打磨得十分光滑，瓦沟的底部和平面交接处有"触之有线，视之无物"的感觉，这种感觉只有长期的观察才能有所体会。

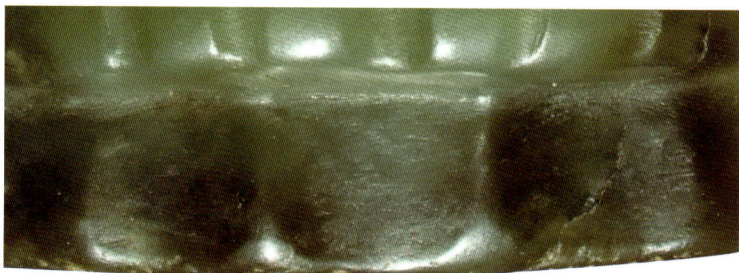

红山文化 玉鹰瓦沟纹

正如我在上面所讲的那样，红山文化的鉴定特征表面简单，实际的辨识操作极其困难，更多的是要从光面所表现出的磨光特征上着眼，这种磨光至少现在尚没有见过与之相近的。仿品红山文化的受骗者与其他时期玉器的买假有所不同，一般玉器的买假更多的是由于仿品的逼真程度往往超越了一般人的鉴定水平，而红山玉器的买假，则多是由于买者基本上没有见过真品，所以，尽管赝品的仿真水平低劣，却也能逍遥于交易之间。

沁色是指古玉在墓中被土或周边其他有机物质污染后生成的质变颜色。对于高古玉的收藏者来说，对沁色的挑剔，有时要超过对古玉本身的要求。红山玉器出土于辽宁和内蒙古的交界之处，由于当地气候干燥多风沙，所以，在这种特殊的产地和地理环境及气候条件的影响下，红山玉器的受沁的情况比较特别。就出土的玉器来看，有些玉器受沁程度很低，甚至有些干脆不受沁，至今还具有着原始的丽质。更多的是在玉器的表面出现散碎斑驳的土咬，这在生坑器中尤为明显。红山玉器上常见的沁色并不复杂，但颜色多变，比如有紫褐色沁斑、红褐色沁斑、黄褐色沁斑、灰白色沁斑、黑色沁斑、白色沁斑等，少数玉器出现钙化严重的现象。红山文化所用玉材多是就地所取的岫岩玉，它本身存在的沁色特征基本相同，与江南的良渚文化、黄河流域的龙山文化出土玉的沁色规律有着明显的不同。只要掌握了这种沁色的规律，对于新仿的红山文化玉器就会有认识。

红山文化玉器的鉴定，主要应从光面的打磨技术上着眼，在光面上能看出玉质的好坏、包浆的程度、受沁的颜色与形态，还有红山文化玉器所应具有的光泽与手感。因为在这个光面上，任何仿制、作伪手段都会毫无隐蔽地暴露无遗。同时，线条的表现特征由于装饰线稀少而能够得到突出的展示。从真品勾云形佩表面上，我们可以清楚地观察到凹下去的瓦沟纹，这些瓦沟纹走势自然流畅，多为圆弧形，横断面呈瓦状，下凹的勾槽弧度贴切光滑，打磨得十分精细，手感细腻。然而仿制的红山文化玉器往往触感生硬、粗糙，沟槽间会出现明显的棱线，缺乏和谐而平稳的过渡。同时，由于所使用的磨制工具不同，所产生的痕迹也有很大不同。仿制品的瓦沟纹和平面的交接处往往交代不清，显得呆板。不知读者是否注意到，上面我们讲过，红山文化时期的玉匠很伟大，表现在所施用的线条，不管阴线或凸弦纹，都能恰到好处地表现出许多造型内涵，仿品基本上没有这种概括能力。这些是鉴定操作的重要手段。常见的仿品材质，大多选

用黄绿色的岫岩玉琢成，以适应有关图录反映的玉颜色，有的在器物表面上烤有一层黄褐色的伪沁。这种沁色与真沁相比，显得浮而嫩，比较容易看出。在器形上，最常见的仿品器形主要有玉鸟兽形饰和片形玉器。特点是外形基本相似，容易蒙蔽初涉鉴定的收藏者。

再从包浆方面来看，真古玉在地下多年，表面都形成一层自然的灰皮，经过盘玩后出现的光泽呈均匀自然状态。现代的包浆都是通过工艺制造的，光泽薄而亮。从光泽形成原因方面看来，玉器的表面光泽是与玉本身的硬度及所使用的解玉砂颗粒的粗细程度相关。一般地说，玉质硬度高、光泽强，所留的痕迹就会比较轻。另外，如果解玉砂的颗粒比较匀细，所打磨出的光泽感也会比较好。因此，红山文化玉器一般表面不会出现玻璃光感觉，这种感觉不是用文字所能表达出来的，必须拥有长期观摩抚摸真品的经历，真假是很容易分辨的。

【第二节 良渚文化玉器】

良渚文化时期约为公元前3300年至公元前2200年，主要分布于太湖地区，因发现于浙江余杭良渚镇而得名。玉器大多用于墓葬和随葬品，大规模地以玉入葬，是玉器发展历史中引人注目的一个现象，这种现象产生于新石器时期，其中以良渚文化的墓葬最为明显。

良渚文化墓葬的随葬品，主要是陶器、石器、玉器。其中陶器为生活用器，石器多是工具和武器，而玉器所包括的范围则非常广，主要有玉璧、玉琮及佩饰等。典型器具有下列造型特点：

1. 玉鸟

整体近似三角形，呈片状，头部向前突出，翅膀向后伸展，尾巴平起。眼睛大而圆，位于头的上部，造型极度夸张。

2. 箍形器

圆筒形器，多光素无纹饰，外壁呈马鞍凹形。

3. 玉琮

呈方柱体。良渚文化玉琮纹饰的主要部分，都装饰于琮的角部，以琢有神人面纹、兽面纹饰居多。

4. 玉璜

半璧形璜及桥形璜，上端平直，正中有凹缺口，中部有些雕有浅浮雕图案。

这一时期的玉器工艺雕琢细腻，结构讲究对称均衡，以宗教色彩浓厚的琮、璧的出现为最具代表性标志。

良渚文化时期的玉器有别于红山玉器的光素，用料宽大、雕工细腻、风格深沉是这一时期的主要制作特征，其艺术装饰的构成特点在于，以对称与均衡的设计理念，突破了琢玉整体设计的随意性，使这一创新法则在这个时代得到了尽善尽美的诠释。这种创作理念主导下的装饰手法，表现出以精细的线刻为工艺依托，以浅浮雕为主要创作语言，这种理念与操作的结合，几乎达到了连后世也望尘莫及的境地。

良渚文化玉器对使用材质的征取与红山文化一样，就地取材于周边出

产的透闪石和阳起石，硬度在5.5°～6°度之间，软于和阗玉，这就为其独有的雕刻线条创造了施展的条件。良渚文化的标志性器形就是玉琮，其造型与雕琢所取得的成就，远在玉环、玉璧、肖生器之上，是古玉收藏者主要收藏的目标。当然，在不存在真伪的前提下，良渚时期的玉琮也有优劣的分别，精品玉琮具有四面见工，上下完整，琮体宽大，沁不入骨等特征。也有不少的良渚玉琮，包括其他造型的玉器，是制作时出现的残次品，被用作墓室的充填物。这种玉琮只可做标本，收藏价值不大。对于一般收藏者来说，这种残次玉件只要真，价钱低，就必须购入作为一种标准器。一个鉴定人员，只有经常面对标准器进行观摩研究，才能谈得上鉴定，否则，更多的工夫是纸上谈兵，别人通过文字向你介绍的鉴定经验，终无大用。

良渚文化玉器的收藏历史大概有百年以上，见于民间流通的主要有琮、璧、璜、钺、镯、柱形器、冠状器、三叉形器、锥形器、半圆形器、串饰及大量的玉雕动物等，形制多样而复杂，这里面又掺杂着旧时的仿品，所以，真正的形制标准还是要参考考古发掘品的标准器图录。话又说回来，图录只能解决形状的似与不似的问题，现代的仿制同样依靠图录，已经完全解决了这个问题，所以，鉴定要粗看形制、细品雕工才行。

1. 玉琮

玉琮是良渚文化玉器中最具典型意义的作品,在良渚文化遗址中曾有大量的出现，出土器与传世器的数量较多。良渚文化玉琮具有这样几个特点：

（1）具有最为显著的细部特征，即人神兽面纹组合。这种组合是完成在以四面所夹角线为中心的双面对称基础之上，每两节为一组，第一组为神人面纹；第二组为兽面纹。不管玉琮的节数有多少，均按照这种排列延伸组合。

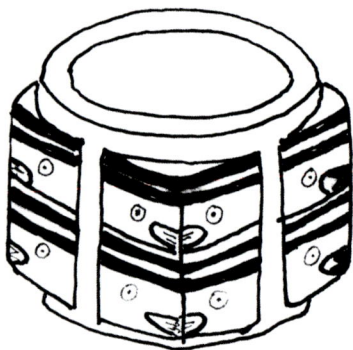

良渚文化 玉琮线图

（2）这时的雕琢刀法已经摆脱了原始的简单，能碾琢出各种弯曲度的细而密集的阳线，同时，各种几何形图案也相继出现，呈现出明显的时代风格。

（3）阴线的刀痕细而浅，地子在放大镜下呈现出凹凸不平，这种特性的阴线是良渚时期特定的琢玉工具所决定的，体现了时代的工艺特征。一般仿品的阴线都深于真品，而且比真品规范，这也是时代工艺的表现。

良渚文化 兽面　　　　　　　　　赝品良渚文化 兽面

（4）上下两组分别用浅浮雕的方法雕出图案的主要部分，用阴刻线雕出细部，这样做到最大限度地开发出各种技法的最佳功能。

对于普通的收藏交易来说，很少有大型的玉琮出现，一般所见，都在两节或四节的规模上。这种玉琮的鉴定主要应用放大镜仔细观察兽面细部的线条特征。由于良渚文化的用玉质地微软，细部的线条极易被磨掉，或被磨得隐隐约约，这种隐约不清与完全消失及清晰存在的关系是很自然的。仿品在这种关系上，会做得极不自然。同时还要注意浅浮雕与铲地之间的关系。至于沁色、形状等方面，对于做假者来说，一般都能力所能及。

2. 玉璧

良渚文化的玉璧一般不是古玉收藏者的重点收藏对象，原因很简单：

第一，这一时期的素璧数量较大，存世量也相对较多，不大受藏家的重视。

第二，素璧基本上不具备一般收藏意义上的工艺性，缺失所必需的美感。

第三，不仅是素璧，整个良渚文化用玉的玉质都不佳，这必然导致在交易市场中出现交易记录不良的状况。一般很少见到这一时期的素玉璧赝品出现。

鉴定时要注意下面几点：

（1）玉璧的璧孔较小不很平滑，直径多在2厘米左右，较大的达3厘米，璧厚约1厘米左右。

（2）璧孔如果是两面对钻，往往留有接口；如果是一面钻孔，璧孔呈一面大一面小的"大小眼"形状。

（3）玉璧基本上光素无纹，表面磨光光滑但感觉效果不及红山文化。

（4）用料以墨绿、淡绿、青灰为常见色，玉质石性较大，受沁后呈灰白色雾状。

（5）由于开片技术的原因，璧的厚度不甚均匀，一些璧的外缘有较浅的凹槽。

3. 玉璜

良渚文化时期的玉璜所采用的雕制手段，基本上在玉琮身上都有所体现，同时，增加了一种新的雕琢工艺形式，即采用了"线镂"的技法镂空。在镂空的一端，尚可见为穿镂线而钻的工艺孔痕迹。这种原始的镂空工艺很显粗糙，几乎没有能够像玉琮那样完整表达雕制意愿的图案，只是突出地体现了良渚文化玉器的那个结构原则——对称与平衡。虽然这种工艺在今天看来已经十分原始，但却创造了良渚文化玉雕工艺上的一个辉煌。具有这种工艺效果的良渚玉璜，以其存世量稀少而具有较高的市场交易价格和收藏价值。良渚文化玉璜常见的可以分为两种样式，一种是桥式，一种是半璧式。桥式璜往往在外拱处凸雕纹饰，半璧璜则将与玉琮相仿佛的图案雕于平面之上。

4. 箍形器

良渚文化的箍形器具体的功能至今尚不能确定。如归为玉镯，其内径小，一般约在6厘米~7厘米左右，不足以将手穿入，所以也有称之为"发箍"的。这大概就要从考古报告中寻找其相应的入殓位置，以定其用，以正其名。良渚文化的箍形器有两种制作形式：一是外壁有浅浮雕作为装饰纹，这种样式的玉镯很少，1978年浙江余姚安溪乡下溪湾村瑶山墓地曾出土了两件这样的玉镯，但是作为收藏品则极其少见，收藏者一旦见到，要小心对待；二是比较常见的素面器，这种素面箍形器内外壁不见任何纹饰，大概有下面四个特点：

（1）箍形器的外壁一定呈马鞍形，向下微凹出弧面。

（2）箍形器的内壁一般可以触摸到对钻后留下得台痕。

（3）内外壁打磨细致光滑，但是没有亮光。

（4）内外角尖锐清厉，不见倒角痕迹。

素面箍形器虽然没有纹饰，但是其鉴定的特征全在上面这四点之间，不易鉴定，也不易仿制。

下面的这件带有良渚文化玉器纹饰用刀特征的箍形器，比较低劣，原因在于人面的眼睛用的是良渚玉琮兽面纹的样式，器形则又是红山文化特有的马蹄形玉箍，这是一种很典型的张冠李戴，赝品的制造者由于对古器物学不熟悉，很容易犯这种错误。同时，这种纹饰在良渚文化与红山文化中从未出现过，所以仅从其中一点上，就可以断其为赝品。

赝品良渚文化 箍形器

5. 动物形玉

目前已发现的良渚文化动物形玉器有鸟、鱼、蝉、蛙、龟、鳖等。这些生肖玉器造型基本上不饰细节，追求的是一种皮影式的剪影造型，轮廓线硬挺，微近抽象。在所雕的眼睛等处，偶见一些细工。当然，也有局部雕工较多的，如瑶山墓出土的一件玉鸟，就出现阴纹平雕出眼与喙部，这种样式较为少见。

赝品良渚文化 玉琮

　　良渚文化玉器的工艺制造是史前玉器的一座巅峰，其雕制工艺的精细，与红山文化的简约，形成了截然不同的两种史前玉制作的精神品貌。因此，在现代交易市场上，这两种文化的玉器仿品约占十之八九，红山文化仿品的历史约有二十余年，纯属新仿；而良渚文化的仿品则比较复杂，其历史远早于红山，大约在上世纪二三十年代即有仿良渚玉琮的老仿品出现，至今的一些博物馆中也偶有那一时期的作品。辨认良渚玉器的真伪，最好还是要通过观察实物，来理解书面语言的经验传导，不能纸上谈兵地按图索骥。

　　就常见的良渚文化玉器所表现出的工艺特征上看，主要注意下面几点：

　　1. 减地平凸技法的应用。这种技法主要表现在玉琮等浅浮雕图案的雕制之上。通过对事物的观察，可以发现，需要凸起的部位周围，都有小范围的减地动作。实际上，凸起的感觉是由于周边的减地所造成的。这样既可以最大限度地节省用工，又得到最好的观赏效果。这种减地处的地子虽然打磨光滑，但尚有起伏不平的手感，如果极其平整，大概就要注意真伪了。左面的这件赝品玉琮仔细观察减地处光滑平整，并不是局部的减地，而是形成了完整的浅浮雕，仅从这一点上看，即可断其为赝品。

　　2. 局部浅浮雕技法的视觉感受。这种视觉感受主要表现在玉琮的雕制之上，包括减地平凸与阴刻线的综合使用。前者构成大的形状局部格局，后者则实施细部的刻画，在规范的凸起造型中工笔勾勒，这就是良渚玉器的浅浮雕技术的基本创作构成。

　　3. 锼线技法的应用。这种技法现在在木匠中还时有所用，"锼线"现在称为"锼锯"，操作方法完全相同。良渚玉器发明的这种原始镂雕技术，工艺表现比较粗糙，尤其锯口处的打磨不到位，图案的表现力度也远逊于同时期的玉琮。这种技术多施用于玉璜的制作上，少见仿品出现。

4. 开片技术的特点。良渚玉器的开片技术，由原始的线绳夹砂破料发展为薄片状锯片夹砂破料，这样，可以大大减轻劳动力的投入，提高了劳动效率。这种开片的技术进步，为我们今天的技术鉴定提供了一个着眼点：用线绳开片，玉表面会留有线绳拉动的痕迹，经打磨后，表面很光滑；而这种利用锯片状硬器开片，玉表面有时会出现较深的刀痕，我们称之为"汉剧"，很难打磨平整，这就是鉴定良渚玉器的一个着眼点。而现代仿品一般没有这种刀痕出现。

5. 打磨。良渚玉器的重要技术标志是打磨出的玉器平整光滑，手感很舒服，但是少有玻璃光效果。一般的观感是不甚光亮，有哑光效果。在玉器的制作历史中，几乎每一个制作高峰时期，都会在打磨的工艺上形成鲜明的时代特点，彼此互有区别。新工对此几乎束手无策，基本上没有比较理想的仿制品出现。

良渚文化玉器的纹饰是鉴定真伪的重要实物依据，纹饰阳起线条的繁密、打洼的光滑过渡以及设计布局的周密合理，都形成了这一时期纹饰设计雕制的时代特征。简单地说，应从下面几点着眼：

1. 纹饰的主导设计理念是对称与均衡。这在良渚玉器中是一个贯穿始终的设计理念，几乎只要有纹饰的地方，就有这种理念的存在。比较突出的就是玉琮，它的图案中心线是借用柱体的角线来充当，将本来是一个处于平面的图案立体化。如果没有这种理念作为支撑，是不会出现这种绝妙的设计结果的。

2. 最有影响的纹饰是神人兽面纹。神人兽面纹是良渚文化纹饰中最为经典的图案，同时，也是仿品最多的图案。在高古玉的流通渠道中，见到精美完整的神人兽面纹作品，大概万分之一真品的可能性都没有。倒是我们可以通过对这种纹饰的研究，找到某些带有共性的纹饰特征。

（1）神人兽面纹的阳起雕线很浅，以至于既有的线条已呈模糊状。

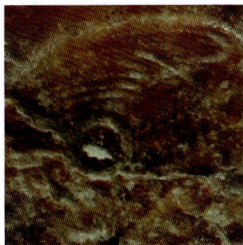

良渚文化 神人兽面纹阳起线条

（2）线条多取圆势，多数局部图案是由一组一组的圆形线团组成，这种线团纵横排列，繁而不乱。

（3）线条圆润绵柔，缺少力度，这大概与所用的玉石硬度有关。

（4）眼球与瞳孔不是用空心钻打出来的，所以呈现出的圆既不同心又不规则。

（5）形成的浅浮雕效果完全是减地技法所致。

（6）神人兽面纹在较短的时间内得到了设计形式上的简化，从原来神、人同在一个器面上，简化到一个器面仅出现或神或人一个单独的图案，最后画面再进行抽象化的简约，只是突出了大眼睛，而不计其余。

在交易和收藏过程中，一些非精品或残次品也许会露面，是收藏良渚文化玉器的好机会，不应错过。

3.重要的纹饰还有神鸟纹、蚩尤纹、绦索纹、卷云纹、勾云纹、菱形几何纹、弦纹等。

良渚文化玉器的纹饰总的来说比较抽象,反不如隋、唐、元、明、清时期的纹饰语言更加直白,大概是因为对玉器本身所赋予的意义不同,其设计表现也就不同吧。

良渚文化玉器的用玉主要有两种：一是阳起石，二是透闪石。大多数是浙江周边区域所产,所以质地芜杂,软硬不均,不少这一时期的玉器中夹杂有各种颜色的筋条色斑,这是良渚玉器的材质特征之一。

良渚玉器的沁色最为常见的有三种，即鸡骨白、水沁及血沁。

鸡骨白：鸡骨白是良渚玉器的典型质变颜色，严格地说，鸡骨白不属于沁色的一种，是一种钙化，但是传统的古玉收藏都将其笼统地归纳在沁色之中。其颜色以类似于象牙的白色为最好；闪黄者次之；米白、米黄以及土褐等色渐次不第。形成鸡骨白的原因这里不讲，在收藏具有鸡骨白沁的玉器时，要注意两点：

一是讲究收藏那种表面钙化成鸡骨白，而表皮下玉质依旧的玉器。这种程度的鸡骨白玉器不盘玩，以可保

良渚文化 鸡骨白

持原有的生坑形态，一经盘玩，很快就会变成熟坑。清代鸡骨白大多是经过火烧的，也称之为"火烧玉"。

　　二是要特别注意，凡是已经深度钙化了的玉器，一般不会盘玩出来，所以收藏价值较低。比较直接的观察区分，就是在表面仔细寻找是否有裸露未浸蚀的地张（俗称为"天窗"），以有天窗的为好，没有天窗的判断起来比较复杂，而有天窗的藏品更多的是仿制者预先埋的"地雷"，也很容易走眼。

　　水沁：水沁是良渚玉器常见的沁色，呈白色散点喷雾状，要注意的是，这种雾状疏散聚密的自然状态关系。

　　血沁：血沁是一种赭红色的沁色，有时会附着在鸡骨白之上，这样是很理想的沁色组合。以色泽浓艳者为佳品，色淡或不纯者次之。

良渚文化　赭红色沁色

　　总的来说，良渚玉器的沁色有着自身的收藏把玩价值，观察品赏沁色，最好要在充足的阳光下进行，可以收到百看百幻的最佳视觉效果。

　　仿制良渚文化玉器的活动出现得很早，大概从宋代开始，直至今日，仿造的行为就没有停止过。尤其是近几年，随着高古玉收藏交易的渐进高潮，良渚玉器的低劣仿品更是甚嚣尘上。

　　仿制的良渚玉器同真正的作品有许多区别，主要表现在以下几个方面：

　　1. 材质

　　良渚文化时期用玉基本上是就地取材，质地芜杂，但很少使用和阗玉或岫岩玉，因为新疆、辽宁与浙江的距离太遥远。而宋代或清代的仿古，则多用和阗玉。所以，现在能看到的和阗玉质雕制的良渚玉器，只要不新，就属于这种老仿。近年的赝品则多用岫岩玉或南阳玉，甚至还有用青田石为材料的。这些材质的硬度与良渚玉器不同，雕琢出的线条观感也完全不同，只要看过真品，就会有所感觉。

　　2. 沁色

新石器时期玉器

033

良渚玉器的仿品多仿鸡骨白，不管用什么方法制作，其沁色死板缺少变化是最突出的特点。在交易中，有些熟坑的良渚玉器，情况比较复杂，大约由三种玉器组成：一是真正良渚玉器的熟坑；二是旧仿品被盘熟；三是新仿品被加工成熟坑。前两种可以收藏，而后一种则是属于被剔除的对象，但欺骗性大于生坑。所以，建议在遇到熟坑良渚玉器时，要慎重，最好不要轻易买入。

3. 纹饰

从纹饰上，有两种情况具有一定的欺骗性，值得注意：

一是极常见的神人兽面纹，这种具有典型意义的纹饰，对一般收藏者的诱惑极大，又似曾相识，所以容易丧失警惕。

二是冷僻的纹饰或冷僻的器形，无典可查。这种纹饰、器形对一般的收藏者也同样产生诱惑，在"物以稀为贵"的收藏原则诱导下，会利令智昏。

同时，还要注意的是老料新工的欺骗。在良渚玉器中，带有纹饰的玉器不多，更多的是素器，不少人将素器加雕工后高价售出。这种半真半伪的玉器，极易混淆一般收藏者的鉴定视线，所以要综合而全面地判断玉件的真伪。另外，造假者往往效颦于已经发表在图录上的器形与纹饰，这样具有一定的欺骗性。下面这件赝品良渚三叉形器，就是按照浙江省文物考古研究所藏的出土器仿制而成，但是雕工明显地

赝品良渚文化 三叉器

出现现代的制作痕迹，譬如眼睛是用钻管加工出来的，很规整；鼻翼使用的是战国以后的"撤法"；上面的三叉打磨得过于圆滑，而真正良渚三叉器很见棱角，从这些地方都可以看到因造假者在器物学方面的不成熟而给我们留下太多的鉴定依据。

4. 雕工

良渚玉器的雕工特征比较鲜明，就是上面所讲的浅、软、圆、细，这种效果我们不能以"好"与"不好"来判定，只能以此作为鉴定的标准。一般的仿品都达不到这种感觉，原因不外两点：一是材料的硬度不同，比如岫岩玉质脆，完全做不到那种细而软的效果；二是琢玉的工艺、工具的不同，决定了所表现加工痕迹的不同。

【第三节 龙山文化玉器】

　　龙山文化约在公元前2900年至公元前2000年之间，泛指中国黄河中下游地区，约为新石器时代晚期的一类文化遗存，属铜石并用时代文化，因首先发现于山东省章丘市龙山镇城子崖而得名。经多年大量发掘与研究表明，龙山文化的系统与来源并不单一，分为山东龙山文化、河南龙山文化和陕西龙山文化，分布于黄河中下游的山东、河南、山西、陕西等省。这三个文化中的玉器以山东龙山文化发现的玉器较多，河南龙山文化和陕西龙山文化玉器发现较少。

　　龙山文化玉器多以质地细腻、不透明、光泽温润的长石为原料，从收藏高古玉的范围来看，属于影响较小的历史时段，但却是一个形式、材料相对丰富的时代。从形制上看，礼器类玉器有璧、琮、璜、环；工具类玉器有刀、铲、斧、戈、戚、锛、钺；装饰类玉器如人头饰、动物、镯、指环、臂环、梳、簪等。这一时期的材质比较复杂，有青玉、白玉，也有墨玉；同时还有绿松石、岫岩玉、莱阳玉以及玉髓等。这些精美的纹饰工艺、光滑平整的表面、自然流畅的线条都是这一时期的主要特征。

　　位于山东境内的龙山文化遗址是迄今发现的最为典型的龙山文化，最

龙山文化 玉戚

为著名的精品就是北京故宫博物院所藏的那件墨玉锛，锛体包浆厚重，用于装饰的阴线刻弦纹宽窄相间，上刻变形兽面纹，极为精美。由此可见，龙山文化时期的玉器用线技法讲究，与良渚文化的用线具有本质上的不同。目前的市场交易品与一般收藏者手中的龙山文化玉器，基本上是生坑，很少有传世的熟坑器出现。这一点，与红山文化玉器相同。

河南龙山玉器出土数量较少，最早见于河南省郑州大河村遗址，河南安阳后岗遗址中也有少量玉器出现。目前出土玉器的种类有玉璧、玉璜、玉环、玉饰等。

陕西龙山文化遗址发现的玉器不是很丰富，最早是于1955年发掘的陕西省长安县津西客省庄遗址，遗址中发现了少量的玉质装饰品，以后又陆续出土了生产工具及装饰品等玉器。出土玉器的种类有玉璜、玉璋、玉刀、玉钺等。

关于龙山文化时期玉器的基本器形形成，一般研究者认为是在不断受到其他相邻文化譬如良渚文化的影响之下所产生的结果。因此，在龙山文化玉器身上，总能找到似曾相识的印象。

1. 玉锛

多为扁平长方形条状器，平顶，刃微圆而凸出，宽于锛身，锛身往往刻有饰纹。

2. 玉钺

似玉锛短而宽，呈长方形或近梯形，平顶下有钻孔，刃部多为两面磨制，其形制多与玉斧相混淆。

3. 璇玑

又称"三牙璧"，是一种片状的璧形器。中部钻一大孔，外缘等距突出三个扉牙，方向、形状一致，是龙山文化的典型器物，现一般认为是一种异形璧，供装饰之用。

4. 玉璋

是一种呈长梯形的玉器。斜圆顶或平顶，凹刃，一端有孔，两侧有齿。

5. 玉刀

是刀形的玉器，器上有3～5个孔，从现在传世的玉刀来看，基本上没有使用的痕迹，这就说明，龙山文化时期的玉器本身就具有美饰生活的意义。

6. 玉璜、玉圭、玉璧等制作形制与其他文化时期的同类器基本相仿，这里不再赘述。

龙山文化工艺具体表现为精美的纹饰、光滑的玉器表面、自然流畅的线条特征。将龙山玉器在加工工艺上的特点同红山文化相比较，龙山文化有了很大的进步，不再像红山文化时期时的设计理念所表现的那么概括，在玉器的造型上有了很大的变化，表现为：

1.线刻风格硬爽劲挺，与良渚文化玉器的线条感觉不同，而总体制作风格比较接近于红山文化。

2.反映在玉器表面的雕琢装饰线相对较少，注重于对玉器的整体塑形感觉。

3.对一些较为抽象的兽面纹雕琢，譬如有些器件对眼睛的处理与良渚文化相似。

4.器身的孔洞比较典型，多为双面对钻而成，对钻的交界处有台阶；单面钻孔的背面有时在孔口部有崩碴。

龙山文化玉器主要使用的雕刻方法是阴刻直线，既深且粗，底部较上方宽阔，具有一定的视觉力度。即使一些屈曲盘桓的细线条，都不失其自身的力度，这种雕刻风格明显与红山文化带有相互作用的关系存在。同时，很少观察到龙山文化玉器使用纯阳雕手法，所见的弦纹也基本上属于减地平凸。

在纹饰造型上，龙山文化则明显地受到了良渚文化玉器的影响，所雕神人兽面纹在良渚玉器的基础上，形成了与之既同且异的变形兽面纹。纹饰中的线条转折自如，层次不同。

龙山玉器更多的是无纹饰的素器，玉质的优劣完全暴露，一览无遗，所以，这一时期的打磨工艺显得比红山文化发达，主要表现在玉器表面的光泽厚实而平润，精光内敛，超越了红山文化。这种打磨的工艺效果为后世仿古者的技术能力所不能达到。在高古玉的鉴别中，感觉最为强烈的，其实不仅是纹饰与造型，还有打磨，越是光面，越容易判明真伪，但也容易判断失误。

龙山文化 打磨光泽

新石器时期玉器

037

　　龙山文化玉器少见传世器，多见生坑，所以，在玉的表面时见土蚀后的灰皮以及沁色，间或出现鸡骨白。由于地质环境较好，所以土壤对玉的侵害远不如良渚文化玉器那样严重，但仍有各种沁色存在。有些出土不久的龙山玉器，整体包浆很厚重，尤其在一些表面和边缘处，有年长日久经自然浸蚀形成的冰块融化般的小裂缝和融洞，这是目前无人能够仿制的，是见证数千年历史的直接证据。

龙山文化 沁色

　　仿制龙山文化玉器器形多以玉圭、玉璇玑为主。在鉴定上要多看标准器，注意器物细部特征。在了解龙山文化琢玉方法的基础上多看真品多上手，熟识那一时期的玉器风格。看到心仪器物注意察看其玉质、包浆、沁色，观察其有无人为痕迹，有无风格上的差异。尤其看到大件器物，先不要急于下手，要仔细察看并注意其工艺特点。

　　对于龙山文化玉器的鉴定来说，驾驭制作时代风格特征是一件很难的事情，原因在于龙山文化的地域跨度很大，约有山东、陕西、河南及其豫西的庙底沟的二期文化，在这种长跨度的地理坐标上，龙山文化的玉器制作表现具有明显的不同鉴定特征，对于鉴定依据的运用有许多的独立性存在。所以在鉴定实践中，不能一言以蔽之地简单从事。

　　龙山文化玉器的市场表现一般不如红山、良渚骄人，同时，所见仿品也乏有精细之作，收藏者对此应充分注意。

【鉴定实例：红山文化 玉鹰】

红山文化 玉鹰 估价 60,000 元人民币

  上面介绍的是一件红山文化时期的玉鹰。岫岩玉质，青绿色，玉表面基本上不见沁蚀的痕迹。这件玉器具有着典型的红山文化玉器的制作风格，是非常开门的藏品。

  红山文化玉器的主要制作特征在于以磨工代刀工，由于是处于新石器时期的晚期，很少使用比较细致、费工的砣轮技术，所以，对于质地很硬的玉石来说，采用的最佳加工方法就是红山文化所特有的这种研磨法。在完全手工作业的加工环境中，所得到的加工痕迹基本上是宽而浅的"V"

形研磨槽。这种"V"形研磨槽具有相对简单、便捷的加工工艺特征，其剖面规律是两个斜面的相对角度、深浅都具有不固定性。同时，从外观上看，由于研磨过程不是一次完成整个线段，所以"V"形研磨槽的轨迹走向不会很直，分段带有衔接的痕迹，这是最直观的辨识方法。

由于红山文化的用玉与良渚文化不同，所以所形成的琢玉方式也有根本的不同。地处太湖一带的良渚文化周边不产玉，所以从发掘品上可见的是以硬度低的美石代玉，因此良渚文化的玉器加工多以细密的阴阳线为主，这在红山文化几乎是不可能的事情。红山文化的用玉是本地周边所产的岫岩玉，硬度在2.5°～5.5°之间，比重在2.5°～2.8°之间，按照对于现在既有的红山文化玉器加工能力的判断，红山文化不可能有磨制出类似于良渚文化玉器那样很细的阴阳线。在红山文化研究专家孙守道、刘淑娟编著的《红山文化玉器新品新鉴》一书中，披露了大量的红山文化玉器照片，没有发现具有细而工致的阴阳纹饰线出现。这就为我们从制作材料与相应的制作工具、制作方法上提供了鉴定的依据。我曾在一家博物馆中看见有一件红山文化藏品，据说是上世纪中叶的一位很有名收藏家的捐献品，玉质呈浅黄闪绿色，上饰有相当工细而屈曲的细阳线，我对此表示怀疑，原因就是上面的观点。

在红山文化玉器中，具有阴线特征的雕琢痕迹并不是没有，只是很少见到，处于红山文化晚期的牛梁河遗址M21就出土了一件岫玉质兽面玉牌饰，上面线条入刀出刀的力度表现特征与商代的粗阴线很接近，如果不是具有明确报告的出土器，一般的时代认同很难将之与红山文化联系在一起。

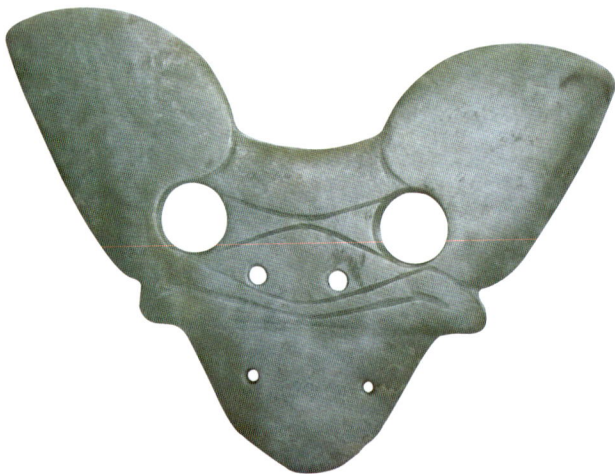

红山文化 兽面牌饰

对于红山文化玉器的真伪判定，除了上面所涉及的"V"形研磨槽特征之外，还有一些玉器本身所具有的鉴定特征可以作为结论的支持。譬如对于玉质的观察就很重要，同样是岫岩玉，由于红山文化时期所使用玉的开采位置一定与清代、民国乃至当代的不同，所以玉的质地构成也就一定存在着区别，通过下面的对比图可见，红山文化岫岩玉质地其实并不好，透明度很低，达不到真正和阗玉的那种半通透状态，所表现的是一种浑厚而深沉的玉感觉。对比之下可见，清代以后岫岩玉质地的通灵剔透程度

红山文化 岫岩玉

清中期 岫岩玉1

清中期 岫岩玉2

现代 岫岩玉

超过和阗玉，表现出的是靓丽有余而雄浑不足。这在直观的对比就可以得到真实的感性认识。要说明的是，上面所参与对比的现代岫岩玉，是选择开采于上世纪的中叶、比较接近红山文化的一种，至于更多的现代岫岩玉，通透得近于玻璃，与红山文化时期的玉质完全不同。所以一般水平的红山文化玉器仿品在质地上有两种选择：一种是选择石性较大的杂玉仿制，经过表面失光处理，达到乱真的效果。真正红山文化古玉的质地虽然不通透，但是只要经过用手稍加盘玩，就会生成一种特定的光

泽,因为红山玉器的打磨很精到,玉质的硬度又高,由于长期掩埋而生成的灰皮表层,经过摩挲之后,会精光复现,而不是黯淡无神的失光;另一种是选择根本就不是玉的石头仿制。

仿品红山文化 "C" 形龙及其质地

面对这种仿品,鉴定起来就比较棘手,只能通过造型与刀工的存在来加以判断。我们并不排除红山文化出现石质雕件,这种雕件即使是真品,其价值体现只是在博物学上,实际的收藏价值并不高,所以在实际操作中,如果没有很大的把握,建议尽量回避。

红山文化的仿品极多,在实际收藏中,几乎很少能见到真品的流通,在判断上,除了将上面所讲的雕琢方面、材质方面作为基本观察点之外,仿品的造型也往往存在着很明显的漏洞,也为我们提供了判断的论据支持。

在中国玉器制造史上,红山玉器在造型的简约方面,达到了一种历史的巅峰高度,这是后代任何历史时期都不能达到的最高境地。具体表现在每一根线条、每一个减地平凸,都富有极其广博的概括含义,没有谁能对之进行美化性的哪怕是微小的移位与增减。红山文化在造型上所表现出的抽象意义,是一种原始美学与原始宗教相融合的形成结果,同时也是初民复杂政治意念的表达简化,在每一件玉器上,都寄托着这种原始的,而且是不为现代人知的精神寄托。按照从众的说法,主图所展示的是一只抽象后的鹰造型,与阅读视线呈俯视垂直角度,这在红山文化中屡见。但问题是,我通过打底光的方式进行阅读,所得到的就不再是一只抽象的鹰造型,而是一张狰狞的兽面,原来的"M"形鹰翼,在光线的变动下瞬间便成了狰狞的怒目,上面还琢有两道短小的竖眉;下面的鹰尾羽毛则变成了獠牙。谁能否认这种移步换影的欣赏视角的客观存在呢?红山文化玉器抽象造型中所饱有的具象张力,是那一个社会所独有的,具有不可复制的特性。

底光下的红山文化玉鹰

　　红山文化的仿品在造型上所受到的一个最大的制约，不是制作工具的问题，而是由于美学理念的不同而达不到真品所应该具有的抽象、简约高度，往往在仿制过程中，简约达不到神似，造型不伦不类，于是以增加纹饰来加强阅读的说明，结果失掉了最具时代特征的抽象而概括的原始语言，换来了新的不伦不类。下面的仿红山文化玉鹰线图就是这种制约的忠实表现者，在鹰爪的表现上过于直观，真品仅靠几刀就能使读者明白，而

红山文化 玉鹰爪

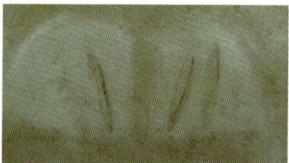

仿红山文化 玉鹰线图

红山文化 玉鹰尾

尾羽则用了一个十分现代的"▽"形，与新石器时代的审美不相符合。而仿红山文化玉鹰线图的造型很明显与真品线图存在着直接的仿制关系，但是真品的造型线条简洁，概括与夸张的力度很强悍，几乎达到了完美的境界。而仿品为了克服由于相形见绌而表现出的表现语言生涩，极尽画蛇添足之能事，在仿品的语言能够为一般收藏者所读懂的同时，也失去了真品具有的那种造型抽象美学的魅力。

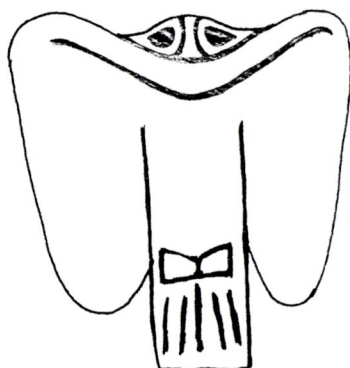

仿品红山文化 玉鹰线图　　　　红山文化 玉鸟线图

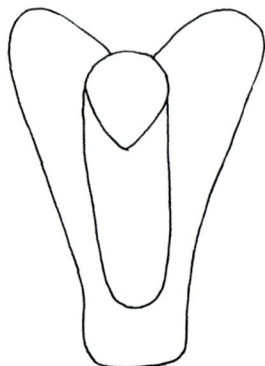

最后谈谈这件玉鹰顶部的象鼻孔。红山文化时代没有金属钻，钻孔是通过用双掌搓动竹管，加上解玉砂慢慢琢成，所以遗留在孔壁上的工艺痕迹就是不规则的螺旋纹、不规则的圆径与孔内残留的多次扩孔而留下的顶端痕迹（钻孔图2），在这件玉器中，还发现孔内顶端处有一个小凸起（钻孔图1），是空心竹钻的典型加工痕迹，这些细小的工艺残留，都是当时加工的情景再现，为我们的鉴定提供了坚实的判断依据。

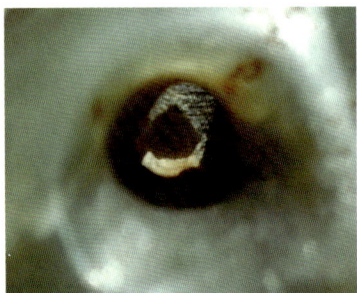

红山文化 玉鹰钻孔1　　　　红山文化 玉鹰钻孔2

这一段有关红山文化玉鹰的文字，向读者提供了两种可以借鉴的思路：一是鉴定方面的，如何通过既有的条件来对藏品进行制作时间上的判断，真品仿品在玉质、工艺痕迹、造型上的不同，其实就是那么几个着眼点，掌握了，可能受骗的几率相对低一些；二是欣赏方面的，本来一件俯视的鹰形，在不同光源的照射下，得到了不同的造型认识。这就是一种玩法，很有意思。收藏品，一旦挣脱了来自价值规律上的束缚，它的存在价值才会得到充分的升华。

（本段文字用图部分节选了郭大顺先生主编，朱达、穆启文先生图片提供的《牛梁河遗址》一书。谨此致谢——作者）

【第四节 收藏与投资】

新石器时期古玉的收藏历史由来已久，重点主要是在良渚文化玉器之上，至于红山文化，真正适用于收藏、投资目的的交易行为，是在近十几年之间。从收藏历史楔入的角度上看，红山文化的市场潜力应大于良渚文化，因为后者对市场产生举足轻重的影响的时间要远远短于前者；若从收藏的角度上看，红山文化的鉴定难度同时也大于良渚文化。其原因在于良渚文化玉器的存世量大，其中带有细腻雕工的如神人兽面纹玉琮那样的品种很少，光素器很多，所以，能够占有史前玉器主要交易份额的，不是红山，而是良渚。目前所见传世的良渚玉器大约有四种情况：

1. 带工的精品。早在上世纪初期，人们就开始将收藏高古玉的目光聚焦在良渚玉器的收藏之上了，而且主要的蒐集目标就是良渚玉器中的神人兽面纹玉琮，体积越大越值钱。这种玉琮的交易价格始终高居良渚玉器的首位，以拍卖记录上所反映的成交价位来看，2007年2月澳门中信所拍良渚神人兽面纹玉琮，以2,069,100元人民币的价格落锤，可见，昔时的高位精品，现在仍是高位精品。但是，现在除了大型的拍卖会，在一般交易市场上以及个人收藏者手中，很难见到这样的玉琮现身，所能见到的，一般都是新仿品，基本上到不了民国仿品的水平与年限。

2. 无工的素器。良渚玉器绝大部分是这种无工的素器，较为多见的如玉璧、玉箍等，这种素器交易价比较便宜，如果不是特大的体积，一块玉璧的售价也不过在3,000元左右。收藏这路玉器是一般收藏者的入藏方向，因为赝品少，其包浆、沁色以及制作特征反映真实，是基本的标准器。近几年来，这种无工的良渚玉器也很少见到了。

3. 旧料新工。无工的素器减少的原因之一就是制假者将这路玉器按照良渚的时代特征精雕纹饰，以充带工的精品。这种旧料新工的良渚玉器最具欺骗性，所欺骗的主要对象是高端高古玉器的收藏者与投资者，对一般收藏者的影响不大。

4. 仿品。伴随着社会上的收藏、交易热情的持续增高，仿品也开始混珠其中。早在民国时，就有精仿良渚玉琮，经过加工沁色与包浆，再

加上近百年的把玩过程，现在具有一般鉴定水平的人是很难将其与真正的良渚玉琮相区别。这些东西数量不多，现在有些保存在博物馆内，其危害在于向参观者提供了不真实的标准样式。而那些保存在藏家手中的旧仿品，就不能排除其流入交易市场的可能。近十几年来的新仿品则基本上随处可见，喊价高低不等，成交价都比较低。这种新仿品从成交的价位上看，就不具备多大的欺骗性，但是容易蒙骗一心想捡漏的人。

正是由于良渚玉器的收藏功能被开发得早、收藏的历史长，所以能够作为标准器的藏品相对比较普遍，品质的能见度较高。这是一条提高投资准确率的基本保证。不论是收藏抑或投资，作为投入的回报，内行的人们往往将准确率作为第一要义来对待。唐代玉器的交易渠道不畅通，主要是因为存世量少，作为鉴定参考的标准器不确定。这种现象在良渚玉器的收藏圈内基本上不存在，良渚玉器无论是出土器还是传世器，都有较为成熟的理论与实物作为确定的鉴定支持，提高了购入者的交易信心。话虽如此，这种支持作为一口双刃剑的另一面，就是在为收藏者提供了鉴定依据的同时，又向摄利者暗示了做假的标本。处于后来居上的红山文化玉器，在极短的时间内受到了藏家，尤其是投资者的资金关注，将本来比较抽象简单的红山玉器炒得沸沸扬扬，尤其是那种"C"形龙玦与兽形玦（玉猪龙），更是市场关注的焦点。红山文化玉器走红于收藏的高峰期，同时也处于造假的巅峰时代，因此，红山玉器的存世有两种情况：

一是真品。红山玉器的真品基本上收藏于博物馆中，因为在上世纪70年代发现之初，由于社会的大环境所致，不会有人出钱购买，都由文博单位监藏。近几十年来，流传于民间的真品是相当有限的，大型拍卖会上偶有一见，在地摊和古玩店中，基本上没有真品出现的可能。所以，作为一般高古玉器的收藏者，面对红山文化的玉器，最好不要轻易解囊，上当的可能性很大。

二是仿品。在一般市场的交易中，仿品所占比例极大，专家的统计数字很吓人。红山文化玉器研究专家孙守道先生在《故国神游——红山文化玉器新品鉴定与探索》一文中，有过这样的统计：

　　……

　　但是，另一方面，面临升值此一形式，图利者、售玉者便竞相仿制各式各样红山玉器，赝品愈来愈多，至今数量也千倍百倍地激增，形成十分令人尴尬的"假亦真来真亦假"的局面，以致海内外出版的若干红山文化玉器图集，绝大部分被赝品所充塞，鱼目混珠，难以言状。

　　无疑凡考古发掘出土的玉器皆真品，完全可以肯定。如果以真品为基准，率直地说，近二十年间发掘出土的玉器不过百余件；确系出土但非发掘的回收、收集的玉器真品亦不过百数十件；在国内外各大博物馆、大学及收藏单位保存的传世真品，经核实的也不超过百余件，估计还可能多，若加起来将近四百余件。如果将近十几年间公私收藏的四百余件真品，据不完全统计则总共八百来件，若从宽算也就千件左右吧，已经相当可观了。可是近几年间据有的行家估计，大大小小、形形色色的假红山玉龙、玉猪龙、勾云形佩、各类人形和动物形玉，在流通领域内总量竟达五六万之多⋯⋯仅我们近几年所目睹的大小玉猪龙便达到数千件。

⋯⋯

玉器由于进入流通交易比较晚，所以，又不存在良渚玉器中的那种民国时期精仿的老假。这是目前红山玉器交易的市场特征之一。

就交易价格来看，处于后来居上的红山玉器的交易价位远高于良渚玉器，形成这种现象的原因是多元的，但我认为最主要的原因之一是炒作。因为，无论是从红山文化被收藏界认知历史的年轮上看，还是从雕工纹饰对普通收藏者的亲和力上看，红山文化玉器的市场竞争力应微逊于良渚玉器。但是，就1996～2007年间的拍卖成交记录上看，红山文化的交易价格要高于良渚文化。

良渚文化玉器交易价格

拍品名称	成交价	拍卖单位	成交时间
白玉兽面纹琮	198,000	天津文物	2004.11
青玉兽面纹琮	88,000	天津文物	2004.11
玉钺	148,500	中拍国际	2005.8
方琮	77,000	诚铭国际	2005.9
玉镯	165,000	轲尔多	2006.5
兽面纹玉琮	132,000	中拍国际	2006.5
神人兽面纹玉器	2,069,100	澳门中信	2007.2
玉璧	88,000	中拍国际	2007.8

红山文化玉器交易价格

拍品名称	成交价	拍卖单位	成交时间
龙形勾	2,530,000	北京瀚海	1996.11
太阳神	2,420,000	北京瀚海	1996.11
黄玉狩首虫身坠	1,320,000	北京瀚海	1999.7
兽形玦	2,640,000	北京瀚海	2000.12
玦形猪首龙	1,400,000	北京瀚海	2003.9
青黄玉勾云形佩	352,000	诚铭国际	2005.9
玉龙	385,000	大唐国际	2006.7
玉龙	272,250	澳门中信	2007.2
玉猪首龙形佩	1,568,000	北京瀚海	2007.6
黄玉鸮	176,000	中拍国际	2007.8

（以上拍价单位为元 / 人民币）

　　从上面这两个拍卖价格记录对比来看，红山文化的玉器市场交易价格表现要好于良渚玉器。如果从一般收藏者的收藏视角来看，红山文化的普通玉器藏品价格在几千元上下，与拍卖价位相差较大；而良渚玉器一般藏品在万元上下，素器价位略低。这里的问题是，红山玉器的仿品较多，良渚玉器，尤其是素器，相对安全些。对于这两个时期的玉器仿品，由于红山玉器用料是就地取材的岫岩玉，所以外观上较为好看；相反，良渚玉料所用的多为杂玉，这种特征相对于制作仿品来说，存在一定的难度，因此，就仿品来说，良渚玉器大概要高于红山玉器。

第二章

商、周时期玉器

在古玩界里，一般都将夏、商、周这三个朝代通称为"三代"或"老三代"，尤其是在高古玉的收藏范围内，"三代"是一个很重要的收藏时段。

目前，在高古玉器的各时代中，夏代是最为"音信渺茫"的一段历史，既缺少足可征信的文字典籍，又不见考古发掘的实物见证，出土物很少，传世品在个人收藏领域基本上不可确定。因此，讨论夏代的古玉就成了一种带有学术意味的话题，与本书的读者无关，这里就不再涉及。

对于古玉的收藏，今昔的兴趣点很不一样，现在收藏古玉的重点是明清时期的作品，再向上延伸，可以一跳而追溯到战国及两汉，收藏的目光顾及于此，已经是十分了不起的事了。而上世纪初及其以前的若干朝代，都将商、周古玉放在收藏的首选位置。原因大约有两个：

一是商、周玉器的存世数量相对稀少，而够得上把玩品质的少而又少。收藏中亘古不变的衡律是"物以稀为贵"，讲究人无我有。因此对于商、周时期的出土玉器，只要在玉质或雕工上占有"一鲜"，就有相当的交易价值。

二是在商、周玉器上，基本上都带有适合于收藏者品玩心理的沁色，这种沁色经过几代人的碾、盘、摩挲，已经变得油润醇厚，精光内敛，凡是懂玉藏玉之人，对之无不垂涎激动，若对灯下红粉。这种美轮美奂的沁色，在其他任何朝代的传世古玉上都难以见到。

当然，过去的收藏以商、周古玉为最高境界，确还有其他的原因，但仅仅上述这两点，就已经非常充分了。

在商、周这一时代，除了玉器动人心魄外，尚有供记录王室占卜、征伐、围猎、出行等事迹的甲骨片，以及记录列祖列宗卓著功勋的青铜礼器，还有用于征战搏杀的剑、戟和用于日常生活的灰陶器具，还有歌舞情曼的淳于、钟、铙、镈等。这些商、周的实物遗传，导致了一种收藏境界的高筑，对于收藏者来说，不仅需要藏品价值的支撑，还需要更高层面上的文化作为鉴赏的底蕴。因此，民间传世的商、周古玉与商、周甲骨、青铜器一样，始终被收藏者独秘高阁，少见交易。作为高古玉的爱好者，真应该在商、周古玉上下更大的工夫。因为在我看来，商、周古玉的收藏价值超过其他任何时代的玉制品。

【第一节 商代玉器】

一、商代玉器的时代划分

商代玉器的时代可以划分为早期、中期和晚期。

商代早期玉器从出土器的形制上看，有这样三个特征：

1. 造型比较简单，多见玉圭、玉牙璋、玉戈、玉刀、玉戚等片状制品，不见肖生器与装饰器的出现，好像制玉技术在经历了新石器时期的良渚、红山、龙山等文化时期以后，在商代形成了一段归于寂寞的时空。我认为，目前琢制最为复杂的商代早期玉器，是1975年河南省偃师县二里头遗址4号坑出土的那件柄形器，其外造型像后世的钢鞭，分6节，分别用兽面纹、花瓣纹和凸弦纹装饰。商早期的传世品我没有见过，我想，如果有传世品出现，大概不是划入新石器文化时期，就是笼统地称之为商代。对于这一时期的断代判断认定，民间收藏的商早期玉器的断代标准不如商晚期清晰，因为商晚期的断代鉴定更多地依赖于殷墟妇好墓所出土的玉器作为标准，早期的出土器显然不能构成对这一历史时期的制玉风格的覆盖。

商 玉刀

2. 纹饰简单。商早期玉器的纹饰从出土器上观察，素器较多，带有纹饰的一般为阴线刻纹或打洼成凹形弦纹。上述的那件柄形器，就是用单双阴线琢成细致的兽面纹与花瓣纹，形成了商代早期玉器制作最为复杂工细的纹饰。既然是出土品，就具有确定不易的鉴定特征，说明商代早期的玉器存在细工作品，但数量不多。

3. 钻孔技术已臻成熟，表现在孔距的准确度大大提高，孔壁圆而光滑。

商代早期玉器的玉料品质不高，几乎看不到和阗玉，多数是就地取材的玉石材料，所以石性较大而光泽感相对较弱。这种玉器一般不受收藏家的重视。

商代的中期玉器在用料与制作上与早期比较接近，关键是和阗玉雕件很

少，不足以吊起收藏家的胃口，作为个人收藏行为，一般很少有人保存这一时期的玉器。

在古玩界，高古玉的收藏者往往不能从理论与实际操作上准确地划分出夏代玉器与商代早、中期玉器的层次。同时，又因为材质的不佳，难入收藏家的法眼，所以很少有人在这几个时段上下工夫，遂将商代早、中期玉器与夏代玉器的时代概念合并，统称为"夏器"。作为个人收藏，没有人在夏器上做功课，这就是个人收藏与博物馆收藏的本质上的区别。

商代晚期大约是从盘庚迁都后算起，因为迁到殷地，所以这一时期又称"殷商"。商晚期历时254年，这一时期商代呈现出武丁以来的朝纲中兴、繁荣昌盛的社会背景，最为著名的王室墓穴就是"殷墟5号墓"，即妇好墓。妇好墓可以说是一座商晚期社会形态的博物馆，将三千多年前商代的整个上层社会完整地保存了下来，是近一个世纪以来最为重要的考古发掘。在这里，我们关注的是通过妇好墓的发掘，为我们提供商代晚期玉器鉴定的一种标准。通过对出土器的观察，我们可以得出这样几点认识：

1. 用玉优劣分布不平均。从商代墓穴的出土器来看，妇好墓为商代王室（妇好大概是商王武丁的著名战将及王妃）或上层人物的墓穴，出土玉器多用新疆和阗玉。这种以和阗玉制作的玉器，设计琢制具有明显的中原地区的风格特征；而其他品级墓室出土的玉器，则很少有和阗玉雕件出现。一些偏远地区的用玉品质更差，甚至用石头代替。江西新干大洋洲商墓出土了155件玉器，用料很复杂，如用绿松石、岫玉、密玉乃至冻石，真正的和阗玉大概不足10%。所以，商代用玉的普遍质量并不高，玉质不佳是很正常的事。在民间交易中，一般所见多为杂玉，而和阗玉的真品则是极其难求的最佳高古玉藏品。

2. 在妇好墓出土的玉器中，可以看到一些具有明显装饰作用的玉器，已经相当成熟地作为饰品随葬，譬如一件片状黄玉凤，造型极其写意而高贵，尽管雕琢线条

商晚期 黄玉凤线图

商 玉鸟

稀少，但绝对是一件精品佳作。这说明，在商代晚期，已经出现了具有本朝代风格的装饰玉器。

3. 与商代的早中期玉器相比较，这一时期玉器的作品品种突然大幅度地增加，不仅有片状，还有圆雕；不仅有玉圭、玉戈、玉刀，还有片状的佩饰和肖生器，也有为数不少的圆雕人物、动物。品种的突然增加，使得历代的古玉收藏者投入了极大的收藏与投资热情，从宋代开始就有了各种水平不一的仿品，这说明了商代玉器在市场交易中的位置。古代的仿品以宋代与清代为盛，但是，由于器物学的缺失，这些仿品多有四不像的地方，用现代器物学的尺度衡量，很容易找出纰漏。而赝品则更属无稽，外造型虽有仿佛之似，但神采全然没有半点通达之处。

4. 在商代的晚期，琢玉工艺有了飞速的发展，反映在出土器上，勾撤、隐起、打洼、阳雕、浮雕、透雕、圆雕等各种工艺手段无不施用到了那一时代的极限。妇好墓出土的一件青玉鹰，正面以双阴线勾出纹饰，而背面则以单阴线勾勒，纹饰的装饰效果完全不一样，精妙绝伦。同墓出土的一件羊脂白玉柄形饰件，其状如出土的竹笋，整个器件雕饰简洁，同时又不失细腻，我以为属于经典之作，其概括能力之高，后世没有能与其相仿佛的玉器出现。后面的这件商代的白玉鱼用料为和阗白玉，属于较为少见的商代上等玉料，鱼身的沁色斑驳迷离，鱼鳍、鱼眼的用刀具有典型的商代特征，是藏之于民间的商代玉器精品。

5. 商代晚期玉器制作形制与纹饰的设计，较前期有了极大的丰富，主要表现为：

（1）直接承续了商代早中期玉器形制与纹饰的设计特点，并有了大幅度的发展。比如从形制上讲，片状玉器外形的复杂化，尤其类似于商代早期牙璋的扉牙，在这一时期得到了普遍而随意性的使用，形成了这一时期玉器外造型的基本特点。

（2）纹饰的设计上明显与这一时期的青铜器纹饰风格并轨。典型的作品就是妇好墓出土的玉簋，其形制与商代早期的"專簋"相近，簋腹外壁饰以饕餮纹，与青铜器纹饰相同。另外，尚有雷纹、云纹等，也都与青铜器相同或相近。在实际收藏中，如果见到比较复杂而又不熟悉的纹饰，一时在玉器的图谱中找不到标准样式，可以借助于商代青铜器加以参考。

二、商代玉器的分类

商代玉器的个人收藏，主要围绕着晚期来进行，所以我们的讨论重点着重于晚期中适于收藏的品种进行，一般不适于收藏的这里就不多涉及了。

商代玉器从收藏品的角度分，大概主要分为礼器、装饰器、兵器、工具、杂器等五类。

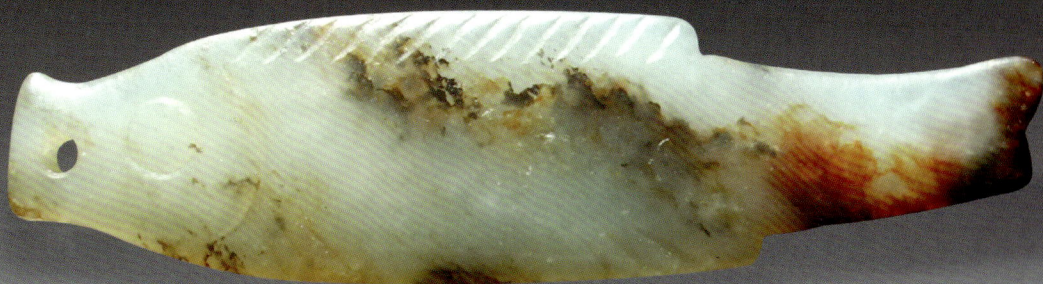

商晚期 白玉鱼

商晚期 白玉鱼局部沁色

1. 礼器

所谓"礼器"，是从汉儒传抄的经典《周礼》中生出来的称谓。在《周礼·春官·大宗伯》上载有这样的玉类记载：

> 以玉作六瑞，以等邦国：王执镇圭；公执桓圭；侯执信圭；伯执躬圭；子执谷璧；男执蒲璧。以玉作六器，以礼天地四方：以苍璧礼天；以黄琮礼地；以青圭礼东方；以赤璋礼南方；以白琥礼西方；以玄璜礼北方。皆有牲币，各放其器之色。

可见，按照经典上讲，玉质礼器在商、周时代的作用主要是礼天之器，所谓"苍璧礼天"、"黄琮礼地"。其实，从科学发掘所观察到的商代"礼器"的造型、数量等要素上看，《周礼》的记载多有不实之处，譬如商代出土的玉璧，其造型与其前后朝代完全不同，我们见过良渚文化、西周及其以后的各个时代的玉璧造型都呈片状，而商代玉璧造型则在内孔处出凸，形制发生了很大的变异；再如，良渚文化的玉琮造型符合"天圆地方"的理念，西周及其以后的玉琮都遵循着这种造型，而商代玉琮造型从出土器上观察，几乎都是圆箍形，最多在外壁增加一些设计元素，与其前后各时期的造型完全不同。对于这种"礼天"、"礼地"重器造型的根本颠覆，如果从具有严格传承性质的祀器来考察，是完全不可理解的现象。因此，考古学前辈郭宝均先生语出惊四座，直捣黄龙般地讲过这样的话，《周礼》所记载的都是一些"半习俗、半理想、未尽实行之文化"，"玉器自玉器，文献自文献，分之两真，合之两舛"。所以，对于玉器中"礼器"一类造型器的划分与社会功能的分析，应与考古出土的实际结合。由上面孙先生的统计可见，在一级市场上，几乎没有见到真红山玉器的可能。当然，为了与其他有关著述的分类命名相接轨，这里绝不会标新立异，完全排除对沿革已久的"礼器"一词的使用，只是将个人的不同认识提出来，供读者参考罢了。

礼器的第二个作用是用来佩戴，以显用玉阶层的等级。在商代的玉器中，礼器的制作、用料基本上都是上乘的。商代的玉质礼器包括有璧、琮、圭、环、瑗、璋等，历代收藏高古玉的人，无不将收藏商代的玉质礼器作为彰显收藏实力的资本。现代古玉的收藏者大多数只是看重明清时期的和阗白玉雕件，而对商代玉质礼器显示出了生疏与漠视。除了审美情趣的异途外，大概也是一种极端的功利心理的表现，或是一种短线的投资行为。真正的高古玉收藏，商、周两代的礼器应是重点。这就有点像青铜器的收藏，不管你家中藏有多少罍、彝之类的器具，如果没有一件西周的礼器如鼎、簋之类的重器看家，就不能算是收藏家。

2. 装饰器

装饰器在商代是数量最多的器类，大多数具有佩戴和装饰的功能，包括佩饰、冠饰、头饰、臂饰、坠饰，以及作为嵌饰的圆雕等多种不同类形的饰品品种。这种美化功能在商代晚期的突然出现，从客观上说明了玉制作的工艺水平已经发展到了时代的高度之上，可以满足有资格用玉阶层的基本需求，而且有充分的设计、制作的时间与精力。因此，商代晚期的玉质装饰器设计制作的表现形式非常丰富，基本特点是：

（1）装饰器基本上以片状为主，这种形状的玉片能很直观地在一个平面上，展现出商代晚期琢玉工艺几乎施用所有技法的特征，譬如折铁线的运用、双钩阴线的运用、勾撤法、扉牙、勾云纹、饕餮纹等。

（2）在片状的玉器上，凡是用于佩饰的，都具有可供穿系的单向钻孔。

（3）以肖生为主要造型对象，以剪影为主要造型手段，这一时期的肖生玉佩件，其外形就像投影一样，转折生硬、棱角鲜明，与所施用的折铁线实现了彻底的内外呼应。这应该是商晚期片状玉佩饰的一个重要特点。后世的仿品完全不能达到这种硬度感觉。所塑造的动物有虎、鹿、马、牛、狗、鳖、螳螂、鱼、蛙、鸟、鸮、凤、鹦鹉、蝉等，比此前的任何一个时代都丰富多彩。

（4）作为嵌饰的圆雕多呈柱状或肖生塑形，具有一定的写实性。圆雕人像多呈跪姿，与同时代甲骨文中的"女"字写法相同。这一时期的圆雕多，而浮雕少见。

商晚期 蛙形佩

（5）龙凤等具有神话色彩题材的雕件较为少见，而历代的仿品中常见这种玉器。

需要说明的是，有的学者将璜、玦、琥、璇玑等归入于装饰器之中，自有其学术见解，与本书的论述宗旨无涉，故不予讨论。

3.兵器

这里所说的"兵器类"，有的书中称之为"仪仗类"，因为所涉及的玉器全由兵器组成，但实际作用又是在祭祀或礼仪活动中使用的器具，并非是战争中的冷兵器。这类玉器主要由刀、戈、矛、钺、戚等组成，玉戈的数量较多而常见，基本特点为形制与青铜剑器的相关部位相仿佛，两面边刃锋利，总长约为20厘米～30厘米、厚度为0.5厘米～0.7厘米左右。矛、钺、戚数量较少，尤其是矛更属罕见。这些玉质兵器不管归在什么类别中，都有一个最为重要的特征，那就是没有使用过的痕迹，即使刃部有伤，也不会影响对其锋利程度的判断。如果刃部的感觉绵软，就要考虑其真伪的问题。

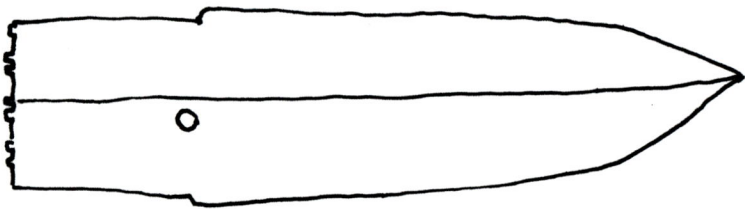

商晚期 玉戈线图

4.工具

商代玉器中的工具类是一种小品，虽然在考古学和历史学上具有重要的价值——因为这是研究社会生产力的最直接的论点支持；同时，也是博物馆中的重要藏品。但是，这一类玉器从来就不是高古玉收藏的重点，原因也很简单，这些玉器的观赏性差，路分较低，交易价值与收藏价值都有折扣。这是传统的收藏观念，带有价值观上的片面性。对于普通收藏者来说，千万不要鄙弃这类小品的存在与收藏，其中有很多属于雕琢精致的艺术品，毫不逊色于礼器与装饰器。譬如妇好墓曾出土一件螭虎形端刃刀，白玉圆雕，螭虎尾部开斜刃，长5.1厘米，刃宽1厘米。这件端刃刀是一件商代和阗白玉中的精品，类似这样的端刃刀俱是出土品，传世品也时有所见，是收藏的上好品种。再如玉觽，是一种较为常见的玉器，一端雕有纹饰，一端渐尖，有人认为是商代解绳结的专门工具，所以一般归入工

商晚期 玉螭虎形刻刀线图（妇好墓出土）　　　　商 玉铲

具类中。据统计，在 1997 年至 2007 年这 11 年间，共有 8 件时代不同的玉觽进行拍卖交易，1 件成交，7 件流拍。当然，作为一种玉质工具，可能进入不到高端收藏的档次，若作为普通收藏，这确是一个很重要的收藏品类。

常见的商代工具类玉器主要包括斧、锛、刀、觽、铲等，主要的特点与兵器类相同，刃端锋利的感觉是鉴定真伪的重要依据。

5. 杂器

在商代玉器中，可以收藏的杂器类玉器大概有玉韘和琀两种。玉韘的形状如同现在常见的扳指，区别在于韘的一端斜削。诚铭拍卖公司于 2005 年以 41,800 元人民币的拍价，拍出一件周代黄玉韘，而在市肆中交易更多的是宋代以后的仿古韘，只是这些仿古玉器的纹饰雕工与商、周有很大的差异，可以识别。

琀是一种纯粹的葬玉，出于墓葬主人的口中。商代的琀有多种形状，如鱼形、蝉形、圆珠形以及各种形状的碎玉块等，没有可供穿系的孔。

商 玉笄

三、商代的玉璧

商代早、中期的玉璧我没有见到发表过的发掘图录，在商代晚期的墓穴中，发现玉璧多放置在死者的腹部或胸部，与《周礼》所讲的"以苍璧礼天"的祀天作用好像没有什么关系。作为随葬品，玉璧随葬主人的身份等级也很高，在一般等级较低的墓中很少有出土的记录，所以商代的玉璧较为少见。

商代玉璧在形制上可分为两种：

一是内孔周壁带凸起状的。妇好墓出土一块玉璧，直径18.6厘米、孔壁高1.4厘米、厚0.4厘米。璧身饰有同心圆阴线纹，按照疏密关系分为5组，两面孔周都有凸起，呈圆口状。与此相仿的有1989年江西新干大洋洲商代墓出土的玉璧，直径18.3厘米、孔壁高2.4厘米、厚0.5厘米，和阗玉质，玉璧内孔周壁凸起，同心圆纹饰；1986年四川广汉三星堆出土的商代晚期玉璧，直径17.5厘米，也具有内孔周壁凸起的造型特征。这种孔周带凸起的玉璧是商代晚期的玉璧特征，为前所未见，周代大概也少见或不见。

商晚期 玉璧

二是传统常见片状的，又可以分为带工器与素器两种。传统常见片状的玉璧。天津博物馆藏有一块相传为河南安阳出土的商晚期青玉龙纹玉璧，玉璧直径7.9厘米，厚0.3厘米。尤仁德先生撰有这样的介绍文字：

灰青色。双面阳线雕蟠龙纹，首尾相接。龙首有蘑菇形角，弯眉，菱形眼眶，圆眼珠，张口。身刻勾云纹，一足，孔缘阴刻一鱼形尾，属龙鱼形象。

中拍国际曾于2006年5月，以27,500元人民币的落锤价，拍出一块青玉质地的素面璧，其形制与良渚玉璧基本相同。

上面所说的是出土器玉璧（中拍国际的拍品除外），其尺寸、形制以及纹饰，都可以作为鉴定标准加以参考。

传世商代玉璧的玉质大约有两种：一种是质地较粗的褐红色玉质，呈粗橘皮状；另一种是青白玉，质地细腻良好，多为和阗玉。

在纹饰的设计雕琢上，天津博物馆所藏青玉璧上的龙身纹饰为勾撤法碾琢的勾云纹，"臣"字形龙眼，是典型的商代琢玉特有的折铁线刀法。同时，尚有疏密组合的弦纹、鸟纹、凤纹等，往往通过单双阴刻线、勾撤等刀法来表现。

商代的这种最为典型的折铁线形式，线条多以双阴线或勾撤出现，其中必有一条直线用勾撤线的方式来刻画，突出的表现特点是转弯处角度较大，硬方硬折的感觉强烈而明显。这种线条的出现，是商代琢玉工具特点所致，后世可仿其"折"形，却不能仿出"铁"的表现效果。我以为，这种"铁"的效果的出现，一定与当时的琢玉工具有直接而密切的关系，由于商代琢玉完全是借助手动，所以在砣轮行进时，线壁必然留下无数个前后衔接的小面，形成了特有的反光折射效果；而新仿品所用的砣轮与商代肯定有很大的不同，在线壁留下的反射面也就不同，所得到的阅读感觉自然不同。这里我要强调的是，收藏的初学者尽量不要对线的形容感觉萦绕于怀，"铁"与"不铁"是相对的感觉，带有很大的游移性。最好是要记住商代折铁阴线的样子，只要这种特征记住了，就能区别真品与仿品阴线表现上的不同。

四、商代的玉琮

如果说到玉琮的典型形制风格，当以良渚文化玉琮给人的印象最为深刻。商代玉琮与良渚玉琮无论在形制上还是在纹饰上，都产生了不小的变

商 玉琮（侧面）

商 玉琮

化,收藏者不能用良渚玉琮的鉴定标准来看待商代玉琮。首先从出土器与传世器的数量上看,商代玉琮的数量很少,大概要少于良渚玉琮的数量;再从出土商代玉琮的造型上看,主要的外造型为直筒形,在外壁上有凸起的弧形,上下有射口。这种玉琮的设计显然没有受到"天圆地方"的用玉概念的束缚。在制作时期,用途决定了设计造型;而对于出土器的分析,则往往应该倒推为设计造型说明用途。

在雕饰方面,一般常见的玉琮都是素面,带有雕工的极其少见。在妇好墓中出土了一件带工的玉琮,四个柱面上对称刻有勾云纹,这样的玉琮在交易过程中基本上看不见真品。

由上面的叙述可以得出这样的看法,即商代玉琮无论是在形体上,还是在雕工设计上,都简化了良渚玉琮的样式,这是两个时代玉琮的重要区别点。在实际交易中,对于有些纹饰特征不明显的三代玉琮,有误入商代范围的可能。譬如一些玉质、沁色漂亮的神人兽面纹饰玉琮的传世品,传统的收藏就将其归入商代,这种断代上的失误,在考古意义上是不允许的,而在收藏与交易上,只要对交易价值影响不大,是存在一定的容忍宽度的。在拍卖交易上,商代玉琮有这样的记录:

拍品名称	成交价	拍卖单位	成交时间
商 玉琮	550,000	大唐国际	2006.7
商 素玉琮	209,385	佳士得	2007.11
商 墨玉琮	110,000	辽宁中正	2006.7

（以上拍价单位为元/人民币）

当然,这种拍卖交易远不能代表一般古玩市场的交易过程,但可以反映出商代玉琮的收藏水平坐标始终处于高古玉器中的高端位置,在绝大多数收藏者追捧明清玉器的时代,商代玉琮大旗不倒,是这一时期收藏与投资的重地。

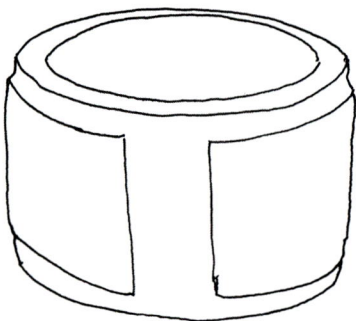

商晚期 玉琮线图1

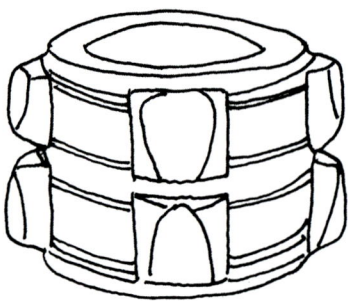

商晚期 玉琮线图2

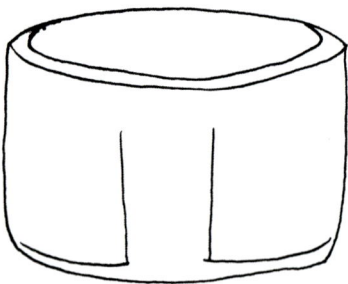

商晚期 玉琮线图3

五、商代的玉璜与玉玦

玉璜与玉玦多被划归为装饰器范围之内，出土器与传世器的数量都比较多，在一般的古玩交易市场时有所见，其收藏价值与投资价值稍逊于礼器。

商代的玉璜形制一般分两种：

1. 造型为一个圆周的1/3，这种璜占多数。

2. 造型为一个圆周的1/4，也属常见。

商代的玉璜造型不外5种样式：

1. 龙纹璜。

2. 鱼纹璜。

3. 鸟纹璜。

4. 人纹璜。

5. 素面璜。

商代的玉璜造型结构设计有两种：一种是完整地塑造出一个造型，譬如说一件鸟纹璜，将头、身、尾作为一个完整的图案表现出来。这种设计只有在商代的玉璜中才能出现，其他朝代的玉璜基本不见；第二种是以玉璜的拱形最高点（或最低点）为中心，向两端分别设计出内容相同、方向相反的图案。这种设计多为后世所用。

商代玉玦的存世量比玉璜要少，交易价值高，较受藏家青睐。商代玉玦从雕制技法上，分平雕与圆雕两种：

平雕玉玦多采用双阴线的技法雕出龙形，龙形脊背出扉牙，头尾相隔一线，整体呈圆形。另有一种平雕玉玦，内外圆规整如环，内孔周壁凸起，外壁起扉牙，龙形首尾比较抽象。这种玉玦在妇好墓中曾有出土。

圆雕玉玦多雕虺形，明显在基本形体上与红山玉玦相似，不知是否存在渊源关系。

商代玉玦从造型上大概只有龙与虺两种，上面都有穿孔。

六、商代的玉人物

商代晚期的玉质人物是装饰器中的重要支柱品种，为历代古玉收藏家所重视。从老一代收藏鉴定家的言谈话语中可知，流传于民间的商代玉人物为数虽不算很多，但几十年前时有一见。统计截止到2007

年以前的十余年商代玉器的拍卖数字，玉质人物大概不超过10件，这种交易局面说明了3种可能存在的现象：

1. 现在更多的收藏或投资高古玉的人，看不懂商代玉人物，不了解这种藏品本身所具有的收藏价值与投资价值。

2. 收藏与投资高古玉的人不敢涉足玉人物这一领域，尽管从玉人物的表面上具备了商代雕工工艺的鉴定特征，但在这几年对新仿品充斥的恐惧之中，不想花钱捧着这块不知生熟的"热红薯"。

3. 误将商代玉人物划归到其他制作时代中，使得这一时代的玉人物交易出现真空。

其实，辨识商代的玉人物，首先要从工艺特征上观察，更重要的还是要从玉件工艺特征以外的信息流露中寻找鉴定瑕疵。

商代玉人物的造型设计有两种：片状与圆雕。

1. 片状玉人物

片状玉人物在商代玉器中，其实是作为一种纹饰出现，其作品的主体并不是人物，所以，也可以称为"人物纹"。用人物为主要纹饰的玉件，一般都是用于装饰的片状佩饰玉器，在商代这种片状人物纹佩玉中，很少有浮雕工艺出现，多是用双阴线勾成轮廓，有些夹杂着使用"撤"的方法，以使其图案线条厚实而醒目。眼睛的形状是商代琢玉重要的鉴定特征，片状玉人物的眼睛形状有三种：

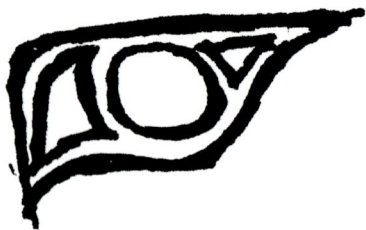

（1）"臣"字型。这是商代玉器人物的典型眼造型。"臣"字是甲骨文中"臣"字的写法，在作为眼睛图案时，有了90°的方向变化。中国国家博物馆藏有一件商晚期的人物纹佩，峨冠下双阴线雕有一只"臣"字眼，比较典型。

（2）椭圆型。是双阴线碾琢的形状，与空心钻的加工效果不同。这种椭圆形眼睛多在片状人物纹上出

商晚期 "臣" 字眼与线图

现，圆雕人物一般不用。北京故宫博物院藏有一件商晚期"黄玉鹰攫人首佩"，双阴线雕出枣核形双眼。这是商代玉人物的非主流眼形，但的确存在这种样式。

（3）似方似圆型。这种眼型很明显是上面"臣"眼型的一种简化或变形。这种眼的眼眶是以双阴线勾出，左上与右下两个眼角近圆，另两个眼角近方，与周代金文中的"女"字相近似，中间往往有一短阴线算作瞳孔。北京故宫博物院藏有一件商晚期的玉佩，冠下人物的眼睛就是典型的这种眼型。

商晚期 方形眼

作为佩饰的人物纹，商代片状玉人物基本上都戴有峨冠，占整个佩体的1/3。人物的身体没有体型轮廓线，多数比较抽象，搞不清究竟线条图案代表什么意思。

2. 圆雕玉人物

商代的圆雕玉人物是最具时代特征的一种玉造型，与其他任何时代的风格都不一样，即使是宋代或清代的仿古作品，也完全不能模仿出这种高古的气韵。因此，这种玉人物的鉴别难度相对较小。

商代圆雕玉人物的造型特征有这样几点：

（1）眼睛主要以"臣"字眼为主，偶见椭圆眼型。"臣"字的长直边为上眼帘，中间眼珠大而凸出。

（2）鼻翼肥大，鼻梁下塌。

（3）绝大多数呈踞坐造形。双臂前置在膝盖上，后面臀部与脚后跟相连，形成一个近似于直角三角形的坐姿角度，与商、周时期的金文中"母"字形状相近。

（4）头发与衣着形状不能以一言以蔽之，各具特点。

（5）纵向尺寸在6厘米～9厘米左右。

前面已经说了，商代的玉人物是历代高古玉收藏家的重点收藏对象，在市肆流传交易的，一般都是熟坑器。商代的熟坑，其感觉与战国两汉熟坑玉器不完全相同，玉件本身所具有的各种沁色，与深沉醇厚的外包浆，都能形成一种独有的时代品貌。在鉴定中，上面讲的那些特征固然重要，但更重要的是作为读者，特别是真正商代玉人物作品的读者，最高的品读境界是与古人神交，从感觉上来判断真伪。这种感觉来自于你对商代玉器标准器的熟悉程度，还有你对商代文化的了解程度。上面我们用金文的字形来对读商代的人物，当你对商代的甲骨文、金文有了一定的了解时，你看到真正的商代跪姿玉人物，会感到十分的熟悉和亲切。用这种法外之法来辅助鉴定，仿品的雕虫小技不足为惧。

七、商代的玉动物

商代玉质动物的种类很多，造型也很复杂，有些是写实的，有些是半抽象的，有些则完全抽象，不经过鉴定经验丰富的专家辨认，一般收藏者很难找到其造型的准确名称。譬如1985年山西灵石县旌介村2号墓出土的一件玉燕，是燕子展翅的俯视造型，眼睛、嘴、翅膀与燕尾都处在一个平面上，很难想象到这是一只燕子，这属于半抽象一类的；完全抽象的是在同一地点的1号墓中出土的玉鸟，其造型像一个大写的"M"，不经专家"破译"，一般收藏者不可能想到是一只飞翔的鸟。记得立

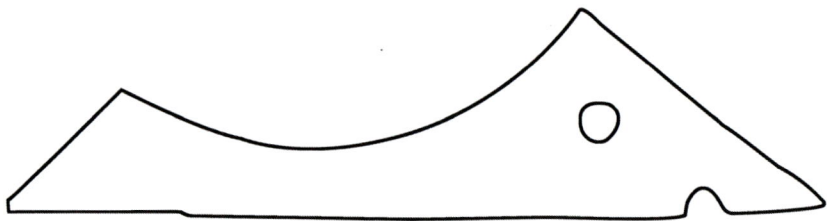

商晚期 玉鸟线图

体派创始人毕加索最著名的简笔画，是经过若干次简化后，最后只剩下寥寥几笔的那头牛，如果与这只"M"形玉鸟相比，在抽象概括力表现的高度与深度上，西方抽象理念的最高峰值距离这只玉鸟，也相差了几千年。因此，在我们的印象中，不能一讲到商代的玉雕动物，就是那种皮影式的造型，而误将半抽象与抽象造型的玉件划到其他玉雕时代。因为在一般古玩交易市场的交易中，如果没有上述出土器作为标准器，虽然很多人能断其真伪，但不能断其时代。

商代玉雕动物与玉质人物一样，可以分为片状与圆雕两种：

1. 片状玉雕动物

商代片状玉雕动物与上面讲述的片状玉雕人物一样，基本上是佩饰的主题纹饰，而不是雕件的主体。既然是作为一种纹饰出现，那么，在造型设计与线条排列上，自然会出现绚丽多彩的装饰效果。商代玉雕动物的出土品与传世品的数量并不稀少，有些相同的装饰线条设计粗看是一种雷同的"折铁线"、"勾云纹"、"臣字眼"，实际上，在总的时代风格的统治下（注意，"总的时代风格"是指商代琢玉的工艺展现、造型设计以及由此带来的鉴定性欣赏效果），各有不同，趣味有的差别很大。

商代的片状玉雕动物有虎、熊、马、兔、龙、凤、鸟、鹤、鹰、鹦鹉、燕、鱼等，涉及种类很宽泛。

2. 圆雕玉动物

商代的圆雕动物是一种用动物为造型主体的雕件，可以分为两种，一种是纯粹的圆雕；另一种是用料较厚的片状雕件，但上面没有可供穿系带的孔，不是装饰器。这种圆雕作品主要有虎、熊、象、牛、狗、猪、螳螂、龙、鸮、蝉、鱼、龟等，种类与片状玉雕动物有些区别。

玉雕动物在可交易的商代玉器中，属于小品，但由于便于携带把玩，所以交易频率较其他种类高，按照传统古玉器收藏的观念讲，一件老三代的熟坑玉件，能显示出收藏实力的强弱和收藏品位的高低。在公、私收藏的商代玉雕动物中，真、伪、赝混杂，这就牵扯到一个鉴定特征的问题：

（1）用于装饰动物形体纹饰的雕琢线，绝大部分是双阴线，极少数有用单阴线的。譬如妇好墓出土的一件玉鹰，正面用双阴线装饰，背面则用单阴线，单阴线线条较双阴线瘦劲挺拔，很是少见，不能作为常规用线对待。

（2）阴线转折处方硬，接刀处多不具有连贯完成的动作，这就是所谓的"折铁线"效果。

（3）有些粗阴线的一侧可见无意识的"撤刀"的动作，所以形成双阴线之间所夹的阳线有粗细游离不定的感觉。这种粗细不定的变化，正是由于商代琢玉工具的原始而带来的特定的时代工艺风格，后代的仿品对此特征基本上没有办法仿制。

（4）短线条的用刀呈两端尖中间粗的枣核形特点，也就是入刀与出刀力度轻，中间行刀力度重，尤其在雕琢几何形纹饰时，更为明显。这种用刀特点与甲骨文的用刀表现基本相同。

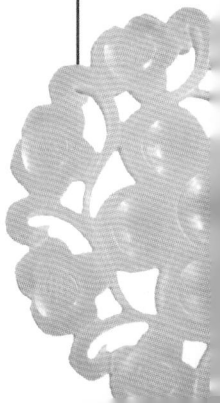

商 甲骨文拓片

商晚期 折铁线

　　我在天津曾发现一块玉质的干支表，上有双钩"庚寅辛"三字，从这三个字所表现的雕琢风格上，能够认定是商代的玉器。仔细观察用刀，可以作为研究商代玉器刀痕特征的标准模样，这是极其难得的商代玉器用刀的拓片效果展示，使我们能十分清晰地观察到商代玉器与甲骨文用刀之间的关系，进而领悟到这一时期琢玉的用刀特点。这里，随附由著名古文字学家陈邦怀先生致著名古文字学家胡厚宣先生

商晚期 玉版干支文字

陈邦怀的信

的手札，陈先生对这块玉质干支表的源流、考释都做了精辟的阐释。（见于王宏、胡振宇整理胡厚宣的《甲骨续存补编》，天津古籍出版社出版）

（5）很少有直而长的线条，线条的走向多取曲势，即使在形体较大的雕件上，也尽可能化长为短、为曲。

（6）圆雕动物的外形结构多是由开料后玉坯的形状所决定，工匠尽量减少对材料的砍削，以维持足够大小的雕件体积，所以商代玉器的造型多能反应这种用料特点。这种情况在春秋以后就不再有了。

（7）原来出现在牙璋上的扉牙，在玉雕动物上出现频率较高，形成一种特有的时代装饰效果。

（8）片状玉雕动物的造型棱角转折具有一定的硬度感觉，观之如同皮影，主要是由于方形转折较多，可能这就是商代艺术的审美所致吧。

比较重要的鉴定依据是玉雕动物的眼睛造型，这里归纳几种常见的眼型：

（1）"臣"字眼。基本形状与玉雕人物相同。

（2）长方形眼。妇好墓出土的一件龙形玦，眼睛用四条短双阴线，组合成一只长方形的龙眼，这种眼型是从"臣"字眼简化过来的。

（3）双阴线眼。用纯粹的双阴线雕成的眼睛。妇好墓出土有一件黄玉兔，眼睛就是这种雕法。这种纯粹双阴线雕出的眼睛显得线条单薄而缺乏力度，同时，可以对比出形体纹饰中双阴线的使用之所以厚重有味，大概是加上"撤"法的缘故。

（4）管钻眼。用薄壁管钻钻出的眼，特点是比较规范。管钻眼与双阴线眼的主要区别在于，前者圆线外沿光滑规整，后者有"歧出"的现象。所谓"歧出"，就是圆弧线用短直线拼接组成，在圆形外留有直线的刀痕。

（5）圆眼。这种眼睛实际上就是用勾撤法雕琢的，先用阴线雕出内圆，再斜铲外圆，使得眼珠有凸起的感觉。

其实，商代玉雕的人物与动物特点基本上差不多，鉴定特点有可通之处，在实际操作时可以变通使用。

八、商代玉器的鉴定

商代玉器的生坑品现在比较难见，因为大多数商代墓穴的发掘是由国家考古队来承担，出土玉器几乎不可能流入民间交易市场。而民间交易的一般市场，包括拍卖交易，以商代熟坑为最常见。就一般的通例而言，生坑的辨识比较容易，熟坑的难度很大。判断一件商代玉器是否能够作为藏

品而购入，最少要经过两种判断层位：一是真伪的判断；二是时代的判断。如果在没有经过这种完整的判断层位上递进思考的情况下有了古玉器的交易，那么，十有八九要出问题。上面所说的两种判断的思维形式与着眼点是不同的，所解决的问题也不同。

1. 真伪的判断

这是在购买商代玉器乃至所有古玩时，必须立足的基本点。观察一件商代玉器的真伪，要从这样几个方面来看：

（1）从玉质上看。我们前面讲过，商代玉器，除了妇好墓中出土的玉器有较多的和阗玉制品以外，在一般级别的商代墓穴中，很少见有和阗玉制品出土。这从出土报告中可以证明。如果是质地呈半通透的和阗玉，存在两种可能：一是商代的王室用玉，是最高等级的高古玉器；二是清代的仿古玉器。这两种玉器的收藏价值虽然不同，但都属于高端的藏品。如果玉质不佳，也有两种可能：一是商代的非王室用玉，有些石性大的雕件，更有可能是真商代玉器，但这些玉器很难盘玩出和阗玉的那种感觉；二是赝品，赝品追求的是利润的最大化，与仿古玉器不同，所假冒的商代玉器用料多为岫岩玉、独山玉，不好也不坏，这种类似的商代玉器比较危险。

（2）从沁色上看。熟坑玉器的沁色千变万化，没有固定的色谱，一般以赭、红、黄、褐、黑这几种颜色为主色，有些在一个玉面上有若干种颜色同时出现，或混杂在一起。真沁色的直观特点是在一种颜色的界面中有深浅的变化，边缘不清；而一般人工沁色（注意，这里用了"人工沁色"，是包括了仿品与赝品制作时加工出的沁色）的色块深浅比较均匀，缺少浓淡的变化。同时，由于遮盖的工艺实施，沁色的边缘比较整齐，缺少渐进淡化的效果。

商晚期 白玉鱼及沁色

（3）从工艺上看。商代的玉器，即使是妇好墓中出土的精品，观赏效果也不会与现代人的审美习惯相吻合，肯定有一种不好看的感觉，这是千真万确的。先说阴线的歧出，这就是不能熟练掌握曲线运刀的结果，显示出加工工艺及砣具的原始。仿品就没有这种歧出，即使有，也是做出来的，不自然。再说线条，商代的阴线很硬，后代美其名曰"折铁线"，其实是金属砣具参与其事的原始工艺必然的结果，与歧出的原因完全相同。这种线条柔美的缺失，是商代制玉技术的时代局限，也就是时代风格。仿品的制作工艺、工具完全不同，琢制出的线条虽然也能增强表现的力度，但无法表现出柔美的缺失，这种一"增"一"缺"，虽然可以达到视觉上的平衡，但差别的确太大了。再说双阴线勾撤挤出的阳线，可能由于商代制玉的砣具转速慢，挤出的阳线不整齐，放大后感觉七扭八歪。但是线的中心走向感觉始终贯穿，所以，尽管线条斑驳不直，但仍不失力度。仿品的线条没有这种中心走向的感觉，在线条运行中，随弯就弯，一旦宽度粗细、运行轨迹出现了变化，那就会彻底导致线条蚯蚓盘曲般的造势，不堪入目。这种工艺上的真伪如果用心感悟，是比较容易获得的。

（4）从纹饰上看。上面讲的许多纹饰特点，诸如"臣"字眼、勾云纹等，都是可以仿制的，并不能构成对真伪的有效判断。真正想从纹饰上判断真伪，除了研究商代纹饰图案外，还要有一种对商代纹饰美学的感悟。商代玉器真品的纹饰，线条布局密而不挤，这是源于设计者对构图意义的成竹于胸，疏密完全在有效的调动之中；仿品的作者只是画瓢学舌，缺少时代审美支持下的主观意识，所以，要么布局的味道不对，要么纹饰的张冠李戴，在对等水平的前提下，真伪是不难辨别的。

关于真伪的判断，还可以从包浆、钻孔、打磨等各个方面来进行。我更希望读者将我上面讲的看作是一种宏观上的鉴定方法，而不是一种具体的指导，方法掌握了，鉴定细节具体而微，不在话下。

2. 时代的判断

时代的判断也叫"断代"，主要是在真伪判断无误的基础上，判断出作品的准确时代。真伪的判断是非此即彼的判断，可以用"真商代玉器"和"非真商代玉器"来表述；而时代的判断，就存在着时间的兼容，譬如"利簋"是西周早期惟一一件带有周武王灭商文字记录的青铜器，记录了在公元前1075年农历2月5日太阳刚刚升起的时候，周武王推翻了殷商。朝代变了，但是琢玉的匠人没变，设计的纹饰没变。所以，这一时期的玉器除非有明确的出土报告，否则很难正确地判断出是商是周，这就是时间的兼容。在拍卖会上，一件具有两个相邻朝代鉴定特征的拍品，一般同位标出，如"商/周"。其实，我们上面讲的一些特征与后面讲的西周玉器，就是断代中需要掌握的知识。

【鉴定实例：商代的玉质刃器】

商 玉刀 估价 50,000 元人民币

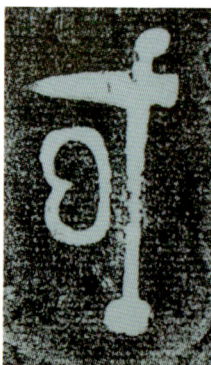

商 金文拓片 1

商 金文拓片 2

　　商代的玉质刃器从出土器的种类、数量上看，比较常见的有玉刀、玉戈与玉钺。之所以笼统地称之为"刃器"，就是因为这些器形的原始存在价值在于其刃部。戈、钺主要是利用尖锐的刃部作为格杀与惩治的武器，而刀的功能除杀戮外，尚有作为生产工具的非格杀功用。这些刃器的原始功能更多地体现在青铜器上，作为玉质的刃器，已经完全褪去了战争的呐喊与血腥，代之而依附着的，是王权的威严和王室的奢华。

一、玉戈

　　戈是一种最直观的战斗武器，在实战中究竟是怎样与柄捆绑结合，现在尚不得而知，但是我们通过阅读商代的金文，可以准确地知道戈与柄的结合形式是横向固定在柄上的，而且可以安装上长柄，作为一件长兵器的杀伤有效部件。这两幅金文拓片上面象形写法的"戈"字，描绘了这种兵器的使用全貌。这里有一柄俗称"柳叶剑"的商代青铜器，仔细观察，在器身的近底部有一个与玉戈一样的孔（已经被锈堵住），大概就是用于相连接的固定孔。尽管传统的收藏都将此视为剑，但是我们很少见到商代明确的剑造型，所

商 青铜戈

商 青铜戈身的孔、刃

以不排除这是一件商代实际作战用的青铜戈，戈身窄而长，既便于挥运，又具有较大半径的杀伤范围，刃口的锋利程度至今仍可割破皮肤。

在商代玉器中的戈，已经不具有实战的杀伤作用，属于仪仗器具，为了美观，多在戈的末端镶上青铜制作的短柄，以为装饰（见线图1、2）。而我们所见到更多的玉戈没有末端的青铜柄。

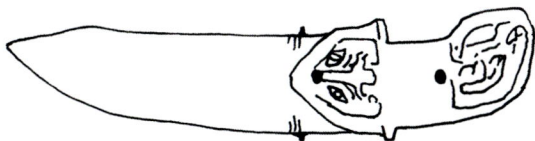
线图1

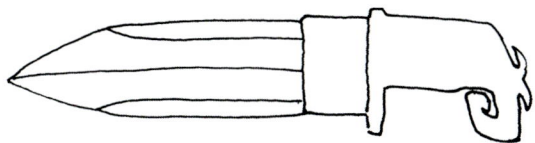
线图2

线图3

　　上面线图1所绘制的玉戈，是1974年出土于河南省新郑县的一件商代中期制作的玉援铜内戈，戈体带有很小的弧度，这是商代中期玉戈的断代标志。线图3是一件1977年出土于陕西省西安市的商代晚期玉戈，代表着商代晚期的玉戈造型风格，以中心凸起为轴线，两面的戈刃角度变化基本相同，这是商代晚期玉戈的造型特征。

　　商代玉戈的装饰分为两种，一种是没有装饰的素面，另一种带有扉牙或纹饰图案，扉牙多在戈刃的底部与戈柄的尾端部，戈身一般不见有纹饰出现。商代的玉戈都具有比同时代其他玉器质量规格更高的打磨水平，表面的微有不平只能靠手的摩挲来感觉，打磨的功力已经延伸到了表面的每一个小小的凹槽。清末民国时的仿品在这一点上多有不及。

　　二、玉 钺

　　从商周时期的青铜器到玉器，我很难将钺与斧这两种器形截然分开，在商周的金文中，也没有明确地辨析出钺与斧的文字关系。《小尔雅·广器》说得比较干脆："钺，斧也。"我们这里不做器物命名上的讨论，姑且认为钺与斧在商周时期就是一种器物。下面商代的金文拓片真实地向我们传递了彼时钺的真实作用不在于疆场的格杀，而是一种行刑砍头的刑具。这些商早期的金文，在钺下都记录着一具无头者，

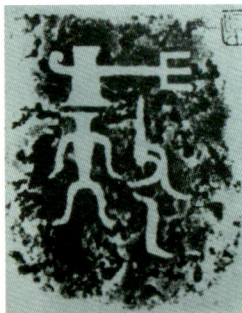

商 金文拓片3　　　　　商 金文拓片4　　　　　商 金文拓片5

于是，钺又象征着一种至高无上的权力，所以在商代的金文中，"王"字的最下面一笔写得很厚重象形，就像钺形。如果明白了"钺"字的初文含义，那么再看看商代玉器中的玉钺，就不难理解造型的含义了。下面这件出土于商代晚期殷墟妇好墓的玉钺（线图4），体宽，刃口有一定的弧度，其实就像后代的斧子。商代行刑多用青铜质的钺与锯，所以玉钺的主要社会功能就是王权的象征。

　　与钺的造型相近似的是"锛"，锛是一种用来铲平木料的工具，形状像斧钺，但是刃口平直没有弧度。下面的线图5就是妇好墓出土的玉锛，与钺的造型有所区别。

商 金文拓片 6　　商 金文拓片 7　　商 金文拓片 8 及局部

商 金文拓片 9 及局部

这里有一件商代的石锛，锛体宽而短，接近钺的造型，但是口刃锋利而平直，具备了与钺的造型区别。

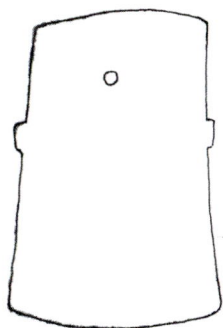
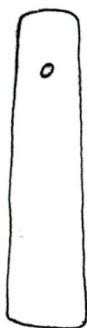

线图 4　　　　线图 5　　　　　商 石锛

三、玉刀

　　1987年在河南省偃师县二里头遗址的商代早期墓穴中，发掘出了玉刀（见线图6），这种刀实际是两端琢扉牙、带有横刃的玉板，除此之外，看不出任何作为刀的造型特征。由于具有明确的早期商代墓葬的出土记录，所以在没有其他命名参考的

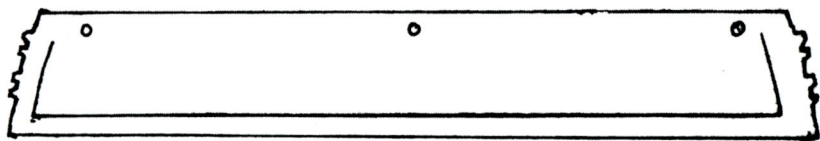

线图6

商 金文拓片10及局部　　　　　　　　商 金文拓片11及局部

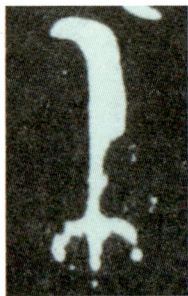

情况下，我们姑且认为这就是商代早期的刀形。如果从刀的造型上排类，那么下面所以用的"父辛簋"（商 金文拓片10）、"子刀形角"（商 金文拓片11）一定不是商代早期的青铜器。商代金文的象形图像，为我们准确地传递了刀在商代的主要功能是征战的武器，这件"父辛簋"拓片所记录的父亲辛手持大刀的显赫征战历史，说明了青铜大刀在商代晚期的主要作用。需要注意的是，拓片所画的刀与下面的这件

商晚期 青铜刀（本照片摘自故宫博物院编《故宫青铜器》，谨此致谢——作者）

藏于北京故宫的青铜刀造型很相似，所以，我们可以以这件青铜刀为媒介，将玉质刀与商代的文字记载做一有机的联系。

商代玉质刀有两种：一种是窄而长的造型，譬如下面线图7所摹画的妇好墓所出土的龙纹大玉刀，刀身通长33.5厘米、柄长3.2厘米，这种细

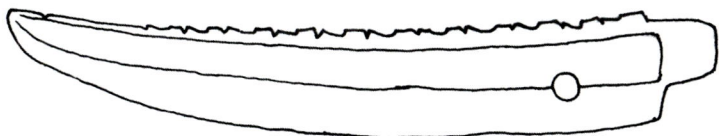

线图7

长的玉刀造型设计很漂亮，与故宫所藏的青铜刀相比，已经彻底地摆脱了由体积而产生的重量对于武器挥运惯性要求，从而完成了由嗜杀武器到精美艺术品的审美意义上的升华。商代制造的如此精美的玉刀很少见，对于一般收藏者不存在真伪辨析上的考量，留给我们的只有阅读与欣赏；另一种是下面线图8、9所表示的宽面玉刀，这两柄玉刀都是殷墟妇好墓的出土器，造型可以通过故宫藏的青铜刀，直接与商代金文相对比，是商代大刀的真实再现，尽管上面雕琢了各种效果不同的纹饰，但是基本造型却是原汁原味的，没有改变。

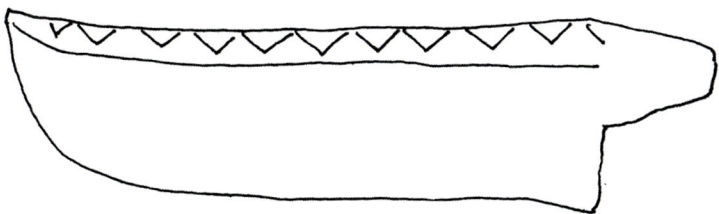

线图8

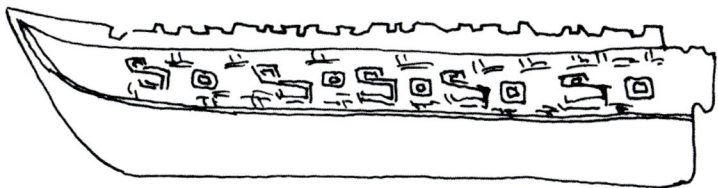

线图9

在1950年河南省安阳市武官村的商晚期大墓的出土器中，还出土了一种属于另类的玉刀（线图10），与上面所讲的征战用刀没有任何关系，纯属社会生产的工具。这种玉刀在椭圆形柱体的端部开斜刃，与现在的钢刀基本近似。尽管我们对于这种

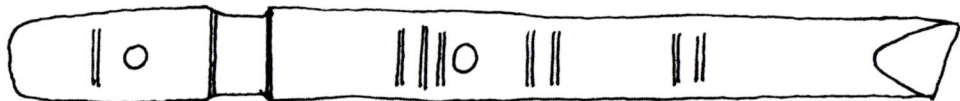

线图10

刀的用途不得而知，但是对于现代刀具发展进程如此缓慢，或商代刀具如此先进感到十分的惊讶。

通过对商代玉刀的分析，再看看主图所示的这柄青玉刀，就能感受到刀的造型是典型的商代制品。虽然刀面没有纹饰，但是各个部位的表现都与商代玉刀相吻合，同时，刀的无沁处包浆醇厚、老道而温润，既无贼光，又不黯淡（局部1）；在观察刀的末端，土蚀深重但未及筋骨（局部2），钻孔、扉牙骨力依旧，是一件很有收藏潜力的高古玉收藏品。

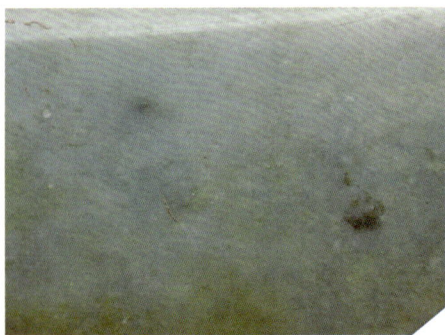

商 玉刀局部1

商 玉刀局部2

【第二节 西周时代玉器】

一、西周玉器的时代划分

在古玩界里，商代晚期与西周往往不能进行清晰而有效的时代划分，原因在于武王伐纣以来，在一夜之间革命成功，推翻了商纣，建立了周王朝。在商代遗留的财产上，西周全部地承用了下来，有些还随葬在墓中，这一点可以从早期的西周墓中发掘到商代玉器得以证实。我们知道，出土器是绝对可靠的鉴定标准器，在西周墓中出土了带有商代鉴定特征的器物，那么，商、周两代的鉴定标准边缘肯定是模糊的。就玉器来说，在唐代墓中有时会出现汉代玉器随葬，由于时间的跨度很大，所以不致产生鉴定标准上的混乱；而在西周的墓中往往出现了具有商代晚期鉴定特征的玉器，大概存在着这样几种可能：

1. 商代晚期的玉器西周人随葬。
2. 商代晚期的玉匠人在西周时的作品。
3. 商代晚期的玉器受到西周人的喜爱，并随葬。
4. 西周制玉风格是商代风格的延续。

不管是出于什么可能，商代晚期与西周早期的玉器很难截然划分，这种观点是一种不得已而为之的折中，在学术上不行，在实际收藏的行为指导上，却具有着很强的可操作意义。譬如，现在拍卖品的标识上，对于不能截然划分的拍品，一般标有"商/周"的字样。从交易价位的结果上看，"商"或"周"没有多大的区别。

话虽这么说，西周玉器与商晚期玉器在制作工艺风格与设计风格上，还是存在一定的可视区别的，这种区别只能被认为是西周玉器鉴定中的差异特征部分，而非整体。对这种可视区别的了解，能给收藏者以断代上的某些帮助，但无效于真伪的识别。

1. 在商代，玉质礼器的出现与使用规范，无处不在地显示着一种使用级别上的崇高，让我们重温一下《周礼·春官·大宗伯》上有关用玉阶级划分：

> 以玉作六瑞，以等邦国：王执镇圭；公执桓圭；侯执信圭；

伯执躬圭；子执谷璧；男执蒲璧。以玉作六器，以礼天地四方：以苍璧礼
天；以黄琮礼地；以青圭礼东方；以赤璋礼南方；以白琥礼西方；以玄璜
礼北方。皆有牲币，各放其器之色。

当然，这是经过秦始皇文化劫难后汉儒们的追忆，谁也不能确定商代是否就是
这样的用玉制度。但是，这种使用制度森严的礼器发展到了西周，确实变成了一种
几近弄器的佩戴物，将玉质礼器的祭祀功能逐渐转化为装饰佩戴功能。这种巨大的
转变，真真实实地反映在西周墓穴的出土器上。

西周　玉鹿

2. 西周与商代玉器的显著变化之一，就是形制上大小的不同。同样类别的玉器，
西周较商代的外形尺寸有所收缩，也正是这种玉器的小型化，才有可能实现"君子
无故，玉不离身"的社会用玉道德的诉求。我做了这样的一组对比统计：

商代

玉龙形璜　　　　长 11.7 厘米　宽 2.2 厘米　厚 0.2 厘米　妇好墓出土

鱼形璜　　　　　长 10.5 厘米　宽 2.4 厘米　厚 0.3 厘米　妇好墓出土

双鸟纹玉璜　　　长 16.8 厘米　宽 9.2 厘米　厚 0.3 厘米　北京故宫旧藏

西周

玉龙纹璜	长 8 厘米	厚 0.4 厘米	山东滕州出土
玉鸟纹璜	长 9.1 厘米	宽 3 厘米	陕西长安县出土
玉凤纹璜	长 8.7 厘米	宽 1.9 厘米	厚 0.6 厘米	陕西长安县出土
玉夔龙纹璜	长 8.5 厘米	宽 2.4 厘米	陕西长安县出土

很明显，西周的玉璜的实际尺寸小于商代。但无可否认的是，西周玉璜也有形制很大的，均见于传世品。譬如现藏于北京故宫中的两件西周玉璜，尺寸就很大：

| 青玉龙文璜 | 长 16.6 厘米 | 宽 3.5 厘米 | 厚 0.75 厘米 |
| 玉龙形璜 | 长 13.6 厘米 | 宽 2.4 厘米 | 厚 0.5 厘米 |

可见，西周礼器的外形尺寸明显小于商代。我们之所以比较肯定地承认西周玉质礼器的外形规模，完全是建立在出土器展示的基础之上，而北京故宫所藏两只大玉璜的存在，并不能否定和动摇上述的事实，这就是出土器与传世器在论证中不同的权威力度。当然，这里并没有排除西周出现外形规模更大的礼器存在的可能，因为到目前为止，所发掘的西周墓穴，还没有见到类似商代妇好墓那样的王室级别，所以，还有更多的未知需要拭目以待。

3. 在制作工艺上，西周玉器的雕琢方法更多地采用了勾撤的方法，形成了一整套由细阴线的"勾"与一面坡的"撤"共同组合成的具有阴阳线条观赏效果的线性图案。这种完美的勾撤刀法，在商代双阴线的工艺中，虽然也时有所见，但从雕制效果上看，更多地显现出这种效果的非主观性。在阴刻线的使用上，西周玉器更注重的是与"撤"法相配合后，所生成的立体感觉，而不是双阴线带来的转折硬度。

西周 钩撤刀法

4. 在设计纹饰上，西周玉器与商代玉器出现了一些由于观念上的不同而导致的异样设计。这种发现与归纳，必须建立在出土玉器之上，而传世器，即使故宫的旧藏品，也同样缺乏必需的身份论证能力。我们发现，商代很少将玄鸟纹（也就是常说的凤纹）作为纹饰或造型应用在玉器上（妇好墓出土的那件商晚期的玉凤属于例外），这大概与商代先民将玄鸟看作是自己的祖先有关。而西周对此显然无所顾忌，大量的凤鸟纹饰与造型出现在玉器的制作设计之中，构成了西周与商代玉器鲜明的断代特征。在外造型方面，西周还有一些有异于商代的地方，后面的叙述将会有所涉及。

5. 在玉材的使用上，西周与目前所常见的商代用玉有所不同。我们在上一节中所征引的商代玉器，基本上都是妇好墓中的出土器，玉质也多是和阗玉，这是在论述中确立鉴定标准的需要。同时，我们也讲了，商代玉器的大部分都是非和阗玉。在讲西周玉器时，由于西周王室的墓穴尚未发现，所以，征用为例的标准器，所见就不会以和阗玉为主要玉材了。也许商代的用玉制度详情现在不得而知，从典籍上看，西周时期的用玉制度比商代要森严许多。《周礼·考工记·玉人》记载了用玉的等级划分：

　　　　天子用全；上公用龙；侯用瓒；伯用将。

　　　　汉代的郑玄注："全，纯色也；龙，当为尨(máng，杂色)，尨谓杂色。"

"全，纯玉也，龙、瓒、将，皆杂名也。卑者下、尊，以轻、重为差：玉多则重，石多则轻。公、侯四玉一石；伯、子、男三玉二石。"

这里的"玉"大概应专指和阗玉而言。可见，在西周，除了周天子可以完全用玉以外，公、侯的用玉比例为80%；而爵位较低的伯、子、男的用玉比例仅为60%。越是在和阗玉使用等级森严的条件下，和阗玉与其他玉石的距离就越大。就出土器而言，商代所见玉器的材料品质要高于西周，这就为收藏者提供了两方面的思考问题：一是作为藏品，西周和阗玉质作品出现的几率不应高于50%，在遇到西周和阗玉质的交易品时要谨慎从事；二是由于非和阗玉材料的质地松软，所以受沁的程度与受沁的颜色与商代已见的出土器不同。

二、西周玉器的分类

西周玉器的分类应该说是在商代玉器分类的基础上进行的，不存在原则上的变动，只是在子类的内容包含上有所增删。

1. 礼器

西周时期是一个青铜器的鼎盛时期，这一点是无可否认的，几乎所有重要祭祀、礼仪上所用的重器，全由青铜器来充当，在庄严肃穆的青铜重器面前，玉器简直就

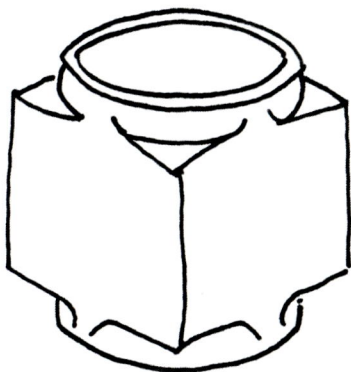

西周 玉琮线图

是一件小玩意，所以，玉质的礼器也就不显得那么重要而神秘了。如果你从红山文化、良渚文化一路下来，直到西周时期，对玉质礼器进行一次俯瞰式的浏览，你就会发现玉质礼器的社会功能越来越低下，发展到商、周两代，绝对是孔老夫子所慨叹的那种"礼坏乐崩"的时代。西周礼器能够圈点的，大概只剩下璧与琮两种了。即使如此，作为个人的收藏行为，这两种已经没落的礼器，仍是历代收藏的重点。主要是因为西周玉器的传世品数量稀少，再加上对玉质的讲究、对沁色的讲究以及对品相等各方面的讲究，促成了历代高古玉收藏者对西周礼器的追捧。2002年12月，北京瀚海以80,000元人民币的价格，拍出一件很精彩的西周黄玉璧；2007年6月，天津文物以203,000元人民币的价格，拍出一件素面黄玉琮，此琮方体短射，包浆沁色漂亮，虽是素器，不掩高端藏品的风采。

2. 装饰器

西周具有佩饰功能的玉器数量比商代多，而且所呈现的样式也相对比较齐全。从工艺形式上分，仍可以粗略地分为片状、圆雕两种。如果进一步细分，从塑造形式上还有粗犷与细腻的区别。这四种特点的相互穿插组合，构成了西周玉器中佩饰玉的工艺特征。有下面几点基本特征：

（1）从现在能够观察到的西周玉器看，西周人在玉器的使用上，对美感的实际关注程度是前所未有的，最突出的表现就是片状佩饰玉的玉质一般都要好于其他作品包括礼器的玉质。这种用玉特征从玉制品的社会功能衰退的方面去理解，似乎更合情合理；同时，由于美玉装饰功能的无可替代性被普遍认可，所以得到了另一种社会功能的强化，这也是一种必

然。我们特别注意到，在我们能够观察到的范围内，玉璧、玉琮、玉璋以及作为仪仗用的兵器如刀、戈、戚、钺等，一般不见使用优质玉料，而片状佩饰玉件的玉质则普遍胜出。

（2）由于上述的社会功能有异，片状玉器纯粹用于佩戴装饰，而圆雕玉器带有把玩、殉葬的作用，所以一般片状玉器的图案设计盘曲生动，雕工细腻复杂，而圆雕玉器的雕工相对比较倚重于写意，意在造型的直白生动，雕工的简约传神。譬如有一件西周中期的玉牛，1974年出土于陕西省宝鸡市茹家庄，牛身圆润光滑，极具肉感，但无任何的装饰线纹。从收藏的角度讲，不能说这种写意的收藏价值一定逊于片状佩饰玉，相反，在原材料紧缺的西周时代，圆雕玉器一定是一种用料的奢侈，否则这件玉牛可以开出至少三片片状佩饰玉。

（3）商代剪影式的片状造型在西周早期仍然存在。这就是商、周不分的"犬牙"之处。最典型的是1974年陕西省宝鸡市茹家庄出土的玉兔，与商代妇好墓出土的那件玉兔神形相仿佛，可以看出一种风格承续的渊源关系。所以，在实际收藏意义上的鉴定过程中，这种商、周交叠的流通玉件，重点在于真伪的判别，而不在断代。当然，这只是在小小的玉佩件上不得已而为之，在青铜器上，商与周的差别就太大了，不敢有丝毫的马虎。

（4）大概是由于西周玉器更趋向于装饰化，也许目前缺少像商代妇好墓那样高级别的玉器出土，在我们视野的观察范围内，西周玉器的造型设计很具象，即使承续了商代剪影式的造型，也丝毫不脱离写实的轨道，商代的那种抽象造型即使在西周的早期作品中也不复再现。在商、周玉器的交易鉴定中，这种现象完全可以作为断代的一个支持点而存在。

（5）西周装饰器的另一个特点是，对既有的玉材在最大程度上加以利用。换言之，对玉材的使用尽最大力量减小损耗，因此，作品的形体往往尽量根据玉材的尺寸大小而科学地设计。譬如鹿造型，可见的有这样几种：

①侧身跑姿，正视，鹿角向上。（河南省三门峡市出土）
②正身立姿，正视，鹿角向上。（陕西省宝鸡市出土）
③正身立姿，回视，鹿角向上。（陕西省宝鸡市出土）
④正身立姿，回视，鹿角左右延伸。（陕西省宝鸡市出土）
⑤正身卧姿，正视，鹿角向前。（上海博物馆藏品）
⑥正身卧姿，回视，鹿角向上。（陕西省宝鸡市出土）

通过观察可以发现，西周鹿形既有正视者，也有回头者，这些姿态并不能构成断代的主要依据。鹿角的设计姿态，向上或左右延伸，鹿头的正视或回头，完全取决于未雕材料的形状，譬如同样一块长方形玉料，竖用，则雕出角向上的①型侧身鹿；横用，料长雕出⑤型的卧姿正视角向前；料短则雕出⑥型的卧姿回头角向上。

因此说，西周的匠人对原材料的使用达到了最佳的设计高度，仔细品味，除了可以得到一种新的欣赏感觉外，还能在这细微处找到断代新的支持点。

西周 双龙纹佩

3. 工具器

工具类仍然是西周玉器中的一个小品种，所见无非是玉铲、玉凿、玉刀、玉觽等几种。需要说明的是，西周的玉铲、玉凿基本上都是素器，而玉觽与玉刀都有雕工。其中雕工精细的有一柄鸟纹端刃刀，为1980年山东济阳县的征集品，青玉质地，纵向琢有两只凤鸟，阴线双钩，有商代的风格。西周中晚期的玉质刀很少见。这时的玉觽形状稍有变异，尾端变粗，与"冲牙"相似，大概早已失去了原来应有的作用，逐渐演化成了一件可以佩戴的饰品。

西周的工具玉类还有一件牛首状"调色器"，十分有名。我总觉得这一命名有些牵强，尚不知在西周绘画用色十分不发达的这一历史时期，用来调和什么颜色，现在也不见足够的论据支持，同时，这种东西也很少出现在收藏品中。这里之所以提出此事，意在建议读者在收藏鉴定的实践中，很有可能遇到不知用途的真品器物，这时，宁可命名暂付阙如，也尽

量不要随意为之。

4. 殓葬器

西周的殓葬用玉与汉代的"九窍塞"不同。汉代的九窍塞是用玉制成的玉塞，塞住死人的九窍，包括两眼、两鼻孔、两耳孔、嘴、阴部与肛门。西周的殓玉主要是玉覆面，将与面部器官相对应的玉缝坠在丝织品上，形成完整的玉质覆面饰品，盖在死者的脸上。完整的玉覆面约由14件组成，只有在科学发掘的前提下才能有所获。一般市肆交易中，多见其中的一件或几件，绝对没有保存完好无缺的原装原套。至于装饰死者身体的玉饰就很多了。据山西曲沃县曲村遗址12号墓墓葬的发掘报告记载：

> 墓主身上几乎铺满了形形式式的玉、石器。面部覆盖两层玉覆面，头部两侧有成套玉玦14件，头下枕并排玉鱼4件，玉鱼两侧各有1件小玉玦；左肩胛骨下有1组玉牌串饰；胸部有佩饰3组，上层为由石牌和料玉珠组成的佩饰，其下两组玉璜联珠大串饰；腹部以下有柄形器，玉、石牌串饰；足部有玉板2件，两侧有玉、石玦3对，共6件。

这里转载上面的记录报告，是想让读者知道殓玉在一个中型墓葬中的存在规模。在实际收藏中，一件作为殓玉的佩饰不应有太大的投资，因为存世数量多；相反，一件素璧或琮，尽管没有雕工，也不要轻易地放手，因为存世数量少。

三、西周的玉琮

西周玉琮的造型基本上沿着传统玉琮的形状雕制，没有什么变化。商代曾一度出现圆形琮，有两种可能：一是对玉琮形制上的改变；二是这种圆形器本来就不是琮。这种情况在西周不曾发现，大概说明社会对玉琮的关注度大大降低，玉琮的制作与一般的佩饰无异，因此样式平平，乏善可陈。西周的玉琮分为两种：

1. 素面琮

这种不带雕工的玉琮无论是出土器还是传世器，都占有相当大的比例。素面琮对于收藏意义上的鉴定来说，其难度很大，因为可资参考的条件只有形制与磨光两点，而上面我又讲过，西周玉器的形制设计往往是根据玉料的大小因料制宜的，同为陕西省境内出土品的3件玉琮，一件高7.6厘米、一件高6.4厘米、一件高5.5厘米，这说明西周时期玉琮形制已经丧失了制作标准，鉴定这种玉琮大概不能以其形制的大小作为判断依据。

2. 带工琮

目前西周出土玉琮带雕工的仅有一件，以双阴线四面雕鸟纹，从雕线的风格上看，应属西周早期的作品。由于这件带工玉琮尚属孤品，不能说明鉴定条件，所以在实际鉴定中，对带工的玉琮的鉴定，最好同于素面琮。因为尤其是熟坑玉琮，不能排除旧琮新工的可能，一旦发现是新工，其收藏价值将大打折扣。

近几年来，西周玉琮的拍卖成绩并不十分理想，这大概与多为素器、普通收藏者投资者缺乏欣赏基础有直接的关系，但从总的趋势上看，交易价格呈上扬的趋势。

拍品名称	成交价	拍卖单位	成交时间
周 玉琮	30,800	北京瀚海	2000.1
西周 白玉琮	22,000	天津文物	2002.12
西周 带沁玉琮	39,600	上海敬华	2004.4
西周 玉琮	55,000	大唐国际	2006.7
西周 黄玉浸色琮	203,500	天津文物	2007.6
西周 玉琮	33,600	北京瀚海	2007.6
西周 玉素琮	89,600	上海鸿海	2007.11

（以上拍价单位为元／人民币）

西周玉琮与商代玉琮的拍卖交易成绩相比，已经明显地呈现出总体式微的走向，那种上世纪初的八面威风不复存在，但是作为一种高古玉，由于社会关注度的降低，所带来的是新仿品冲击力度的减小，对于真正收藏者来说，又不失为一种闹中取静的好时机。

四、西周的人物、动物雕件

由于青铜器的参与，玉器在西周已经出现了明显的社会功能的改变，所以，通过对出土器的观察，发现对玉质装饰美的内涵开始了较商代更为深层次的开发，具体表现在反映神祇的图案设计明显减少，代之以靓丽活泼的凤鸟纹。同时，用单阴线与一面坡的方法挤出具有细阳雕效果的线条，将纹饰的加工工艺水平推向了一个更高的峰值，大大地超越了商代的线条表现能力。

就品种出现的频率而论，西周时期的玉雕人物很少见，圆雕人物仅见1972年甘肃省白草坡1、2号墓出土的两件作品，片状带有人物形的也只有为数不多的几件。这只是关于出土器的约略统计，不能由此而否认传世品的存在。西周玉雕人物的头部造型特征是：

1. 鼻尖位置下垂，在前额至下额长度的4/5处。
2. 塌鼻梁、翘鼻尖，形成一个较为夸张的弧度造型。

3.杏眼，上用阴线雕出眼眉，这是商代玉人物所没有的。

从具象的人物头部设计上看，西周人物设计风格具备了与佩戴者相适应的亲和力，对战国、两汉以后的唐、宋、元、明、清诸代的玉雕设计，产生了最为直接的影响。

西周的玉雕人物不多见，鉴定特征不明显，在实际鉴定中，还是要根据上面讲经验，以辨真假为主，断代为辅。我们着重讲讲西周动物的一些相关问题。为了节省篇幅，这里将片状、圆雕的动物与动物纹饰的特点混在一起论述。

西周玉雕动物从出土器上观察，种类不多，主要有兽面、鹿、猪、牛、兔、虎、龙、凤鸟、鸮、鹅、鹰、鱼、蚕、螳螂等。与商代最大的不同点是，西周玉质动物都是具象的，能很明确地确认出动物雕件的名称与用途，这就是玉器社会装饰功能得到加强的一种标志。即使有很少的兽面纹佩饰，其眉、眼、鼻、口也都比商代的纹饰易读，抽象的图案化成分大大减少。

西周 玉兔

这一时期的玉质动物形雕件分为片状与圆雕两种。

1.片状动物雕件

片状玉雕动物的论述物可分为两类：一类为片状形动物；另一类为动物纹佩饰。

先说第一类片状形动物。这类动物在商代，由于造型转折欠圆滑过渡，所以形成的特点是具有皮影剪影般的品读效果。西周的这类玉雕造型外轮廓舍方取圆，很少出现方的硬折，感觉柔和而含蓄，与商代明显不同。在西周片状动物的身上，表现出一种比较写意的设计：有些身体光素无纹；有些仅在动物的前后胯关节两刀雕出肌肉结构。这里不去评陟位置是否准确，至少作为一种塑形的形体特征，是区别于商代的重要认识区域。还有一种是较为细腻、工致的设计，那就是在片状动物身上雕有各种纹饰，雕法有三种：

第一种是用粗单阴线勾纹，得到的观赏效果是力量型的粗犷。譬如1985年陕西长安县出土的碧玉鸟形佩，单阴线粗放潇洒，痛快淋漓。

第二种双阴线勾纹，与商代的用刀性质相仿。

第三种是将"勾"、"撤"结合于一体，形成具有阳线浅浮雕效果的线纹饰。换言之，就是细阴线与一面坡中间挤出一条阳线，由于一面坡的减地，就形成了浅浮雕的视觉效果。这种方法在商代偶有一见，那明显是一种无意识的巧合，真正形成一种雕琢方法，还是始于西周时期。

再说第二类动物纹佩饰。这类佩饰的外形与动物的形体无关，一般都是长方的几何形状，或设计在其他类玉器表面上的纹饰。在西周时期，这种纹饰最为典型的是凤鸟纹。这种凤鸟纹与西周时期青铜器上的鸟纹设计有外形上的相似处。我们观察了2003年陕西宝鸡眉县出土的"逨盉"，盉盖上的鸟形钮与西周凤鸟纹的外形相似，主要的相似点是具有较为夸张的鹰钩鼻，这在多件玉器的出土品中都能得以证实。譬如山东省德州市文化局藏有一柄西周时期的鸟纹刀，上下双鸟纹，鸟呈鹰钩鼻、长颈、圆眼，双钩尾羽向上柱状卷起，过头垂下，也许是我的孤陋寡闻，这件鸟形纹饰是我所见最动人、最富于浪漫情调的一件西周玉作品。应用于这种鸟纹的雕琢方法多是上述勾撤相结合的方法，不过"撤"法的坡面存在着角度大小的区别。眼睛都是圆形眼。

2. 圆雕动物雕件

西周圆雕动物很少见，主要由纯粹圆雕件构成，那种用厚料雕成的片状作品大概是由于不太适宜佩戴，出现的频率更低，在这里不做进一步的讨论。

这一时期的圆雕动物主要由牛、羊、猪、鸮、鹅、鱼、螳螂等种类组成，有如下的特点：

第一，雕件的形制不大，身长基本上在5厘米～6厘米左右。

第二，西周圆雕玉器基本上是素器。

第三，鉴于现在出土的西周玉器标准器的玉质存在，通过对比可以发现，圆雕玉器的玉质不如片状的装饰器，这就更突出地证明了这样几点：

（1）优等的玉质供佩饰玉所用。

（2）优等玉质的佩饰要配有漂亮的雕工。

（3）圆雕玉动物大概属于殉葬品，所以仅塑其形而不纹其形。

（4）客观上形成了玉雕简约一路的又一种风格。

第四，圆雕动物的设计重点在动物的头部。所施用的雕琢刀法很简单，尽量维持与身体光素相一致的整体统一，寥寥数刀，刀刀见力度，具有很强的概括力，这种风格对后来"汉八刀"的形成，肯定具有很大的影响力。

第五，少数的圆雕施用了镂空的方法，这在西周玉器中比较少见。1993年出土于山西省曲沃县赵村的一件白玉螳螂，上下两只螳螂腹背相连，中间镂空，形成一种简洁生动而又毫不抽象的造型。

西周 白玉双螳螂线图

西周玉雕动物是历代高古玉收藏的重点品种，从宋代开始直到民国，有超出真品存世量的仿品在流通，这些老的仿品由于常年周旋于藏家之手，也都具有了足以令人信服的"老相"，最具蒙蔽性。对近年新仿品的观察，有很多是要从玉件内在所透露的信息上进行，譬如圆雕玉件的头部，几刀概括力极强的动作，不是照猫画虎就能学出来的，那种毫不犹豫的几刀，存在着那一时代认识上的缺陷，与现在工艺上出现的毛病的味道完全不一样。这就需要时间，需要积累，更需要文化。

五、西周玉器的鉴定

在一般的拍卖与市场的交易过程中，西周玉器最为常见的还是传世熟坑，这是一种不能改变的事实。但令人很无奈的是，我们所归纳出的规律、所讲的条条框框又都是以出土器为标准进行的，这里面虽说有大约70%能对上"龙门"，还有30%是在"风牛马"之间。所以我要再次提醒读者，对于收藏高古玉器来说，第一是辨真伪，第二才是断时代，这些在前面已经反复讲过了。

西周玉器的真伪判断有下面几点：

1. 从玉质上看

西周玉器中真正上佳玉质的玉器至今我没有见到（但是我并不否认存在的可能，即使存在，为数恐怕也是很少），因为目前考古所发掘墓穴的级别不高，不能透露出这方面的信息。同时，也不能排除民间流传高级别墓葬中出土的古玉，这是因为，在清代晚期，肯定有不少高级别的西周墓穴被刨出的历史事实，譬如像毛公鼎、盂鼎、大小克鼎以及散氏盘、虢季子伯盘等青铜重器，毫无疑问是出自级别相当高的西周墓穴之中，同墓中肯定有与青铜重器相当级别的重要玉器出土，只是在非科学发掘的情况下，失去了可资借鉴的鉴定标准器资格与准确的流传信息。这些西周重墓的盗掘行为，使古玉器（以及其他器物）鉴定标准的建立与执行蒙受了无可挽回的损失。与毛公鼎、盂鼎等青铜重器同葬的玉器，如果根据《周礼》所记载的西周用玉制度，应该有不少和阗玉雕件，各种质量指标肯定高于近50年出土的玉器。所以，西周玉器中的熟坑是很值得投资的，这一点与商代玉器的投资视野不同。作为一般收藏水平的购入性鉴定，重点应放在普通杂玉的辨识方面，譬如对西周岫岩玉、南阳玉、绿松石、玛瑙乃至煤玉、玉石的特征鉴定上，因为具有一般收藏能力的收藏者，更多的是面对这些为数较多的古玉，至少要认真、反复观察过这些杂玉的真品标准器，不仅看颜色，更要保存那种感觉。

西周 玉璜

2. 从沁色上看

其实，讲沁色是一件很抽象的事，几乎每本讲玉器的书都在喋喋不休地讲着各种时代的不同沁色。说实话，沁色只有那么几种大的颜色分类，但具体而微，却又像万花筒一样，绝没有两件沁色完全相同的玉器，即使

西周 玉琮

是在同一坑口、同一种玉质，甚至同一块玉，所表现出来的颜色也不尽相同。而作为初涉收藏古玉的人，又希望将神秘的沁色讲得具象一点，那么，你要观察真品标准器与待鉴定品上这样几点：

（1）沁色与地张边缘处的清晰状况。真品沁色的颜色分布特点是从四周外缘浓处向中心发散，呈中心处渐淡周边浓烈的分布样式，这种变化是自然的；人工造沁基本上没有这种变化，因为是采用了遮盖的方法，所以颜色没有变化。观察这一点最好要使玉器对准阳光，或用强光手电筒在玉的背面打光，仔细观察沁部的深浅延伸与浓淡变化，尤其片状玉器，在这种强光下很容易暴露问题。

（2）块面沁色中间的浓淡状况。一块玉生成沁色，至少要有下面的三个条件促成：

一是周围土壤中有机物的存在多少。

二是玉器能否与土壤中的有机物长期有效的接触。

三是玉质本身的致密程度。

这三个条件的同时出现，才能使玉形成浸蚀而出现沁色。在同一个玉体块面上，任何一点微观意义上的结构异质，都可能出现浸蚀程度的改变。也就是说，玉器平面上的任何一块沁色，都一定会出现不同的颜色变化。如果你拿着标准器对着阳光观察，就会很直接地感觉到这一点。而人造沁色，不管是古代笨拙费力的"提油"、"羊玉"、"狗玉"，还是现代化的激光染色，都不具备这种自然形态的变化。观察沁色的"活"与"死"，能有效地提示出真伪的信息。

（3）沁色生成位置的状况。真品玉器的沁色生成位置，具有一种飘忽不定性，有可能"长"在穿孔的位置，也有可能只"长"在一个面上，而另一面不见任何沁色，人工的造沁往往要"长"在便于操作的地方。譬如做沁的"老提油"法，成品沁色呈浓黑色，其方法是用绳拴在孔上，不断地将玉浸在热油中，那么，孔的位置不可能提油着色，也不可能单面着色。另外"羊玉"、"狗玉"等，都存在着工艺上的缺陷，这不失一种识别真伪的方法。

（4）玉器雕制风格与沁色形成的协调状况。这一点比较难办，但是有效。如果我们以陕西玉器的为辐射中心，来研究地域制玉的设计风格与用刀风格，那么，即使是陕西与河南距离很近，这两种风格也必然有所不同，而陕西与浙江、陕西与四川、陕西与河北的风格相差更远。地域的差

别势必带来土壤盐碱、干湿、污染成分方面的差别，俗称"干坑"、"湿坑"、"脏坑"、"净坑"。于是沁色的差别也就形成了一种大规律，即有什么样地域风格的玉器，就会生成与地域相对应的沁色，这一定是有规律可循的。如果具有四川制玉风格的玉器生成与陕西玉器相近似的沁色，那么，这件带有四川制玉风格的玉器可能有问题。当然，这只是一种基本的鉴定方法，也不能排除四川贡玉入葬陕西的可能性。这就牵扯到一个地域风格与沁色的标准的提供问题，在没有足够的标准器的情况下，只能仔细阅读和牢记出土器图录所提供的信息，对于博物馆藏品，要用十倍的精力观察标有明确出土时间地点的出土器，而对于所展示的传世器，则只能作为对出土标准器记忆理解的印证和实战练习。

讲到这里，才算与真伪的鉴定沾边，但仍然是要培养一种感觉，一种标准器在胸中的感觉。玉器的鉴定与中国书画、瓷器一样，更多的还是靠非量化的自我感觉，靠鉴定特征以外的东西。所以，万不能将收藏鉴定的准确度，寄托在他人总结的鉴定特征之上。

〖鉴定实例: 西周时期的龙凤纹佩〗

西周 龙凤纹佩（正面、背面） 估价 50,000 元人民币

这件龙凤纹佩是一件比较典型的西周较早时期的玉器，主要鉴定特征表现在刀法上明显地保存着商代用刀生厉、硬直与干净的风格。对于这件作品，可从下面两方面来观察：

一是造型。西周玉器造型的一个重要特征就是在轮廓造型上，最大限度地充满既有材料面积，很少设计出损耗作品面积的轮廓样式，因此，作品的形体往往尽量根据玉材的尺寸大小而科学地设计，这一点尤其对于鉴定片状的西周玉器很重要，仔细观察这件龙凤纹佩，是在一块扁方形的片状玉料上设计的轮廓纹样，仅在左上与右下对角处产生很少的边角下料，代表了西周玉器造型设计的风格。如果再通过观察其他西周墓地出土的片状动物佩饰，就可以对于这一特征产生更深刻的印象。下面的5张玉佩件的线图来源为：

线图1奔鹿，出土于河南省三门峡市虢国墓地（1990年）。

线图 1

线图2

线图3

线图4

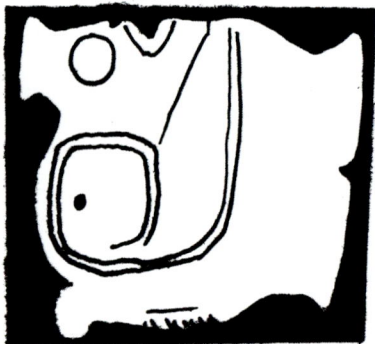

线图5

线图2卧鹿，上海博物馆藏传器。

线图3卧兔，出土于陕西省宝鸡市（1974年）。

线图4卧羊，出土于山西省曲沃县晋侯墓（1993年）。

线图5玉鸟，出土于陕西省长安县（1983年）。

如果我们设定在一块玉材上设计外造型，西周对玉材的利用率要高于商代，对玉材的损耗最小。决定设计外造型的一个重要因素可能就是原始材料的形状，譬如图1，之所以将鹿的身体设计成提臀跑动姿态，完全决定于材料的宽窄尺寸，线图5所表现出抽象的鸟尾，其实也是因材造型的结果。在收藏高古玉器的时候，西周片状动物往往会呈现出各种姿态，譬如常见的鹿，有站姿、卧姿、前视、回头、正面站立、侧身奔跑等，这些造型设计一定与未雕材料的形状有关，如果大材小用了，就要考虑真伪与断代是否出现了问题。因此说，西周片状玉雕动物外造型的特征往往是鉴定玉器真伪的重要参考因素。

二是刀法。这件佩饰的刀法表现很有商代折铁线的味道，首先看龙纹的眼睛（局

商晚期 折铁线（妇好墓出土器）　　　　西周　龙凤纹佩局部1

部1），是通过双阴线表现出来的变形"臣"字眼，下眼睑的转折处刚劲生硬，入刀收刀出尖，行刀的力度很大。从表现的刀痕上分析，这件玉饰的琢玉工具与商代晚期所使用的工具基本上处在同一水平线上。

　　再观察纹饰阴线的转弯处，由于琢玉工具的原始，导致了曲线转折的不灵便，于是出现了圆转处的毛刺（局部2），这也是典型的商代琢玉的刀法特征之一，在前面已经比较详细地讲过。

西周　龙凤纹佩局部2

　　从整体雕琢的风格上观察，纹饰以双阴线作为主要的装饰手段，局部3所截取的这一段与商代常见双阴线用法基本相同，其特点是利用双阴线最大化的贴近，挤出一条阳线，由于琢制工具的原始，不能完成较长阴线的一次性成型，所以无论从阳线的宽窄以及阴线压地角度的大小，都表现出了经过数次对接才能成型的最后结果。这就是商周原始雕琢长阴线的特点。通过与妇好墓出土的玉器进行对比可以发现，商代妇好墓出土器的线条相当规范而标准，的确有王室用玉的风采。相比之下，这件西周早期的

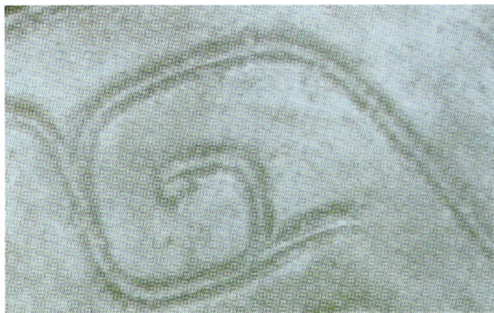

商 双阴线刀法（妇好墓出土器）

西周 龙凤纹佩局部3

双龙形佩（局部3）线条就显得粗糙一些，但是时代风貌仍然得到了较为完整的保留。

　　在这件龙凤纹佩的作品上，虽然体现着许多商代晚期的制作风格，但是从纹饰、造型的整体上观察分析，又具有西周的许多特征。一是造型上的用料特征，我们上面已经讲过；二是纹饰特征，西周纹饰设计从总体上看，要繁复于商代，商代纹饰因程式化而显得单一，西周玉器设计明显趋向复杂，这包括设计理念的更新与琢制手段的进步，包括有了使用细密阳线的设计形式与琢制尝试。这种细密阳线使用最为普遍的是良渚文化，但那是将浅而细的阳线雕制在质地松软的实质上。雕制在玉质上是对琢玉工具与技术的严峻考验，商代没有能力完成，西周初期的玉器试图采用这种形式，但还是受到工具与技术的限制，制作并不精细。至少在西周中期，细密阳线的制作逐渐精致起来，下面的西周细密阳线1是截取1984年陕西省长安县出土的龙凤人物，线条的间距与线条流畅标准都要优于这件龙凤纹佩。而细密阳线2则是截取北京故宫博物院的一件西周龙纹柄形器，制作水平又优于长安县的出土器。这就是我们判断主图为西周早期玉器的主要原因之一。

西周 龙凤纹佩局部4

西周 细密阳线1

西周 细密阳线2

　　在商代玉器中，很少有在一个画面上出现两种动物的组合形式，而在西周玉器中，这种复杂的组合比较常见。1984年陕西省长安县张家坡村157号墓地出土了一

人物1

人物2

龙纹

凤纹

件由两人形、一龙一凤型组合的饰件，属于很复杂的组合关系。如果以每一个组合为一单元的话，那么识读的突破点就应该是眼睛，每个单元所设计的眼形都不一样。仍以上述陕西长安出土的那件龙凤人物佩为例，两个人物的眼形不同，龙、凤眼形也有所区别。通过对单元眼睛的不同刻画，使得复杂的组合阅读能够简单而形象地传递出设计意图的初衷。主图的这件龙凤纹佩同样在一个平面设计出了两种不同的眼形，局部5为双阴线椭圆形眼，局部6为变形"臣"字眼，这是我们将这件玉佩饰断为西周玉器的又一原因。

西周 龙凤纹佩局部5

西周 龙凤纹佩局部6

（本节文字节选了中国社会科学院考古研究所藏殷墟妇好墓、陕西省长安县张家坡村出土玉器的局部，谨此致谢——作者）

商、周时期玉器

【 第三节 商、周时代玉器的收藏与投资 】

　　商、周玉器的断代，在鉴定技术上目前尚存在着两个时代的鉴定特征交叉区域，很难截然划清。这种鉴定技术上的无能为力，直接导致了交易市场的一片混沌。在青铜器的交易上，由于商、周两代的造型、纹饰以及材料的配比各具明显的特征，所以，反映在交易价格上，出现了各自的交易规律。但是商、周玉器交易发展目前尚不能建立起这种明确的价格通道。因此，观察一下每年的拍品图录，总有张冠李戴的现象出现，但是价格差异并不明显。虽然这是一种由于鉴定技术的先天不足而带来的认知上的不清晰，越是没有人去追究，越是说明商、周古玉对当代收藏的微不足道。其实，这种现象从根本上反映了古玉收藏领域对商、周玉器收藏与投资信心的或缺。通过下面的统计表可以看出，在当前明清玉器，包括新玉新作的市场价格直线窜升的大环境下，如果没有异动投资资金的实际注入，商、周代玉器交易的走向只能是一种水涨船高的借势上浮，很难再有直线上升的拉动潜力。

　　商代玉器 2000~2007 年拍卖交易高位成交选录

拍品名称	成交价	拍卖单位	成交时间
2000 年			
商 旧玉龙身人首佩	35,000	上海国拍	2000.6
商 旧玉璧	22,000	北京瀚海	2000.1
商 旧玉鱼	22,000	北京瀚海	2000.1
商 玉铲	19,800	北京瀚海	2000.1
商 青玉素璧	10,000	上海国拍	2000.12
西周 旧玉螭龙勒子	46,200	北京瀚海	2000.12
西周 玉璇玑	31,900	北京瀚海	2000.1
西周 玉琮	30,800	北京瀚海	2000.1
2001 年			
商 玉锥形器	13,200	天津文物	2001.6
西周 白玉人面饰件	79,200	北京瀚海	2001.12
西周 人物形黄玉佩	39,856	佳士得	2001.10

2002 年

商 黄玉笄	7,700	天津文物	2002.6
西周 黄玉璧	80,000	北京瀚海	2002.12
西周 白玉勒子	22,000	天津文物	2002.12
西周 白玉琮	22,000	天津文物	2002.12

2003 年

商 旧玉环	220,000	北京瀚海	2003.9
商 碧玉戚	210,000	北京瀚海	2003.9
西周 黄玉跪人璜	300,000	北京瀚海	2003.9
西周 白玉琮形管	200,000	北京瀚海	2003.9
西周 青玉乳钉夔龙璧	100,000	北京瀚海	2003.9

2004 年

商 白玉雕兽面纹琮	1,870,000	天津文物	2004.11
商 旧玉虎	242,000	北京瀚海	2004.11
商 黄玉龙形佩	34,100	天津文物	2004.1
西周 黄玉跪人璜	1,320,000	北京瀚海	2004.6
西周 旧鱼	198,000	北京瀚海	2004.11
西周 旧玉人面璜	165,100	北京瀚海	2004.11
西周 青玉双联璜	165,000	天津文物	2004.11
西周 玉象鼻龙玦	143,000	北京瀚海	2004.6

2005 年

商 旧玉鸟	418,000	北京瀚海	2005.6
商 黄玉雕鸟纹佩	165,000	天津文物	2005.6
商 旧玉铲	107,800	北京瀚海	2005.1
商 青玉凤鸟形佩饰	57,200	上海信仁	2005.4
商 玉笄	38,500	北京瀚海	2005.6
商 玉璇玑	38,000	北京瀚海	2005.6
西周 青黄玉兽面龙纹组佩	770,000	诚铭国际	2005.9
西周 玉龙纹璜	231,000	上海信仁	2005.4
西周 玉双龙纹佩	121,000	上海信仁	2005.4
西周 青黄玉龙形佩	88,200	诚铭国际	2005.9
西周 白玉雕龙纹佩	77,000	北京东正	2005.1

2006 年

商 玉琮	550,000	大唐国际	2006.7
商 玉跪人	308,000	大唐国际	2006.7
商 玉双龙形佩	220,000	中拍国际	2006.9
商 玉扳指	220,000	大唐国际	2006.7
商 玉鸟	220,000	北京瀚海	2006.12
商 墨玉琮	110,000	辽宁中正	2006.10
商 旧玉刀	77,000	北京瀚海	2006.12
西周 御题古玉英雄佩	5,500,000	北京瀚海	2006.12
西周 玉牛	220,000	北京瀚海	2006.12
西周 玉纹出戟蝉勒子	209,000	北京瀚海	2006.6
西周 白玉牌饰	93,500	大唐国际	2006.7
西周 黄玉龙佩	77,000	北京瀚海	2006.12
西周 玉夔龙纹璜	66,000	北京瀚海	2006.12
西周 玉琮	55,000	大唐国际	2006.7

2007 年

商 玉龙纹璧	560,000	北京瀚海	2007.6
商 玉出戟龙形佩	537,000	北京瀚海	2007.6
商 碧玉熊	506,385	佳士得	2007.11
商 青玉龟	292,454	佳士得	2007.11
商 素玉琮	209,385	佳士得	2007.11
商 玉兽头	148,500	佳士得	2007.11
商 玉兽面纹佩	67,200	北京瀚海	2007.6
西周 青玉猫头鹰	316,305	佳士得	2007.11
西周 玉牛	224,000	北京瀚海	2007.6
西周 双面龙纹璜	204,930	崇源抱趣	2007.11
西周 黄玉浸色琮	203,500	天津文物	2007.6
西周 黄玉雀	105,188	佳士得	2007.11
西周 玉人	99,000	佳士得	2007.11

（以上拍价单位为元 / 人民币）

商、周玉器的收藏与投资是一种长线行为，纵观近十年的拍卖交易表现，我觉得至少在未来的相当一段时间内，商、周玉器的投资风险最小，作为收藏品的品质保证也相对最完善。

　　不可否认，收藏高古玉中的老三代曾经是古玉收藏者的最高境界，这绝不是东施效颦式的人云亦云，而是基于一种深厚博大的收藏美学和收藏传统。商、周的玉器既不像红山文化那样简约、良渚文化那样神秘，又不像明清那样甜俗，在古朴中蕴含着的那种前卫的设计，竟然可以轻易地超越明清两代，而直接与现代的前卫美学意识对话。这些内在的设计因素，前人的收藏仅能赏玩其造型与沁色，那是因为他们具有深厚的传统文化；现代的收藏者多数玩的是收售的保值增值，那是源于他们经济价值观念；而新一代如"80后"、"90后"的"准收藏者"，是具有现代社会意识与审美意识的一代，他们所看中的，大概不是沁色，也不是增值，很有可能是勾云纹、饕餮纹或者是神人兽面纹等图案及其内涵所带来的视觉感受，否则，中国玉文化很快就要戛然而止。所以，商、周古玉的历史与收藏双重价值的提升，应在未来。

　　商、周古玉的交易人群相对于明清玉的收藏者来说，更为专业、稳定。因为明清玉器的特点在于俏丽曼妙，适合于各阶层的人士赏玩，所以在明清玉的收藏者中，真正在收藏层面上欣赏的人并不多，更多的是浅层次的喜欢与佩戴。这种消费群体明显要大于商、周古玉的收藏方阵，但明清玉的价格走向往往控制在这些人手中，具有很大的不稳定性，真正的收藏者永远处在非收藏行为鼓起的价格旋涡之中而不能自拔，这是一件很痛苦的事。而商、周玉器的收藏与交易基本上是在平静中进行的，拍卖交易价格与一般市场的交易价格总是沿着各自的走向发展，很少有来自于外界的价格干扰出现。

　　玉器本身所具有的现代商品性往往要超过收藏性，具体表现在一件作品频繁地在不断增高的价格中易手，这在明清玉的拍卖中非常明显。这类商品的快速流通，其实就是投资者之间的"丢手绢"游戏，扶摇上升之后的价格，很难为一般收藏者所接受。

　　统观上面的拍卖信息，我们发现商、周玉器不存在或很少存在这种频繁交易的现象，基本上一步到位。这才是一种比较理想的收藏与投资的正常环境。而且，交易价位的层次划分得很清楚，不同资金水平的收藏者可以在相对应的层次中交易，价格轨迹运行平缓，不见大的潮涨潮落。

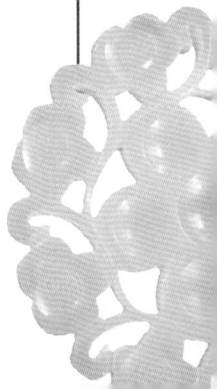

我们在前面反复强调了，商、周玉器对于入藏者来说，最重要的是看新旧，只要不是新的仿品，就存在着其自身相应的收藏价值。在商、周玉器中，老仿品多是晚清以前的制作，尤其是宋仿或乾隆仿古，本身所具备的收藏价值是与生产朝代的玉器相对应的，一件清中期造办处的仿商、周玉器，大概交易价格并不低于真正商、周玉器。相反，一旦投资清代玉器的仿品，就没有丝毫的价格退路可言。

春秋、战国时期玉器

【第三章】

　　周代的平王于公元前770年为了躲避犬戎的袭扰，将王都由镐京东迁到中原的腹地雒邑（即今河南洛阳周边），这就是商、周史上著名的"平王东迁"，形成了历史上的东周时代。历史学上将公元前770年至公元前221年称为东周；而在收藏界中，人们则更习惯于将公元前770年至公元前的476年间称为"春秋时期"，而将公元前475年至公元前的221年间称为"战国时期"。

　　春秋、战国是玉器制造、收藏史上相当重要的两个相邻历史时期，如果我们将战国玉器视为中国玉器史上第一座制作高峰的话，那么，春秋时期则是这座高峰形成的前动因。因为，战国时期制玉工艺成就的取得，不可否认是站在春秋对商、周玉器工艺制造革故鼎新的基础之上完成的，这是血脉相因的两个阶段。

　　在实际收藏的实践中，人们对春秋、战国的玉器始终保持着相当程度的热情，尤其对战国玉器更是宠爱有加。因为战国玉器间有着三代玉器的古朴迷离与明清玉器的细腻妩媚，对一般收藏者和古玉的欣赏者产生着雅俗共赏的亲和力。

　　收藏春秋、战国时期的玉器，着眼点大概应该放在玉质与雕工之上，至于商、周时期的那些对沁色的观赏与要求，反而应退居其次。原因有两点：一是这一时期是玉器制作工艺水平的高峰期，是被历代收藏者公认的优势所在；二是可供流传的玉器基本上都是和阗玉，和阗玉的玉质缜密细润，形成沁色的外界条件很苛刻，所以，收藏的核心重点与商、周有所不同。

【第一节 春秋时期玉器】

一、春秋时期玉器的器形特征

春秋时期的玉质礼器已经从形制上彻底地丧失了经典所规定的宗庙之气，完全变成了弄器和葬器。以常见的玉璧来说，可以分为两种：

第一种是带工的玉璧，用料好，但直径多在10厘米以下，小的直径只有4厘米左右，这种玉璧就属于弄器，供把玩、佩戴之用，与礼器的社会功能无关。

第二种是素面璧，用料较差，石性大，制作工艺粗糙，大概属于葬玉的一种。这种璧的直径有的很大，山西侯马市1956年曾发掘出一件素面玉璧，直径达20.6厘米。作为收藏，第一种有着较高的收藏价值，而第二种则仅具有考古、博物价值，即使是春秋真品，也不建议购买。

这一时期的其他礼器如玉璋、玉圭等，多无扉牙装饰，也不见雕工，素器居多，一般不常见。

装饰器在春秋晚期的品种不多，主要有玉璜、龙形佩、虎形佩、条形佩、玉牌、玉镯等。这些佩饰的特点是：

1. 所选用的玉质优劣悬殊较大，有优质的和阗玉，也有石性较大的地方玉。作为一种真伪辨识方面的锻炼，我觉得应该将玉料、纹饰与雕琢工

春秋 玉璧及鸡骨白

艺进行综合研究,譬如山西玉料与河南玉料、陕西玉料与江苏玉料的质地明显不同,雕琢工艺风格也都有着很大的差异,这种深入的研究,会有助于鉴定能力的增强。

2.纹饰基本上以蟠虺纹、勾云纹为常见,布局以疏朗与繁密互见,雕制工艺呈现出几种不同的风格。

3.多带有颜色不同的沁色,传世器经多年的把玩后,出现了程度不同的颜色变化。

4.有些玉器出现部分鸡骨白,但完全钙化成鸡骨白的较为少见。一般所见,都是玉器的某一部分,而且钙化的程度都不会太深。传世器经过多年的盘玩后,会出现暗红的盘色,是高古玉收藏者心仪的藏品。

春秋时期的圆雕玉器数量很少,有带钩、剑饰、人物以及管形器等,在一般收藏品中不易遇见。要特别说明的有两种圆雕玉器:

1.玉玦。这时的玉玦有一种是将管形器一面锯开的形状,与以前的形制不同。

2.剑饰。春秋晚期出现了玉质剑饰,表面以卧蚕纹与勾云纹为主要图案,玉质较好,数量不多见。

春秋晚期出现了一种石质青色玉片,具体作用未闻其详,但其形状大小与汉代的金缕玉衣相仿,是一种覆盖于身的葬玉,与汉代金缕玉衣上的玉片形制不完全一样。在一般古玩店,这种玉片时有所见,未见赝品,可以入藏各种不同形制的加以研究。

二、春秋时期玉器的刀法特征

春秋早期的刀法:

1.商代双阴线的纹饰特征。春秋早期玉器双阴线的使用似乎跨越了西周而直承商代晚期,但是,线条表现出的力度感觉与商代的折铁线截然不同,其原因在于:

一是线条入刀都比较浅,浅则灵动有余而力度不足,所以早期双阴线的动感较强,却没有商晚期折铁线的那种深沉与力量。

二是双阴线纹饰多取短、曲之势,总体布局臃蹙。

三是双阴线中心走向运行不规则,导致所挤出的阳线粗细游移不定,这就严重影响了双阴线的欣赏效果。

春秋早期的双阴线有两种:

一种是由细短而曲的双阴线组成的纹饰。譬如1983年河南省光山县出土的玉璧,璧面由排列紧凑的蟠虺纹构成,阴线雕琢谨慎规矩,与战国同类纹饰相接近。

另一种是由两条粗阴线挤出一条细阳线组成纹饰,如现藏于国家博物馆的一件 1955 年出土于河南省洛阳市的玉兽面，所挤出的阳线约为阴线的 1/3，这种阴阳线的匹配效果并不显突兀，原因还是在于入刀浅而表现出粗线的灵动。

2. 西周一面坡刀法特征的延续。这是一种典型的具有西周时代特征的刀法，春秋早期仍在继续使用。我觉得这一时期的一面坡刀法较西周时期的用刀力度狠而夸张，具有比较强烈的立体感觉。这种刀法在春秋早期的使用达到了另一种境界，有了一种升华的视觉效果。譬如 1983 年出土于河南省光山县的玉鱼，八片鳞甲与鱼尾都使用了这种刀法，具有一种凝重的装饰效果，为商、周与战国所少见。这种夸张了的一面坡刀法，发展到了春秋晚期，就形成了具有浅浮雕效果的另一种刀法，所雕的蟠虺纹实际就是一种演变。西周一面坡刀法对春秋、战国乃至西汉的玉雕工艺都有深远的影响，作为玉器的断代，比较相仿佛的是春秋早期，更重要的要从施用程度以及所表现的精神来判断。

春秋 蟠虺纹

春秋 蟠虺纹

3. 勾撤结合的特征。这种用刀特征在西周的玉器制作工艺中时有所见，但春秋早期的勾撤结合的刀法施用较西周飘忽而潦草。我仍然感觉这是"撤"面入刀浅的效果所在，由于春秋早期"勾"线入刀浅，"撤"法的坡面较大，一定是屈伸中灵活有余而深沉端庄不足。比之于清代篆刻，吴昌硕取法石鼓文，用刀深沉峻穆；吴让之用刀轻浅空灵，印面线条转折轻闲，完全体现了两种不同的艺术风格。因此，我们不能轻易地评陟这一时期玉器雕琢工艺中用刀效果的优劣，只能牢牢地记住这一时期的用刀具有这样一种特性。

春秋晚期的刀法：

1. 深层隐起刀法塑造的浮雕效果。这是春秋晚期玉器雕琢工艺的最突出的表现之一。这一时期纹饰图案的表现，尤其是蟠虺纹、勾云纹、夔

春秋 深层隐起刀法

龙纹等，雕琢时尽量将纹饰以外的地子做深层的隐起，将图案凸出出来，形成了较一般浅浮雕效果更强烈的视觉设计。同时，由于要将地子做深度的隐起，所以凸起图案间的距离必然疏远，因此说，春秋晚期的图案视觉特征是凸起感强烈，图案间距宽松。

2. 双阴线的纹饰效果。春秋晚期的装饰工艺仍然沿用商代的双阴线，只是施用的方法不同，所得到的阅读效果各异。这一时期的双阴线主要是浅雕，入刀较浅，转折处方中见圆，灵动轻快，但仍有轻浮潦草的味道，这是浅入刀的必然表现，与早期所施用的方法基本相同。所用双阴线分细形与宽形两种，其中宽形双阴线是将双阴线向内同时等量加宽，中间的阳线有些隐约存留，有些干脆剔去，成为一条宽阳线。这种形式双阴线出现时间是在春秋晚期，得到的视觉效果是图案饱满，工艺效果是便于加工。1978年河南省淅川县出土的一件玉牌，就是比较典型的代表作品。

3. 单阴线的纹饰效果。春秋晚期的单阴线作为纹饰线，多见用于龙形佩上的勾云纹，是在一个平面上仅浅刀勾勒，不做任何其他加工。这一点很重要，因为到了汉代，就有了在隐起的菱形地上施用的浅勾卧蚕纹的装饰方法，与此有断代上的区别。从工艺上看，单阴线的勾云纹较隐起刀法来说，更加简单而快捷。在山西省太原市金胜村出土了三件龙形佩，均作这种单阴线形式，我想有两种可能：一是作为随葬品，制作工艺上力求简约省事，这是殉葬玉器的一个制作特点；二是半成品，工匠先用浅刀勾出简单的图案布局，再行复杂的隐起工序。在同一个墓中还出土了一件玉环，其表面特点是：

（1）内外圆的边沿处已雕有单阴线的轮廓线。

（2）环的表面未经过精细的加工，尚留有汉剧痕迹。

（3）环表面的1/3处用浅刀雕有单阴线勾云纹，

其他2/3尚未着刀。

（4）勾云纹中有一处已开始深雕，用刀很深，像是隐起前的工序。

这一时期的半成品玉器多见，虽然在收藏上不能算高路分的藏品，但有助于深层次的研究，也算是为收藏增加一点有趣的内容。

4. 集束阴线的纹饰效果。在这一时期的纹饰用刀特征中，很突然地出现了集束阴线，其特点是：

（1）用刀规范，刀口的宽度基本一致。

（2）行刀方向一致，与纹饰的主图形成一个角度，集束阴线的屈曲形态基本统一，构成一个绦形的整体图案充当纹饰的一部分。

（3）集束阴线的入刀浅而密，所以屈曲灵活，又因为有行刀的严谨规范作为质量保证，所以活而不乱。这种用刀特征与良渚文化神人兽面

春秋 集束阴线

琮的眼部阴线的用刀特征完全相同，我想这绝不是创意上的巧合，极有可能是春秋晚期的玉匠在见到良渚玉器后，直接加以继承改造的创新作品。

作为收藏意义上的鉴定，春秋晚期的用刀以浅为鉴定特征，在浅的前提下，出现了两种后代很难仿制出的味道：一是上述潦草、随意中的灵动感觉；二是灵活下掩藏着的美学上的原始形态。你仔细观察品味，那种用刀成线的纹饰，在当时肯定是一种最时髦、最超前的工艺制作，而今天给我们带来的视觉感受是难于接受的古朴。这两点感觉如果能够真正体味到，一般水平的仿品是很容易辨别的。

三、春秋时期玉器的纹饰特征

春秋早期的纹饰：

1. 纹饰高度的图案画。春秋早期的纹饰设计从西周玉器的勾云纹、蟠

虺纹等样式延伸下来，逐渐演变成为一种带有纯粹装饰意味的变形图案。譬如这一时期的勾云纹，其盘曲较西周更为复杂与抽象，没有较为专业的素养，很难识别。这种纹饰是由西周向战国、西汉过渡的一种极端形式，是由简入繁、再由繁入简的中间阶段，担负着承上启下的重要作用。

2.写实人物、动物的消失。在整个春秋时期，几乎不见带有写实成分的造型设计出现，基本上实现了设计图案的抽象化进程，这对于后来战国、两汉的造型纹饰设计产生了重大的影响。

在上面所讲的各种特征中，以用刀特征最难理解，因为这种用刀的形式现在模仿起来很容易，但是，由于工具的不同，时代的不同，出来的视觉感受是不同的。同样是勾撤法，西周的阅读效果与春秋早期的阅读效果截然不相同，更何况两千年以后的仿品！所以说，鉴定中的非量化感觉最重要。

春秋晚期的纹饰：

1.春秋晚期的纹饰，以虺纹、蟠虺纹为常见，其中蟠虺纹的组合形式与排列密度各有不同，一般柱状雕件排列密度疏于片状雕件，表现形式为隐起式浮雕，具有很强烈的立体感觉。这一时期尚有勾云纹、绦索纹、卧蚕纹等。

春秋 勾云纹勒子

2.单阴线纹饰基本上是勾云纹，目前尚未发现用单阴线雕饰的蟠虺纹。绦索纹实际上是阴阳线互为的一种视觉作用下的纹饰，经常出现在较为繁密的蟠虺纹中间，有效地起到了缓冲图案排列中空间缺失的作用。我们通过对出土器物的观察，发现在蟠虺纹密布的一个平面上，由斜向单阴线组成的绦索纹所处的位置很讲究，自有其规律可循。

3.春秋晚期玉器纹饰总的设计规律是纹饰布满玉器的整体，有些疏可走马，有些则密不透风。前者多为柱状器，后者多为片状器，有些玉牌、玉璜、虎形佩等饰物排列很满，几乎无立锥之地，为这一时期的重要断代特征。

4.春秋晚期仍然有一些素器出现，主要反映在玉璋、玉璧、玉圭、玉璜等礼器上。在古玩店里，有时可见这一时期的玛瑙环，质地纯净，色白或透明，俗称"清水玛瑙"。

【第二节 战国时代玉器】

　　战国时代的玉器制造,是中国玉器制造史上的第一个高峰时期。生成于这一历史时期中的玉器,其制作调动了此前所有成熟了的琢制工艺手段,成为自新石器时代至春秋时代制玉工艺的最全面的技能展示。这一时期的玉器无论是传世品还是出土品,都具有来自于造型上的、雕琢工艺上的典型特征,始终是高古玉收藏者高度关注的收藏区域。

　　对于战国玉器的认识,至今尚不敢称全面,因为至今没有发现保存完整的高级别诸侯国国君的墓葬。1977年发掘了位于河北省平山县的中山国国君墓葬,此墓早已被盗空,只在两则的库中,有三千余件玉器出土;1978年湖北省随州市出土了保存完整的曾侯乙墓,出土玉器三百余件,为有记录的出土品中之最精、最美的玉器。上面这两座小小诸侯国君墓穴的发掘,为我们提出了对两种问题的思考:一是曾侯所统辖的曾国,是一个不见经传的小国,所出土的玉器的制作水平,与大国国君墓葬中的玉器制作,在设计、制作上究竟能有多大的差距? 二是现在在公私藏家手里的传世品中,肯定有被盗诸侯墓中的葬品,只是未经科学发掘的出土品,不能成为鉴定的标准器。那么,对战国玉器制作精准的上限应有什么样的界定?

　　上面两个思考问题的提出,目的是要引起收藏者的注意,对战国玉器鉴定理论的讨论,尤其是对高级别玉器鉴别标准共识的认定,远无止境。作为一个普通的收藏者来说,最好将品质要求的重点放在中等以下,因为目前对这种层次的藏品,鉴定标准与断代标准的认识比较一致,是一种实事求是的收藏定位。

　　有鉴于此,关于战国玉器的一些讨论,我们只涉及常见的收藏品,对于价位极高或不可能收藏的孤品,就不再赘言。

一、战国时期玉器的分类特征

1. 礼器

战国礼器较商、周而言,社会所赋予的宗祀功能已经彻底丧失殆尽。

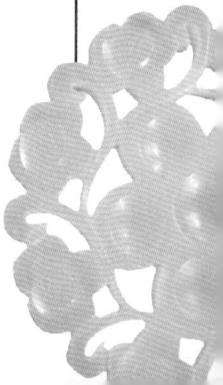

战国 龙形佩

随着青瓷生产的廉价易制,逐渐取代了庙堂重器青铜器,而一直以来少受香火的礼器,再也无缘于祭天祀地了。

在战国时期,玉琮、玉璋、玉圭等昔日的礼器已经很少出现,基本上没有收藏的余地。对于收藏者来说,玉璧是战国时期玉器收藏的重点品种之一。

战国时期的玉璧不管在墓穴中的位置如何,至少有一点是可以肯定的,那就是由于社会审美需求的外在刺激,使玉璧的设计琢制较春秋时代产生了一个爆发式的飞跃,在极短的时间内达到了前所未臻的高度,这种质变过程往往使今天的我们无法理解。尤其是出廓璧的突然出现,更有一种无端的莫名其妙。我们可以将其理解为是一种扉牙的变异,但遍观春秋时期的玉璧,绝没有透露出一点先兆与信息,这就是战国玉璧至今仍然具有的魅力之一点。

玉琮到了战国时期,基本上算是走到了终点站,势同鲁缟末羽,从规制上到工艺上,几无可取之处,基本上不在收藏价值的范畴之内。从近几年的拍卖交易的统计上显示,战国玉琮的出现率极低,而且品质没有可靠的保证。因此,在一般收藏实践中,对于战国玉琮的收藏最好要慎重。

2. 装饰器

战国时期的装饰器也是由片状器与圆雕器组成,是高古玉收藏的重中之重,往往需要有较大的投资过程。严格说来,战国片状装饰器可以分为三类,分类不同,收藏投资的价值也就不同:

第一类是组佩中的佩饰,譬如"M"形龙佩,造型庄重肃穆,肯定出于高级别的墓葬。这种层位的佩饰一般用料上好,雕工精细,纹饰设计缜密,是战国玉器中的精品,必然也是收藏者关注的重点,同时还是赝品光顾的"重灾区",在与之邂逅时宜多加谨慎。

第二类是制造粗疏的冥器。这种玉佩饰的主要特征是材料石性较大,外轮廓切割潦草,同时,纹饰琢刻用刀生疏而敷衍。作为冥器,大概有了一个形状就算可以了,对于收藏品的要求来说,这类装饰器没有太大的收藏价值。但是,这类冥器也具有其独到的存在意义,那就是:第一,冥器自有冥器的风格,那种粗率不羁,直接开启了后来汉八刀写意风格的先河,与第一类佩饰的那种细腻委婉的琢玉风格形成了事实上的双向互补;第二,对于研究战国琢玉的工艺过程有着极大的帮助。其实,在收藏上,我们需要精品;在研究上,精品并不能给我们带来更多的制作信息,倒是

一些半成品与冥器，能准确无误地将工艺流程准确地传递给我们。

第三类是介于前两类之间的佩饰。这类配饰的特点是造型简单，纹饰简单，但不潦草粗率，如果也属于组佩的一种的话，那么不算重要的器类。这种佩饰玉见于流通渠道的较多，器形、纹饰、材质、工艺都比较多元，收藏价值也相差悬殊。

战国时期的圆雕人物极其少见，不具备一般性质的收藏条件，这里不论。圆雕装饰器多为兽形，总体造型往往与身体上的纹饰风格相一致，保持各个部位外轮廓的流线造型，基本不见棱角。比较典型的是 1964 年山西省长治市出土的圆雕玉虎，虎体完全用隐起的手法雕出勾云纹，与外轮廓形成了强烈的内饰外形的整体呼应视觉效果。

战国动物形象设计的另一个重要的特点是，出现了与红山文化、良渚文化以及商代玉器设计风格、表现形式不同的抽象。表现在对于动物重要肢体包括眼睛的设计完全外形图案化，甚至在没有参照物的情况下，完全不知所云。譬如 1950 年出土于河南省辉县的两件龙形玉璜，一件两端饰龙头，尚能隐约可悟；另一件的两端只各有一孔、一阙，即象征着龙的眼与口。如果没有第一件为参考，绝不会辨别出这是龙形璜佩。

3. 生活器

战国时期可以作为收藏的生活用玉并不多见，主要有带钩、玉觽。带钩是通过钩首与钩钮来分别连接衣带两端的一种连接器，大概相当于现在的皮带扣。战国玉带钩的工艺制作相当精美，是战国玉器藏品中"四两拨千斤"的重器，虽然小巧，其收藏价值的评价并不亚于其他品类。玉质带钩在良渚文化时期就有相同作用的雏形器出现，春秋时期已经显现出了相对成熟的设计制作，而最为精美、完备的作品是出现在战国，延续至两汉后来渐渐消失。至赵宋时期作为仿古玉才重新现身，直到明、清两朝，作品不绝。所以在战国带钩的传世品中，掺杂着来自后来几个朝代的仿制品，鉴定环境比较复杂。

玉觽的原始作用是解结器，一端尖细，一端琢以纹饰。在战国时期，玉觽的原始功能很明显地蜕化到了觽形装饰器，俗称为"冲牙"。从出土报告中可以看出，玉觽（冲牙）一般不单独佩戴，是组佩的一种。玉觽的传世品较常见，比较适宜收藏。

4. 葬玉

所谓葬玉，是指随逝者入葬的玉器。葬玉可以分为三种：一是逝者生前喜爱的或曾经佩戴过的，并随之入葬的玉器。这种玉器出土后，即成为我们的藏品；二是专为逝者陪葬所制作的玉器，称为"冥器"。由于冥器是一次性使用，不具备其他的社会功能和审美要求，所以无论是在选材用料上，还是在设计雕琢上，都不入流。当然，

战国 葬玉局部

即使是冥器，其制作水平也与逝者生前的社会地位密切相关。由于普通冥器艺术价值很低，所以一般不将冥器列入收藏品的范围之中；三是用于逝者身体入葬需要的专门玉器，称为"殓玉"，譬如"九窍塞"、玉覆面、琀、玉握等。殓玉的用途单一，不具备其他功能。

在战国玉器中，可以成为收藏意义上的葬玉藏品，有琀和玉塞两种。战国的琀多是一些圆雕小动物，1978年在曾侯乙墓出土的一组琀，均为小型圆雕，有牛、羊、猪、狗、鸭，大的长2.4厘米，最小的长1.2厘米。同时，战国时期的另一种蝉形琀的设计制作已经很成熟，譬如蝉的顶部已经分化出平顶与圆顶两种造型，同时，眼睛的位置与头部平行。这种较圆雕动物写实而生动的造型设计，对汉代的琀的琢制产生了重要的影响，是战国玉器收藏的一项重要的小品。玉塞在前面曾经介绍过，战国时期出土了一些雕有纹饰的玉塞，如果纹饰漂亮，可以权充战国玉器的小品，但一般的收藏者多以"秽器"视之，不予收藏。

战国时期的葬玉尚有玉握，是逝者双手攥着的葬玉，多由石片或玉片充当，没有收藏价值。到了汉代，玉握发展成条形猪，遂成为与琀同样重要的葬玉藏品。

二、战国时期玉器的器形特征

1. 玉璧

战国玉璧常见的有以下两种形式：圆璧和出廓璧。

圆璧：

圆璧是以传统玉璧为基本形状，较春秋时期有了明显的变化：

第一，直径上的变化。春秋玉璧的直径（指带工的璧）都小，基本上

不超过10厘米，战国玉璧的直径都比较大，山东曲阜出土的一块玉璧直径达32.8厘米。

第二，战国玉璧基本上都带工，素璧较少见。

第三，雕饰工艺有了很大的发展，在原有的深层隐起刀法塑造浮雕效果的基础上，增加了两种新的雕制样式：

（1）磨地隐起卧蚕纹。其隐起效果不是用刀减地，而是通过打磨的方法制成，表面呈蒲格状，不见任何一丝刀痕，在凸起上面单阴线划出卧蚕纹。这种雕琢方法出现于战国而盛行于西汉。磨地隐起工艺对工匠的技术要求很高，以手抚摸蒲格，没有丝毫的突兀感觉，光滑平润，这种手感必须亲身感悟，仅靠语言很难准确传递。

战国 青玉璧

（2）借鉴铜镜的设计思路，将玉璧有效的设计平面用绦索纹区隔成内、外或内、中、外区域或内外区域，分别雕有卧蚕纹及单阴线夔龙纹等不同的纹饰。这两种纹饰的出现，不仅标志着战国玉器设计水平的巅峰高度，同时，也彻底地将玉璧从传统礼器的制作、使用中分离出来，成为西汉乃至以后任何一个时代的传统制作器形。

出廓璧：

出廓璧就是在圆形璧的外廓处，雕出其他形状的附加装饰物。战国时出廓璧的附加装饰物一般在玉璧的两侧，多见镂雕双鸟形或双龙形。这种创新的装饰形式大概是从商、周时期的扉牙转化而来的，具有很强烈的装饰效果，对汉代玉璧的制作影响极大。

2. 玉琮

战国时期的玉琮由于社会功能的进一步功能退化，所以反映在器形上，相对于一般的佩饰而言，已经简化至极，似乎已经完全没有美感可言了。这一时期玉琮的器形特征在于：

（1）战国时玉琮射的比例都小，有的仅呈一小台状，也有的无射。

（2）这一时期玉琮的整体高度减低，一般在6厘米以内，明显地作为一种殓葬的附加玉器而存在。

（3）战国玉琮多以素器为常见，传世器中也有带工的作品，但比较少见。

（4）多数仍遵循传统"天圆地方"的形制模式，方体圆射；也见个别的琮体呈长方形，无射。但不见商晚期那样的圆形琮出现。

3. 龙形佩

战国时期的龙形佩大约可以分为三种：

第一种，龙体以中间最高点为中心，向两端以同样的态势转折延伸，呈"M"形状，俗称"M"龙。"M"龙是佩饰玉中的重器，龙头、爪、尾处用疏密不一的集束阴线勾画，身体多采用隐起蟠虺纹或卧蚕纹，整体造型端庄肃穆，是战国玉器中的典型器形。山东省曲阜市出土的一件"M"龙，长17.3厘米，宽6厘米，为这一时期"M"龙的标准器形。

第二种，如果说"M"龙是佩饰龙中的重器，那么，"S"龙就显得轻便适宜得多了。所谓"S"龙，就是一种龙头向下、龙尾翻上，或龙头向上、龙尾施下，整体造型呈"S"状的一种佩饰。由于"S"龙身体只有相应的弯度，而不参与转折延伸，所以龙的身体一般较窄，战国的工匠设计成具有流线形的造型，使整个佩饰异常生动。还有一种身体较宽的"S"龙，其体型介乎于窄形"S"龙与"M"龙之间。身上的纹饰与"M"龙基本相同，龙头、爪、尾等处间有疏密不一的集束阴线纹饰，以表示毛发。

战国 "S"形龙及集束阴线

第三种，更多的是一种区别于上述两种典型造型的佩饰，这类龙形佩的制作一般不如上述两种精细，多用单阴线勾画出轮廓线及纹饰线，阴线粗细不定，大概多用于冥器。譬如1979年河南省淮阳县出土的战国晚期龙形佩，用粗阴线雕轮廓，不规整的细阴线雕云纹，很粗糙。这类龙形佩虽说也属战国玉器，但收藏的价值很低，与上述的两种不可同日而语。

从战国龙形佩的特征说到收藏意义上的鉴定，应该从这样几方面着眼：

第一，从形态上来看，很可能一龙一样，但每件龙形佩的形态造型都具有动感，或呈流水状，或呈翻腾状，现代的仿品虽然照猫画虎，但动感表现与战国有所不同，这是模仿者的必然结果，譬如书法，双钩下来的"响拓"就不具备真迹运笔速度徐疾的表现。

第二，许多战国玉器在图录上很漂亮，这叫"图录效应"。实际真品摆在你面前，与图录相距甚远。仿制者往往掌握不住真品与图录之间的这种关系，做出来的仿品漂亮于真品，怎样做旧也不能弥补这种认识上的缺陷。

第三，战国玉器的开料完全是手工，这就必然存在手工制作的缺陷，譬如整个片状玉器薄厚不均，背面有开料的痕迹等。这在现代仿制的工艺中一般不会出现。

战国 "S"形龙背面开料痕迹　　　　　战国 "S"形龙背面开料痕迹局部

4.璜形佩

作为曾经的礼器玉璜，在战国时期的已经完全衍变成为了佩饰的一种器类，常见的有普通璜形佩与龙纹璜形佩两种：

第一种，普通璜形佩。普通璜形佩又分为两种形式，一种是两端各为直边标准璜；另一种是两端雕有龙头的璜。这两种璜的纹饰仍以常见的蟠虺纹、勾云纹以及卧蚕纹等为常见，中线的上端有穿孔。这种璜小巧、轻便而灵动，制作、佩戴都比较适意。

第二种龙纹璜形佩。这是一种复合式的玉璜，一般在普通的玉璜之下，雕有对称的双龙纹。这种龙纹璜的制作意义显然与上面讲过的"M"龙形佩相同，有一种庄重肃穆的感觉，经常出现在大型的组佩之中。龙纹璜形佩的交易价格始终很高，一般收藏实力的人只能望其项背，基本上不存在一般意义上的"捡漏"可能性，所以，从价位的适当程度上，也能对真伪有一个大致的判断。

5. 玉环

环，按照《尔雅·释器》中的解释为：

"肉好若一谓之环。"

郭璞注："肉，边；好，孔。"

意思是说，中间孔的直径与壁基本相等的才叫"环"。而我们对战国玉环的命名，往往根据其出土时在人体上的位置而定，应该说非常的准确。但战国时"环"的定义已经不是严格于"肉好若一"，而是取其圈形之物谓"环"的广义。尤其战国时代的水晶环、玛瑙环，与《尔雅》的说法完全不搭界。所以在收藏的过程中，对此不必有所拘泥。战国中比较常见的是类似于玉璧的环，只是孔比玉璧要明显大。材料除了玉质以外，尚有水晶、玛瑙。水晶、玛瑙质地的环传世较多，生坑、熟坑均有。

璧形环。这种环的质地是玉，与玉璧的区别在于中间的孔较玉璧大（这种器形比较准确的称谓叫"瑗"），玉质环的直径一般都在10厘米以下。早期纹饰常见的有蟠虺纹、勾云纹，晚期常见的有勾云纹、卧蚕纹等，与玉璧纹饰的琢制基本上保持相同。

战国 玉瑗　　　　　　　战国 玛瑙环　　　　　战国 玛瑙环局部

水晶、玛瑙环。这两种环是战国时代的一种特产，制作形状独特，表面没有任何雕工，但从剖面上看，形状有多种：有的呈弧形，有的呈三角形，有的呈底边相合的正反两个梯形。战国的这种水晶、玛瑙环比较符合一般收藏者收藏，原因在于在一般古玩店有时可以遇见，价位不高。但是，这路收藏一定要讲究品相，包括质地的纯净度、完整状况以及收藏情趣

战 国 青铜带钩

战 国 黄玉带钩

战 国 玉带钩

等，譬如这件清水玛瑙环，本来属于常见品，但是，由于在底部有一褐色沁，极像一片秋天的树叶，所以，这件玛瑙环便有了一种独一无二的收藏情趣在其中。

6. 带钩

战国时期带钩的制作相当发达，从现在拍卖会及古玩店中所展示的带钩来看，战国带钩的制作材质多集中在青铜和玉质这两方面，青铜材质的带钩讲究个大面宽，锈色漂亮，钩面上有细致的错金工艺。而玉带钩则讲究玉质与品相，体小而精巧，体大则华美。战国时的玉带钩玉质有白玉、黄玉、青玉，所见最多也较为普遍的是褐色玉。玉带钩的器形特点是：

（1）钩首的设计变化较大，大约有这样几种形状：鹅头形、龙头形、兽头形、马头形、鸟头形、素钩首。

（2）钩身的设计有：琵琶形、螳螂肚形、棒形、耜形。

（3）钩钮的设计有：圆形、椭圆形、扁方形。

战国时期带钩的形体设计与普通璜形佩的感觉差不多，其钩身的屈曲度恰当地表现了一种流水一样的动感，即使是短粗如上面征引的素体龙首钩，在较短的长度中也能有这种感觉表现出来。这就是说，虽然带钩不是出自一人之手，但所有的制玉工匠都能忠实地满足社会审美的需求，这种社会需求决定了制作样式与时代风格。只有从这一点上来认识，才能将带钩的器形特征与龙形佩、璜形佩联系起来，形成一个相对完整的器形认识观念。

三、战国时期玉器的刀法特征

战国时期玉器的最大亮点就是琢玉刀法的全面展示。完全可以说，这一时期的刀法是以前各个历史时期用刀工艺的集大成者。如果我们用历史的眼光来分析归纳琢玉刀法形成的轨迹，可以得到这样的认识，即从新石器时期晚期就开始了对琢玉刀法的摸索、运用。随着琢玉工具的不断改进，在商、周时期，由于青铜器的出现，琢玉的刀法得以迅速更新、发展和完善，到了战国时期，已经达到了此前各种刀法综合运用的顶峰阶段。经过汉代的高位持续后，由于琢玉工具没有发生根本性的变化，所以，汉以后的刀法基本上没有明显的更新，作品的优劣主要取决于对既有的刀法运用的熟练程度和琢制习惯，从而形成时代的断代特征。

说到战国玉器的刀法特征，我觉得可从这样两方面来认识：一是宏观上由于力度带来的视觉冲击感觉；二是微观上无处不在的细腻效果。具体讲有下面五个方面。当然，战国玉器琢制的刀法特征绝不止于此，这里所讲，仅为适应普通收藏的常规需要，至于高端玉器所带有的特征，不在本讨论范围之内。

1. 隐起、剔地法的使用

战国玉器的大部分的纹饰设计雕制完全采用隐起或剔地法，形成了浅浮雕的工艺效果。如果仔细分析这路作品，结合春秋晚期的半成品，就可以发现，隐起或剔地刀法的施用成功，应归功于打磨工艺的尽善尽美。在有些浮雕效果很强的作品中，那种凹凸立体感起源于隐起、剔地，而品读的感觉则要归功于打磨。这两种刀法（这里将打磨也算做一种刀法）是相辅相成的一套完整的雕琢工艺，在战国时期，得以最为完美的表现。战国的隐起刀法对其后的各个历史时期的玉器刀法的施用，都产生着巨大的影响，乃至成为后世雕琢的基本刀法。令我们感到奇怪的是，因为翡翠质地硬度高于玉石，所以用刀与玉器的用刀技法表现有一定的距离，但是我们

现代 仿战国工翡翠凤形坠

仍然在翡翠的雕件中，找到了战国的刀法。前面的这件翡翠凤形坠造型上仿商代，而用刀则明显使用了隐起的刀法，相当的独特。这种在硬玉材质上的仿古，能让收藏者在通透材质上的区别，领略到古朴醇厚的商、周时代的玉文化，其品玩的内涵自然丰富于其他的藏品。

2. 阴线的使用特点

在战国玉器的各种刀法中，阴线的使用是一种突出的特点：

（1）双阴线的施用。在一个纹饰设计中，双阴线一般较少单独使用，往往与单阴线相配合，共同组成一个较为复杂的图案。由于战国玉器很少有规整的几何形状，所以，双阴线也是多呈曲线形式，线条屈曲圆润，纤细随形而不失力度。其表现的内在张力与商代的折铁线有着很大的不同。

（2）单阴线的施用。战国单阴线的表现力度与双阴线基本相当，这种线型很细，形若游丝，通过对其所形成曲线的欣赏，真的能感受到来自于这种细线内部的弹性，或称为"张力"。如果用战国的阴线与商代的阴线相对比，你会感觉到，商代的线张力表现为外泄，具有很原始的味道，形成了原生态的美感；而战国的阴线体现出的，是一种纤细中张力的内敛。我们不能因此评陟出孰高孰低，只能根据这种内在的不同来鉴定与欣赏。要说明的是，战国的阴刻线在后代很难仿制，张力外溢则显霸道，纤细秀美又失孱弱。从真正的鉴定意义上来说，简单的阴刻线是最难逾越的仿制关隘。

3. 集束阴线的施用

集束阴线在战国玉器中属于辅助纹饰，通常用于区域的间隔，或边沿的装饰，长短、曲直不尽相同。由于是集束的组成形式，所以直观的视觉感受为阳线的组合，这种阳线排列规整，基本上没有并线的败笔。

现代 仿战国集束阴线

前面图中龙腮上的集束阴线稀少而毫无规矩，与战国时期的雕琢表现完全不同，仅此可辨战国龙形的真伪。

4. 入刀、出刀力量均匀，有力度

战国玉器的刀法最直观的表现在于两个地方：一是单、双阴刻线；二是集束阴线。不同时代的刀法在这两种线刻上，都能表现出不同的时代特征。譬如商代的阴线，用刀起讫处轻，中间行刀重，刀痕与武丁时期的甲骨文相似；而唐代的阴线用刀则重入轻出。这些都是鉴定与断代的重要特征。战国玉器的琢制用刀，用力很均匀，不见有轻重的变化。正是由于有了这种用刀特征作为支持，才有效地保证了线条张于内而敛于外的特质存在。在有些以隐起浅浮雕为主要纹饰的玉器中，常常在地上再施以集束阴线，作为锦上添花，这些阴线的行刀都浅，但很规范，很见功力。

战国 刀痕

5. 打磨工艺始臻巅峰

上面讲了，许多具有浅浮雕效果的玉器，不管施用什么刀法，最后出直观效果的，一定是在打磨这道工序上，所以，也可以将打磨视为一种刀法。读者如果有可能，最好直观一下战国时期的玉璧，这种玉璧除了内外圈用单阴线划出圆涡形谷纹以外，隐起蒲纹的效果是完全依靠打磨凸显

战国玉器的打磨光泽

的。这种纹饰效果看不出刀痕，却感觉出菱格的依稀存在，同时，这种玉璧表面有一层如同玻璃一样的光面，十分神奇。有人认为这是"玻璃沁"，我以为这与玉表面受到浸蚀后生成的沁无关，是制作阶段打磨工艺的杰作，其精光内敛的饱含程度，遥遥领先于以"玻璃光"打磨效果著称的明代玉器。这两种玉器我都有藏品，这是比较出来的感受。

四、战国时期玉器的纹饰特征

战国玉器的纹饰在春秋纹饰的基础上，有了一个很突然的提高，我想其原因大概在于铁器的广泛使用，使得琢玉工具的硬度有了较大程度的改善。我们从装饰器的钻孔上可以观察到钻孔工具的进一步改进。只有在社会生产力有了较大提高的前提下，才有产品设计、制作水平提高的可能。春秋晚期处于这一时期的边缘，设计制作已露端倪，战国时期的大部分时段都处在这种最好的时机之中。这一时期的纹饰基本上都是曾经出现过的样式，大概只有少数的如卧蚕纹、蒲纹、网状纹等几种创新样式出现。这些新旧纹饰在设计、运用上与前代有所不同，其使用特点是：

1. 布局满而密

战国玉器纹饰与春秋在直观上的不同点在于纹饰布局满而密，纹饰单位小于春秋时期，几乎不见空白区域。这一特点从战国早期的偏后时段就开始逐渐成为主流风格，并蔚然成风地延续下去，这一特点对于春秋、战国玉器的断代很重要。

2. 复合式纹饰

在一个设计平面上，使用多种装饰手段，形成复合式纹饰，这是战国时期纹饰制作的一个突出的特点。譬如1957年河南省信阳县出土的一件双夔龙纹佩，纹饰制作集镂雕、减地平凸、阴线、隐起、勾云纹、网纹、集束阴线于一体，使作品纹饰繁复多姿，形成了战国玉器特有的艺术阅读效果。这种多纹饰、多工艺方法的设计，可以在断代上对初涉收藏高古玉的读者起到一定的帮助作用。

3. 纹饰抽象

战国玉器纹饰的造型设计有些很抽象。这种抽象与商代的抽象有所不同：商代的抽象是一种化繁为简的过程与结果，是一种思维上的加法、形式上的减法。还记得那只玉鸟吧，它是在减掉了鸟身上一切可以减掉的附加成分，最终仅得到了这个简化过程后的抽象造型；而战国玉器的抽象，则是思维上的加法，形式上繁者益繁、简者益简，既有加法也有减法。即以龙形璜为例，如果没有由具象到抽象的推演过程，谁能知道这是一个龙头呢？这种抽象的结果，是在战国玉器的纹饰加强了工艺上的设计性的同时，消减了作为一件精美玉器所具有的阅读亲和力的附着。下面的这件仿战国兽面佩的纹饰纰漏在于，仿制者完全不懂得战国纹饰的繁简规律，利用

战国 龙首

了战国常见的刀法,而雕出四不像图案。玉器表面上虽然注意到了构图的对称关系,但是整体布局松散,完全没有战国构图的味道。我经常注意所谓的高仿品,也见过很有味道的,而且完全可以享受"现代仿古"美称的经典之作。但是,更多的是垃圾,没有丝毫的把玩价值。

现代 仿战国兽面纹佩

4.图案繁复

上面所讲战国纹饰设计是一种加减法的混合。实际上,加法的施用大大多于减法,这种图案设计上的繁复,是以加工工艺的极大提高为基础,以诸侯国之间工匠的相互借鉴、相互竞争为社会动力的系统综合过程。这

种动因只有在战国时期才能转化为有效的玉器制造空间。

5. 寓意平安

战国时期的纹饰设计重在崇尚祥和，片状装饰器基本上以龙、虎纹最为常见，所见龙形与元、明、清时的青花瓷器上的龙纹截然不同，真品元、明、清青花瓷上的龙纹，讲求凶猛翻腾；而战国玉器上的龙形静若处子，抵足而眠，是一种寓意平安的吉祥物。与此同时，传统纹饰中带有某种精神崇尚意义的如神人兽面纹、兽面纹基本上不再出现。天津博物馆藏有一件黄玉兽面饰，上额隐起勾云纹，菱形眼线，完全没有商、周时狰狞、猛厉的样子。如果从另一个视角上观察，战国玉器的动物纹饰神态较"绵"，不生动，似乎走向了另一个极端。

6. 隐起、减地平凸法的广泛使用

在琢制工艺上，战国玉器将此前所有的技法基本上都展现出来，在表面处理上，主要施用隐起与减地平凸这两种方法，以增加浮雕的效果。这两种方法在春秋时期的使用特点是纹饰之间的空隙大，地子突出；战国时的纹饰增加了密度而缩小了地子存在的空间。即使出于设计需要，出现了较大块面的地子，也会琢出若隐若现的集束阴线以实施填充。隐起、减地平凸这两种方法的熟练运用，是战国玉器断代的一种重要特征。

战国 螭龙纹剑珌

7. 注重平衡

战国玉器非常重视造型设计的平衡对应关系，表现在所设计的造型与纹饰多具有两端的对称特点，最简单的对称构图就是那种抵足而眠的双龙交尾璜，两端饰以龙头，共用一个龙身，笼而统之地琢以隐起纹饰。单龙的处理比较复杂，如"S"龙形、"M"龙形，就要依靠龙身屈曲的塑形来达到平衡，有些较小的单龙，则将龙的头尾同时向中心扭转，与身体相粘连，这样，外造型就形成了一个平衡的椭圆形设计。这种造型设计风格与春秋玉器不同。

五、春秋、战国时期玉器的鉴定

　　春秋、战国在历史学上的划分是两个时期，其实所处的朝代仍然属于东周，并没有一个很硬性的区隔。在玉器的时代划分断代上，正是这种边缘的模糊，为断代上某些无能为力的尴尬提供了最好的口实，也就是说，除了春秋早期与战国晚期的时代特征很明显以外，有更多玉器的制作特征是模糊的。所以，在初涉收藏阶段，完全不必斤斤于此。至于辨伪方面的的指导性文字，我们前面已经多次涉及，这里就不再重复。

　　春秋、战国时代的玉器，是高古玉中老假最为充斥的"地段"。所谓老假，是指最迟仿制于上世纪初年的仿品、赝品，这里面的情况很复杂。

现代　仿战国勾云纹环

春秋、战国时期的墓穴是历代盗掘行为的重灾区，有的玉器经过了几个朝代的出土、入土，墓穴的出土物根本无从证明是墓穴时代仿春秋、战国玉器，还是春秋、战国玉器的再次入土。所以我觉得，新仿春秋、战国玉器并不可怕，对现代收藏高古玉最具欺骗性的，要数历代的仿古。这些老假在包浆上、沁色上乃至雕工上，都已经与真品的表面相接近，虽然专家一眼即可识别，但对于一般收藏者来说，辨识的难度极大。我所担心的是，收藏类图书中正确的知识介绍带来的负诱导作用，请读者在收藏实践中要特别注意。

春秋、战国玉器的鉴定要从下面几点着眼：

1. 从玉质上看

根据对春秋、战国玉器的观察，发现这一时期玉器的玉质具有下面两个特点：

（1）除了一些冥器用石性很大的地方玉石以外，基本上都使用和阗玉，这一点对于识别后代的赝品，尤其是近现代的赝品很重要。赝品与仿古在材料使用上的不同之处在于，前者意在取得制作利润，所以多用廉价的地方玉石中的次品；仿古最盛的宋代与清代，官仿用料都是上佳的真正的和阗玉。所以，从玉质上就能大概看出真伪。我曾在一家文物店里，看到一件"M"形龙佩，受沁程度严重，玉质属于一般的杂玉，不用仔细看就知道这是一件赝品。原因是这种"M"龙是战国组佩中的重器，用工、用料一定要好于一般的组装饰器，所以，尽管人工沁色做得很满，但从一处小天窗中就可以看到杂玉的玉质灰白色，肯定是一种石性很大的杂玉。我们搞鉴定，千万不能仅从书本上罗列的鉴定特征上去对号，而是要千方百计地寻找造假的死穴。用料成本就是一道死穴，如果用上好的和阗玉，再配上如此密实的雕工，不用造假也能卖高价，新雕赝品与新雕仿古玉器的利润差价，其实就是用料、用工的成本差价。

现代 仿战国玉璧

（2）在春秋、战国玉器的用料中，以青玉、青白玉居多，黄玉、白玉较少。有的学者认为这与白玉资源稀缺、造价昂贵有关。我以为，这主要与春秋、战国时期用玉的习惯有关。在玉制品尚未进入流通领域的春秋、战国时期，白玉与青玉的使用选择应该是以视觉习惯为主要条件，不存在造价上的问题，因为运输成本是一样的，白玉并没有显示出其超越青玉的优势，相反，玉璧、玉琮等礼器的制作多用青玉。直到清代的乾隆对白玉倍加推崇，才将白玉的价值推向了玉材的极致。了解这一点，又可以从材料的颜色上对玉器进行另一角度的鉴别。在收藏意义的鉴定中，对具有春秋、战国纹饰特征的白玉作品，有真品，也有清仿与宋仿的可能，这就要看具体的收藏动机与目的，各有其不同的收藏价值与交易价值。

春秋、战国时期尚有水晶、玛瑙、绿松石等其他材料，与我们所讲无关，故不赘述。

2. 从沁色上看

春秋、战国玉器的沁色基本生成环境与条件可以参照西周玉器所说。这里需要补充的是：

（1）受土壤浸蚀较轻的玉器表面有土沁与土隔，用手电或对日光照射，仍有透视效果。

迎光照射下的商代沁色

现代仿沁

（2）受浸蚀比较严重的玉器常出现出现局部或整体的鸡骨白，在不同程度上降低乃至完全丧失了透光效果。

迎光照射下的战国鸡骨白

现代仿良渚文化鸡骨白

现代 仿战国鸟纹

战国 青铜鎏金鸟纹

（3）春秋、战国受沁玉器比较普遍，但是沁色的种类与熟坑漂亮程度稍逊于商、周。

3. 从纹饰上看

赝品纹饰，尤其是现代赝品上的纹饰，基本上不伦不类，能有比较合理纹饰的赝品为数很少。其原因在于：

（1）春秋、战国时期的纹饰极为复杂，尤其战国时期的抽象纹饰设计，是在一种体系下不断演变后逐渐生成的结果样式，一般作伪者不谙于这种近乎学术的学习研究与观察，不了解纹饰的渊源关系，只是仿照图录上的纹饰照搬，一定会有纰漏出现。我们可以进行下面的一组对比，左上图是一件赝品仿战国玉器上的鸟形图案，虽然大致具备了战国鸟形的基本形状，但是，仿制者的那种浪漫夸张的造型精神，远不如下面战国带钩上的鸟形，至少那种率意挥洒、一任天成的内质没有展现出来。为什么用战国的青铜带钩呢？作为鉴定与欣赏，就像人体的营养摄取一样，最好得到比较全面的膳食供给，不可偏食。用这件带钩来说明战国鸟形纹的形象精神，好像比用玉器更能产生感性的记忆。

（2）赝品在刀法与纹饰之间，往往存在着张冠李戴，譬如用类似于折铁线的线条来表现带有卧蚕纹的纹饰等。下面的仿战国玉璧内外沿均用斜线，与真品相比较，可见仿品斜线与真品有明显的不同；同时，减地的刀法也与真品有着明显的区别。这种拉郎配的赝品在古玩店里很多，遇到这种玉器，一定要潜心观察，找出更多的纰漏，借以增长见识。

（3）更多的赝品不仅在刀法与纹饰上存在张冠李戴，在纹饰的认知上，也同样有将蟠虺纹、勾云纹等形状相近似的纹饰因混淆而变成拼盘的笑话。如果在一个统一的设计上，相近似的纹样混淆，可能有赝品的嫌疑，最好多加注意。

现代仿品的斜线

战国 斜线

（4）战国玉器向以雕工精微著称，阅读图录，这种感觉尤为强烈。事实上，真品并不完全如此。在细小的地方譬如隐起图案的立面、圆转处等，仍然不可避免地留有手工操作的不精细处，这些在图录上是反映不出来的，不是经常对真品摩挲也不易察觉。高仿对此也很难把握，往往光滑过之而粗糙不足。这种程度上的拿捏，要经过长时间的观察，才有感觉。

春秋、战国玉器很难鉴定，因为它处于巅峰时段，造型、纹饰、雕工都很复杂；同时，这又是一口双刃剑，赝品的制造也同样因为这样的原因，会在多处露出仿品的特征。所以说，既有条件对"道"、"魔"双方是公平的。作为鉴定来说，重要的是从鉴定之外的地方寻找赝品死穴，譬如从文化的阅读方面、从线条的特征方面等。这种感觉找到了，鉴定就基本上入门了。

【第三节 古玉的生、熟坑】

古玉，分为出土品与传世品两种。所谓出土品，就一定是指经过国家考古队科学发掘出土的，具有明确发掘报告的生坑玉器。这种玉器的断代特征最为明显，因为可以从玉器本身以及同墓穴出土的其他器物来证实玉器的琢制时代。但是，这种出土器都封存于国家机构之中，普通收藏者无缘得见。传世品分为两种：一是出土时间较长，经过历代收藏者的盘摩，玉质的表面以及沁色都发生了变化，完全丧失了出土时自然色彩的熟坑玉器；另一种虽属于新出土的生坑古玉，但不是正规的发掘品，这在博物馆称为"征集品"，在民间收藏，则笼统地归为"传世品"。按照传统玩古玉的观念，古玉一定要经过反复的把玩摩挲，将沁色盘出来，才是真正意义上的"传世古"。所以，即使现在的古玉交易，传世熟坑古玉的交易价格一定要高出生坑古玉交易价格的一倍以上。其实，这种传统的观念是有问题的。将古玉盘成熟坑，从古玩的标准上看是对的。因为，熟坑古玉的迷人，确非生坑所能与之比肩，但是，由此给古玉带来根本性的外观改变，是不可逆的。因此，我们并不主张将生坑古玉不问青红皂白，一律盘成熟坑。已经成为传世古的玉器就不说了，生坑古玉有些并不适宜盘摩，譬如部分或整体已经变成鸡骨白的古玉，其价值就在于这种鸡骨白很难保持，保管不善，就容易泛黄。所以漂亮的鸡骨白古玉极为少见，如果一经盘摩，很快就会变黄，继而变红，考古意义上的收藏价值消失殆尽，剩下的只是一块普通的熟坑古玉。再如，战国、汉代玉器最漂亮的生坑，要数玉器表面的那层"玻璃光沁"亮光，温润浑厚，亮而不"贼"，比较少见。带有这种"玻璃光沁"的玉，绝不能用手盘摩，甚至不能用手直接接触，一旦盘成熟坑，就会毁了一件永不复得的佳器。

【鉴定实例：战国时期的青玉璧】

战国 青玉璧 估价100,000元人民币

    玉璧是一种由来已久的器形，新石器文化晚期就已经出现了成熟的造型。经过了殷商、西周的制作冷寂之后，在东周的春秋时期开始以全新的制作形式复现，继而在战国、西汉达到了唯美意义上的巅峰。在收藏的实际操作中，玉璧收藏的极致首推战国，次曰西汉，至于唐宋以后的系璧，已经完全演变成藏家掌中的把玩尤物，不具备与战国西汉两代比肩权衡的重量。

    主图所展示的这件青玉卧蚕纹璧制作特征很明显，主要表现在玉璧表

面的氧化层上。通过局部可以观察到，玉璧表面覆盖着一层很亮的光膜，收藏界多称之为"玻璃沁"。我感觉这种提法可能不太准确，原因很直观，"玻璃沁"只是数量很有限地出现在战国玉器上，与战国相邻朝代的玉器基本不见这种"沁"膜的存在，这大概就是与沁基本无关的实物支持。排除了墓室周围土壤环境对玉器的作用外，对这层亮膜最客观的解释，就是从战国玉器表面处理的执行工艺上认识。战国玉器的表面处理工艺很典型，表面磨光精细，寓光亮于柔润之中，虽说冠以"玻璃"形容，但是绝对没有玻璃所发出的"贼光"，达到了"精光内敛"的最高标准。与战国表面磨光相仿佛的是明代，只是明代的磨光多有浮在表面的感觉，与战国相比，显得反射比较强烈。这种具有"玻璃光"的亮膜很娇气，往往在不经意的把玩、展示中使亮膜丧失殆尽，所以我们看到大部分的战国或明代传世藏品，表面都呈浑浊状，根本感受不到当时磨光的精美。上面的这件战国青玉璧两面仍然完好地保存着"玻璃光"亮膜，这是区别于一般常见战国传世玉器的最重要优势，这一区别可从与另外一件战国时期玉瑗的局部对比上得到证实。

战国 青玉璧局部

战国 玉瑗局部

战国玉器表面的这层玻璃光仿制的难度比较大，一般不会出现仿品。但前时我真的见到了仿品，仿品的玻璃光与真品相比，就是光面分布与光反射都十分均匀，而且光感与玻璃相仿，比较"贼"，对于没有见过真品的人来说，很容易上当，具有一定的欺骗力。

这件青玉璧的主要纹饰是在蒲格上用单阴线雕出卧蚕纹，这种纹饰贯穿于战国的早、中、晚三个时期，对于传世品来说，不易掌握明确的断代特征，所以一般收藏者对于具有这样纹饰的传世品，在战国时代风格的总体框架下，还是以含糊一点为好。对于纹饰，需要认识的有三点：

1.对阴线的认识。这件玉璧上面所雕饰的，是典型的战国阴线刀法，卧蚕纹的转折生硬而不圆熟，刀痕的边沿时常带有细小的毛碴。我想，这是与砣具的直径大而转速慢有关。相比之下，仿品的阴线显得圆滑而光润，这是因为现代琢玉的砣具直径很小，转折灵活，同时转速很快，这样就有效地克服了刀口边缘的崩碴。现代工艺下的线条在表现出圆转而利落的同时，也失去了战国线条的张力与劲道，这种线条对于外行来说易于接受，而内行则不屑一顾。

战国 青玉璧局部

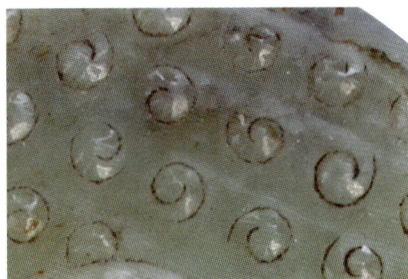

仿战国 玉璧局部

2. 对蒲格的认识。战国玉璧上的蒲格纹饰不是"雕"，而是"磨"，所以格的分界若隐若现，表现为含混中的清晰，这是最值得品玩的地方。而对照仿品可见，现代仿品基本上是用刀先趄出格界，再实施打磨，所以打磨不能到底，蒲格清晰可辨，没有真品的朦胧味道。

战国 青玉璧局部

仿战国 玉璧局部

3. 对玉质的认识。战国时期的用玉状况与商代、西周不太相同，从出土的战国玉器用料上看，石性很大的玉器比较少，多数是新疆的和阗玉，即使有岫岩玉、南阳玉等杂玉的参伍，玉质也比较上乘。即以主图的这件青玉璧而言，材质是新疆的和阗青玉，油润度很高，只是在右下角处有绵，应该称之为"微瑕"。从另一个角度来看，绵状瑕疵的存在，恰恰说明了和阗玉璧出身的正宗。而现代仿品的用料一般

战国 青玉璧绵状瑕疵

不见用正宗和阗玉，多用地方杂玉，油润度的表现与和阗玉的差别比较明显。上面所引用的两个仿品局部，质地都不是和阗玉。见到具有战国风格的玉璧，在对纹饰考证无误之后，要仔细审查材质，如果材质不正统，就要回头再验看纹饰，这样才能有效地防止仿品入藏阁中。

【第四节 春秋、战国时期玉器的收藏与投资】

　　春秋、战国玉器的收藏并不是一个价值层位上的两个区段,对此要有明确的认识。先说春秋玉器的收藏与投资。

　　对于春秋玉器的收藏,在历史上始终没有形成过大的气候,其原因在于春秋处于西周与战国之间,由于在玉器制作风格的归类过程中,商代与西周算是一个集团,而战国又与汉代在制作形式上更为靠近,也算一个集团,春秋的位置正处于这两大集团之间,地位、作用都很关键。但流传的作品却找不到更为鲜明的时代特征,在制作上既没有商、周集团的古朴劲悍,也缺乏战国、汉代集团的细腻精巧,所以历代收藏高古玉的收藏家对这一阶段玉器的选择标准很苛刻。开门的精品是抢手货,交易价位也较高,但是属于品相一般的普品,高层位的收藏投资者也就无暇顾及。对于投资者来说,战国玉器是一种比较平稳的长线,多年来并没有出现风起云涌的潮涨潮落,精品多年来基本上围绕在100,000元上下进退,北京轲尔多拍卖有限公司在2006年所拍的一件玉神兽放了"卫星",成交于6600,000元。如果没有意外,可能在相当的一段时间内不会改写这一记录。2007年北京瀚海的一件龙凤饰件,最高成交价为990,000万元,没有突破100,000元。这可能与战国玉器拍卖的顺风顺水有关,截止到2007年11月,战国玉器拍卖高潮迭起,吸附了本该投入春秋玉器的部分资金。从下面的春秋玉器拍卖统计表所勾画的价格走势趋向上分析,从2006年开始,春秋玉器在国内的交易走势渐趋走低,2007年势态平稳。从另一种意义上看,这几年参与春秋玉器交易的投资,都是从战国交易热中沉淀的理性资金,这些资金对藏品的吸附力极强,一旦参与了交易,就不会轻易转易其手。在未来的交易中,由于已经交易的精品缺少相应的周转次数,所以可交易的精品会日渐稀少,春秋玉器的拍卖与一般市场的交易很难改变相对沉闷的氛围。作为真正意义上的收藏者,不要以过多的投入为妙,对于一些精品当然不要放过,属于普品则应视交易价位而定。

　　春秋时期玉器2004年至2007年拍卖交易高位成交选录

拍品名称	成交价	拍卖单位	成交时间
旧玉龙凤饰件	264,000	北京瀚海	2004.11
白玉云纹环	132,000	北京瀚海	2004.1
玉神兽	6,600,000	轲尔多	2006.5
玉龙璜（二件）	319,000	北京瀚海	2006.12
旧玉龙凤饰件	99,000	北京瀚海	2006.12
玉跪人	89,600	北京瀚海	2007.6
蟠螭纹璜	88,803	崇源抱趣	2007.11
饕餮纹玉佩	88,000	中拍国际	2007.1
玉龙纹扁形勒子	85,120	北京瀚海	2007.6
黄玉螭龙纹玉佩	71,500	中拍国际	2007.8

（以上拍价单位为元/人民币）

春秋与战国实际上应算东周的早晚期，经过了春秋近300年的承启过渡，战国玉器的工艺制造与设计都有了一种飞跃式的发展。而就交易与收藏这两方面所表现出的价值来判断，战国玉器较春秋玉器更具有形态方面的亲和力。从下面的统计表上看，战国玉器的拍卖交易从2000年至2007年间，可谓高潮迭起，屡有突破百万元的记录飨世。由此可见，高古玉器的投资重点应该在战国。

战国时期玉器2001年至2007年拍卖交易成交价位逾10万元拍品选录

拍品名称	成交价	拍卖单位	成交时间
玉双犀璜	1,100,000	北京瀚海	2001.7
青玉双龙首璜	300,000	云南典藏	2002.9
白玉双虎首珩	120,000	云南典藏	2002.9
旧玉人	250,000	北京瀚海	2003.9
旧玉兽面剑首	160,000	北京瀚海	2003.9
双龙璜	2,090,000	北京瀚海	2004.11
玉龙	308,000	北京瀚海	2004.11
龙凤直珩	154,000	北京瀚海	2004.11
青玉雕谷纹龙形佩	110,000	天津文物	2004.11
白玉雕龙纹饰板	550,000	天津文物	2005.6
谷纹龙饰件	209,000	北京瀚海	2005.6
白玉雕谷纹璧	165,000	天津文物	2005.6
黄玉刻回文长方勒子	110,000	中国嘉德	2005.5

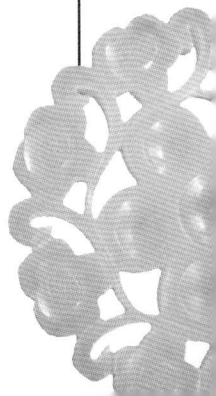

玉龙虎四孔饰	1,760,000	北京瀚海	2006.12
白玉舞人	1,320,000	轲尔多	2006.5
白玉双人物系璧	242,000	中宝拍卖	2006.9
白灰牛纹玉璧	187,220	德国纳高	2006.5
龙凤玉佩	162,800	中拍国际	2006.9
蟠螭勾连谷纹璧戈	2,395,800	澳门中信	2007.2
白玉四环连城璧	1,197,900	澳门中信	2007.2
双龙首谷纹璜	910,800	崇源抱趣	2007.11
黄玉凤衔玉龙配	440,500	诚铭国际	2007.11
勾连云纹璧	364,320	崇源抱趣	2007.11
变形蟠螭纹出戟璜	341,550	崇源抱趣	2007.11
双层变形蟠螭纹璧	182,160	崇源抱趣	2007.11
谷纹出戟璜	182,160	崇源抱趣	2007.11
玉璧	165,000	诚铭国际	2007.11
白玉双龙首璜	152,460	澳门中信	2007.2

（以上拍价单位为元/人民币）

作为投资战国玉器的行为，我以为在投入资金正常运转的情况下，似乎更应关注中等偏上的层位区域。原因在于，就目前战国玉器的拍卖交易价位而言，已经接近或平了清代玉器的交易水平，对于现在资金流入市场的选择，清代玉器绝对是首选。而这种战国玉器的高价位交易，作为利润空间已经很低，更多的拍卖交易记录是在几万块的水平上游走，所以，在今后相当一段时日内，现在私人手中的中等偏上的战国玉器交易价位会明显上升到高端的位置。而现在投资的高价位将会出现利润空间窄小或缺失，因此，战国玉器的投资应是一种短线，与春秋玉器的长线投资正好相反。

作为收藏者来说，战国玉器只要玉质好，价位适宜，都可以收藏。因为战国玉器是一种传统的高古玉收藏项目，有着很深刻的阅读欣赏内涵，而且收藏的品位、起步都高，一件好的战国玉器可以作为终生厮守伴侣，永读不厌。

这里值得一提的是春秋、战国时雕琢的冥器，其收藏价值资源有待开发。冥器制作一般都具有草率、粗犷与放任的特性，别有一种味道，就像国画中的大写意，笔锋翻动中出来的效果，虽然造型十存七八，但意外的效果始终与"始料不及"四个字相联系，这四个字就是大写意画种赖以存在的生命基础之一。如果用观赏大写意的眼光来欣赏冥器，你真的会受到一种迥异于其他藏品的另类美的震撼。也就像是品味过程，人的味觉不仅需要甜的享受，也需要苦的刺激。对冥器的蒐集要符合这样几点：一是品相好，二是价位便宜，三是数量要少。

第四章

汉代玉器

在玉器制作史上,有的学者认为在汉代以前存在着四个高峰期,即以红山文化、良渚文化为代表的第一高峰期,殷商时代是第二高峰期,战国是第三高峰期,第四个高峰期就是汉代。我觉得在汉代以前,中国制玉史上只有一个高峰期,那就是战国。新石器文化时期与殷商这两个时代的制作水平均不能与战国相提并论。所谓的高峰期,在一个大的历史时段中应该只有一个,如果这四个高峰期能同时林立,所造成的认识结果只能是产生了最差的时代,譬如春秋、夏代。汉代玉器的设计制作只能看作是对战国优势的一种匀速延续,在既有的工艺设计上没有再一次形成极致性的发展。东汉的颓势已定,魏晋南北朝则完全遁入低谷之中。战国以后的第二个高峰期是清代。这前后两座玉制作的巅峰,均臻于任何一个历史时段都无力企及的高度。与之相比,汉代的玉器设计制作相形见绌。

汉代是中国历史上少有的用玉奢侈期,由于汉武帝曾委派博望侯张骞出使西域,开辟了西域和阗美玉源源输入内地的通道,才有汉代玉器材质普遍好于前代的历史事实。要注意的是,这里用了一个"普遍"的字眼,是说基本上是这样,但不排除一些小的汉墓出土有杂玉,或者传世汉玉中有非和阗玉的可能。汉代是一个制玉、用玉全面兴盛的时代。虽然各代的帝陵基本上都毁于兵燹与盗掘,但是由于汉代分封各地的刘氏宗亲很多,其中有不少这一级别的墓穴能完好地保存到今天,所以,我们还是有可能根据这些级别很高的墓葬出土器,来科学地了解汉代玉器的鉴定断代标准。汉代玉器虽然在制作上稍逊于战国,但基本上仍处于同一条大的水平线上,而且传世品的数量较多,历代收藏家所给予的关注热情不亚于战国,常常与战国并提为"战国两汉"。但是,汉代玉器制作设计风格与战国有着明显的不同,尤其在粗犷一路的制作风格上,所形成的差别更大,是汉代玉器收藏的重要着眼点之一。

【第一节 汉代玉器的分类特征】

由于汉代是一个用玉铺张的朝代，所以可见的玉器种类比较多。作为普通意义上的收藏，有些冥器譬如九窍塞一般就不列入收藏的范围之内；同时，一些制作层次很高的生活器、装饰器，其自身所具有的高端交易价位，又很难为一般收藏者所接纳。因此，这里仅就一般等级的汉代玉器藏品进行分类，并不意味着分类外缘的缺陷。汉代玉器共分为四类，即礼器类、装饰器类、生活器类和葬玉类。

一、礼器

传统的礼器是指《周礼》中所规定的所谓"六瑞"，实际从中国玉器的使用历史上看，几乎没有一个朝代与之相符合。到了战国时候，已经彻底进入了"礼坏乐崩"的阶段，玉质礼器所剩无几。在汉代，玉质礼器出现了畸形的发展趋势，玉璧一枝独秀，俨然成为礼器舞台主角。而玉琮、玉圭等基本上隐退，即或略有所见，也属于灰头土脸，完全不能成气候的附加物。昔日的牙璋在汉代根本不见踪影，商、周重器玉琮在汉代的使用界限被严重地异化，在中山靖王刘胜的墓中，所见玉琮被套在死者的阴茎之上，这绝不是滑稽地挑战传统宗祀礼教，而是儒学大盛的汉代对礼器重器玉琮存在意义的无知。

二、装饰器

装饰用玉在汉代的玉器中占有重要的位置，制作设计形式也较战国时期有了一些变化和发展。从形式上可以分为片状与圆雕两种。

片状玉器装饰器的基本特征是：

1.汉代佩饰的用料基本上是和阗玉，较少使用杂玉。这在出土器中表现得很肯定。

2.审美视觉的反映由传统的神崇拜转向社会现实，表现在优美的舞人被简化后雕成佩形。譬如1975年北京西南郊大葆台出土的青白玉舞人佩，设计者将人的自然体形变化化，缩短了脐至肩的距离，夸张了腿部的长度比例，其造型轮廓之优美、身姿袍袖之舒展，完全是一种塑造美神的

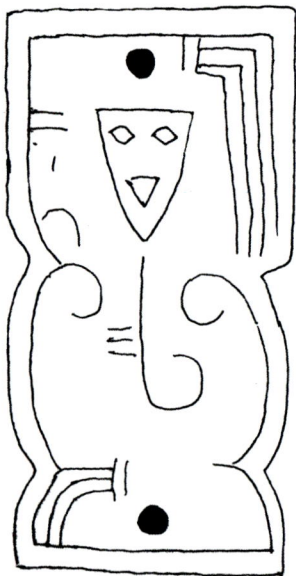

西汉 人面组合佩线图

过程与结果，一种唯美的寄托与崇拜。这种社会审美寄托的可视，几乎影响到了汉代玉器设计的各个方面。譬如几乎所有凤形的喙部，都与常见的鹦鹉相似，甚至就是鹦鹉的造型；而对于动物佩（包括圆雕）体毛的专有符号的表达，则又将佩戴者的阅读感觉引向了另一种细节的写意感受之中。

有意思的是，1982年在江苏省徐州市出土了一件片状玉人配饰（左图），很抽象，一个画面竟然出现三个人面：中间一个人面，并列左面一侧脸、垂直下面一侧脸。这种抽象组合虽为仅见，但确是古代玉器设计的绝品。

3.不管任何一个时代的佩饰器，其首要的社会功能就是美化佩戴者的审美视觉。所以，汉代以前的佩饰件最能体现那一时期的设计理念与雕饰工艺。而汉代对于佩饰的设计理念与之前大有不同，表现在佩饰的设计重点不再斤斤于琢刻图案工艺制作的繁复与抽象，而是趋于造型上的生动与琢制上的简约的有机结合。具体地说，在汉代的佩饰玉上，很难再看到战国时期的那种集各种雕制手段于一体的作品，代之以具有高度的形象概括力与高度的美学阅读升华的外轮廓线造型。即使没有平面阴刻线饰的参与，也不会影响其唯美表现的传递。所以，汉代的片状人物佩饰多数饰以阴刻线，同时也有不加任何纹饰的素器。这种人物佩不同于商代的剪影式造型，主要区别在于商代的佩饰外造型是抽象化的，而汉代则是具象化的。

4.战国玉器的纹饰设计比较倾向于平衡，这在前面已经讲过。汉代佩饰的构图明显淡化了这种中心平衡的构图规律，多见不平衡的设计出现。譬如舞人佩，如果没有舒袖过顶而垂的造型设计，从设计的表面看，虽然完全符合中心平衡的构图规律，但是明显缺少动作感，从而大大地减弱了汉代玉制作艺术成就的支撑。在雕制工艺水平等同或微有不及于战国的现实状态下,汉代的玉器设计没有邯郸学步,而是利用对战国构图规律的突破,创立了具有汉代造型艺术风格的形体比例,令人信服地确立了在玉器制作史上的地位,这是汉代制玉大师们的聪明之所在,成功之所在。

从收藏的角度来看,汉代的佩玉与雕制精细的出廓玉璧相比,更多的收藏欣赏优势在于作品本身所蕴含着的味道,这种味道只有原汁原味的真品才有,仿品的制作缺陷往往在于在设计上,比汉代的真品更趋理性化,用品评书画的一句行话来说,圆熟过之而生疏不足,所以得到的阅读感觉就是索然无味。

汉代装饰类玉器除了上述的片状佩饰外,还有一种圆雕。圆雕件主要是人物、动物摆件以及剑饰品。

圆雕玉器装饰器的基本特征是:

1. 上面我们讲过,汉代是一个用玉很奢侈的时代,比较突出的是在圆雕玉器上,出现很多大料小做的设计。譬如,1951年安徽省芜湖市出土的蝉卮,口径2.3厘米,卮外壁的四周有四只凸雕的蝉。那么这件卮的用料直径应大于:口径+凸雕蝉高×2;北京故宫所藏传器夔凤纹卮,口径6.9厘米,卮中雕有一镙形把,长约2.7厘米。那么,此卮的用料直径至少应在10厘米以上。这种大料小做的器形设计,是以原料充裕为物质支持的,这在汉代以前是不可能出现的,在此后的朝代中,大概也只有清代中期的宫廷用玉有这样的设计方法。

2. 汉代圆雕玉器的用料基本上都宽大,玉器造型厚重、敦实有余,而灵动、俏丽不足。这与上面所讲的大料小做实际上是一个问题的两个方面,汉代的艺术都有这种造型特征,譬如东汉的神人车马画像镜上的马,膘肥体硕,与这一时期的玉器造型有一定相同的时代气息。

东汉 神仙羽人镜

东汉 神仙羽人镜局部

3. 汉代的玉器设计理念是一种具象的写实，与战国不同。反映在圆雕玉器作品上，所设计的动物形体基本上不做夸张处理，大致符合解剖比例。同时，圆雕动物多呈静态的卧姿，有一种温顺驯服的憨态，既不狰狞，又不喧嚣。

4. 汉代圆雕舞人的衣袖有较大幅度的夸张设计，这与上面的具象写实并不矛盾，设计者是将这种独创的舞人作为一种塑造美神的过程与结果，与此前对龙的崇拜是一致的。1968年在河北省满城县出土了一件白玉人，凭几而坐，神态安详，形体设计极其写实，与舞人完全不同。由此可以说明，舞人是汉代的维纳斯，是美神，允许夸张处理。

5. 汉代的剑饰具雕饰方法多样，有深浮雕，有浅浮雕，也有用阴线琢刻出纹饰。

三、生活器

汉代的生活用玉从出土与传世的宏观数量上看，似乎比以前的朝代都多，这仍然是以玉材料输入通道的无障碍为基本保证。汉代玉质生活器的种类很多，譬如有卮、高足杯、角形杯、盒、带钩、印、枕、杖首等，但是这些玉器绝非真正为生活日常所雕制，原因只有一个，那就是这些易损难雕的生活用器都同时存在着其他耐用材质的相同器，生活玉器在它所处的环境中，不存在使用的必然性。譬如带钩，汉代承续战国的使用习惯，多使用结实易制的青铜带钩，而汉代的青铜带钩在出土器与传世器中属于常见品种，所以说玉质带钩的实用性受到了质疑。从另一个角度来看，汉代玉质生活器的使用设计也是以美观为第一要义的，譬如玉卮，1983年广州曾出土一件由9块长方形玉板镶在鎏金铜架上的玉卮，通高14厘米，上有盖，卮身2/5处凸雕一夔形把。根据生活经验，这个把完全不能承受或长时间承受卮的使用重量。故宫有一件传器夔凤纹卮，高12厘米，纯玉质，所存疑之处也在于此。

汉代玉器中的生活器形的塑制，实际上是为了满足拥有者在精神层面上对玉艺术的需要，与实际使用几乎无关，就像清中期的痕都斯坦式白玉碗，器薄如纸，南窗之下品茗把玩，是悠哉游哉的艺术享受。我想，即使是乾隆皇帝，大概也不会奢侈到用这种玉碗用膳。玉制品真正在生活中产生的普遍意义的实用价值，应该是在宋代玉器形成商品、进入市场之后的事。而作为实用生活用品，其造型肯定与上述的艺术品有着明显的区别，仍以碗为例，可以用来吃饭的玉碗，我见过清晚期的制品，碗壁稍厚，也不是上好的玉质。

四、葬玉

汉代的葬玉在雕制设计工艺上具有与其礼器、生活器完全不同的风格，这种风格的确立，是汉代玉器能独立于战国的重要物质基础。可以这样说，如果没有汉代的葬玉风格作为支撑，汉代玉器在历史上的地位将会如同汉代青铜器一样，被视为末路之途。

西汉 琀蝉

汉代葬玉的种类比较集中，主要有两种，一是玉握，一是琀。这两种葬玉本来因为是冥器，所以雕制得比较粗糙，做工简单潦草。我想，汉代的玉工大概分两类，一类是琢制细路玉件的，一类是专门琢制冥器的。他们虽然都是玉匠人，但是琢玉的手法、工具与制作标准完全不一样。对于细路玉器匠人来说，精细漂亮是好活的标准；而对冥器玉匠人来说，追求的则是简单易制，形脱神传，将一件最佳的作品的用刀数量降低到最少，这种技术要求的实施难度极大，主要的是凭借操作上的熟练程度。我们举个例子，篆刻也分粗、细两种，精细一路的如王福厂、陈巨来的治印风格，三日一横、五日一竖，成功率比较高；粗犷一路最难的是仿汉印中急就凿印的路子，一刀推下去，不能有任何一点的修饬。这种治印的难度与汉代葬玉琢制相仿佛。所以说，汉代的普通冥器收藏价值较低，惟独玉握与琀则广受藏家青睐，成为非常抢手的藏品。

这里要说明的是，汉代的玉握多是施用著名的"汉八刀"刀法，在圆柱形玉坯上纵横数刀，就完成了对整个作品的琢制。其实如果仔细观察刀痕，可以发现，在这种彪悍、粗犷的用刀风格之下，往往掩盖着对刀痕打磨处理的工艺表现，在施刀处，匠人的打磨精微而细致。这种特征如果不仔细观察，很容易被忽略。当然，并不是所有的汉代玉握都有这样的打磨工艺表现，即使是一部分，其鉴定特征也应引起收藏者的注意。

在一般的古玩店中，有时还有可能见到零散的玉衣片，有时也可见到玉覆面中的一两件，这些从广义的收藏上看，应该略有收藏。因为收藏不仅仅是在追求着交易价位所显示出的位差，欣赏与研究也是必不可少的，而且是更为重要的内容。

【第二节 汉代玉器的制作特征】

一、器形特征

1. 玉璧

汉代的玉璧，虽然其社会功能在礼器的范畴中已经丧失殆尽，但是，作为一种社会上层所乐于接受的传统玉制作样式，最终还是被保留了下来，而且，在器形设计上还有了长足的发展。汉代的玉璧可以分为两种：

第一种是仍然具有礼器威仪的重器，这种玉璧的特征是：

（1）这种礼器意义上的玉璧，其直径都比较大，1983年广州西汉南越王赵眜墓出土的玉璧中，最大直径为33.4厘米，1977年山东省巨野县出土的一块玉璧直径23.4厘米。这是南北出土器中直径比较典型的玉璧，一般常见的玉璧直径都在13厘米~20厘米之间。

（2）这种类型的玉璧基本上以碧玉为制作原料，用白玉制作的很少。1959年在河北省定县出土的一块直径18.5厘米的玉璧，大概就是白玉质地，这种情况比较少见。在传世品中，这种直径的白玉璧也不多，但传世情况很复杂，有历代高仿品混杂其中的可能。

（3）这种类型的玉璧纹饰构成比较固定，大概有两种：

第一种是璧面为一个完整的区域，上饰卧蚕纹、蒲纹，外缘与孔周处留有无饰的边，多用单阴线同心圆划分。

第二种是与西汉铜镜的样式相类似，璧面用绳索纹或双阴线区隔成2~3个区间，一般内、外区用细阴线刻纹饰；中区饰蒲格卧蚕纹。

第二种玉璧衍化为装饰器，其特征是：

① 这种类型的玉璧直径一般较上面的玉璧小，多在10厘米左右。

② 所选用的玉材有白玉、青玉，那种具有礼器威仪的玉璧材料，在这种类型的玉璧中很少见，这说明在汉代，对于玉材的使用是有着比较严格的色彩标准的。而那种传统的用玉标准"首德而次符"在汉代受到了最后的挑战，汉代用玉的标准看来是以颜色为第一要义的。

③ 这类玉璧在工艺上的特征是雕琢手段复杂，除了战国玉器常见的工艺特征外，精密的镂雕与镂雕纹样设计是很具时代特征的雕制手段，主要体现在出廓玉璧、出

廓带字纹玉璧、双联式玉璧等异形设计上面。在玉璧的设计琢制方面，汉代要高于战国，达到了历史的极致。

2. 佩饰

（1）玉龙、玉凤形佩饰。与战国一样，以龙、凤为主要造型特征的佩饰，在汉代的装饰玉中仍占据着主要地位，对于这两种意念中的动物的崇拜，一直延续到现在。汉代的龙、凤造型与战国相比，有了很大的变化。龙、凤的身体更接近于可见的动物。在形体塑造上，龙体的屈曲由战国的"M"、"S"的标准型松散到了完全的不规则。而战国时期那种具有流线造型的龙形，汉代虽有延续，但是其造型笨拙，完全没有那种水的流动样式的视觉冲击效果。这是汉代在佩饰造型上明显滞后于战国的设计与工艺加工。凤造形舒展，喙部在战国凤鸟刻画图案的基础上有所夸张，长颈、长尾而窄腹，总体上形成一道观感舒适的流动曲线，其阅读效果强于龙形佩。

（2）玉环。我们对汉代的玉环与玉瑗的区分，并不像《尔雅·释器》中所规定的"肉好若一谓之环"那样严格。汉代玉环的环体上多有浮雕或镂雕的龙、凤纹饰，直径基本上在10厘米以下，玉质多为和阗玉，加工精细。通过仔细观察纹饰的雕制与玉质的优劣，可以断定，汉代的玉环一定是上层社会贵妇的喜爱，应该是一种很贵重的饰品。回过头来再看战国时期的玉环，其工艺的细腻在于环体所施用的刀法精细与磨光技术的娴熟。而汉代玉环的优势在于整体设计的繁复巧妙，这两个时代玉环的形体特征表现不同，各得其所。

汉 双凤蚕纹出廓璧

汉 龙形佩

汉 韘形佩

（3）玉璜。玉璜这一佩饰，经过了春秋、战国时期造型因循的消沉之后，在汉代出现了独具时代造型特征的新的样式，这使我们继玉璧之后再一次领略到汉代造型艺术设计的强大优势，在这一点上，与战国玉器的设计风格完全不同。汉代玉璜常见的有三种式样：

第一种是与战国璜基本相同，璜体勾撤法雕出纹饰，两端直边，中间有凹；或各雕有变形的交尾龙首。这种璜的雕工明显不如战国，多饰以勾云纹或雷纹。

第二种是出廓璜，在璜拱顶上镂雕有云纹等不同的图案，还有些同时在璜体内边拱顶上再镂雕图案。这种繁复的设计，是汉代独有的样式。

第三种将两端的龙颈设计为最低点，龙首卷上。

通观汉代玉璜器形，最突出的特点就是增大了龙首在璜体中的比例。当然，这种变化是相对的，只有比较娴熟地掌握了战国玉璜的比例特点，才能据此做出正确的判断。相反，如果谙熟于汉代玉璜，也能有助于对战国玉璜的辨识。

（4）韘形佩。韘形佩又称"鸡心佩"，是从古代的玉韘演变过来的一种佩饰，形状较复杂。西汉早期的韘形佩正面外凸，同位的背面内凹，一端琢有小舌头伸出。中期以后凹凸渐平。西汉的雕饰比较简单，发展到东汉渐趋复杂多变，完全没有了玉韘的原始味道。由于韘形佩至今没有战国时期出土器的公布材料，而汉代灭亡后也极少有出土器出现，所以，韘形佩是汉代的专有器形，只有东、西汉的比较，不存在朝代间的器形更替。

（5）玉觿。玉觿的原始作用大约是解结用具，是实用器。至少在战国时，玉觿已经衍化为一种组佩之中的一种佩饰，通过对1983年广州南越王赵眜墓出土的组佩位置复原，我们知道了玉觿的位置是在终端，弯尖向外撇垂。汉代玉觿有三种类型：第一种是头部有镂雕纹饰；第二种是出廓；第三种是既不出廓，又不雕头，觿体用阴线雕有纹饰。在玉觿上刻阴线，是一件难度很大的制作，长曲线细而不断，还要雕出弹性，其难度应大于镂雕。汉代玉觿在造型上与战国玉觿最大的视觉差别在于，汉代作品的流线形动感不足，这是这两个时期相同造型玉器的最直观的差异。如果能对此有所体会，就真正懂得什么是鉴定了。

（6）刚卯、严卯。刚卯、严卯是两种形状相同、用意相同、内容相近的长方体玉质佩件。在汉代主要佩戴在身上，用来祛疫禳害。汉代的刚、严卯，尤其以东汉的制作为标准，其外形是正长方形。1972年安徽省亳县出土东汉刚、严卯各一件，尺寸为1厘米×1厘米×2.25厘米。所要注意的是，在传世品中，刚、严卯常见，多为仿品。主要区别点在于上面的字迹与字体，老仿品有刻以楷书的、篆书的，还有刻成隶书的，但与真品的字迹不对应。据有的学者考证，刚、严卯上面的书体是所谓"殳书"，秦书八体中的一种，并认为这种殳书是在打仗时仓促间所写的潦草字体。我以为这种说法比较牵强。汉代有一种铜印，名字叫"凿印"，是在战争中提前铸好的青铜印坯，在打仗时如需要临阵委任军官，马上凿刻出印面的相关文字，以诞生权力。这种凿印上的字体往往很草率，所以俗称"凿印"或"急就章"。这是对凿印的一种合理的推测与诠释。刚、严卯的制作，一般不可能设定出与凿印相同的制作环境。而且，汉代真品都是基本上相同的书体。所以，殳书的解释似有不通。我以为，刚、严卯上的字体是一种专门的书法，带有一种神秘的宗教意味，局外人不会看懂。在中国古代，很多的领域中都存在着行业内部通行的文字，譬如如果仔细观看木版书，就会发现其中许多表示数字的符号就与常见的数字写法不同，只有书坊中人才能看明白。刚、严卯上所刻的这种专门字体很难仿，那种味道过与不足都不成，至于写出其他书体，更是仿品的特征。鉴定汉代的刚、严卯，重要的是对真品字体的熟悉与把握。

3. 带钩

汉 青玉带钩

　　汉代带钩的总体设计样式与青铜质带钩相同，由钩首、钩身与钩钮三部分组成，钩首与青铜质的不同在于玉质带钩由于更多地具有观赏作用，所以在钩首上有精细的雕工，以龙首、鸭首、马首为多见。钩身形状有两种：

　　一种是拱形，钩身修长呈流线形，1983年广州赵眜墓出土了两件拱形青黄玉质带钩，钩身单阴线雕勾连云纹，钩首雕龙首，尾雕龙尾，长15厘米，下拱顶处雕有椭圆形钩钮，是汉代拱形带钩的典型作品。

　　另一种是板形，钩身扁状，有长短两式，钩身上多有深浅浮雕，1978年河北省邢台市出土一件白玉钩，长16.5厘米，宽1.4厘米，钩身浮雕龙纹，距钩首3/5的背处有椭圆钩钮。汉代的玉质带钩在形体的塑造上比较简单，精品与普品的区别在工不在形。

　　4. 剑饰

　　剑饰在任何一个朝代都是一种具有实用装饰性质的玉器，其器形特征与剑身的构造有很大的关系。汉代盛行铁剑，尺寸较战国青铜剑身要长，所以，剑饰的制作相应地要加大加厚。相比较而言，战国剑饰的外形设计秀气，汉代剑饰要显得笨拙得多。

　　汉代的剑饰与战国剑饰的组成相同，由四个部分组成；

　　剑首。安装在剑柄顶部的装饰玉。

　　剑格。镶嵌在剑柄与剑身之间的玉件。

　　剑璏（wèi）。镶嵌在剑鞘侧面，联系剑鞘与腰带的连接器。

　　剑珌（bì）。镶嵌在剑鞘最下端的玉装饰器。

汉 剑璏

清 仿汉剑璏

汉代剑饰与战国剑饰的总体设计区别不大,通过对出土的传世剑饰的观察,发现较战国更加趋于装饰性,比较直观的差别在于:

　　(1)战国的剑饰多用隐起的刀法雕出蟠虺纹、勾云纹等常见纹饰,风格特征与其他玉器基本上保持一致。而汉代的剑饰则更多地使用深浮雕的手法雕龙纹或螭虎纹,制作风格与其他玉器有所不同,但是剑饰自身的风格表现是一致的。

　　(2)汉代玉剑饰的装饰性突出地表现在对剑珌的装饰设计上。剑珌在剑鞘的最下端,不参与任何功能性的使用动作,所以可以设计出更多的装饰样式,有这样几种比较特殊样式的:

　　①1956年在湖南省零陵县出土的玛瑙剑珌,巧雕螭纹集中在一个平面上,何处与剑鞘相连接尚不清楚,但此剑珌雕饰设计极精。

　　②上海博物馆藏有一件汉代青玉剑珌,双面深浮雕,一面螭龙出廓于与剑鞘相连处,另一面凤纹尾部横向出廓,这种一器双出廓的设计在汉代极少见。

　　③1986年在河南省永城县出土的一件白玉通体镂雕剑珌,纹饰盘曲生动,在汉代剑饰中也属少见。由此可见,汉代剑饰的装饰性设计性得到了空前的加强,尤其是剑珌的美化程度,就是一件专供赏玩佩挂的弄器,在实际收藏中应充分予以关注。

　　(3)汉代剑饰由于形体大而厚,所以与战国剑饰有触觉上的不同,主要表现在棱线、棱角上,战国剑饰触摸感觉尖锐锋利,汉代剑饰则感到圆润钝拙。其实不仅剑饰如此,许多玉器的触摸比较都有这种感觉。有人将之归于战国的棱角有力度,汉代的绵软无力,我以为,这是一种因消费审美的需求而生成的产品结果,与工艺处理能力无关。至于现代的仿

汉 剑珌

清中期 仿战国剑珌

汉 琉璃剑首

清 仿汉剑首

品线条力度的不足，我以为是用料差别所造成的。前面曾反复讲过，作为商业行为的仿制品，材料不可能用和阗玉，这是受仿制成本约束的必然。杂玉的硬度远低于和阗玉，失去了质地的硬度，就不可能产生锋利的棱角。如果我们观察下面的清代中期用和阗玉仿制的剑珌，棱角依旧锋芒毕露，可见差别主要的形成条件是材料。

（4）就出土器与传世器的总体用料情况来看，汉代剑饰的用料要好于战国，更多地使用了和阗玉，有些出土器未经盘磨仍然精光焕发，而所见的熟坑老玉则更是沁色宜人。要说明的是，宋代和清代的仿战国汉代剑饰，用料也多用和阗玉，在鉴定上应多观察雕制纹饰的风格、气韵与沁色各有不同，大小也不一样。至于商业仿品，除了在大小与纹饰等表面相仿佛以外，实质性的地方不见有相通之处。

5. 舞人

汉代玉器中的玉舞人是独具汉代造型特征的一种样式，在汉代初期就形成了极端完美的设计理念。笔者尚不清楚战国是否有与这种造型设计相近似的舞人出土传世。到了东汉，舞人造型的重要组成部分——广袖已经纯粹图案化，从而迅速地隐退了。这里所讲的舞人，主要针对西汉的常见品而言，器形特征归纳如下：

（1）汉代舞人真品的神韵之处在于在动中见平衡，这与战国的静平衡观念截然不同。汉代舞人由于广袖飘逸、长衣当风，所以具有极其强烈的动感视觉效应。设计者可以极尽长衣飘逸夸张之能事，最终解决整体平衡的砝码是过顶的广袖。这个广袖的巨细、长短与整体的平衡关系很微妙，读者可以试着遮盖或改变舞人的过顶广袖，但绝对不会获得视觉审美上的成功。所以，经过了这种实验，再看赝品与仿品，那种重力的平衡感觉明显不一样。下面的这件赝品是仿

西汉 玉舞人线图　　　　　　现代 仿汉舞人

汉代的舞人造型雕刻的，由于不明白这种广袖平衡的道理，所以明显地表现出了人物左重右轻的不对称关系，与线图相比较，真品的汉代玉舞人左右比例关系尽善尽美，赝品无论如何也做不到。

（2）汉代设计玉舞人的另一种处理平衡的手段是，尽量调动舞人身体腰部的屈曲优势，将重心偏移至一侧，再在下垂广袖与腰之间加镂雕勾云纹，以求得失衡中的制衡效果，这是笔者最为佩服的造型设计。战国的平衡是扼杀失衡于摇篮之中，汉代的舞人造型是制造矛盾与解决矛盾的结合体，再高妙不过。当代篆刻巨擘韩天衡先生收藏富甲一方，对汉代艺术浸淫最深，在篆刻作品中经常利用这种方法，在印面上制造失衡的矛盾，又通过一点小小的办法加以制衡，这就是先生篆刻的妙处。在这方"郁文山馆"印的印面上，"郁"与"文"大小关系失衡，先生在"文"的左下角加上看似不经意而留下的两点朱点，印面在这个砝码的参与下平衡了。我多年受到韩天衡先生在艺术上的教诲，不知先生是否有意借鉴了汉代玉舞人的造型于治印章法之中，但是这种异曲同工的妙处，是我们欣赏研究古今大师作品重要的物质支持。

（3）汉代玉舞人的设计重点在于对造型外部线性优美的展示，而不注重对人物解剖位置的确定，这并不是设计者对人体比例的无知。1968

汉代玉器

157

韩天衡治印"郁文山馆"

去掉红点后的效果

年河北省满城县出土的一件玉人的解剖比例大致准确。这是汉代设计者将舞人作为对美神的崇拜而设计的特定样式,与唐代玉飞天的设计原理基本相同。下面的这两个赝品在外造型上根本谈不上"准确"二字,左图的两只广袖右短左长,长袖垂下,成为

现代 仿汉玉舞人

设计元素上的一种臃肿;右图的两只广袖前盘后绕,极其丑陋。

(4)与外轮廓线相对应的是长衣下摆上的衣褶,线条都是那么流畅,富有弹性,这里线条的特征与外造型的特征互为表里,是古代玉器中最为完美的结合典范。

(5)东汉时期的舞人广袖突然变得程式化,形成一种类似于佛像开光的长圆环状镂雕纹饰,如果不懂西汉的舞人,完全不知东汉玉器设计者之所云为何,造型堕落到不伦不类的境地,不忍目睹。东汉以后,玉舞人隐退。在近年的拍卖会上,曾见一汉代舞人,过顶广袖肥大,似京剧中的水袖,形体设计接近解剖位置。虽然好看、标准,但不具备汉代舞人真品的造型特征,是现代人的作品。

仿汉舞人线图

二、刀法特征

不管汉代玉器是一个高峰期,还是战国高峰期的

东汉 白玉夔龙纹宜子孙璧

延续,这都是后人对这一时期玉制作的激赏与评价,这一时期的器形特征比较复杂,也具有许多鲜明的时代特征。相比之下,汉代的刀法特征就因其相对简单而容易归纳陈述。

汉代的刀法特征可以分成三部分,第一部分是雕法,第二部分是刀法,第三部分是磨地法。

第一部分雕法。雕法包括深浅浮雕与镂雕的技法表现,从战国时期开始,深浅浮雕与镂雕艺术表现力的强弱,基本上取决于两个方面,一是纹饰设计的巧妙与否,二是技法掌握的熟练程度。一种技法一旦离开了"生"与"熟"的对立挑战,踏入了娴熟施用的层面,其生产的作品就等于现代的"工艺品"了。所以,玉器史上的发展规律是,作品越做越漂亮,技法施用越来越娴熟,到了明、清时期,几乎所施用的都是两汉以前的旧招法,制玉手段的陈旧,势必使得作品内涵乏味,所剩的只有漂亮的一张脸蛋。由于汉代镂雕与深浅浮雕技法施用娴熟而乏新意,所以不多赘言。

第二部分刀法。汉代刀法特征主要是指"汉八刀"刀法与"游丝描"刀法两种。

1.汉八刀法。这种刀法主要集中在对玉握与琀的雕琢上,工匠惜"刀"如金,寥寥几刀,将作品雕制成功。汉八刀的用刀特征是:

(1)入刀力度很大,重入而轻出。

(2)奏刀后施以精细的打磨,做到刀痕尽化,不留走刀的痕迹。

(3)作品用刀干净,没有轻浅的辅助用刀。

(4)造型部位用刀有刮削的刚劲生硬样的感觉。

汉八刀作品的制作成功率并不是很高(这里指具有艺术品位的精品),大概百不得一。因为在制作过程中的各种因素都可能对雕制产生影响,包括玉质本身的硬度条件。所以,一件好的汉八刀作品,其纯粹意义上的收藏与欣赏价值,绝不低于一件出廓玉璧。

2.游丝描刀法。这种刀法区别于战国细阴线之处在于,线条通常施用在佩饰器上,作为对轮廓纹衣纹的刻画,具有细、绵、长、浅、飘等的特点,但是,仔细观察这种线条所表现的质感,汉代的游丝描线不弱,很有一种绵里藏针的内力,与战国的阴刻线感觉不同。后代的宋仿、清仿都不能仿出这种内力,赝品的线条感觉更差。

第三部分磨地法。汉代玉器的精品在处理磨地的时候,所施用的工艺水平要高于战国,譬如卧蚕纹玉璧在磨地的时候,注意到了将卧蚕纹与地子的关系处理成干净利落的拔地而起的阅读感觉,收藏界称之为"阳纹地平"。这种感觉只有在两个时

汉 磨地效果　　　　　　　　　　清 仿汉磨地效果

代玉璧相对比的环境下,才能有所感觉,因为战国玉器在地子的处理上已
经炉火纯青了,汉代只有在精品玉器上,才能有这样的磨地表现。过去一
般认为地子处理的水平较高的是战国,其实这种观点我感觉有失恰当,汉
代的精品地子当然很好,普品的地子与战国基本上处在同一水平线上。

汉代琢玉的其他刀法如隐起、勾撤、减地平凸等均没有什么特色,甚
至反映在作品上,其运用的熟练程度在战国之下。

三、纹饰特征

汉代玉器的纹饰与战国纹饰是紧密相联的两个部分,不能割裂开来
单独评陟汉代纹饰的优劣。如果将汉代玉器的纹饰与战国放到同一条线
上分析,那么,就极有可能产生这样的感觉:汉代与战国相仿佛的纹饰,
在细部处理上不如战国。譬如龙形璜佩,两端琢简化了的交尾龙首,中
间琢卧蚕纹,其制作水平与战国相距甚远;在创新纹饰设计上,汉代的
时代风格相当突出,但总体上的感觉,还是战国胜出一筹。当然,这只
是个人的观点,也仅能代表作者自己。由于作者对汉代的论述完全是在
排除个人好恶的前提下来完成的,所以自认为比较客观。

汉代玉器纹饰的特征大概有如下几点:

1. 缜密的出廓镂雕。汉代玉器中最为精到的,要数出廓玉器的设计
制作。出廓镂雕的作品首见于战国,成就于汉代。出廓工艺设计一般施用
在玉质很好的玉璧、玉璜、韘形佩等佩饰之上,外璧出廓雕龙、凤以及螭
纹等吉祥动物,常见布局有四种:一是在拱顶的最上方,以最高点为分界
线,两边设计雕制左右对称的图案。所以,有的玉璧虽然出廓很高,但是
仍能保持重心的稳定。二是在玉璧的左右,对称设计雕制出两种造型相似
的图案,如龙、凤等,两组图案的中心轴线横贯玉璧的中心点,使得玉璧
的左右平衡。三是出廓的位置在玉璧的下方左右,形成了玉璧托的样式。
四是分别在圆周左右的1/3处三处出廓,这种出廓璧相对较少见。

2. 铭文与图案的有机结合。这种纹饰全都是镂雕的工艺处理,主要

设计在玉璧的圆顶之上，一般左右有螭龙簇拥着几个吉祥的成语，譬如"宜子孙"、"长乐"、"益寿"等，表达了汉代社会对美好祝愿的需求。这种玉璧在清中期有仿制，多用白玉或黄玉，整体较汉代的小，雕工具有明显的清中期风格。

3. 深浮雕技法琢制的螭虎纹是汉代的突出纹饰。汉代的螭虎有这样几个特征：

（1）宽头、瘦腮、圆眼、宽直鼻。

汉 螭虎   现代 仿汉螭虎

（2）腰细臀粗，有肌肉感。

（3）身体呈"S"状屈曲。

（4）四肢设计有力度，粗于战国。

4. 动物的身上雕有疏密不同的体毛。这是汉代动物区别于战国的一个显著的特征，多用细阴线在关节处刻出，形状呈半圆的梳子形状。

5. 纹饰塑形比较具象。这是汉代大别于战国纹饰设计的一种特征。在汉代的纹饰中，很少有叫不出名字、看不出形状的抽象纹饰出现，直观性都比较强。譬如在玉器制作史上，龙形几度发展，几度抽象，发展到了汉代，完成了最终的形象定型。尤其1983年在广州出土的一批玉器，所雕饰龙的形态鲜明可读，竟然有龙张口衔云纹的动人造型，使传说中的龙终于与现实完成了形象上的对接。这时期的龙纹造型威猛有余而神秘不足，对后代龙形的衍化影响很大。

6. 龙形雕有长鬣。战国的龙脑后有短鬣，用稀疏的阴线表示；而汉代龙造型的脑后也有鬣，飘逸而长，多用集束阴线雕出，很形象地增加了龙的威猛。

7. 单阴线是纹饰设计制作的主要手段。在经过战国隐起刀法的盛行之后，汉代又复归于以阴线为主要琢制手段，单阴线使用简单快捷，可以表达更多的设计方案，较镂雕深浅浮雕等手段具有明显的操作优势，这也促成了汉代游丝描刀法特点的即时形成。

8. 素器占有一定比例。汉代玉器中的素器是一种设计追求，与良渚文化中的素器完全不同，素器的玉质都好，而且极见打磨工艺的施用。在实际收藏中，绝不能

汉 白玉素面勒子

轻视对素器的收藏。

9. 在汉代玉器中，常见与战国玉器形制、纹饰以及尺寸基本相同的器件，这种邯郸学步的玉器，与战国相比较，莫不黯然失色。尽管雕制有些也很精到，但在收藏趣味与品位上，终逊一筹。

10. 汉代玉器动物纹饰最为典型的就是"四灵"，即青龙、白虎、玄武、朱雀。这四种纹饰在战国时很少发现，而魏晋以后也不常见。所以，带有四灵纹饰的玉器都可以断为汉代。这四种动物还表现在东汉的铜镜纹饰上，具有另一道精美的欣赏风景。

四、汉代玉器的鉴定

汉代玉器是高古玉收藏者收藏的重点区域，传世的组成比较复杂，有大量历代的仿品与赝品掺杂其间，同时还有部分鉴定外缘模糊的战国玉器，与汉代真器共同构成了现在流通交易领域中已经或即将达成共识的"汉代玉器"。其实，在民间可资流通的汉代玉器真品并不多见，精品尤其稀罕。原因很简单，汉代万里迢迢运输来的和阗玉，享用者必定是社会最高层集团的成员及亲属。那么，现在流传于公、私收藏的汉玉精品是否在数量上能够构成一个令人信服的比例，这是一名真正汉玉收藏者所关心的实质问题。也就是说，除去50年以来的科学发掘所出土的汉玉外，在目前流通与收藏中，汉玉真品的比例究竟应该有多大，每个收藏者心里都希望有一个宏观的数字，这一点毋庸讳言，古玉的研究者一直在关注并致力解决这个

问题。但问题是，现在（包括本书在内）各种著作的作者，基本上都是征引具有明确出土记录的标准器，而很少或拒绝使用包括博物馆收藏在内的传世器，力图使读者运用由此得出的结论指导对传世器的鉴定。这样不合槽的事，对作者、对读者无不产生着隔膜与尴尬。在这种理论与实际的作用下，我仍然坚持我的收藏观念，那就是先看真伪后断代。

汉代玉器的鉴定至少要从下面几点着眼：

1. 从玉质上看。玉质对于鉴定来说，与器形、雕工的呼应感觉很重要。譬如汉代的玉璧，凡是用于礼仪的，而且直径大、雕制庄重的，基本上都使用水苍玉。从玉璧的折断面上看，这种玉质内部结构比较粗，如果这种玉璧的玉质是和阗白玉，可能就有问题。相反，清中期的仿汉出廓璧，用料都是和阗白玉、黄玉，如果是南阳玉或岫岩玉，可能也会有问题。汉代玉器用料，和阗玉所占比例较战国大，白玉、黄玉、碧玉均有使用。

2. 从沁色上看。汉代玉器由于在土中埋藏了两千多年，所以在器表面出现有土蚀、土隔、灰皮、鸡骨白等腐蚀现象，这就形成了高古玉器最为诱人的沁色。这里要说明的有两点：

（1）在玉器的沁色方面，汉代玉器与战国玉器相似，由于真正和阗玉的结构致密，所以受沁多在表层，很少有完全浸蚀内里的情况。在收藏时，只要用手电筒或迎光观察，就能看到未受沁地方的光感程度。在玉器上出现严重的浸蚀大概有两个原因：

汉　玉贝

一是玉质很软，或石性很大，才会出现深度浸蚀乃至鸡骨白，这是良渚玉器的典型浸蚀生成条件。汉代玉器中非和阗玉作品也会出现重度浸蚀，但为数较少。这件汉代的玉贝的材质就不是和阗玉，由于是石性大、质地不坚密而导致较为深度的浸蚀，形成鸡骨白。但是从背面观察，似乎没有完全钙化，可露出星星点点的地张。

第二就是赝品。赝品所做的浸蚀一般都很深，露出的地张很不自然，如果浸蚀做得很深，表面就会斑驳得很厉害，这种顾此失彼的工艺操作，仔细辨认是可以找出相应的纰漏的。

（2）我记得在前面讲过，随着墓穴所处的地域不同，玉器周围的干湿度、酸碱度以及墓穴的密封程度都有所不同，对玉器所造成的损害也就各异。这一点很重要。譬如我们在观察出土器的时候发现，广州出土的玉器浸蚀比较严重，有些玉的颜色已经发生了变化；而陕西、河南等地的出土玉器由于土壤环境比较干燥，所以浸蚀沁色与广州大不相同。与之相对应的是，中原与广东相距遥远，对文化、审美的要求完全不同，纹饰的设计雕制也各有特征。恰当而合理地运用地理、纹饰、浸蚀这三项合一的鉴定复合思维，是辨识真伪的比较可靠的方法，但这需要辨识者的学识、思路与眼界要宽阔，所以比较困难。

3. 我们讲了这样一本关于鉴定的文字，这些并不重要，在真伪的鉴定上其实起不了多大的作用。譬如下面的这件仿汉代玉璧，基本上是按照书中交代的汉代螭虎玉璧的样子画瓢，璧上螭虎的造型与汉代相接近，但是神态不一样，汉代螭虎的胯部肌肉感很强，其造型借助了雕琢用刀的力量，是一种设计与雕琢风格展现的同一体；而这件玉璧的造型仿佛，但用刀不具备汉代的风格，所以味道不对。这就是对行家经常说的"味道"的具体诠释。如果读者不懂对于这种味道的理解与把握，只是一味地用书本上所讲的鉴定特征对号，遇到这个玉璧，一定会当做宝贝买来收藏。这块玉璧雕工磨工尚可，要价 3,000 元，最后 50 元成交，因为我把小贩讲得口服心服外带佩服。

现代 仿汉螭纹璧

【鉴定实例：汉代的螭虎纹】

螭虎纹是汉代的标志性纹饰，基本上以深浅浮雕的琢制形式出现在剑饰、印纽、系璧、玉环等装饰器上，很少有利用阴线勾勒的平面螭虎造型出现。如果用语言来简单描述汉代螭虎的基本特征，那么可以勾画出这样的一种印迹上的轮廓：

第一，头部特征是开脸与猫相近似，头型多见梯形，眼睛常见有两种，一是钻管型圆眼，平雕；另一种是雕有下垂眼皮的凸眼，这种眼型的雕法常见的是眼眶纵切，将眼珠衬出，上雕有阴刻线弯眉。鼻子常见的雕法是用刀两侧压地直切或浮雕，形成长方的凸起状，这种形状的鼻子有些在中间刻有两条横贯左右的短线，特点是浅而细，而仿品多不注意这种浅线的规律，一般刻得粗而深。下面的这张汉代螭虎线图临摹于1955年湖南省长沙市蓉园13号墓出土的西汉剑珌，上面深浮雕螭虎是典型的西汉造型。

汉 螭虎

汉 螭虎纹线图

第二，由于汉代用刀的概括力胜于战国，所以简练的线条往往能刻画出螭虎的肌肉感觉，这种感觉要通过与战国螭虎进行实物对比后，才能有所体会。由于汉代琢玉具有用刀简练而凶狠的特点，往往琢出的具有蜷曲形体造型的螭虎在转折的过渡、姿态的滑动感上，往往不及战国，但对肌肉力量的刻画，我以为远远过之。这是与战国相比，至于唐、宋时代的仿汉螭虎，雕工的刀法转移到了与时代相吻合的社会美感造型上,在一定程度上消减了对汉代螭虎所传递出的这种肌肉力度的表现,增加了优美的造型扭动的视觉渲染。同时,雕法趋于繁复,用于装饰的阴刻线也增多。至于现代的仿品,则造型根本谈不上力度,与泥

仿汉 螭虎纹环

仿汉 螭虎纹璧

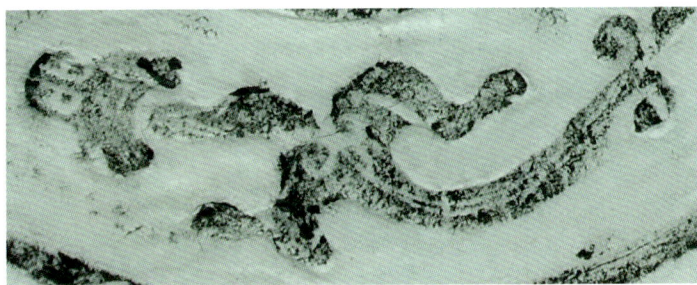

唐 螭虎纹拓片

鳅相似,上面的这两件仿品应属水平较高的精仿,同样与历史上各朝代的螭虎制造标准不相同。

第三,在四肢的小腿上,用细而短的阴线来表现茸毛,爪呈钩状,锋利而有力度。早期的螭尾做绦索状,中期以后开始有了卷云式分叉的设计,一般分出一长一短两条分卷的尾造型,是汉代力量型螭虎的惟一带有浪漫色彩的装饰设计。

第四,汉代的螭虎作品手感欠滑润,尤其是头部,更是有硌手的感觉,原因不外时代雕制风格使然。而仔细观察其后各代的仿品,无不在这一点上折戟,即使清代的螭虎,也都表现出圆润可人,而现代的仿品,更是完全没有了大汉雄风的凛凛气度。

很遗憾,我在介绍汉代的螭虎之时,手头却没有一件可以作为标准贡献给读者的实物照片。这对于有些读者来说,可能会很不方便,但是,我

想要告诉读者的是，对于汉代的螭虎纹，更重要的是通过对真品的神态所流露出的信息，来作为判定真伪或划分时代的感性依据。

汉代的玉器制作正处于笼罩在战国的光环下面的"灯下黑"位置，很多极其鲜明的时代特征被鉴定者所忽视，具体表现在缺乏对汉代玉器审美的放大。在实际收藏鉴定的实践中，人们往往把传世器中具有明确美学价值，而且同时具有战国、两汉玉器鉴定共性特征的玉器归为战国，而将那些具有粗犷风格一路的作品归为西汉。这是一种误解，其实两汉造型艺术的精髓处在于能将粗放的气格与细腻的表现手法有机结合，而且结合得那么自然流畅、那么天衣无缝，从这个意义上讲，战国的造型艺术构成在两汉之下。

前面讲的那面东汉时的神仙羽人铜镜，是一件极精之品，通过局部放大，可见三匹驾车狂奔的骏马，虽然在总体造型上膘满体肥，但是对读者的感官刺激则是竹劈双耳峻，风送四蹄轻；气势浩浩荡荡，所向披靡。这就是汉代造型艺术与生俱来的霸气。对这一时代风格的总体掌握，可以有助于至少是断代上的感性判断，有时还能捡漏，这是真的。

【第三节 汉代玉器的投资与收藏】

汉代玉器无论是收藏还是投资，都是历代包括当今高古玉中最热闹的区域。汉代玉器收藏历史积淀雄厚，交易场面火爆，与高位行走的清代玉器的交易对峙于两个收藏集团，成为高古玉器收藏交易的主要支柱。就一般的收藏交易而言，属于高端价位的为数极少；一般常见的中端成交价位约在20,000元/件~50,000元/件之间，而比较普遍的、更多的是在10,000元/件以下。同样是参与汉代玉器的交易，由于交易的目的不同，对于交易物的关注与选择也就不同。这里提出几个有关投资与收藏的建议，供读者参考。

1. 以增值为目的的汉代玉器投资。投资汉代玉器是一种长线，如果把投资过程缩短，将不会显示出太大的利益点存在。因为我们上面讲了，汉代玉器的收藏具有很深的历史和相对稳固的收藏群体，这些人买东西虽然挑剔，但是出手狠，只要东西品位对路，早晚不愁交易。同时，汉代玉器价位的拉高，并不是扶摇而直上，其他朝代玉器价位的窜升对之影响并不直接，所以就中的泡沫效应微乎其微，这应是汉代玉器投资者的心安之处。作为投资长线企图的购入，就要对交易品有着明确的选择视点，建议参考这样几点：

（1）在玉材的材质上，尽量选择白玉、黄玉，这两种玉质因在汉代以前出现较少而价值上升得很快。我们不知道汉代人对玉的审美习惯是什么，从清朝到现代，白玉、黄玉一直是玉中的最佳颜色，现代的交易也都将这两种玉器的价格抬得很高。因此，做投资应首选这两种玉质的玉器。

（2）对于雕琢工艺方面的视点，应重点关注和选择具有雕工细腻而繁复的玉器。雕工细腻繁复必然靓丽美观，譬如出廓玉璧、玉璜，这是汉代玉器工艺设计的一大亮点。在2007年汉代玉器拍卖前10名中，有3件出廓。可见，这种复杂多变、加工难度极大的玉器，更适合众多收藏者的审美习惯，高端价位层的拍卖品几乎都是符合这一规律的玉器。那种具有"汉八刀"风格的玉握再具有艺术魅力，也绝不会为最广大的收藏者所接受，那叫艺术上的"和者盖寡"，是玉器投资的一大忌讳。

（3）虽说是以投资为主要目的，但是，藏品的最终端的交易者仍是收藏者，所以，还是要以"物稀为贵"为基本原则，不买或尽量少买耳熟能详的器形、纹饰，这是增大升值空间的物质保证。但话又说回来，"稀"到成为孤品的地步，就会令人却步了，原因有二：一是有可能是后世臆造的赝品，器形纹饰上的独一无二，的确也是赝品的特征之一。二是即使从各方面考证，器形、雕工都不假，在缺少标准器的参证下，作为收藏者有可能动心，但是一般投资者都不敢染指。

（4）在交易过程中，我建议能买熟坑不买生坑。原因很简单，一是熟坑的鉴定特征比生坑丰富，沁色、沁色的深度与分布、包浆的厚度与是否自然等，都是可以参考判断的条件；二是真正收藏高古玉器的藏者，对熟坑的喜爱要远远超过生坑。从美观的视角上看，出土时间越长、盘玩的时间越长，玉器的颜色就越好看。生坑玉器其实并不招人喜爱，但有一例外，那就是鸡骨白。凡是具有鸡骨白的玉器，尤其是整器的鸡骨白，生坑最好，一经把玩，日久变红，鸡骨白色丧失殆尽，也就是另一种品玩的味道了。笔者目前找不到汉代鸡骨白变色的玉器，聊用良渚玉琮演示，以别其中滋味。

良渚文化 鸡骨白

2. 以收藏为最终目的的入藏。对于一般收藏者来说，同样一件汉代玉器，收藏与投资的选择是完全不一样的。我以为，具有一般能力的收藏者在收藏实践中，最忌讳的就是既想收藏，又想增值。严格地说，这是两个操作预期下的两种结果。增值是一种投资，利用一定周期的周转获取利润，对玉器的交易态度就是市场的认可程度，投资的有效回报就是利润；收藏是一种占有过程，对玉器的交易态度就是自我评价，收藏的回报就是欣赏，同时享受着因占有所产生的精神慰藉。如果试图兼得这两种正面的回报，那么，结果一定是买回一堆两不喜欢的东西把自己套死，原因很简单——投资目的不明。

由于普通收藏者的财力所限，所购买的汉玉一定要遵守这样一条原则，那就是玉器不一定是繁复多变、雕工细腻，但一定是有着鲜明的收藏特点的精品，用10件普品的钱买一件精品。汉代玉器还是在玉璧、玉璜等器形上多加关注，这两种器形在汉代的制作很庄重规范，适宜收藏。收藏汉代玉器对于藏品的品相要求极其严格，在鉴定无误的情况下，要仔细观察玉器内部的完整情况，任何一条暗藏的绺裂，都有可能成为长久收藏的祸患，不可掉以轻心。

汉 出廓龙纹环

【第五章】

唐代玉器

〖 第一节 唐代玉器的基本情况 〗

在中国的玉器收藏实践中，尤其是在收藏玉器的初始阶段，李唐时期玉器的真伪、优劣是一道很难判断的题目。其主要原因是可以用来相比照的标准器较少，真伪、优劣标准尺度到目前为止也没有形成一个相对清晰的共识。虽然这是一个学术问题，但却直接影响到每一位收藏者对于即将购入玉器的投资判断。所以，在现实的有关唐代玉器的交易运作实践中，真正有经验而具有一定责任心的交易者，多将具有唐代特征的玉器，含混地讲成"唐、宋时的东西"。明眼人知道，这绝不是含糊其辞，而是唐玉鉴藏体系不完整使之然。细心的读者可以发现，在广袤的有关收藏类书海里，能把唐代玉器列为一章，讲述详细，使你掩卷而思，似有所悟的书，的确少得可怜。这不是写作者的无能，而是囿于两个原因：

一是李唐时期玉器出土器较少，不能准确、完整地塑建这一阶段玉器收藏的标准样式，以及对这一标准内涵的展示。

二是由于上述标准的缺失，直接导致论述材料的匮乏及可供支持的实物的不足与不确定。

在北京故宫古玉的库藏资料中，清廷旧藏的唐代玉件时可一睹，说明至少在清朝，唐玉已为藏家所重视；同时，在北京故宫旧藏的唐玉中，除确具唐代雕琢特征的传世品之外，尚有部分造办处的仿古器作品同时存在。这说明我们今天所看到的传世唐玉，真仿杂糅，在缺乏出土标准器的支持下，一般古玉的收藏者很难判断出一件从各方面均符合唐代琢制特征的玉器作品，是否真的是唐代玉匠所为而不是清仿，因此，唐代玉器的鉴别难度远远高于高古玉，这是不争的事实。

可能有的读者会提出这样的问题："近五十年来，经过科学的挖掘，在具有挖掘报告的唐代墓中，不是也出土了一些唐代玉器吗？那不就是标准器吗？怎么会说标准器匮乏呢？"

这些经过考古队挖掘的具有完整挖掘报告的出土唐玉，实物从出土的那一时起，就绝缘于收藏者了。尽管不知何年何月会有一次展览，但绝不会让观众零距离地亲密接触，至于那些玉的琢制刀法、润泽程度、手感色泽、加工痕迹等真正收藏者想要得到的第一手信息，依旧得不到满足。收藏者所能获取的信息，依旧是来自于经过他人描述的第二渠道。而面对一件具有唐代琢制特征的生坑玉件，由于既没有同墓其他出土物的旁证，又缺乏上述标准器的比照，鉴定结论依旧不确定。于是，关于李唐时代的玉器的鉴定，就深深地陷在这种由于标准器的缺失而不能明确判断标准的怪圈之中。

由于唐代玉器标准的不明确，直接导致了唐玉收藏力度的流失，在近十年的拍卖交易中，标有唐代字样的玉器寥寥无几：

北京瀚海于 2003 年 9 月拍出一件唐代白玉乐舞胡人带饰，拍价为 150,000 元人民币，同时又以 72,000 元人民币拍出唐代旧玉胡人带铐一件。

上海崇源的一块唐代白玉龙纹带板，于 2003 年 4 月以 82,500 元落锤；中拍国际于 2005 年以 792,000 元拍出一件唐代青玉胡人骑驼。

这是近几年来唐代玉器在拍卖交易中的最好记录。在整个古代玉器的拍卖交易中，唐玉表现最差。于情于理，唐代的玉器至少不应逊于宋、元玉器，原因在于：

首先唐代玉器的雕工很讲究，虽不能与战国、汉代比肩，其异样于传统的形式与内容，是其他朝代所不能匹及的。

其次，唐代的玉器出土、传世都少，完全符合"物稀为贵"的收藏原则。

之所以形不成收藏大气候，关键原因是鉴定中的不确定因素。收藏者看不明白，就不敢投资。上世纪的 40 年代有一位张钫先生，一生大量搜集唐代的墓志铭，名其斋号为"千唐志斋"。说明唐代的墓葬在上世纪中叶以前，曾有过大量的非科学挖掘，而这些墓的主人一般都是唐代的中高级官员如刺史等，随葬品中肯定会有一些玉制品。然而，现在能见到的具有典型唐代风格的传世品为数很少，估计除了部分归各博物馆收藏与自然销毁外，余者不外另两个去处：一是沉淀在收藏者的手中；二是混杂到赵宋时代的玉器之中，导致了现在唐代玉器收藏迟疑与踟蹰的局面。但是这种局面同时又为专于此道的有心人提供了极为难得的市场空间，一定有一天唐代玉器会出现价位的上扬，因为沉寂于喧嚣的玉器交易之中，唐代玉器不会成为隔绝人间烟火的世外桃源。

有不少初涉收藏的人，在他们眼里，鉴定是一门极其深奥的学问，高不可及；也有一些略懂一二的人，正好处于一脚门里一脚门外的阶段，认为鉴定没有多么复杂，小富即安。这些都是出于对鉴定学的不理解而表现出的自卑与自狂。

其实，鉴定不难，但必须要具备两个条件：

　　一是要有一件或若干件经过专家认可的标准器，这是非常重要的鉴定前提。譬如，我们要到车站接一个从未谋面的人，接头的标准就是照片。照片拿对了，接的人就对；照片拿错了，接的人就不对。这个照片就相当于鉴定程序中的标准器。因此，尤其作为初涉收藏的古玩爱好者，先别急着看书、索骥、掏腰包，请专家长眼，先买一两件开门的标准器尤为重要，这就是要接人，先拿准照片。

　　二是要正确用好标准器。做到这一点就有一定的难度了，因为即使是一件经过专家认可的标准器，也不能覆盖所有的器物鉴定特点。这时，你的学识、悟性和对鉴定的敏感程度往往就会起到关键的作用。对古代文化艺术欣赏的深度，将会联系着鉴定水平的深度。这就是虽然照片拿得对，还要决定于你能否排除来自于时间上的、服装上的、形体上的差异干扰，从神采的展示上完成正确的判断、鉴定过程。

　　鉴定的过程其实就是一个对比的过程，通过将待鉴定物与手中的、脑中的（鉴定家往往如此）标准器科学对比，一般人看到的只是外在构成的差异，鉴定专家看到的是内在的蕴含，虽然程度、视角、感悟有所不同，但是，所利用的对比手段则是统一的。这样看起来，鉴定其实不难，精髓就是"对比"二字。

　　从另一个角度说，鉴定又是一门深不见底的学问，同样表现在对于标准器的掌握与应用上。即以一件唐代玉器而言，在没有严格意义上确认的前提下，如何根据既有的材料，包括挖掘报告、图片、前人著述、亲历经眼、笔记目录等，来确认断代的标准，这是成熟的鉴定人员所必备的能力之一。就是对于已经形成断代鉴定标准的，眼睛见过多少东西、大脑记住多少东西，这些最终都能体现在对一件器物的鉴定判断的准确率之上，"对"与"不对"虽仅一字之差，却是几十年积累的结果。我的老师在鉴定宋代瓷器的时候，仅用手轻轻抚摸一遍，即可辨真伪。这说明先生对于宋代瓷器标准器的熟悉程度，完全成竹在胸，势若庖丁执刀，不见全牛。这种鉴定水平，除了自身的悟性、根底以外，来自于社会的机遇也是必不可少的条件。一般非鉴定专业人员，谁有机会、有精力经眼那么多的实物呢？因此说，仅仅看了几本有关鉴定的书，买了几件真假尚待确定的旧物，就觉得鉴定业已学成的人，终将上大当，吃大亏。

　　说到这儿，我们的话题似乎可以稍为深入地探讨关于标准器的问题了。我有一个朋友，是从事玉器交易的。在刚出现用俄罗斯玉仿和阗白玉时，有一次我问他，和阗玉与俄罗斯料究竟怎样区分？他从柜台里拿出一块白玉佩件给我看，我觉得白度尚可，只是润泽差一些，不厚实；他于是又掏出挂在腰里的一小块玉勒子，告诉我这是一块"籽料"，正宗的新疆和阗玉。两相一经对比，二者的区别昭然若揭。这种直观的视觉刺激，是任何文字也代替不了的。我一下就明白了，这就是最初级的

唐　胡人奏乐佩件

鉴定——用标准器进行直观的对比。无论是鉴定玉器，还是鉴定其他什么东西，第一步必须先学会使用标准器。

怎么样得到比较可靠的标准器呢？途径一般有两条：

一是找有绝对把握的鉴定专家来长眼，但是你要注意，这里的专家一定是指对某一历史阶段的特定器物有深入了解的专门鉴定人员，譬如已故书画鉴定大家启功先生，是一位鉴定中国古代书画的专家，而对于鉴定当代傅抱石先生、范曾先生画作的真伪，很可能就不是专家了。如果你喜欢并立志收藏李唐时期的古玉，那么你就要借助于在这一领域里有研究心得的专家向你展示的标准器，迅速、牢固地完成对玉质、器形、刀法等方面鉴定特征的记忆与理解过程。而那些擅长研究明、清玉器的专家的意见，则只能作为参考。你可以到类似于北京潘家园、天津沈阳道古玩地摊上看"宝"，勤看少动心，凭借你对已过眼的标准器的记忆，花小钱买小东西。这样，经过几次在专家督励下的实践，你也许就能获得一件或几件标准器。就一般收藏的历途而言，掏钱的胆量越来越大，品位越来越高，回首刚刚入道时的那些藏品——一堆破烂！但是，这绝对是一个成功收藏者必经的道路。

还有一条路径是到老字号的国营文物商店去买，并且开具发票。这样，虽然钱是多花了一点，但有品质保证。一旦经专家确认东西不到代，或是新仿，可以凭发票退货。我比较喜欢在地摊上花小钱，在文物店里花大钱，用小钱找乐，大钱收藏，其乐无穷。

唐代玉器无论是从数量上，还是从种类上，都不能比肩于前面的战国、汉代，也逊色于后来的宋、元、明、清诸朝代。就传世常见的玉件来看，分类相对简单，鉴定特征也较为朦胧。不少读者期待着有人能够撰写出有关的鉴定著作，期待着将鉴定要点讲得详而又详，不厌其烦。其实，这种期待无异于他人的越俎代庖，非但不能提升读者的鉴别能力，相反，正好为赝品的制造与畅销提供了必要的操作依据。因为赝品的买卖双方所依据的鉴定标准是同一个，就好像一个师傅教出来的两个同门师兄弟过招，谁赢？狡诈者赢！在"买的没有卖的精"这个亘古不变的市场定义下，收藏者一定是弱势群体，尽管造假者没有收藏者的那种文化与修养，甚至目不识丁。

前不久，我的一位玩古玉的朋友，向我展示了一件唐代玉佛，据说古玩店的店主要10,000元人民币，最后6,500元人民币成交。佛的玉质很白，佛双手合十，开脸大而精细，刀法基本上符合唐代的风格，佛的后背有明显的土沁，一条纵贯的通孔由顶而底，以供穿带之用。按说，如果是一尊唐代的玉佛真品，那简直就是捡着了一个"大漏"。但是，我告诉他，这绝对是一尊新仿品。这位老兄不信，又接连找了几个专家会诊，最后只得扔在抽屉里，伺机送人了。为什么一见面就能看出问题呢？我不是在背诵书上教给大家的鉴定要点，那几点凡是记性好的都会。我的分析是：

第一，至今未见有唐代玉佛出土的报告，说明唐代的佛像一般不会入土随葬。唐代是一个礼佛极盛的朝代，出于对佛的尊重，不可能将佛像随葬于墓中。而这件坐佛的身背后保存着明显的土蚀痕迹，这就明显地表述出其不和常规的身份。

第二，佛像背后的土沁颜色轻浮，边缘清晰，色块中没有深浅的变化。只要见过真的土沁，就会发现其中的异样。

第三，凡是熟悉唐代历史的人都知道，唐代的崇佛已经达到了中国历史的巅峰，在这样一个历史背景下，怎么会从佛顶向下打一个穿孔呢？这是极不符合时代规律的做法，即使现在常见的翡翠观音，穿孔也要放在背光之上。

第四，玉质特白，明显是俄罗斯玉中的普通玉料。俄料与和阗玉的区别在于前者惨白开张，质地干燥，后者白而温润内敛。这种对比的感觉，极难用语言来形容清楚，初学者识别的惟一方法，就是用标准的和阗料对比。

第五，此佛如果是一件真品，其要价大概也仅为真正市场价的1/20，更遑论又打了个6.5折。当然，我们不能用拍卖的成交价来衡量市场流通领域中的古玩交易价，但是，物值几何是一本人人清楚的明账，这种失衡的成交价，就决定了这尊玉佛绝不是唐代的作品。

我之所以详尽地讲述这个例子以及我的观点，是想告诉读者：

第一，在古玩的鉴定程序中，最好采用一点否决的做法，即只要发现一处可疑，就要迅速地退出交易，绝不能有一丝的侥幸心理。当然，继续观察其他特征还是必要的，这也是学习的一种过程。

第二，不要在一开始就抱着"捡漏"的心理进入市场，"利"可令"智昏"。就一般情况而言，仿品的价位要远低于真品的价位，基本上有利就卖，图个资金周转快。想买好东西，在现在这种价格透明的时代，硬碰硬地买，几乎没有什么便宜可占。那种100元买真齐白石作品的年代，永远没有了。令人垂涎往事可以一听、一叹息，千万不能对此有所希冀。

第三，凡是书上白纸黑字讲明白的鉴定原则，仿制者基本上都能注意到；相反，在一些"合理"的方面，制假者多始料不及，往往能裸露出供你挑剔的破绽。你对历史越熟悉，你的功外功就越强，这是一般制假者所无法与你抗衡的。陆游老先生不是曾经说"汝果欲学诗，工夫在诗外"吗？

唐 白玉瑞兽

我看，学诗如此，学习鉴定更需如此！

有的人学习鉴定，喜欢直来直去，最希望作者将一生的鉴定经验都变成一、二、三几点讲述出来，这些人也同样总以为读了几本书，会背了几条鉴定要点，家里存了若干本拍卖图录，就认为可以学成下山，闯荡江湖了。其实，赝品就是为这样的人准备的，完全不懂的人，看不明白，不敢买；真懂的人，看得明白，不买。这种似是而非的"准鉴定家"，才是上当的大户！初学鉴定，一定要像上小学、中学那样循序渐进，瓷、玉、杂、画都要涉足，不管你最后收藏的方向是什么，其基础一定要广而博。因为在学习鉴定的初级阶段，瓷、玉、杂、画彼此是独立的门类，进入中级阶段后，这四门功课就会逐渐融合，到了鉴定的高级阶段，就会相互补益，达到一种相对完整的境界。譬如我们讲唐代玉飞天，其造型的准确与否，我们远可以借鉴于敦煌壁画，近可以观察张大千先生的摹本，那种线条的流动的感觉，准能在玉飞天上有所共鸣。如果感觉不对，可能就要有问题。这就是感觉，一种任何关于鉴定的著述也讲不透的感觉。再如，唐代玉人物素有"唐大头"之说，究竟这种说法对不对，除了观察既有的唐代玉人物的标准器外，如果你研究一下唐代的陶俑、唐三彩以及唐代壁画中的人物，你就会逐渐形成属于你自己的判断，在没有充足证据证明你错之前，你就有了个人的鉴定选择，这些独到的判断感觉，就是书本上所列数的鉴定要点之外的工夫，而赝品的仿制者恰恰很难在这些地方下工夫，因为这是综合素质，不是简单的制作技能。

著名的书画鉴定家徐邦达先生看字画，传说只需打开半尺，即知真伪（当然，这只是鉴定一般的书画，诸如鉴定米襄阳《砚山铭》那样的重器，也绝非如此举重若轻），先生在这半尺里，看的是款识中所流露出的气格。对了，再往下看，不对，何必费力气打开再卷上？先生有关书画鉴定的论述很多，也很精道，但有关气格的文字语焉不详，非不为也，实不能也。要达到这种化境，除了鉴定的硬性标准以外，其他方面的修养是先生拔乎其萃的重要基础。

唐代玉器从制作渊源上看，是承接了汉代琢玉技术的工艺特征，这一点，可以从具有明确的发掘报告的出土器上得到印证。明确这一点是极为重要的，因为唐代玉器的一个比较显著的特征就是明显地受到了西域艺术的影响，第一次完成了本土艺术与西域艺术的对接与融合的过程，进而达到了A＋级的优优合璧，形成了我国艺术史上的一种独特的艺术景观。这

种对接与融合不仅反映在我们熟知的敦煌壁画上，同时，也凸显在玉器艺术品制作的造型风格上，又成为清代宫廷玉器"西番作"的先驱。

唐代，是中国中古史上政治文化艺术的鼎盛时期，最为突出的是丝绸之路的重新开启，为古老的中华本土艺术带来了新鲜的生命元素。这两种文化的不断融合，作用于绘画艺术，于是就有了壮观的敦煌壁画；作用于陶瓷艺术，就有了胡人骑驼唐三彩；而作用于琢玉艺术，就有了飞天的镂雕造型、胡人献宝的浮雕带板。欣赏、鉴定唐代古玉，充分了解这个大的历史背景是一个必不可少的前提。

我们关于玉的讲述可以向汉代推衍一下。汉代的琢玉造型艺术，是在战国细腻柔美的基础上丕变而来，由于琢玉的刀法更趋向于简洁而率猛，因此这一时期的玉造型艺术，也相应地具有内含的张力与动感，我们可以从传世的汉代玉器与汉砖上面得到验证。无可否认，汉代玉器的简约与率猛，是一种力图摆脱战国逐渐程式化、图案化乃至阴柔美化琢玉制作模式的结果，尽管作为葬玉的玉猪握、琀蝉上简率的"汉八刀"不免矫枉过正，但是，作为礼器的玉璜、玉璧，尤其是那种始见于汉代的出廓璧，其造型之优美、刀法之娴熟，完全是战国琢玉艺术巅峰的延续与发展。

在经过三国、两晋、南北朝共四百余年动乱低迷之后，琢玉艺术扶摇于强大的大唐帝国综合实力，鲸吸百川，得到了西域、波斯、天竺等远疆国家、地区艺术的滋养，第一次将绘画中的线条、雕塑中的造型诸元素与玉器的碾制有机地结合起来，加工与改造了玉雕艺术的外部造型，最后终于形成了继战国以后的又一个玉器创作高峰。

唐代玉器制作风格中的西域化成分，直接作用于几百年后的清中期，乾隆时候的所谓"西番作"、所谓"痕都斯坦玉"样式，就明显地与唐玉中的这一部分血脉相承。

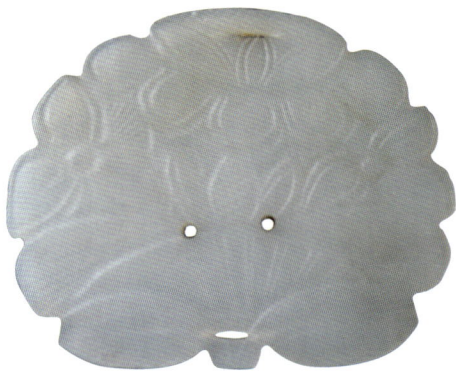

唐 玉步摇

【第二节 唐代玉器的传世状况】

在古玩界里都知道，唐玉存世量少，而能确认无疑的标准器更少，这就决定了在玉器鉴定这根链条中，唐代的鉴定基础相对的不确定性，究其原因，大概有下面这四个方面：

第一，唐代虽说由于重开丝绸之路，和阗美玉源源不断地贡入内地，但从已发表的考古发掘报告中可以分析到，唐代的玉材供需关系不平衡的现象仍然是生产与消费的主要矛盾所在，集中表现在墓中不时出土有前代的玉制品，譬如在唐永泰公主墓中，曾发掘出一件白玉卧蚕纹璜，仔细观察璜体卧蚕纹，显然是用汉代卧蚕纹玉璧改制而成。而滑石制品、汉白玉制品也为数不少，这说明在唐代的用玉仍然是一种比较奢侈的行为，远非一般人所能享受。玉的不普及，就决定了出土器少、传世品也少。我们无论是在拍卖会上，还是在古玩店里，很少见具有典型唐代风格的玉件。所以，一旦出现了典型唐代琢玉风格的玉件，就要格外小心，既不要失之交臂，也别上当受骗。

第二，在唐代，礼器的制作材料已经完全排除了用玉，代之以陶瓷。而原来具有礼器性质的玉造型，此时已经蜕变为一般的玉雕造型形式。譬如汉代以前的玉璧，那是礼天的重器，而在唐代，则已经蜕变成一种佩饰或把玩之物。1995年在陕西乾县南陵村唐僖宗靖陵中，就曾出土了一件琉璃质的龙凤璧，造型设计完全感觉不到具有任何礼器的特征。玉质器，一旦退出了宗祀与墓葬，那么，它的地下传承历史就会因此而断裂。任何一

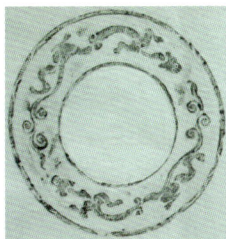

唐 玉璧拓片

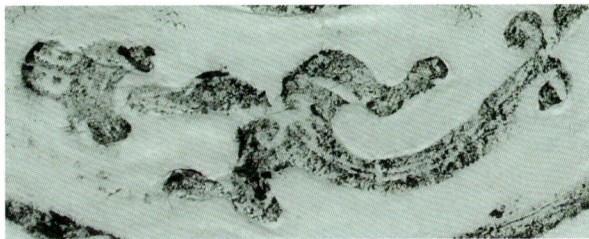

唐 玉璧拓片 局部

件器物向后代的传衍，都不会脱离两种传承的链条：一条是把玩者的手手相传。我们现在所能见到的元、明、清传世玉器，绝大多数就是利用这一链条流传至今的；另一条则是墓葬相传。我们今天之所以能有幸见到新石器时期的良渚文化、红山文化玉器，完全是借助墓葬这条链条传递。而唐代的玉器已然退出了祭天祀地的必然，也就不再成为墓葬的必需品。而在手手相传至今的可能性几乎等于零的传承链条断裂条件下，如果幻想着延续物质传递的成功，则只能期盼着偶然对历史的眷顾。

第三，由于清代乾隆的仿古行为，以及坊间在利益驱动下的不断仿制，使得本来不多的传世唐代玉器的可信度有了折扣，因此，唐代玉器在市场中鱼龙混杂，真假莫衷一是。同时最近五十年中，经过科学发掘的唐墓较少，而存有玉器的中、高级别墓葬更少，即使出土了具有明确时代参考的玉器，也为政府各部门收藏，不予示人。而未经科学发掘出土的唐代玉器，譬如上世纪中叶以前的出土品，虽为真器，但终因鉴定标准所赖以成立的环境的缺失，又很难得到肯定。

第四，唐代对玉的概念似乎比现在更宽泛一些，我们现在狭义的玉，实际上是专指来自于新疆的和阗玉，至于岫岩玉、独山玉、蓝田玉等，多视为杂玉，或玉石。唐代的玉概念，包括了水晶、玛瑙、岫岩玉、独山玉、蓝田玉，甚至石属的汉白玉雕件也跻身于玉的行列之中，真正符合我们今天关于"玉"概念的和阗玉，数量相对较少，各种不同质地的玉雕件同时混淆于一个时代，不可否认地干扰和影响了后世鉴定人员对于唐代玉器鉴定特征的归纳。

我们之所以较为详尽地讲述了唐代玉器在鉴定环节上的难点，是想告诉读者，在唐代玉器的鉴定标准方面，目前尚有许多的盲点，即使擅于鉴定唐玉的专家也在苦苦的探索之中。换言之，唐代玉器鉴定所具有的技术难度，绝对超过商、周与战国、汉代。所以，在遇到一块具有明显唐代风格古玉时，第一要向对唐代古玉有专门研究的专家请教，一般的玩玉通家不行；第二要有自己的判断，可能你与专家的距离并不遥远，所差的不过是一些诸如对刀法、风格、玉质等基本元素的判断，以及有关唐代玉器实物上见识的多寡，其实，有些不谙熟于唐代玉器的专家，所见到的唐代标准玉器也不一定很多，更多的判断还是要靠外围经验的推导。也正是缘于此，具有唐代玉器鉴定特征的新、老仿品也相对较少，唐代玉器领域也就相对比较干净。当然，这里仅仅是说关于唐代玉器的鉴定，至于其他时期的玉器的鉴定，譬如清代玉器，因为鉴定特征已经完全为专家所掌握，并且已有大量的著述与图录存在，所以在今天"道"、"魔"浴血较量的古玩界，真伪相差细微，亏盈一线，对于仅仅具有一般鉴别能力的收藏者来说，千万不能自以为是，这里的水深得吓人，稍有不慎，囊中的那点辛苦钱，就会毫无声息地沉入渊底。

唐 桃叶盘

【第三节 唐代玉器的鉴定特征】

我们上面用了大量的篇幅介绍与唐代玉器有关的问题,其目的就是要使读者能从传统鉴定老套路的外围,认识有关唐代玉器鉴定的一些方法。当然,这些方法看似与鉴定的关系不十分紧密,但确是排除仿品、赝品干扰的一种行之有效的途径。因为,这需要具备大量的功外之功,为一般制假者所力不能及。本来条条大道通罗马,而曲径通幽的林荫小道,可能倒是一条相对保险的捷径。

从传统鉴定特征归纳手段的传播上看,对唐代玉器鉴定与欣赏的介绍,其实是一件很难的事,其原因就在于鉴定标准的不确定。目前除了已公布的出土器外,我们很难令人信服地拿出开门的传世品作为例证,而寄希望于出版图录又是极不明智的昏招,其艰难程度可想而知。

唐代玉器什么时候开始为世人所重视,现在尚不得而知。五代之后的赵宋,是一个嗜古而且擅于仿古的时代,现在有许多形似三代的传世青铜器,就是那个朝代的仿古制品。但是,从对既有的宋代玉器的传世品来看,尚未发现有仿制具有唐代玉器特征的个案,也许赵宋一朝距李唐年代稍近,还没有总结出更为鲜明的时代特性;也许宋代的琢玉风格本身就包含着唐代,因为我现在的手头资料不充裕,所以本书暂不去理会。

明代的高濂曾在他的《遵生八笺·燕闲清赏笺》中,谈到了唐、宋玉器,他说:

> 自唐、宋以下,所制不一,如笛管、凤纹、乳络、龟、鱼、帐坠、哇哇、树、石、炉顶、帽顶、提携、袋挂、压口、方圆细花带板、灯板、人物、神像、炉、瓶、钩、钮、文具、器皿、杖头、杯、盂、扇坠、梳背、玉冠、簪、珥、绦环、刀靶(dà,刀把)、猿、马、牛、羊、犬、猫、花朵、种种玩物,碾法如刻,细入丝发,无隙败矩,工致极矣,尽矣。宋工制玉,发古之巧,形后之拙无奈。宋人焉不特制巧,其取用材料,亦多心思不及。

这一段话,至少向我们传递了这样几种信息:

1.总结了作者所生活的那个时代所能见到的,被认为具有唐宋琢玉风格特征的玉器种类。

2.将宋代制玉的特点提出,所讲"碾法如刻"、"细入丝发"、"无毫短末"、"极尽工致"等,基本上也是我们现在对宋代制玉的认识,而"唐"、"宋"混提,说明距唐朝相对较近的明代,在赝品干扰几乎等于零的情况下,对唐代玉器鉴定特征的认识尚且不足——唐朝玉器的稀少,可见一斑。

3. 宋代制玉, 既与前代古人（大概指汉代以前）有所不同, 又为后代之所不及, 这种看法是很中肯的。但问题是, 这里的所谓 "宋工" 是否包含有 "唐工", 既不能肯定, 也别忙于否定。

4. 明代的学者、收藏家已经开始重视并研究唐代玉器了。这说明唐代玉器至少在明代开始引人注目。那么, 对一些传世唐代玉器中的不开门货, 即使是仿品, 其仿制年代也应前提到明仿的上限。明仿、清仿、民国仿与新仿, 具有各自不同的市场交易价格和收藏价值, 作为收藏者, 明确这一点是十分重要的。

清代, 是玉制作与收藏的全盛时期, 尤其是清中期的乾隆朝, 创制、仿制玉器均称空前绝后。但是, 据说北京故宫里所藏唐代的玉器为数极少, 仿制品同样稀少。晚清大收藏家吴大澂的《古玉图考》和端方的《匋斋古玉图》, 是两部古玉研究的重要著作, 书中以线图勾描的方式, 展示了当时这两位大收藏家所藏、所见的古玉精品, 值得注意的是, 这其中几乎看不见基本上符合唐代玉器坚定标准的线图。这充分表明, 在中国收藏历史上, 唐代玉器始终没能形成一种广泛收藏的大环境, 仅从这一点上看, 唐代玉器（包括除新仿之外的各时代仿品）的市场空间较大。当然, 与之俱来的也还有较大的投资风险。

这里介绍唐代玉器的鉴定特征, 仅就普通器而言, 至于近年出土的有一些镶金奢华器具, 由于不是市场交易的常见品, 就不在论述范围之内。

一、带饰

在目前普通收藏者有可能接触到的唐代玉器中, 玉带饰是较为常见藏品。玉带饰的常见, 是因为在一条鞓上, 连缀着十几块相对独立的玉銙, 由于皮质或丝质的鞓是有机物, 所以在出土之时早已腐烂。作为玉质的鞓饰品銙与铊, 则散落在墓中。由于历史上所形成的收、售双方的利益习惯, 又将本来成组的玉带饰失群而售, 这大概就是唐代玉带饰较多而又难以成组的原因吧。有人说, 在这种现状下, 想凑成一套相对完整的唐代玉带饰很难很慢, 几乎不可能。其实不然, 我举一个例子: 清代的每一新科状元金榜题名后都有一个惯例, 就是要写一些扇面和书法中堂, 用来馈送朋友。这样, 于己节省了许多礼尚往来的成本, 于人徒增了风情雅致的意趣。上海的大收藏家吴湖帆先生为此用了二十余年的时间做清代状元扇面的专题

收藏，共蒐集了七十余柄状元扇，至"文革"而终。其中有许多扇面是先生用重金或古代名书画易得。清代状元的书法，就是放到现在也没有太高的交易价值，但是，这种收藏品位的自我陶冶与蒐集乐趣的始终相伴，绝不是交换互易后产生的价值高低所能代替的。因此说，对于唐代玉带饰的收藏与蒐集，读者不妨也作为一个专题进行。虽然凑成一套原组合的带饰有困难，但是将各种造型纹饰的玉带饰蒐集成为专题规模，既能增加无穷的收藏乐趣，又会在研究古代官职制度方面，增加一些实物考证。同时，由于唐代的玉带饰具有着丰富的艺术张力和民族学审美内涵，那么，玉带饰的收藏又可以永无止境地矆度这种内涵在中国乃至在世界艺术史上的位置。

在中国古代，官带是一种官阶品级的标志，有着严格的规定。我们讲的是唐代玉带饰，所以首先就涉及有关带饰的一些基本问题。在古代，一条完整的官带，应由四部分组成，即：

鞓（tīng），用皮或丝制成的官带。

带扣，官带最前端，具有连接作用的部分。

铊（chá），官带的尾端，又称"铊尾"。

銙（kuǎ），缝坠在官带上的玉制饰物，又称"带板"。

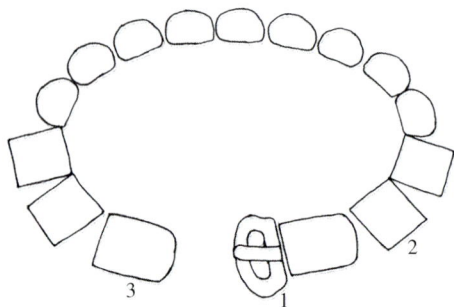

唐 玉带饰组图线图（1带扣 2带銙 3带铊）

1. 鞓

鞓，是一种用皮革或丝制成的带子，在经过千年的葬埋后，现在基本上已经不见踪影了，有些在发掘时，尚能见到一点粉末痕迹。因此，传世品中一般不见有这种带子出现，故不在我们的讨论范围之内。

2. 带扣

带扣是玉带组成中起连接作用的实用部分，固定在鞓的最前端，呈半环形。说得通俗一些，就是现在的皮带前边的那个金属带扣，形状、作用基本上相同，不过

唐　胡人纹玉铸1

唐　胡人纹玉铸2

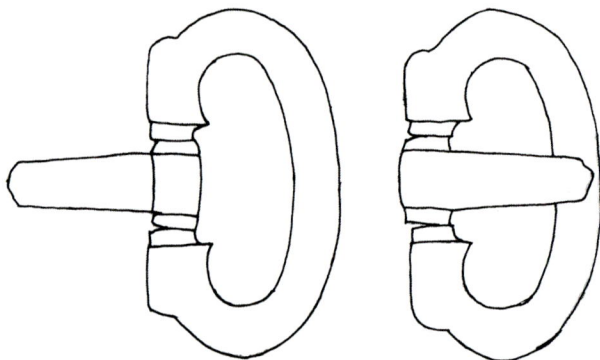

唐 带扣线图

质地是玉的。在传世的带饰中，带扣较为少见。考古发掘证明，有很多出土的官带本身就没有带扣，这就为我们的收藏提供了一个有意思的课题，要加强对唐代玉带扣的蒐寻力度，这是一种物稀为贵、人无我有的藏品。需要注意的是：

（1）带扣的玉质多是和阗玉，很少或不见有杂玉或其他石料。因为官带是唐代高级官僚的专用品，一般不可能用其他杂石或杂玉来代替。

（2）玉带扣起连接作用的玉质舌头应与带扣本身的玉质相同，包浆成色相同。要注意防止"插邦车"（即用几种不同器物的部件拼装成一件完整的器物）的蒙蔽。从市场交易价格与收藏价值上考虑，原装原套的带扣很难寻找，所以交易价位要高；"插邦车"是拼凑所成，应是原装原套带扣价值的1/10；而仅一件失群的带扣环，则只是一个标本的价格。

（3）用放大镜仔细观察穿孔的桯钻痕迹，古代没有高速旋转的钻头，因此，在孔壁留下的钻痕深浅、螺距是不规则的；新仿品用的是高速钻头，孔壁上留下的螺距相对规则，痕迹深浅变化不大。

（4）唐代玉器的表面抛光效果不是太好，一般达不到战国的打磨程度，也与明代的高光打磨效果有一定的差距。如果玉带扣表面抛光效果很好，就要引起注意。

（5）由于玉带扣是一种环状物，与玉质的舌头相互作用，底部又有连接孔，因此，要确认各处是否有裂璺。要知道，一条极其细微的裂璺，在空气、温度的作用下，有可能导致环状的断裂，这是无可挽救的致命伤。清人陈性在他著名的《玉纪》中写道："初出土之旧玉，质地未坚，倘有误碰损璺，只要不落，即挂在贴身，常时养之，日久自能合拢。"这种说法谬种误传至今。我也的确听过一些老年人讲述这种方法，如果轻信了这种说法，不重视对器物微小绺裂的检查，甚至有信心下工夫将裂璺盘好，你的损失将会很大。想一想，玉的裂璺是结构性的，用502黏合剂都不行，靠手盘身挂能成吗?

3. 铊

玉铊，又称"铊尾"，是官带的尾端，多呈长方形，直边处与铊连接，另一对边磨成半圆状，与现在的皮带尾端基本无异。由于玉铊是带子的长出部分垂在腰下，所以在一副官带中，铊最易受损。在对玉铊的收藏上，要有两个标准：

一是玉质的精美程度。在玉器的收藏圈里，有这样一句话，叫做："无绺不插花"，意思是一块质地上乘的没有瑕疵、没有绺裂的美玉，一般是不会动刀雕出纹饰的。这一点尤其是在清代的玉件中，表现得非常突出。即以白玉牌子来说，上等的玉牌子，就是白玉一块，既厚且大，没有任何雕工，却价值连城；那些东雕西镂的满工牌子，最多卖个工夫钱。好工易得，美玉难求，这是玉器与其他古玩的最大的不同之处。玉铊一般都是素器，这就将玉质的优劣凸显得明明白白。我的经验是，只要仔细地确认眼前的玉铊是一块真正的和阗美玉，就不会是后代的仿品。相反，就现在拍卖品与市场交易品来看，玉铊并不多见，可能是在市场认同唐玉带饰之前，射利的古玩商将一些完整而上好玉质的玉铊改作他用了。因此，收藏玉铊的关键点在于对玉质的确认。对于那些杂玉或石质

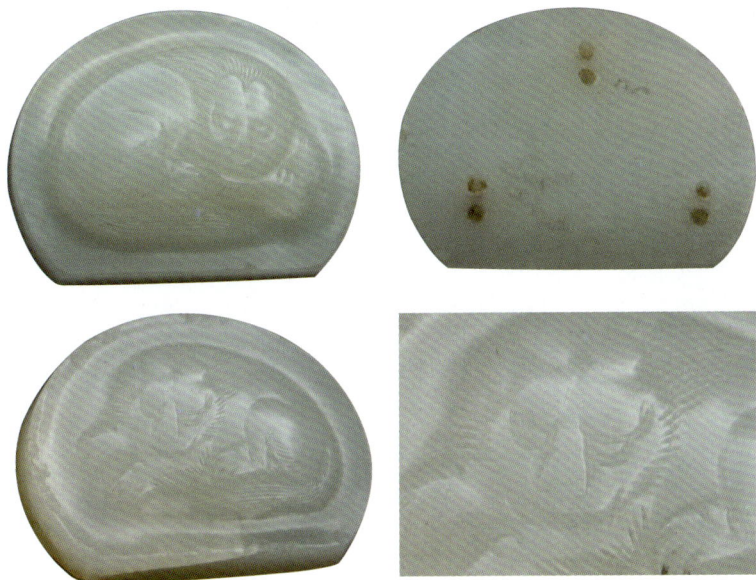

唐 玉铊及其局部

制成的玉铊，一般不予考虑。还是那句话，官带是官僚资格的象征，尽管晚唐时期对官带佩戴者的官阶要求不如早、中期严格，但仍然不是巷陌闾里的殉葬之物。我曾在北京的一位收藏者家里，看到一尊似鼎似簋的鎏金器，金光四射，看其形制与战国或汉代的器物特征相去不远。盖子上嵌有一南阳玉的雕钮，原装原套，没有二次配装的痕迹。先不说此簋的形制、鎏金的颜色、手头等鉴定元素对不对，仅那个南阳玉的玉钮就说明了这是一尊赝品！要说明的是，我的这位朋友是花了十余万块钱买的，学费交大了。

二是玉铊的完整程度。玉铊的位置处于整个官带的最末端，且呈下垂之势，所以是最容易受到损伤的地方，因此，对于一件玉铊的选择来说，在具有良好玉质的前提下，完整无缺、无裂无瑕是最重要的收藏标准。对于玉器而言，玉质的标准是首要的标准，且又是惟一的前提，因此，玉铊的完整程度就是入藏品质的标准。在如何对待玉件损伤的问题上，古玩界一般有这样一条通融，那就是可以原谅旧的不完整，不能容忍新的损坏。意思是说，对于一件传世古玉身上的一些微小的不完整处，如果是很早以前就有的旧伤，在不影响观赏的情况下，是可以容忍的，基本上不会影响其自身的价值。譬如前面例举的那件商代的玉鱼，是流传于民间收藏中极其少见的商代和阗白玉料，枣皮红色血沁，盘功绝佳，极为精美，是美国古玉大收藏家 Alan Hartman 先生的旧藏，仔细观察，鱼的尾部微有损伤，但是损伤部分的包浆与鱼身的包浆无异，说明这种损伤具有很长的历史，不会影响它的市场定位。相反，一件玉器在近期的某个环节中，因受让或保存不慎而出现了磕碰，其收藏价值与市场价格将会大打折扣。我存有一块春秋时的玉璧，大概是璧的边缘有损，于是有好事者将两侧对称地磨掉，本来一块圆形玉璧，现在变成了椭圆形，令人哭笑不

春秋 卧蚕纹玉璧

未改制

改制

得。我之所以入藏的原因，一是因为此璧是春秋时物，当时的入藏价格也很便宜；二是想在写书时援用此例，以儆效尤。

但是，也有化腐朽为神奇的经典作品：境外某拍卖行曾以高端价位落锤了一件清乾隆时期痕都斯坦式白玉叶形盘，很明显，这是由一件完整盘子的1/3改制而成，随形磨出折扇面一样的形状，很动人。

玉铊在玉带饰中使用的材料最大，位置最前端，因而受损的危险系数也最大。所以，在准备入藏前的验审阶段，一定要用放大镜地毯似地扫描一遍，用准确的完整状况讲价钱。

1988年在陕西咸阳曾出土一套完整的玉带饰，上面有一件玉铊，其角有一道通璺。当然，这毫不影响玉铊在考古学与古器物学方面的存在价值。但是，如果从收藏与市场交易的角度看来，就逊色多了，其交易价格将出现一个较大的折扣，这是很典型的例子。

唐 玉铊

4.銙

銙，又称"带板"，是缝坠在銙上的片状玉质装饰物，始见于李唐时代，一直延续到明朝，多有所见。銙是唐代官带饰的主要流传品。在一条官带上，有一只带扣、一具玉銙，却有若干块带板。佩戴者官阶的高低，一般表现在带板的数量之上。《新唐书·车服志》中明确规定了唐代各级官员着装的颜色以及佩銙的数量：

銙褶（dié，套在外面的夹衣，这里似指朝服）之制：五品以上，细绫及罗为之；六品以下，小绫为之；三品以上紫；五品以上绯；七品以上绿；九品以上碧。

其后，以紫为三品之服，金玉带，銙十三；绯为四品之服，金带，銙十一；浅绯为五品之服，金带，銙十；深绿为六品之服，浅绿为七品之服，皆银带，銙九；深青为八品之服，浅青为九品之

服，皆鍮(tōu，鍮石，一中黄色而有光泽的矿石)石带，銙八；黄为流外官及庶人（官阶较小的官吏）之服，铜铁带，銙七。

从上面的记述可见，唐代一副完整的官带，玉銙的数量多者13块，最少也要7块。从后世的收藏视角来看，这些为数相对较多的玉銙，由于收藏者入藏的资金实力所限，散佚在不同的收藏者手中，这就徒增了蒐集的难度，也平添了收藏的乐趣。

唐代玉銙的形状主要是长方形，也有圆形、正方形、半圆形、桃形等数种样式，常见的则是长方形与正方形两种。

唐代的玉銙具有下面几种造型特征：

（1）四周的围边微向内敛，呈底大上小的坡状；素面或线雕的则四边竖直，这与后来元、明所雕的玉銙有着明显的不同。

（2）浮雕面与边框同高，边沿内凹减地，与方形的盘子形状差不多。

（3）用料较厚，这是唐代玉銙的一大特点。我们可以与元、明时期的玉銙相对比，后者的用料明显地薄于唐代。

（4）通过图案所显示出的雕琢刀法基本上属于豪放、粗率一路，轮廓造型生动，类似国画中的半工半写的风格。在唐代的玉器纹饰中，玉銙最能反映出新疆与中亚造型美学对中原本土艺术的作用；而元、明玉銙的雕琢风格是在唐代风格的影响下建立的，设计展现更趋于工艺上的细腻与委婉，与唐代玉銙相比，纤细有余而浑放不足。尤其明代的带銙，与时代特征保持了高度的统一，很好辨认。

（5）玉銙上的纹饰主要是浮雕，少见镂雕。就一般传世品所见，举凡工艺细腻的镂雕玉銙，多出于辽、元、明三代。

（6）所雕图案以人物为多。人物约分两种，一是

唐 胡人献宝玉銙拓片

唐 胡人献宝玉銙

唐 胡人献宝玉銙局部

新疆或中亚地区的人物，开脸、服饰均与所雕人物生活地域相符合，常见图案有胡人舞蹈、胡人奏乐、胡人唱和、胡人献宝、胡人宴饮等。这种纹饰的玉銙基本上属于贡玉的一种，多为域外匠人琢制；二是具有中原风格的图案如飞天等。其他图案的种类相对简单，约有花叶纹、狮纹、龙纹、麒麟纹等，多具有中原雕工的味道。

（7）图案的雕制为一銙一图，彼此独立，没有连贯和明确的故事情节，也没有复杂的故事场面。

（8）带有镶嵌黄金珠宝花饰的玉銙，是将玉雕制成框状，框背平直，正面呈两面坡形，四角穿孔，以连接带有镶嵌内容的銙芯。这种不带銙芯的框，与现在的镜框差不多，古时称之为"玉梁"。

（9）真正具有玉銙本质特征的，是銙背面的四角上，一定要有象鼻穿孔，这是供连缀在鞓上的"扣眼"。而其他与玉銙相类的玉雕板式件，就不存在这种样式的"扣眼"。

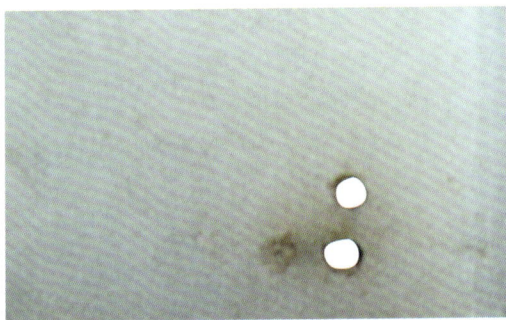

唐 玉銙背象鼻孔

其实，在收藏唐代玉器中，与玉銙谋面的机缘会比其他玉件要多，要想将玉銙的蒐集形成规模，事实上是一件很难的事。我常想，如果将玉銙进行分类蒐求，譬如按照胡人进宝、胡人宴饮、飞天、狮纹等细化了的内容分项腋集，当在某一两项有了一定规模的时候，你再通过综合的类比，总能够发现并玩味着同一题材的不同造型、不同玉质、不同沁色、不同完整程度等，给你带来的那种万花筒般的永无止境的快乐与心仪。同时，当你的美学视野得以扩大后，你会对与此有关的周边疆域的存在发生好奇与兴趣，譬如玉銙中的飞天与敦煌壁画中的飞天究竟在什么地方存在相同的艺术特征？唐代的狮纹饰究竟与元、明、清的狮纹有什么不同？其各自

唐 仙人横吹玉铃

的美学意义在什么地方？如此的收藏，你的兴趣将很自然地转变为探讨与责任，使你终生把玩不尽。这些内在潜力的开发，大概要远胜于买卖之间的差价为你带来的一时的快乐。

上面讲的是一种玩法，一种心态和一种境界，这些都需要一个前提作保证，那就是藏品的真、正。关于唐代玉铃真伪的鉴定要点，往往是读者亟须知道的重点。其实，当你了解了鉴定要点的同时，仿制者也就清楚了仿制的要点。因此，要想技高一筹，必须要具备前面所说的工外功，这才是刀枪不入的"金钟罩"。我在前面所说的那9种鉴定要点，可以断前，不能断后。也就是说，符合这些规律了，不一定全真，不能排除这里所讲的被摄利者借鉴于赝品之上；有一点不符合，大概就会不真。

在鉴定玉铃时，要注意下面7个方面：

1. 绝大部分以胡人为题材的玉铃，在人物的周围都有类似于飘带的线状纹饰飘动、缠绕，这种飘带状的纹饰出入于人物的头上腋下，也有呈自下向上兜出形状的。譬如1978年在西安东郊韩森寨唐墓出土的一块儿胡人抱琵琶玉铃，就是这么一种图案。其实，这种围绕人物的带饰纹，与主题基本上没有关系，只是能给画面增加了一种比较强烈的动感。鉴别真仿品时，构成飘带的线条力度与砣迹（凹下部分）是最为重要的依据。唐代的琢玉工具既不同于清代、民国，更有别于现代。工具的不同，最为直观的展示就是线条的特点。我们不能人云亦云地说古代线条如何挺拔，仿品线条如何柔弱无力，那种官话写文章没问题，但无益于客观上鉴定能力的增长。我们所要做的，只能是客观地通过对比，总结出在各历史时期琢玉工艺与工具的参与下，所琢出线条具有的鉴定特征。这才是真正而有效的鉴定方法，说不清楚，只能以标准器为依据，通过对比得到最初的感性认识。

唐 玉銙内外双向铲地

2.由于唐代玉銙是雕琢在一块玉板上,产生有边围的效果,所以,以凸起边围的内侧为基准线,内外双向铲地,从而造成一种减地凸雕的视觉效果。

3.图案的主要部分多采用隐起阳雕的刀法,突出了凸起部分的细部特征,强调了凸雕中线条存在的必要,这是贡玉与中原雕工的比较共同的特征。图案中的胡人多数是坐在地毯上,地毯与边框所构成的关系,是通过一面刀的撒地法来完成的,其特点就是形成了一面坡的剖面特征。玉器雕琢的刀法,越到后代,就越趋简单,到了明、清时期,刀法基本上非常单一了。

4.部分玉銙在凸起边围内侧的凹地上,刻有短而整齐的阴线,用来作为主题图案的围饰。这种短阴线长短微有不一,但基本上走向平行,仔细

唐 胡人献宝玉銙拓片局部

观察相邻的关系与局部整体的关系,会感觉到其独有的特点的存在,那就是手工琢出短线的效果,精整与潦草、专心与无奈、呆板与灵动、认真与敷衍,完全交融在这些时长时短的线之中。新工的仿品绝对没有这些复杂的感情存在,因为,唐代的这些简单、重复、机械的手工劳动,对雕工来说是一种日复一日的无奈与折磨;而新仿玉銙,大概在很短的时间内就会搞定。因此我以为,这些细小的地方才是识别真伪重要区域之所在。我

们前面讲的上海大收藏家吴湖帆先生，他在鉴定古代书画时，不像其他人那样，看纸、看印鉴、看装裱，他认为，这些都是明摆着的东西，仿者完全可以做到乱真，先生主张看细节，细节是仿者精力难以达到的地方，最容易露出马脚。唐代玉銙的短线就是区别手工与机器加工最鲜明的地方，要很好地加以注意。

5. 从出土的标准器上看，唐代用来制作玉銙的材料均为和阗玉，尽管有些墓主的官阶并不高，但随葬的玉銙在材质上绝不含糊，区别只是玉銙的块数不同。在这里特别说一下，唐代玉銙不见得都是白玉，有相当一部分是青白玉，或者是青玉，但玉质不差。而近年的仿品用玉基本上不会用贵重的和阗玉，而代之以南阳、岫岩杂玉，这种玉的成本很低，是仿制者无一例外选用的材料。因此，辨认唐代玉銙，仅从材料上大概就能辨出十之七八。这里所讲的仿品，不包括清代的仿古。清代仿古器的用玉也都是清一色的和阗玉，只是这一时期的作品不是用于交易摄利，所以在设计与雕制上，都会带有比较鲜明的时代特征。

6. 唐代的玉銙一般不会有玉皮留在銙的正背面，这是因为留皮在玉件上有两种可能：一是借助玉皮的颜色进行巧雕，如辽、金时期的秋山玉将玉皮的颜色巧雕为秋日枫树等，巧雕玉皮的作品在清代的山子里较为多见；二是借助于玉皮的保存，来说明玉料为和阗籽料，这种做法多出现在现代的新作之中。唐、宋玉件一般不会出现玉皮，即使偶尔出现，大概也是将就材料，但在官带这种官阶的标志性玉器中，是绝不会见到玉皮的。因此，见到留有玉皮的玉銙，即可断为新仿品。

7. 唐代玉銙一般常见的人物构图布局都很饱满，几乎不易看到稍大面积的地子，使整个作品显得十分有张力，而人物图案本身的线条设计又相对简单，头发、须、眉以及衣褶的表现线条却又相对简约，刀痕的疏处仅寥寥几刀，所具有的概括力，直追汉八刀的风格，而局部的密处，则有风雨不透的感觉。在以人物为主题的玉銙上，出现了两种鲜明的对比，即：主体结构上虚与实的对比与主题图案内部繁与简的对比。一块儿小小的玉銙，竟然包含了如此交错的对立矛盾，这就是唐代玉銙自身所具有的时代艺术风格，新仿品虽然表面上可以形似，但没有发自于内部的张力，虚实的内在关系表现不出来，给人的直接观感不是平淡无奇就是不协调。你会问，为什么真品与仿品相同的构图，感觉会相差如此之大呢？线条！我以为绝对是线条的不同，带来的质感的不同。你又会问，线条怎么不同？我又以为，现代仿品的线条是机械运动的结果，线条直，微观上看，仅有一个纵贯全程的大面；唐代玉銙的线条是手工运动的结果，线条不直，微观上看，由于一条直线是经过较长时间、多次衔接运动才能完成的结果，因此一条直线上隐藏着无数个细小的面。这两条直线宏观上没有区别，但在微观上的反光面的构成上，则大不相同，也就决定了新仿品与古代真品在线条制作上的根本不同。不少的有关著述都指责现代仿品的线条"软弱无力"，其实应该理解为由于古今工具不同而形成的两种表现特征。"绵弱"与"刚劲"对于一般收藏者来说，是一个很难掌握的非量化标准，在有经验的鉴定专家眼中，往往通过对线条质量的评估，看出真、仿品本质的不同，但是对于一般收藏者来说，这个质量评估的定位太游离，不宜采用。

唐代的官带饰在这里拉拉杂杂地讲了一些，不知读者是否注意到，我们在这里之所以始终避免直接讲鉴定的特征，那是因为直接讲出来的的鉴定特征其实对读者帮助并不大，相反，会为虎作伥地直接帮助仿制者，这些人手中的高仿品，在很大程度上是依靠讲鉴定特征的著述的帮助来完成的。这样的例子，在碑帖的鉴定中最为明显。鉴定碑帖的收藏价值，主要是看碑帖的捶拓年代，收藏讲究捶拓的年代要早，依据之一就是看拓片中某一个字的完整程度，刚出土时某字是完整的，后来逐渐出现了笔画渐进性的损坏，由一笔至多笔。于是笔画损坏的不同程度，就成了判断年代早晚的重要标志，圈内称之为"考"。譬如"张猛龙碑"初拓本称为"'冬温夏清'四字不损本"很珍贵，很少见，这四个字的完整程度就是鉴定年代的"考"。市场的需求与利益的拉动，使得从清代起，就有碑帖商人在捶拓较晚的"考"处填墨，使得字体的完整程度符合于市场的需求，冒充年代早的拓本，以摄利高价。这种以晚充早的事例，其实就是借助于专家对鉴定特征的归纳来完成的。至于鉴定碑拓的早晚，还有其他的依据，如对纸纹的认定、对墨色的认定、对字口锐、钝的认定等，对于这些非言语传授的鉴定因素，一般摄利者就无能为力了。如果再进一步，通过观察黑地白字的肥瘦间微小的变化以及由此反映出的精气神来判断拓本时代的早晚，那就真正是一名鉴定家的独造之事了，这就是鉴定的工外功。我更多地讲了工外功，讲意识中的感悟，这样的辩伪方法的介绍，可能间接了一点，但是最保险。我的一个朋友专门鉴定清代画家王原祁，当我向他约有关的书稿时，他拒绝了，他说这些心得一旦写出，马上就会被造假画的小人所利用。我想，如果多讲点关于王原祁鉴定的工外功，提高一下读者在这方面的修养，则更能收到事半功倍的成效。

二、人物

在讲述有关玉带饰的鉴定时，我们占用了大量的篇幅，详细地讨论了玉质唐官带饰的一些鉴定方法，在历代玉器的鉴定中，就鉴定特征的归纳而论，大概最简单、同时也是最复杂的，要数唐代玉器了。原因只有一

唐　白玉舞人佩

唐 胡人献宝

个，就是东西少！出土器、传世器都少。我查阅了我书架上的一部由故宫博物院汇编的《捐献铭记》，书中记载了半个世纪以来460件个人捐献的精品，就玉器而论，上至新石器时代的玉斧，下到清代的玉牌子，内容可谓丰富，但有关唐代的玉器，只有冀朝鼎先生的夫人罗静宜女士捐献的一件白玉环。在没有见到其他唐代白玉环标准器的情况下，我们只能借助于对这件玉环图片的研究来完成鉴定特征的归纳，这是一件极其间接、极其困难而又极其不准确的归纳。因此，上面讲述的一些唐代玉器具有共性地方，可以运用到其他唐代玉器的鉴定实践之中。

唐代玉器的鉴定，人物最难。其根本原因在于经科学发掘的出土器数量较少，而且都贮存于国家文物机构，一般鉴定研究者与收藏者很难零距离接触，遂使得具有标准器意义的出土品不能作为鉴定特征的实物支持，这直接导致了在收藏实践中对传世器在鉴定意义上的不信任；随之而来的则是各种有关玉器鉴定的书籍缺乏对于唐代玉质人物鉴定的明确指导、比较直观的特征叙述的或缺，这也是导致鉴定难度的重要原因。

唐代的玉人物，大概可分为两种：一是玉人物，二是玉飞天。也许是我的见闻不广，或曰孤陋寡闻，唐代的玉雕人物至今我没见到过出土的标准器件，在撰写这本书之前，我专门拜访了几位古玉研究专家和老资格的文物公司前辈，他们的回答几乎异口同声，以前（指上世纪80年代以前）能见到的所谓唐代玉人物雕件，多是些老假，那是指清代或民国时期的的仿古玉，刀工、沁色、造型，无不暗合于清代玉雕。这些东西的收藏，明眼人心照不宣地按照清仿古玉的价值庋藏与交易，只有似懂非懂的人，才会认定为是一件难得的唐玉。

在许多有关古玉鉴定的书中，对于唐代玉人物鉴定特征的归纳，一般只用一句话来概括，那就是"唐大头"，即唐代玉人物的头比较大。我的感觉是，在没有标准器证明的前提下，宁可否定这种特征归纳。因为，我们从能够见到的同时期的有关人物图案中，尚未发现有意夸张人物头部设计比例的的直观证据，同时，"唐大头"的这种鉴定归纳，在我读过的不少有关著作中，明显缺乏理论与实物的支持。我们不妨从下面这四个方面稍作深入的思考：

1. 从玉铛雕琢出人物的结构上看，人物的头并不大。我们知道，唐代玉铛的图案主要是以人物题材为主，多由新疆或域外的中亚地区进贡而来，虽说如此，但是对人物的形体比例应与中原保持一定的适读关系。目前我们尚未发现具有"唐大头"比例关系的玉铛人物图案。

2. 唐代玉器中的玉飞天，我们姑且把这玉飞天也看作是唐代玉雕人物，其头部的比例不仅不大，甚至觉得有稍微小一点的感觉。试想，一个轻盈飘逸、婀娜翩跹的飞天，却长着一颗大脑袋，那还怎么轻盈、怎么翩跹呢？唐代玉飞天也不见大头出现。

3. 敦煌壁画是一种唐代画工留下来的真实作品，未经过市场流动的污染，可以认做唐代人物画的标准样本。仔细观察唐代的这些人物画作，当然，也可以通过张大千先生的敦煌临本间接体认，从人物的形体比例上看，其头部肥而不大，也不存在"唐大头"的样式。

4. 从陕西唐墓出土的壁画上看，至少那时在人物的绘画上，头部的大小还算是正常，譬如西安东郊苏思勖（xù）墓出土壁画《侍女图》、陕西富平县李凤墓出土壁画《男妆侍女图》，男女妆侍女各一，不见头部的比例夸大。就是与《男妆侍女图》同墓出土的《侏儒图》，其头与身的比例也未见夸张。

如果承认上述四点的存在，那么，"唐大头"之说当属空穴来风。如果将"大头"的概念引进唐代玉人物的鉴定之中，那就惨了，唐代之所以不见符合这种鉴定特征的玉人物，是因为存在着根本上的失误——鉴定特征错了！如果我们再将探寻的眼光向宋代的人物领域搜索，就会发现，一些被认定为宋代的玉雕人物，反而长着一颗大脑袋。大脑袋究竟是唐代还是宋代？还是唐、宋两代都有这种设计样式？这虽然不是本书所要解决的问题，但是我以为，所谓"唐大头"之说，大概是清代（或近代）鉴定者在唐代人物标准器缺失的情况下，借用了唐代随葬俑的比例特点臆度出来的。

唐代的随葬俑，主要是以涂彩的陶俑和挂低温釉的三彩俑为常见，这些侍俑的形体比例与上述壁画没有大的区别，头也不大，只是由于两个原因，使头部视觉发生了一些异样：

一是侍女的发髻与脸同样丰满，由于发髻的作用，显得头部比例变大了一些。

二是唐人塑造尚肥，有肉无骨，故而显得身体窈窕而头部微大。有趣的是，唐三彩中的动物如马、骆驼，乃至一些陶制仿生器，都是小头而肥身，见肉不见骨。

唐代诗人杜甫在《丹青引赠曹将军霸》诗中有这样几句：

> 弟子韩幹早入室，
> 亦能画马穷殊相。
> 幹惟画肉不画骨，
> 忍使骅骝气凋丧。

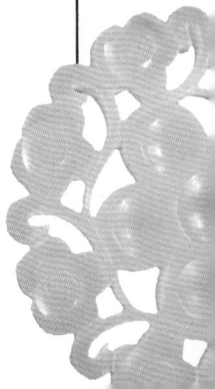

　　岂止是唐代的韩幹"画肉不画骨"，再看看与唐代相距较近的北宋大画家李龙眠，比较可靠的传世神骏是用白描手法绘制的《五马图》，图中的马竟与韩幹的《照夜白》肥瘦差不多！这说明，唐、宋时期的艺术审美，大概多是如此。

　　因此我认为，唐代玉质人物的头部比例基本上是正常的，这种认识基于下面几个事实：

　　第一，包括北京故宫在内的玉质人物的头部比例确实比较大，但那是传世品，缺乏标准器的说服力。在鉴定标准器的确立方面，还是以经过科学发掘的出土器为准。所以，无论是各博物馆已发表的馆藏器，还是拍卖图录，都不能作为鉴定标准与依据。

　　第二，我们从出土器的玉质人物的头部构成比例上看，"唐大头"的说法很难确信，譬如我们观察一下1976年出土于江苏省无锡扬名乡的那件唐代仙鹿纹佩饰，佩

唐 仙鹿纹佩线图　　　　唐 陶女侍佣线图

饰上的仙人衣结宽大而松散，头与身的基本比例正常，不见有夸张的设计痕迹。除了取证于唐代出土的玉质人物外，我们还可以通过对出土唐代陶俑的塑形比例分析，得到基本同样的结论，陶俑的身体高大而肥胖，下腹丰满，如果减小头部比例，将是极其难看的"△"形造型。所以，上面所绘的唐代陶女侍佣线图所表现的人体头部比例基本正常，只是由于发髻高缩，给读者形成了一种视觉差罢了。

　　第三，我们还可以从出土的唐代壁画上，来观察唐代人物设计的结构比例。下面的三幅唐代出土壁画的线图，分别是出土于山西省长安县执失奉节墓的《舞女图》、西安东郊苏思勖墓的《仕女图》和陕西乾县李贤墓的《侏儒图》。这三幅壁画

唐 舞女线图   唐 仕女线图   唐 侏儒线图

可以准确地代表了唐代工艺设计中对人体美学的认同标准,《舞女图》与《仕女图》分别代表了两种人体形态设计上的美学认同,前者造型的浪漫明显从汉代而来,而后者则更多地带有现实对美的认可程度,如果排除了蓬松造型的发髻对视线的干扰作用,我们很难据此认定加大头部比例是唐代对人体设计惟一取向这样一个事实。至于《侏儒图》所表现出的人体比例,也不见头部存在着明显的夸张因素。虽然我们上面所征引的都是唐代玉器人物以外的艺术造型,由于一个时代的美学标准对于这个时代中产生的不同作品,应该具有同样的约束能力,所以至少可以这样认为,唐代玉器对人体比例的塑造不可能出现与绘画、雕塑有明显隔膜的设计造型。当然,也不能排除一些另类造型的作品传世。

与之相反的是,唐代的动物设计,基本上都是小头而肥身,这里将唐代陕西乾县李贤墓出土的壁画《胡装骑马图》中的马制成线图,可见马的

唐 胡装骑马线图   唐 长沙窑鸟形埙

头部比例明显偏小；现藏于辽宁博物馆的《虢国夫人游春图》中的马匹也显现出基本相似的比例尺寸。上面的那件唐代长沙窑鸟形陶埙，是我得自于湖南长沙的出土器，鸟的身体肥大滚圆，而头则与身体不成比例。我觉得这同样是一种浪漫的设计过程，正反映了唐代"画肉不画骨"的时代美学特点。

目前所见到的唐代玉质人物很少，这很不正常，极有可能在传世的宋代玉质人物中，混杂有唐代的作品。下面的唐代玉人线图是一件藏于北京故宫博物院的传世品，图上的黑斑是原件上的沁色，仔细观察，与清代的老提油伪沁差不多，刀工也与唐代的风格不太相同，所以我以为这件藏品未必是唐代的传器。但的确头部设计比较夸张，一副标准的"唐大头"模样。如果比之于上面的唐代壁画人物，或出土器仙鹿纹佩，就会感到有着明显的造型上的隔膜，绝对不像是同一时代的作品；如果再与下面的这件宋代的玉人物相对比，反而感觉无论是头部比例，还是神态造型，都好像血缘

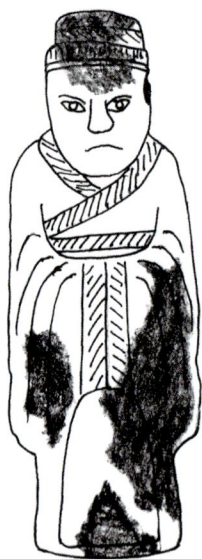  

唐 玉人线图　　　　宋 玉人线图　　　　宋 白玉童子坠

关系更近一些，甚至很难明确地加以区分。所以对于旧有的"唐大头"标准，我感觉不应予以征信，至少在实际操作中，不要受到干扰。

鉴于上面的这些文字分析，我总觉得唐代不可能没有玉雕人物存在，如果这个从新石器时期就开始以薪火传灯模式维系的链条，走到唐代时莫名其妙地断了，那么，300年后的赵宋工匠，又根据什么鬼使神差地"书接上回"呢？因此我说，大

概唐代玉雕人物的鉴定特征不明显,易与宋代的玉雕人物相混淆,而后代鉴定唐、宋的依据均不充分,断代靠下线。所以,穷唐富宋这样的既有历史格局的出现,说来也就不奇怪了。

经过了这样的分析,无非是告诉读者,在收藏与交易具有唐、宋鉴定特点的玉雕人物时,应该注意下面几点:

1. 对于一件具有唐、宋鉴定特征的玉雕人物,不要过分执著于是唐是宋,但必须符合或唐或宋的特征。只要东西是那个时代的,都是把玩、收藏的上乘之品。

2. 在当前的古玩交易场所,尤其是在那种露天的旧物集散市场上,号称唐代玉雕人物的雕件并不少见,有的要价也不高,雕琢的样式乃至沁色土隔,多数都有一眼。在君临这种场面时,要尽量地多看、多问、多记而少动凡心。你不要指望着在这种场合能凭借自己的眼力捡漏,买一件唐代玉雕件,绝不要! 但是,如果遇到雕工真好、玉质也好(这一点基本上不可能,赝品的一个重要特征是不用好玉)的新仿品小东西,花不多的钱买一件玩玩,也是一种乐趣。即使这样,也要明确地知道你究竟买回来了什么,是雕工,是玉质,还是神似。

3. 有的时候在古玩店,店主将玉件摆在你的面前,告诉你这是一件唐代的玉人物雕件。其实,也有可能是一件清仿品。这不是店主在有意地骗你,而是他也搞不清清仿品与唐代原作品的区别。就目前市场的交易而论,清仿品的交易价可能要高于唐代真品。那么怎么看是清仿还是新仿呢? 我的经验是首先看玉质,清仿的玉质一定要比新仿的好,尽管仿品不用好玉,但是,清代的那叫"仿古",意在追摹古制,玉质、刀功都不会太差。你看清中期的一些仿古玉器,已臻空前绝后的化境,无与伦比。新仿品又叫"赝品",是以追逐利益为终极目的,所以刀工、玉质乃至形制,完全垃圾。两两相比,即可看出优劣。

4. 宋代的玉人物因为有可能含有唐代人物在内,所以,无论是在投资方面的蓄势待动,还是在庋藏方面的人无我有,抑或是在探求未知方面的研究品味,都存有很大的空间。如果能够广泛地利用相邻艺术的知识构成,攻玉错玉,一块似唐似宋的小小玉人物雕件,可能就是一眼取之不尽的乐趣源泉。

三、飞天

在唐代的传世玉器中,飞天是一种常见的唐代典型器形,虽然其后的

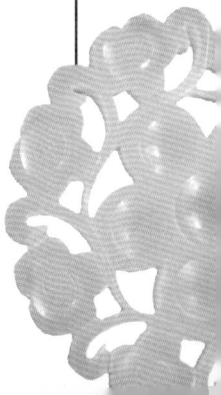

宋、元、明、清各代都不乏作品传世，但是，唐代的飞天仍然是这一时代的收藏重器，市场交易价位的走向往往是唐代玉器交易沉浮的晴雨表，受到了广大古玉收藏者的关注。

飞天是一种来自于印度的艺术造型，尽管大概含有某种佛教的寓意，但是作为收藏与欣赏，更多的阅读兴趣来自于其婀娜缥缈的造型。据说早期的飞天是一种男性形象，由于不断地受到社会的美化，在造型设计中被赋予了人们太多的美学寄托与溢美的理想，所以逐渐地演变成一位身卧祥云的仙女。尽管这种演变的历程我们

唐 白玉飞天

尚不清楚，但是，作为玉制品的塑造设计，应始见于唐代。这就是说，玉飞天的鉴定特征不能早于唐代，这是收藏唐代飞天造型的最早时间上限。从唐代开始直到民国时期，都有玉飞天作品传世，作为一种玉制作的设计，这些飞天无不带有制作时代对美的理解与工艺痕迹，所以，鉴别一件飞天的真伪比较容易，而对之实施正确的时代判断则比较困难，需要有对唐代以降各时代玉器综合了解这样一种基本功作为支持。

唐代的玉飞天到目前为止，出土品极其稀少，甚至等于零。所以我们所说的一切鉴定标准，其实都是来自于对传世品所表现出的特征的归纳，而所能形成权威特征的飞天，也只能是包括故宫等国家博物机关在内的藏品，一切鉴定特征都是围绕着这些藏品归纳撰写的。当然，承认了这些既有的鉴定特征对于一般读者来说，无疑是一件快捷方便的好事，但是，如果仔细向纵深处多想一下，可能就不会那么简

单了。我们先说关于唐代玉飞天的鉴定特征，再进行一点有意思的探讨。

唐代玉飞天的鉴定特征有下面七个方面：

1. 唐代飞天有下面三种发型：

（1）发髻高耸，盘在头顶之上，好像传说中的云中仙女（以下面的唐代飞天为比较典型）。

唐 白玉飞天

（2）有发无髻，呈短披发的样子（线图1为故宫藏品）。

上面的这两种飞天都是具有明显女性身姿的圆雕。

唐 飞天线图1

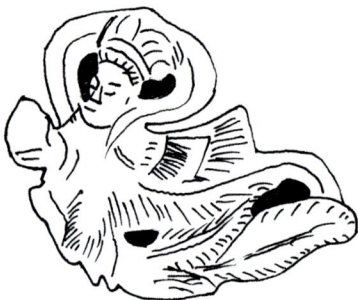

唐 飞天线图 2

辽 飞天线图 3

（3）片状线雕飞天（线图 2），拢发后披，好像峨冠一样，开脸尚带有男性的特征。这件具有男性特征的飞天比较少见，身上密刻羽毛细阴纹，鸟翼羽冠，既不雄健，又不婀娜，大约是飞天的原始造型，时代应该在女性化造型之前。

在收藏实践中，这种线图 2 造型的飞天很可能不会受到一般收藏者注意，因为人们的搜藏焦点往往更容易集中在比较典型的女性化造型的作品之上，所以即使是早期的飞天，仍有邂逅的可能性存在。

2. 唐代飞天基本上都是裸露着上身，呈侧卧状。比较值得注意的是，唐代飞天虽说具有明显的女性化造型，但是胸部不施突出的刻画，既没有男性隆起的肌肉，也没有女性丰满的双乳。这种设计明显采取了折中的办法，将飞天塑造成神与人之间的一条理想化的美的通道。

3. 唐代玉飞天精品给读者带来的最直观的感受就是身体的弯度曲线恰到好处。这种感受只有在对比中才能感觉出差别所在。我曾经将几件被确认为是唐代真品的玉飞天同时对比，发现那种差别仅在一线之中，有的则略显僵直，有的似无骨而媚，所品味到的感觉有一些不同。但是对身体的总体塑造还是存在一些比较明显的时代的特征的，譬如飞天一般呈侧身或半侧身的姿态，而内蒙古翁牛特旗出土辽代玉飞天（线图 3）所展现的基本上是俯身姿态，这种体位上的变化，也是对既有飞天断代的重要依据。

4. 唐代对飞天的装饰是很具匠心的，因为属于初创造型阶段，而将作品构成中的主次关系搭配得如此合理而成熟，由此足以使我们旁窥唐代其他玉雕造型中所表现出的艺术因素。先看衣带。唐代飞天的衣带飘而长，多从身后出，简洁而舒畅，既不会对飞天的主体构成妨碍，又不会转移读者的有效视线。再看身下祥云。卧状身下多饰以三歧祥云纹衬托，顶端凸

唐 飞天云纹

辽 飞天云纹

宋 飞天云纹

起为花蕊，并向两侧分卷，凸起的花蕊上有短刻阴线作为蕊芯，形状呈扇面形。这就是唐代特有的三歧云图案。至于片状玉飞天，由于具有比较鲜明的男性化特征，所以，身下用短阴线刻出羽纹，这种造型结构，浪漫的情调少了一些，但比较接近于原始的造型初衷。

5. 唐代玉飞天在目前缺少出土器作为样式标准的情况下，应参考与之相邻的艺术门类，譬如参考唐代的壁画、雕塑原作或后代大师们的临摹作品，这些都会有助于对唐代飞天的造型以及所表现出的造型气质的理解。

6. 由于飞天是一种带有宗教题材的作品，所以从现有的唐代传世品直到民国的作品（包括清中期的仿古，但不包括赝品），用料基本上都是比较好的和阗玉。很少用杂玉。上面线图3的那件飞天出土于内蒙古翁牛特旗，属于古代岫岩玉使用最为集中的地域，目前尚不清楚所用玉质是否为和阗玉，即使是岫岩玉，大概也是上等的玉料。清代的一些仿古，为了追求唐代的味道，往往用各种手法制成沁色或玉皮，所用玉料仍然是和阗玉。自上世纪90年代以后，极端低劣的赝品横溢，假飞天也时有所见，这些赝品的一个共同的特点就是不用和阗玉，纯属垃圾，完全没有入藏价值。至于有些精仿品，玉质是和阗山料，如果价位适当，倒是可以买下，以供平时的把玩。所以，一旦见到玉质不好的飞天，就一定要多加注意。

7. 唐代玉飞天的形体多小巧，一般长度为3厘米~5厘米，而稍大的飞天，一般多归在宋代之中。

上面讲的是一些简单的有关唐代飞天的常识。只要多看多观察，就能形成一种意识，自然对断代鉴定有所帮助。

　　这里有一个比较有意思的思考，那就是唐代玉飞天究竟是通过一种什么样的传递通道，将这种易耗的玉制品传递到现代的。这个问题虽说与鉴定稍微远了一点，但是作为收藏，只有在这样不停的思考中，才能提升藏品的存在价值。

　　古代的任何一件器物的流传，都是沿着两个通道中的一种来完成的，一个是地下掩埋，另一个是授受相传。明代及其以后时代的器物基本上是通过这两条通道传递至今的；而宋代以前的器物（这里不包括书画与书籍等纸载体），只有地下掩埋这样一条传递道路，基本上不存在代代授受相传的可能。譬如说宋代及其以前的瓷器，一定是入过土的，只不过出土的时间早晚而已。飞天是一种神的化身，而神像的庄严决定了其不能随葬埋入土里的特性。我们现在看到的考古报告，大概很少见有神佛像出土的先例（当然，这里仅指将玉佛随葬而言，至于因其他原因使佛埋于地下，就如同元代的脱脱曾在和阗境内的枯井里，挖出唐代的玉佛之事，则当别论）。那么，现在看到的玉飞天，既然不是出土品，就一定是靠授受相传的链条从唐代传递至今。这怎么可能呢？经过天灾人祸以及自然损耗，如果将流传比例定在千分之一的比率上，那么，李唐时代这三四百年究竟得雕有多少玉飞天呀？正如上面所讲，瓷器这样的易损品，绝无地上流传至今的可能。

　　那么玉器要比瓷器结实吗？我在这里将这个问题提出来有两个意思，一是可以引发收藏者的深层次的思考；同时还想告诉读者在实际收藏中，如果你以一件经专家认定了的唐飞天作为标准器，再去以此对比10件，鉴定特征很可能一样，但内在的味道与细微处的表现可能会大相径庭。所以我说，即使是在都认为唐代玉飞天不存在鉴定标准问题的今天，我想也还是有问题的。我的观点是，对于基本上符合唐代标准的玉件，只要能分析出的鉴定因素不低于宋代，就可以认定为"唐、宋时物"，不必勉强一定要辨识出是唐是宋。因为，在宋代的玉件中，一定包含着唐代，也就包括唐代的玉飞天。

四、动物

　　唐代的动物以圆雕为常见，出土品与传世品均有。由于所见的玉雕动物多数表现出较为强烈的写实性，而且很少或根本不掺杂具有夸张色彩的表现成分，因此，不少人认为唐代的仿生玉器具有世俗化的倾向。对于这一点，我的看法是，这种所谓的"世俗化倾向"的出现，正是玉文化从上层社会的专有转向平民市场的征兆。

　　我们先抛开唐代玉雕，用常见的铜镜为例，说明这一转向作用在器物上的表现形式。我们知道，唐代的铜镜是一种贵族的奢侈生活用品，海兽葡萄镜、螺钿镜、金银平脱镜等，正是那些鬼斧神工的精彩处，显示出来的却是一种与平民相绝缘的壁垒界限。而到了不久的宋代，这种豪华的铜镜少了，一种带有制造商字号的商标镜悄然而兴。这种具有商业行为特征的铜镜,有精工细作的,也有素面无纹的。铜镜在赵宋时期,开始了市场化的进程。

回头再看唐代的玉雕动物,再也不见了前代历史中的那种奢华与威严,逐渐转入寻常百姓的手中,成为把玩乃至殉葬的小玩意儿。你看,在具有明确出土发掘报告的记录中显示,有的唐墓中出土了一些用滑石雕成的动物,其雕法、造型乃至神态,完全与玉相同,为什么用石不用玉?答案只有一个,那就是"市场"。殉葬品看家当,富人用玉,而且是好玉;穷人用石、用次玉,一直到今天,这个道理依然相同。

唐代玉雕动物的鉴定,我以为应从两个大方面入手。

一是从形体构造的细节特征上鉴定。与其他唐代的玉器一样,动物雕件不可避免地保存着唐代雕琢的工艺特征:

1. 大量使用阴线的表现方法,多见于对动物羽毛的细部刻画,阴线长短有序排列,刀口粗细结合,虽繁密却不乱,很少有刀痕相堆积、相黏连的地方。

2. 注重对动物外观美的塑造,有肉无骨的特点仍然得以凸显。

3. 所琢动物基本上都是卧姿,少见有其他的姿态。

唐 胡人骑骆驼

4.唐代的动物形象造型比较丰富，一般面部的刻画都具有大眼、阔口、高鼻、挺胸等特点。这一时期的动物形体塑造，从宏观上看，最重要的是给人一种异乎于其他时代玉雕的那种流水般动感；而从局部上看，刀锋犀利，深入浅出，不斤斤于细部的雕琢，比较完美地做到了"粗不离形，细不离神"高工艺标准。在这种社会审美视野的注视下，有些动物的重要部位开始了变形化处理，譬如有些鸟的颈部被拉得很长，尾部对应地高出，多使用宽窄有序的阳起线，使双翼呈旋转上升的团状卷起。

5.注重动物形体外观上所显示出的线条，具有优美的曲线。曲线弯曲与流动的设计与计算，都处于恰到好处的临界，可以说，后代的仿品经与真品相比较后，相形见绌的差距不辨自明。

6.唐代玉件一定是入土器，只不过出土的时间早晚，盘磨的时间长短，形成了生坑、熟坑的不同性状。但有一点，唐代的用玉基本上是新疆的和阗玉，和阗玉的玉质缜密，唐代入土至今，一般不会出现各种高古玉才有的沁色。相反，清代的一些仿唐玉器往往做沁，以趋尚古。至于对近年来假唐玉的辨认，则主要从所用玉的材质上加以分析。

7.在动物的光素无纹处，可见打磨的处理技术。唐代玉器的磨光既没有如战国的那种玻璃光泽，也没有明代的那种亮光，而是打磨出一种哑光。这种光泽，并不能将玉质的温润完全表现出来，与清中期的那种蜡光不能同日而语。也就是说，唐代的磨光技术并不出类拔萃，有些仿品在此环节上容易过头。

战国 玻璃光泽　　　　唐 哑光泽　　　　清中期 蜡样光泽

二是从动物所表现出的神态上鉴定。唐代的玉雕动物在神态上有一个共同的特点，那就是温顺、绵弱，毫无攻击力。我们从瓷器上同样可以印证这一点：唐三彩中的马，肥得只剩下一堆马肉了，就是那著名的"昭陵六骏"浮雕，天啊，一箭绝对射不到骨头，怪不得快射成刺猬了，还能跑呢！有一幅唐代胡人骑马线图真实地折射了唐代人对动物的一种审美认识，坐骑虽处于奔跑状态，动感表现强烈，但是有肉无骨的确是唐代所具有的比较典型的造型。再看那些男性随葬俑，个个都胖乎

唐 汉白玉狮镇

乎地笑面人生，换身衣服就是高力士。即使是随葬的天王俑，也只能吓唬小孩。这些来自于绘画的、瓷器的、石雕的造型，与玉雕动物的时代特征是一致的。有的学者用唐代的玉雕动物与汉代的动物相比，我觉得没有必要。因为汉代的玉制作与唐代的玉制作完全不同，没有可比性。相反，同一朝代的不同时期，其比较的实际意义似乎更大一些。仍以瓷器来做例子，同样是龙纹，清早、中期的龙纹常显示出孔武有力的气魄，而到国运衰微的同、光时段，龙则龙矣，但是不能倒海翻江卷巨澜，简直就是一条俎上肉棍。李唐王朝约四百年，前期大概与南北朝的风格相接近，而后期则又易与五代混淆，这种辨识的工作是要靠大量的出土实物做对比，才能归纳出鉴定的基本点。我本人做不了这种工作，因为我没有办法组织到这样大批的出土实物。

唐代玉雕动物的传世品较为常见，在古玩店里有时会碰到。除非店主是专门搞玉器的专家，一般多是含糊收、含糊买，稀里糊涂地见利就出手，说唐未必真是唐，说清未必真是清，还要看买者的眼睛。古玩店里，有时反而有"漏"可捡。记得上世纪90年代末，我陪同上海著名书画篆刻家韩天衡先生到天津的古玩店里闲逛，就花了很少的一点钱，买了一方带有原配紫檀盒（盒有残）的清代端砚。这需要有火中取栗的真能耐才成。

我们前面说了，唐玉一定是出土器，所以，刚出土或出土不久，往往在玉的表面上有一层灰皮，这是一种自然生成的保护层，在灰皮的下面，才是玉的庐山真面。灰皮往往会蒙蔽买卖双方，店主尚可开一点天窗窥视，而买主则不可能对玉件有丝毫的破坏行为。因此，对这样的玉件，只能凭借观察从造型方面给我们传递出来的一些信息，来判断是否为唐代玉件。当然，对于这种不确定藏品，买卖双方都含糊，赌的是眼力，比的是定力，而财力在这时反倒不重要了。

唐 玉龙形佩

五、饰品

这里的所谓"饰品"在有的书中分为两种,一种是头饰——用来美化发髻的玉饰品,包括玉梳、发钗、发笄(jī,别头发的发簪)、步摇等;另一种是佩饰,佩戴在身上的玉饰品。我觉得,如果作为一种研究性的著作,这样的详细分类是必要的;而从本书的写作功能与阅读范围来看,这样的分类似乎过于学术化。因此,笼而统之大概是最好的办法。

在唐代玉质饰品中,我们要涉及的是两种比较常见的器种,一是玉梳背,二是玉佩饰。

1. 玉梳背

玉梳背,就是用玉制作的一种头饰件,大概应由梳齿与梳背两部分拼装成套。梳齿是用来固定在发髻上的连接件,上面可以安装上不同图案的梳背。1958年在西安南郊的唐墓里,曾经出土一件白玉梳背,底部直边平齐而薄,呈榫状,似可安装在梳齿上。从出土品与传世品的精美程度上看,玉梳背应是唐代女子发髻上的一种华贵的装饰品,而不是用玉制成的梳头工具。玉梳背的收藏价值,主要表现在梳背的线雕与浅浮雕那柔美的线造型上。我们可以从下面几个方面来认识玉梳背:

(1)玉梳背的总体形状与旧时的木头梳子基本上相同,呈长方形,一条长边呈梯形抹圆,另一条长边平直且薄,呈榫状,便于安插在梳齿上。需要注意的是,梳背是一种极薄的玉片,大概厚度不超过0.1厘米~0.15厘米,在入土的千余年里,极容易损坏。所以,玉梳背的完整程度是决定其市场价格的重要因素。同时,尤其对于特别完整的玉梳背,又要保持高度的警惕性。

(2)玉梳背用阴刻线或浅浮雕的手法,两面雕出图案,纹饰的构图虽然疏密不同,但局部多为细密的阴刻线组成,这些阴刻线的线条排列整齐有序,长短参差但互不叠压,这就是唐代玉梳背的雕琢艺术价值与市场交易价格之所在。唐代的玉飞天给人的感觉是一种造型的优美、曲线的优美,那是一种立体的美感;而雕琢精微的玉梳背,则带给收藏者一种华贵高洁、傲然不群的气息,那是一种平面的美感。纹饰的疏密与内容并不重要,那种富有生命力的线条,与屈曲流动的图案,才是真正区别于后仿品的关键所在。

(3)传世玉梳背分大、小两种:大型的一般长在14厘米~15厘米左右;小型的则在6厘米~7厘米,基本造型相同。呈薄片状的玉梳背并不是一件容易仿制的普通玉器:第一,用玉料头大,即以小型的梳背来说,

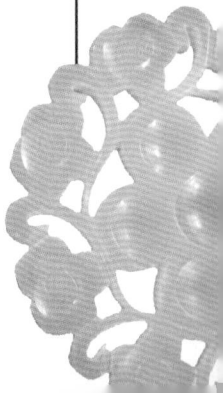

用料也要在8厘米~9厘米左右的大料上开片，这样大的和阗玉料完全可以雕一件价值更高的玉件；第二，唐代玉梳背很薄，但是，由于是手工开料，所以又带有一些薄厚的不均，这对于今天机器活来说，难度极大。因此，近年来用和阗玉仿制的唐代玉梳背比较少见，即使有这样的仿品，只要是和阗玉，雕工细、价位适中，也算是一件好的藏品。

唐 玉梳背

（4）图案基本上分禽鸟与草纹两种，禽鸟有双凤、孔雀、鹦鹉、双雁、蜂蝶、水禽等；草纹有蔓草纹、卷草纹、牡丹纹、荷纹、菊纹等。另外祥云、童子等图案，也时有所见。花纹以大而尖的叶子为最典型，多呈"人"字型相叠排列，叶的边缘刻有细密的短线。禽鸟的眼睛有三角形、圆环形、杏核形，羽翅短而宽，上刻有细长而有序的阴线。需要说明的是，从唐代起，出现了富有寓意的口彩组合图案，譬如将原来作为独立图案的牡丹与绶带鸟组合成一个新的图案，寓有"富贵长寿"意义；将牡丹与凤凰组合在一起，寓意"丹凤朝阳"等，这是唐代平面玉件雕饰的设计新理念。同时，一些草纹饰图案的设计，有逐渐脱离战国以来传统工艺设计味道的趋向，吸纳了金银器上的纹饰特点，明显地增加了西域艺术造型、设计的因素。

（5）由于玉梳背是一种豪华的奢侈装饰品，所以用玉基本上为新疆的和阗玉、青玉、白玉、青白玉均有见，至今未见其他杂玉制成的玉梳背。

（6）大多数的玉梳背在直边以外的另三个边，通过阴刻线围以宽边，宽边无饰，其高度微低于梳背中图案的高度。这种高度的差别是很细微的，应注意感觉。一件玉梳背，厚薄不过0.2厘米，就中厚度的变化不易察觉，这种尺度上的感觉，就要看平时对标准器的熟悉程度如何了。更多制造赝品的人，根本没见过玉梳背实物，仅凭图录与文字介绍作为仿制的依据，尤其是在仿制如玉梳背这样具有细微辨别特征的玉件时，真品不谙熟于胸，出来的仿品绝对是个四不像，所以我以为，只要见过唐代玉梳背真品或存有标准器，辨别真伪不应该太伤脑筋。

2. 玉佩饰

玉佩饰是佩戴在身上的一种片状镂雕玉饰物,主要雕琢形式是镂空加阴刻线,也有一些是用浅浮雕的形式琢成的,有点像后来的玉花片。

(1)从雕工的精微和用料的讲究上看,玉佩饰应是唐代贵妇或官宦的饰身之物。用料基本上是上等的和阗白玉,少见或不见其他杂玉。

(2)刀工细腻精到而丰富,在唐代其他玉器上所见到的雕琢手段,在玉佩饰的琢制上基本运用殆尽,同时,以镂雕手法先雕粗轮廓,再以细阴线收拾,两面均成图案。这种方法在后代只是基本手段,但是在唐代,则属首创。

唐 玉步摇

(3)佩饰的造型形状不一,甚至是汉以前的一些礼器如璜、珩、璧、环等,这时都已成为一种饰品随葬在墓中。从出土的一些璜、璧以及那些唐墓出土的唐仿战国的玉剑具来看,古代器物的形制、作用,在唐代已经完全不需要了,只是作为一种形式传承了下来。形制——任人随意变化;作用—— 一件佩饰、一件玩物,不过如此而已。附带说一下,在唐墓里,有时可以发掘出汉以前的古玉件,有些是原貌,有些则进行了二次加工,譬如把残破的玉璧改成玉璜,这种二次加工,古玩界称为"动手",是不能容忍的,但也是用来骗门外汉的。至于唐墓里出土的嘛,就能容忍了,谁叫它有岁数呢? 即使这样,其价位也是原价的1/10,甚至更低。经现代人动过手的器物,价位低之又低。

六、器皿

唐代的传世器皿,有白玉杯、玉盏、玉钵等容器。其中较为常见的,

而且具有典型意义的，当属玉杯。

首先从造型上看，唐代的玉杯有多种形状，如杯口就有圆口、哆口、花瓣形口等样式的区别，杯壁有哆形的、筒形的、弧形的区别。再从纹饰上看，有素面的，有雕纹饰的，其中带有雕饰纹的纹饰有忍冬纹、莲瓣纹、花纹、人物纹等。这些纹饰的鉴定特征基本上与前面玉梳背相近似。还有一些带有金银镶口嵌饰的。

唐 玉匜

唐代玉杯的壁稍厚，多为矮圈足，深腹，玉料多见和阗玉，少见其他杂玉。据介绍，传世的具有典型意义的唐代玉杯有初唐时的青玉人物图椭圆杯，盛唐时期的青玉流云杯、青玉单耳椭圆花形杯、白玉单耳椭圆杯，其造型与后代的玉杯、玉碗有较为明显的区别。

【鉴定实例：唐代的玉带饰】

唐 玉梳背

　　唐代有著名的轻巧秀美的玉步摇，同时也有风格独特的梳背，这些都是唐代盛行一时的贵族妇女头上的装饰用品，用料都是上好的和阗玉，薄巧轻便，雕工讲究，常以细阴线琢刻出花鸟纹饰，代表了唐代细阴线使用的最高水平。

　　玉梳背，顾名思义，是玉质梳子的装饰部分。唐代妇女用的梳子由两部分组成，一部分是梳齿，另一部分是梳背，梳齿、梳背上分别雕有企口，可以随时更换不同花式的梳背。梳齿现在传世品很少，所见多是梳

唐 玉梳背

背。玉梳背的造型为底边平直，上边磨成弧形，其特点是玉质好、宽而薄、雕工精，能在不足1厘米的薄片上，正反双雕阴线纹饰，其难度很大，所以古代玉器的收藏者对于真品的唐代玉梳背的工艺是极为推崇的。

这件玉梳背所用的材料就是真正的新疆和阗白玉，但由于很薄，所以透光性强，呈色与常见和阗玉稍有不同。底边平直，下有一条毛边略薄于底边，是用来与梳齿相配合的。上端弧形半圆有边框，面上雕刻一对展翅飞翔的弯凤，凤冠像花蕾含苞欲放，凤眼是三角形的。颈部弯曲并伴有几缕飘拂状的颈毛，翅膀用斜格纹和长长的阴线区分出翎和羽，一条圆润柔软的长尾，呈重叠状，很有层次感；腹下几条寥寥数刀的阴线以示双爪。由此塑造出一只曲颈昂首、双翅翩跹的唐代凤鸟。

唐代的玉梳背或者是玉步摇都是选用和阗玉中透光性比较好的材料，由于料薄，所以显得透光度比较强。后仿唐代玉梳背由于不用真正上好的和阗玉，所以在薄、透、光的材料韵味上，就比较容易露出仿品的纰漏。

主图中这件唐代玉梳背目前的市场价格在 30,000 元人民币左右。

唐 玉梳背

【第四节 唐代玉器的投资与收藏】

　　收藏唐代玉器有意思，就中的乐趣，是收藏其他时期玉器所无法比拟的。

　　上面我们讲了，唐代玉器的鉴定是一个相对薄弱的区域，这不仅反映在游弋于一般古玩市场的普通收藏者与贩卖者中，就是对古玉有着较为深入研究的一些专门学者，对此往往也是语焉不详。杨伯达先生曾很客观地指出：

> 从研究角度来看，隋至明的玉器并不为考据学家重视，直至明代，唐、宋的玉器方受鉴赏家和收藏家的珍爱，在一些著录中记载了鉴赏家的直观印象、见解、评述，然而真正能够深刻认识唐、宋玉者却为数不多。所以，隋至明代玉器是我国古玉鉴赏和科学研究的薄弱环节。

> 高氏（指高濂）给予唐、宋玉器碾琢工艺以很高的评价。很多古玉收藏家和鉴赏家受其影响，格外喜爱并着意搜藏唐、宋玉器。但是鉴别唐、宋玉器的标准含糊不清，模棱两可。

> 杨伯达《古玉史论·隋唐——明代玉器叙略》

　　在一般的古玩市场唐代玉器的的交易中，买卖双方都处于一头雾水的状态，好一点的，最多混个"半瓶子醋"，这是因为唐代玉器的鉴定系统，尤其是非官方考古机构的民间鉴定系统，极度缺乏科学发掘出的标准器的质量支持。这样，在一般的交易场所里，捡"漏"的机会相对多一点，而打眼的可能性也大一点——唐代玉器交易的双刃剑体现着公平。而这样的公平交易，在古玩的收藏界里，似乎只存在于唐代玉器的交易之中。搞收藏的人都知道，"捡漏"或卖出的喜悦，并不仅仅是因为在交易中所产生的成功占有，更多的在于这种占有过程带给胜利者身心上的愉悦，买者如此，卖者亦如此。一般收藏者只要通过标准器扎实掌握鉴定特征，再加上交易技巧，大概成功入藏的概率应不低于50%。

　　就一般的收藏交易市场而言，最可怕的其实不是赝品的充斥，而是投资者的介入。收藏之于投资，无异于鹦鸡遇上了苍鹰。如果赶上其他领域的投资大环境不好，将一些资金注入到古玩的交易市场之中，再遇到一些投资者财大气粗地通吃，那么，古玩的交易，包括艺术品的拍卖交易便从

此永无消停之日。值得庆幸的是，从近几年的玉器市场表现分析发现，目前绝大部分玉器收藏者，还有"可怕的"投资者，他们的目光与投资，多集中在高古玉和明、清玉这两大领域里，唐代玉器尚不引人瞩目，这就赢得了一个比较难得的，而且是显而易见的真空地带。从收藏市场品类的交易曲线上看，始终存在着"城头变换大王旗"式的高峰板块异动，玉器交易大概在经历了4～5年的交易寒潮之后，近一两年的交易价格突然暴涨，甚至新玉价位大大超过旧玉，明、清玉反而显得便宜，卖乱套了。谁也摸不透什么时候唐玉能粉墨登场唱主角。能充分认识并利用好这一历史的契机，就一定会铸就一生的收藏资本。

唐代玉器就赝品对市场的冲击力度来说，远远逊于其他时期的玉器。你看，当红山文化的那件"C"形龙拍出天价之后，一向无人问津的红山文化玉器铺天盖地地席卷而来，件件像真的，件件不是真的，可是有些高仿品绝对乱真，也总能卖出个好价钱。在拍卖会上，一旦清代的"子冈牌"走俏，马上仿品奋然，和阗玉、俄罗斯玉、岫玉、甚至连汉白玉都雕成"子冈"牌子。在追求市场利益最大化的今天，至少目前还很少见到带有明显唐代玉器鉴定特征的仿品出现，这就为真正的唐代玉器的收藏者带来了鉴别上的便利。一句话，唐代玉器这块地儿，还算清静。

所有的收藏活动，都要尽量符合"人无我有"、"物稀为贵"这两项原则，至少我是这样认为的。譬如清乾隆时期的白玉茶壶，苏富比曾以折合人民币7,189,344元人民币的价格落锤，拍出一件；未几，天津文物也以3,850,000元人民币的价格，拍出了同一等级的另一件白玉茶壶。都是皇宫中物，贵则贵矣，但物不稀，只要阮囊不羞，人有我也能有。收藏唐代玉器可就不是如此简单了，由于出土器、传世器相对较少，百器百样，很少重复。往往因交臂之失，会抱憾终生，那种感觉，岂止刻骨铭心！

唐 玉铊

第六章

宋代玉器

【第一节 宋代玉器的特点】

谁都知道，赵宋南北历朝的18个皇帝，几乎都是政治上腐朽、生活上奢侈、军事上无能的"低能儿"，但是，赵宋皇帝大多在艺术上有着较高的天分，这是不争的事实。宋朝与清朝一样，都是历史艺术创作与制作的高峰期，不同的是，清朝艺术峰值的走低，是伴随着国运的衰微而显示的；而赵宋则不然，赵宋的艺术走向，似乎与国祚的兴衰无关。最典型的就是那位宋徽宗赵佶，你看他那前无古人，而且登峰造极于书法艺术巅峰的瘦金体书法，折服了历史上多少工笔画中的巨擘如吴湖帆、于非闇等人；一卷《写生珍禽图》以2530万元人民币的天价由日本舶来，为美国人拍去。谁能将这些千余年后仍然闪烁着璀璨的艺术光芒的风流皇帝，与"坐井观天"的囚徒联系在一起？还有那位半壁小皇上高宗赵构，我见过他写的行书《千字文》字帖，满纸渊穆而隽永的书卷气息，不见人间烟火。你能由此联想到这就是当初被金人追得无地容身，多亏"泥马渡江"的那位康王吗？其实，宋代的国运一直不怎么样，内忧外患从来没有消停过。但是，宋代的皇室却一门心思地注重追求实用艺术品的内在质量标准，几乎达到了尽善尽美的程度。上有所好，下必甚焉。于是，在皇室贵胄阶层、官僚资本阶层、富裕文人阶层，乃至有钱有闲阶层，趋古器而若鹜，尤其崇尚出土古玉。在这个历史大背景下，金石学、器物学应时而生。当然，这些学问的诞生有可能是为了向仿古者提供仿古器物的样式，却无意中成了今天考古学的滥觞。

宋代的玉器制作可分为两种：

一是具有古代玉器特征的仿制品。宋代是古器物仿制的一大高峰时期，纵观现在传世的宋代仿古器物，基本上是出于为在某种程度上满足世人对古器物的需求而仿制的，大概不存在与当今"赝品"同等意义上的欺骗。这种宋代的仿古玉多仿三代、秦、汉玉器，由于宋朝那一时期玉器出土相对稀少，雕工多是按照文人臆度之中的画图进行加工的。而文人对于笔下三代、秦、汉古玉的形制也搞不清楚，往往又根据典籍加以杜撰，缺少实物依据。在这种条件下雕琢成的仿古玉，用今天相当成熟的古器物学的眼光来加以审视，就会明显感觉到器物从各个角度审视出的不伦不类。如果具备一些古器物学的常识，识别起来并不困难。但如果放弃从器物学的视角观察，而从传统的造型、刀法等方面验看，可能会有些绕弯

宋　白玉仿战国饰件

子。当然，后者的运用，往往是在不存在器物学瑕疵的情况下，做进一步审定的手段。

宋代的仿古玉器多见于仿制类似于汉代的玉剑饰、玉杯及一些祭器、礼器等。鉴别这些仿器，首先要见过并熟悉汉代或三代原器体貌方面的、形制方面的，甚至一些细节方面的鉴定特征才行，如果仅仅在书本上死记他人所叙述的要点，而未曾与汉代乃至商、周时期真品玉器谋面，那么，你对宋代仿品的鉴定肯定是茫茫然而无从谈起的。

从古至今，凡是仿制三代、秦、汉古玉的，无不在沁色上下工夫，在仿品的表面上做出沁色，可见标本是从宋代开始。宋代所做的沁色手段很简单，远不像发展到清代那样方法庞杂，更不像时至今日造假的不择手段。正常的宋代玉器，由于掩埋年代不算久远，所以一般不会出现类似于三代玉器那样的沁色，当然，出土后的一些氧化皮可能会附着在表面。凡是具备宋代鉴定特征的玉器，不管其造型如何，器身上的各种复杂而美妙的沁色一般都是出于人造。

我在上面曾说，宋代主要是仿制三代、秦汉的玉器，这就大概划出了赵宋时期仿古玉器的仿制范围，虽然在收藏交易中，这种宋仿品也是相当的珍贵古代玉器，而且在用料、雕工、打磨诸方面都比三代、秦汉更具有普遍意义上的观赏性，但是，从古玉的收藏传统上看，大的古玉收藏家们仍然重三代、两汉而轻唐、宋，这是不争的一种市场惯性。大概在三代、两汉古玉精品稀少得千不见一的今天，后起的古玉收藏家会逐步地将资金投入到唐、宋玉中的。

二是具有宋朝制作特征的玉质艺术品。宋代具有本朝代鉴定特点的玉器与前代构成最主要的区别，就是玉器的市场化、商品化。当然，与之平行出现的，是皇室贵胄一族使用的玉器，这类玉器一般不在普通收藏者的收藏视线范围之内，本书也不做详细的讨论。这种具有宋代工艺特征的玉器在加工工艺上留给我们的可视痕迹表现为：

1. 用料宽绰。宋代的玉料来源肯定是很丰富的，这一点可从玉器的市场化方面得到验证。总的来看，宋代的玉器雕件用料较大，即使是片状作品，也较唐代显厚实。

2. 多见片状的镂雕作品。片状镂雕其实就是后来的所谓"花片"，这种样式的玉器，在古玩店与文物商店比较常见，多数为晚清和民国时制品，玉质为青玉、青白玉或岫岩玉，很薄，雕工毫无生气。宋代的这种镂雕的作品，有的寓有故事情节，是通过塑造人物与场景得以表现，给人一种富有哲理说教的感悟氛围。这一表现形式与宋代铜镜的表现手段完全一致。中国嘉德在2006年春季拍卖会上，曾以3.08万元人民币拍出一面宋代钟形仙人镜，镜面上有一仙翁、一鹿，大概寓有"寿禄到终"的吉祥意义吧。有些玉花片则纯以组合型花纹饰、花鸟组合纹饰出之，花纹多见螭、龙、鱼、龟，以及波纹、草纹等。

3. 出现了单层、多层透雕的表现形式，这与稍晚一些的北方辽、金地域多层复雕的表现形式有所不同，也构成了南北玉雕风格的重要区别之一。

4. 人物多运用圆雕手法，各种题材均有，譬如最为常见的是以童子执荷为题材的圆雕，我们将在下面专题详述。另有一些诸如文官像、舞人像、侍女像等。值得一提的是，现在传世的宋代佛像为数不多，情况基本上与唐代差不多。我们说佛像不会入土殉葬，那是出于社会对佛的尊重，但不排除历史上由于一些非人为因素而导致佛像掩埋土中的事情发生。如果按照宋代用玉的情况推算，可能还有玉佛尚待发掘。

5. 作品表面往往纹饰不做繁密的处理，留有稍大面积的无纹饰面。在这种光面

唐代光泽　　　　　　　　宋代光泽　　　　　　　　明代光泽

上，我们可见宋代玉器的抛光技术比唐代要进步许多，玉表面同样不出现那种战国、明代才有的玻璃高光，但是玉质的温润与醇厚能有效地得以表现。当然，与清中期的那种蜡光效果尚有距离。

6. 宋代已经有了很成熟的巧雕作品，巧妙地利用玉材料上的瑕疵与绺裂，化腐朽为神奇，是琢玉工艺上一次大的飞跃。在《遵生八笺·燕闲清赏笺·论古玉器》中，作者高濂专门谈到了宋代玉器中的巧雕：

若余见一尺高张仙，其玉绺处布为衣褶，如画；又一六寸高宣帝像，取黑处一片为发，且自额起，面与身衣纯白，无一点杂染。

种种巧用，余见大小数百件，然皆近世工匠何能比方？

这里面透露出的重要信息是：第一，巧雕作品的数量较大，仅作者一人所见，就有数百件之多，说明宋代玉器制作的规模很大，传世量也很充足；第二，这些经眼的巧雕作品都很精到，为明代工匠所不能及。

不可不提的是，在传世的宋代玉器中，有一些清代的仿宋玉器搅在里面，初涉收藏的读者有时往往容易分不清。由于清代的皇帝基本上都嗜古，所以宫廷造办处的玉作曾改制、仿制过为数不少的古玉。改制的古玉一般都是用三代的无工旧玉，经过琢刻出各种纹饰后，变成符合皇帝品玩习惯的一种四不像。譬如在良渚文化的素面璧上刻出明显带有清代玉制作特征的纹饰，这种亦古亦今、不古不今的玉件，最明显的特点就是老料新工，在未经加工的旧玉表面上，仍然较为完好地保存着符合三代年代特征的包浆和沁色，而纹饰的加工痕迹与图案样式则严重地与之不配套，这样的玉在现在的收藏圈内偶有一见。清宫纯粹仿制的旧玉，多是仿宋代的玉人物、玉佩饰等，一般依照旧玉的原形来仿制，但总会在形制的细部与纹饰中，存在着或多或少的清代特有的元素特点，至少在雕琢工艺上，会留下很鲜明的时代痕迹。清宫造办处的仿宋代玉件，是皇帝嗜古癖好所为，所以在雕琢工艺、选料用料、放样设计、形追神似、细部特征诸方面，都与同时代的御制玉器一样，属于绝对超一流的精品。如果与那些市场摄利者手下的赝品放在一个平台上，优劣自明。因此说，同样是仿宋玉器，一个叫"仿古"，一个叫"赝品"，鉴定的关键是第一要见过真的宋代玉器，脑子里要有标准器；第二要见过真正的清代御制玉器。这样，才能看出就中的差别。

清代的仿宋玉就市场价值而言，大概不逊于真正的宋玉。那仅是交易

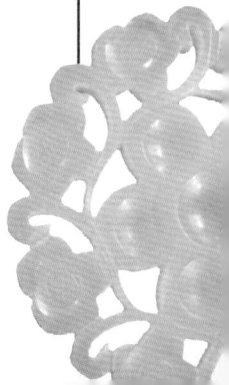

价格，从收藏的角度看，我宁可买宋玉，因为这是在"物稀为贵"原则决定下的正常收藏行为。请记住，唐、宋玉准有一天会大幅升值，在学术界的不断参与下，鉴定标准将会日益明确，收藏规律将会逐渐地显示出它的不可逆性。

宋 莲花坐佛

【第二节 常见宋代玉器的纹饰、器形介绍】

一、纹饰

1. 螭虎纹

螭虎纹俗称"螭纹"。一些著述在讲到宋代玉雕中的螭虎时，大都使用了"乏力"、"无筋骨"等字眼。对这一种说法，我始终都不能认同。宋代是一个在书画艺术、造型艺术与工艺制作各方面都具有相当水平的时代，包括清代在内，没有那个朝代能取得这样全面的艺术高度，所以在螭虎的雕琢表现上，未必就像有些书中所讲的那样"今不如昔"，这要看用什么样的思维去认识、理解与承认这一时期的艺术表现和时代的审美。譬如，我们几乎每人都承认汉代画像砖上的马最具气势磅礴之神韵，那么，如果从另一个角度去分析，似乎也可以说就像某些"画家"画不了工笔画就"抢"大写意一样，在汉马中缺乏如唐代"昭陵六骏"那样工笔写实的成分。这种说法的偏颇之处在于不能从作品产生的历史时代的原立场上，去观察、欣赏和承认那一时代的作品。宋代的螭虎纹比较多，说明了宋代玉器市场对这种纹饰的认可程度。就像唐人喜欢丰满一样，如果你不否定唐代女侍俑的胖，就没理由贬损宋代螭纹的这种既定形态。在宋人眼里，也许他们承认这种身姿舒展、静若处子神态的螭虎，也许宋代玉器市场拒绝汉代那种张狂的外溢。总而言之，存在就说明了合理。在宋代，常见的是仿汉代的螭虎纹，大概有这样几个鉴定特点：

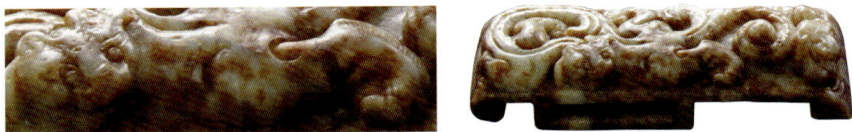

宋 螭虎纹剑璏

（1）尺寸稍大，基本上在10厘米以上。

（2）作为钩部的螭虎头为上宽下窄的梯形。螭虎头的中间部位竖刻

有阴线，鼻子下面横琢出一道宽槽，以区隔鼻子与嘴。耳部有阴刻螺线。

（3）螭虎的嘴一般前探，两眼圆而稍凸。

（4）脑后有长鬣。

（5）螭虎身体瘦而长，一般多雕成在地上爬行的样子，由于是俯视，所以看不到筋骨。

2. 鸟纹

宋代的鸟纹饰玉佩，多是片状雕件，传世品的数量较多，也较常见。鸟的眼睛有使用管形桯钻处理的，露出眼球与眼睑；有用阴线雕成三角形状的。鸟的身体轮廓一般是用长阴线钩出，走线准确而流畅，线条使用简练。鸟体表面留有一定面积的无雕工平面，边缘处呈坡形过渡处理，使把玩者不觉棱角突兀硌手。这种处理是宋代玉雕的一个特点，包括民国时有些仿宋玉器，在这一点上处理不好，露出仿品的马脚。但究竟什么样的为好，那还是要看真的东西才行。

3. 龙纹

龙在玉器中的出现，大概可以追溯到新石器时期，那是很遥远的事情。作为纹饰，真正较大数量出现在玉器雕件上的，大概应是宋代。宋代龙纹饰的鉴定特点是：

（1）龙的头型一般长而窄，眼型多为细长形，嘴角较大，上唇高翘，薄较长。

（2）有的龙纹饰有向后飘的鬣，也有的长着两个细而长的龙角，呈向上方弯卷的形状。

（3）龙的体型不如后世造型壮伟，有些像蛇一样的细长。多数为身无饰纹的素龙，两侧各琢有一条阴刻单线；少数的龙身琢有网状鳞纹。

（4）龙腿细长，关节处用短细阴线雕出较长的腿毛，爪趾与鸡爪相似，一般在3～4个不等。

（5）有的龙尾雕有火焰一样的纹饰，有的近似于蛇尾。

4. 云纹

从传世宋代玉器上显示的云纹饰上看，唐代的歧头云纹样式仍在延续使用，单歧头与多歧头均时有所见，有的在歧头上略有变化。比较有时代特点的，是一种由勾连云纹变形而来的云纹样式，其造型好像灵芝的冠部，有些边缘带齿形，有些没有云尾，这种云纹俗称为"灵芝云"。宋代的云纹与唐代云纹相比，最明显的特征是，除了极少数北宋时期的作品外，一般多不带云纹中的类似花蕊样的纹饰。

传世宋代的玉器造型样式比较复杂，主要有仿唐代的玉钗、带钩、蝉、飞天、童子与剑具等。

二、纹饰

1. 带板（玉銙）

带板在玉器带饰的传世品中，收藏的重点一般为玉銙，因为玉銙的数量较多，蒐集相对容易。"玉銙"是唐代的名称，到了宋代，一般称为"玉带板"，或径称"带板"。宋代的带板与唐代的玉銙有两个地方不同：

一是内容上的不同。唐代的玉銙常见的是胡人题材；宋代则多以中原汉人为主要内容，塑造的形象有些带有世俗的意味，譬如，在带板上出现了道士形象的造型，还有类似于文官的书生造型。这些人物的脸部造型特点为挑眉、长须、楔鼻、小口，身着宽襟长袍，衣袖翩翩，多盘膝而坐，神态优雅，是宋代社会理学观念中真实的唯美表现。从这些造型的内容上分析，我想，到了宋朝，虽说带板仍然是官僚官阶的一种表现，但是远不如唐代早期那样具有严格的佩戴制度，大概由于和阗玉材料的充盈，已经逐步地形成了一种高端的消费市场，有钱有闲的文人、有钱有权的官僚完全可以用佩戴具有社会文化气息造型的玉带板来风雅自己的装束，就像我们现在戴高级平光美容眼镜一样。

二是雕琢工艺的不同。唐代的玉銙主要采用阴线雕与浮雕这两种工艺手段，在技法上没有明显的创新。而宋代的带板，多用浅浮雕，辅之以细阴线，从而形成了造型面上粗细、起伏的对应效果。有些带板使用了单层镂雕的表现形式，使画面表现从线雕的平面，经过浅浮雕的过渡，完成了在一个平面上产生立体的可视效果的视觉转化，从而与唐代的玉銙拉开了一个跨度较大的距离。这是唐、宋两个时期带板断代的根本性标志。

玉带板是一个存在时间跨度很长的饰品，大概从唐代一直到清代，都有作品传世。有意思的是，如果把历朝的带板代表样式蒐集齐全或较为齐全，放在一个平面上对照观察，就会很直接地看到各朝代在造型风格、制作工艺、材料使用诸方面的特征与区别。大概是在上世纪30年代，上海的有正书局出于商业目的，利用库存中许多种古代的宣纸纸边，订成了类似于历朝纸样的商品书（书名、起止朝代都记不清了。这种纸样书我确于上世纪70年代初期亲眼见过）。搞版本收藏的人，就会对照这本纸样来鉴定版本的年代。这本纸样就是印书时代的标准器。而自唐以下的玉器，如果有了各时代带板作为标准器，既形成了收藏系列，又可直面各时代的玉器鉴定特征，是一件很有意思的事情。

就宋代的玉带板来说，不仅要类比总结出与唐代玉銙鉴定特征的不

同，而且还要面临与之几乎出于同一历史时代坐标的辽、金带板的特征混淆，这是比较令人头疼的事。在一般的古玩店或拍卖交易的说明中，宋、辽、金往往很难截然分清泾渭，除非鉴定特征极其明显。因为，宋代的带板传世品较多，鉴定特征历经几代鉴定家的积薪，有了比较统一的认同标准，但是，出土器少见这棵绊人的桩子始终绕不过去，包括有些有条件见到出土器的专家，在谈到这一问题时，往往也是顾左右而言他。其实，如果将以往的经验简而化之，那么，宋与辽、金时期玉带板的主要区别仅从两个方面观察就能有个大概的断代：一是镂雕的层次不同。宋代多采用单层次的镂雕工艺，而辽、金多用多层镂雕的表现形式；二是人物的衣着与脸型的塑造，都存在着南北地域的不同而形成的差别。

2. 带钩

带钩是汉代以前人们用于连接腰带两端的连接件，有玉和青铜两种，以青铜带钩为多见。在青铜带钩的收藏与流通中，常见的有两种情况：一是钩体完整的；另一种是钩部在入土时就被砸断了的，大概这样可以断绝盗墓之患。所以，在青铜带钩的收藏中，一要讲究钩体的完整无损（也有用出土的残钩经过焊接伪装充整器的事例）；二要讲究带钩有工，譬如鎏金、錾金；三要讲究皮壳、包浆、锈色好，红斑绿锈美观，锈不侵骨；四要讲究在前三点都具备的基础上，钩体宽大。

汉代以后，带钩很快地消失在收藏视野之中，至隋唐之时，基本不见带钩的出现。很奇怪，宋代的仿古之风日炽，竟翻出带钩这种老古董来，用上好的白玉加以摹制。断档了近七百年之久的带钩，从此以白玉仿制之风开始流行，一直到清代，始终没有间断。而青铜一路的，则始终遁迹不复可见。

宋代的玉带钩主要是一种复古器，并无实用价值，所以，在外造型上，以符合把玩习惯为主要制作标准，附着在钩背处的那个钮，本来是链接腰带另一头的，需要粗大、结实，但宋代玉带钩的钮明显小于战国与汉代带钩的钮。有些带钩已经失去了玉的本色，周身红沁。有的学者认为是入土日久生成的红沁，我观察到的这种红沁颜色虽然柔和，但不符合常规，因为除了良渚文化的鸡骨白以外，基本上看不到如此程度沁色的玉器，而宋代的这种沁色的玉件还有一个专称"宋玉红"，这就更让人不得其解。

3. 玉蝉

玉蝉有葬玉与佩玉两种用途：葬玉是含在死者嘴里的，称为"琀"（hán），就是含在嘴里的玉，没有供佩戴系绳用的穿孔。有一种可供佩戴的玉蝉，在蝉的顶上有一对穿的象鼻孔，这是两种功用蝉的区别。但要注意的是，在收藏时，要仔细观察穿孔是否为原工，因为有将琀后打眼的情况存在。但是，如果蝉的包浆很厚，而且

宋 玉鬲

很自然，表示着出土的年代很长（最低也是民国时出土的老熟坑），那么，即使是出土后的动手器，从收藏角度讲，也无大碍。

在东晋以后，几乎就不再有玲敛了，所以，极少见玉蝉出土与传世。在古玩店里，所见玉蝉最低年代一般是东汉时的雕件，年代再晚就不好说了。即使是汉代的玉蝉，传世质量相差很大，有的钙化很厉害，面目全非，根本看不见原来的材质，这种玉蝉盘玩不出来，只能作为一种标本存在，市场交易价格不高，往往不被收藏者所重视；另一种玉质比较好或很好的蝉，品相漂亮，经过精心的盘玩，就能露出精光，这路蝉或玲很受藏家的喜爱，往往佩戴于身，寓意清高。但是，这种藏品多有赝品包裹其中，需要仔细鉴别。从收藏古玩的历史发展视角上看，宋代是一个很有意思的朝代，许多前朝已经断线的器形，在宋朝都能莫名其妙地出现，而且在形制上基本上算是一种非驴非马的东西。宋朝这些玉器的充斥市场，直接对元、明、清诸朝产生着谬种误传影响，尤其是在清中期玉器肆意仿古的臆造妄为作品中，或多或少地有着这种传统的影子。就玉蝉来说，宋代的做法基本上是仿汉，而且从形制上能得汉代玉蝉的仿佛，但是所体现的神采与汉代不大相同，我以为主要是刀法的不同。宋人的刀法较汉代温润圆熟，这是工艺与工具的进步。具体说，在起刀与收刀处，不见刀锋痕迹的存在，不像汉代用刀，刀刀见痕，这大概与砣机转数的徐疾有关系吧，不能简单地用"有力"、"无力"加以归纳。汉代与宋代的用刀线条都很有特点，汉代尤其是西汉的用刀痕迹，遒劲而爽利，不斤斤于雕琢，刀刀见功力；而宋代用刀的痕迹则显沉稳而理智，线段两端都不留入刀出刀的痕迹。同时，宋代用刀风格又有不饰小节的另一面，在一些细小部位的处理上尤其是这样，这与明代高濂在《遵生八笺·燕闲清赏笺·论古玉器》中所评论的"象形徒胜汉人之简，不工汉人之难"完全相吻合。高濂是中国收藏历史上真正的鉴赏大家！有的时候，你能在宋代玉蝉上看到商、周时期玉蝉特有的一些纹饰，这是典型的"非驴非马"。其原因大概不外宋代金石学、器物学都处于发轫之初，这些现在稍具收藏常识的人都明白的事，宋人不明白，他们才见过多少出土器呢？我们见到了宋代不成熟的仿古器，一是要认真总结具有时代意义的鉴定特征，二是不要不负责任地轻视或随便地贬损宋代工匠留给我们的这笔历史财富，能从众多的玉器中一眼将宋代的作品准确地选定，那才是我们的责任和义务。

4. 飞天

飞天是一个自唐代以来制玉的永恒主题，每一代都有琢制，但各有不同的风格。目前关于宋代玉飞天本身的鉴定特征尚不十分清晰，尤其是宋代与辽、金的区隔边缘也很不固定，所以，有些学者只能从辽、金的出土器来推断宋飞天的存在特征，

宋 白玉飞天

这是不得已而为之的办法。但是在市场交易中，具备宋代制玉特征的玉飞天时可一见，老一辈的玉器鉴定家一般都将之归入宋代。基本依据有两个：一是从用料、包浆等外在诸表现上看，是宋代的原件，不存在新仿的可能；二是工艺遗留符合特征如刀工、刀痕、造型、磨光等，与宋代玉器相符合。有这两个前提作保证，雕出飞天就是飞天，雕出文官就是文官，这是毫无疑问的。但是玉飞天本身的特征目前还没有一个比较统一的认定。通过对有数的宋代飞天的观察，我们可以大致知道这样一点零星的消息：

（1）唐代的玉飞天一般用料较小，多在3厘米～5厘米的范围，这是玉料缺稀所造成的；而宋代的玉料较为宽裕，所以料头稍大，多在6厘米以上。

（2）宋代飞天的发型常见的有高绾的云髻，也有不高的发髻，还有一种类似于汉代纶巾呈前高后低方形的样式，用阴刻线刻出，排列整齐与不整齐均见。这时的飞天制作与佩戴，大概已经没有了唐人的那种崇敬心理，作为市肆的商品，可以设计出各种样式的发型。所以，在发型上，目前尚不能统一成几种固定的鉴定形式。

（3）片状飞天多侧脸，用中等粗的阴线刻绾起的发髻、眼、鼻及嘴，发丝为较粗而短的阴线，排列不整齐。

（4）飞天衣褶雕刻简单但不草率，用刀粗细均有，下身长裙往往与花、云或飘带相杂，上身袒露至肚脐处，不见女性的曲线特征。

（5）身体有两种姿势：一是立姿，立姿的飞天造型与宋代的童子相接近，有的更接近童子人物坠；二是卧姿，卧姿的飞天造型基本上与唐代相

同，常见一手平托，一手持物。卧姿体态又分两种：一种是呈蜷曲状，另一种是伸展飘忽状。后者尤其与唐代飞天相接近。

（6）宋代飞天不管是圆雕，还是片状雕，用刀都比较简练，不尚细节的雕饰，刀口比较粗。

（7）就宋代飞天的形体雕塑来看，基本上承袭了唐代的造型特点，见肉不见骨，丰满有余而洞立不足。

宋 飞 天

就目前的收藏情况来看，宋代飞天的确有可能与唐或辽、金相混淆。没有办法，在玉器的鉴定中，这一时段是犬牙交错最乱的一块。我认为，对玉器（包括瓷器）的断代允许有一些偏差，但新旧、真伪则绝不能含糊。我见过一本玉器的图录，记录的是一位玉器收藏大家的藏品，里面有些藏品的断代有可商讨的余地，譬如清中期玉器被断为清晚期，或周代玉器被断为商代等。这些都不要紧，那是认识上的不同，可以商量。往往临界两个朝代的鉴定特征边缘就是不鲜明，换朝不换匠是历史上必然的事，断上断下是认识上的偏差。但不允许将赝品看真，这就是是非大事了。宋飞天的收藏鉴定要在唐、宋、辽、金范围中游弋，大概不算什么褒贬，超出了这个范围，就是鉴定水平问题了。

5. 童子

童子题材，是宋代常见常用的一种玉加工形式。就近现代的观念而言，童子象征着平安、吉祥，寓意着兴旺、发达，著名的杨柳青版画大概有50%以上的题材与童子有关。这种讨口彩、重寓意作品的市场流动，是典型的商业行为在艺术与制作中的表现。宋代玉制童子与清代民国杨柳青版画从商业运营角度上看，似乎没有太大的本质区别，都是为市民阶层服务的所谓"行活"。这就决定了在这一时期的玉制品，尤其是在童子之类的世俗题材身上，既不会出现那种传统礼器所特有的森严规制附身，也不见宗教玉制品所表现的那种礼拜与虔诚，用玉、造型、雕琢、大小等一切，全由时代的审美与市场需求所决定。所以，我们今天所见到的传世品，很难用言简意赅的文字表述清楚。

　　宋代童子的出土记录也很少，大概在逐渐废除俑殉葬习俗以后，即使是玉制的童子形，也不便随逝者入殓，所以，现在所见的宋代玉童子，几乎都是传世品。传世品就要有传世品的鉴定特点：

宋　白玉执荷童子　　　　　　　　　宋　执荷童子

　　首先，雕制的工艺表现，包括用刀、造型、磨光等，应该符合宋代其他玉制品的标准器特征。虽然理论上讲，宋代童子的造型应该有多种样式，但是常见的也就那么几种，对于少见的、怪异的或不符合常规的，应多加注意，要从刀法、磨光等其他方面加以考证，既不要急于否定，也别仓促解囊。在公安机关里，流传这样一句话，叫做"绝不放过一个坏人，也绝不冤枉一个好人"，这两个"绝"用在"好人"与"坏人"这样两个具有对立逻辑关系的审案中，是有问题的：在"绝不放过一个坏人"所需要支付的成本中，就包含着被冤枉的好人；而在"绝不冤枉一个好

清 仿宋执荷童子

赝品仿宋执荷童子

人"所需要支付的成本中，同样也包含着放过的坏人，因为好人与坏人并没有真实地把这两个字写在脸上。如果将这两句话用于收藏类似于宋代童子这样传世品多而标准器少的玉器上面，大概就比较合适。在收藏的鉴定过程中，只要有一点出现怀疑，宁可放弃，绝不能存有捡漏或侥幸的心理，这就叫做"一票否决"。

第二是传世品，必须具有多年盘玩的包浆作证。而观察、判断包浆的自然与否，则是决定古玉的真伪的一种硬条件。我们可以说造型、刀法乃至神态等工艺在同一时期会有各种不同表现的道理，对此的评判可以说是一种软标准，而包浆所表现的，则是一种传世时间的硬标准。宋朝距今总要有七八百年的时间了，躲过天灾人祸，流传于民间至今的玉器，其实百不余一，更多的是宋代以后各朝的仿制品。即使是这样，包浆与新仿品仍有着可辨的差异处。包浆是什么？是古玉在收藏者手中盘玩或佩戴时，因长时间与汗渍相浸润而形成的氧化层，与收藏者接触的时间长短完全可以通过包浆分辨出来，所以说包浆是辨识古玉的硬标准。不少作伪者在古玉包浆的仿制上，煞费脑筋，这是一项大工程。包浆不够年龄的仿品，只能骗初学者。有人说，只要未经科学发掘而出土的玉器，都应算传世品。对于出土时间不长的宋代童子，没有包浆，应怎么办？我说，既然半个多世纪的考古发掘不见有宋代童子出土的记录，说明这种具有"刚出土"经历的宋代玉童子可信程度不大，尤其在地摊上，琳琅满目的玉器，时有几件宋代童子，满身泥巴，一副灰头土脸的样子，对外行最具欺骗力，这种东西，贵贱不能要。我有一个朋友，亲眼看见在挖掘机挖出的泥中，有一尊不大的佛像，以为确是地下古物无疑，就花了2,000元钱买下，回家让我鉴定。还用问吗？岫玉新活，市场上遍地都是，最多卖50元钱。

这不是编故事，不该出土的东西土里长出来了，就一定有问题。

北京故宫博物院的古玉器鉴定家张广文先生在研究宋代玉雕童子的鉴定方面，有着深厚的功力，其研究成果可以作为鉴定宋代童子玉雕的重要依据，现转录下下：

宋元时期的玉雕童子，雕法一般比较简单，五官、手指、衣纹多用简单阴线勾出。直线、弧线运用较多，不见沟状线。童子各部位具体特点如下：

(1) 发式

宋代玉童有以下几种发式：

① 头顶一撮发，似短缨，用细密阴刻线表示。线条雕刻有力，粗细得当。

② 头顶有两撮头发分向左右两侧。

③ 头顶有两短辫分向两侧，后脑留发或不留发。

(2) 眉

① 细阴线刻成，长短不一。

② 有些眉短，且呈"八"字状。

③ 有些眉毛细长并与鼻连接。

(3) 鼻形

雕法简单，大致有以下几种：

① 直鼻，似短棒隆起，鼻头与鼻梁同高，鼻头略圆。

② 楔形鼻，上端窄下端宽，由额头起自然通下，无明显鼻翼。

③ 凸鼻头，鼻头凸起，稍圆，鼻梁略低于鼻头，鼻翼不明显。

(4) 五官

五官结构较简单，但形式颇多，有以下13种：

① 用阴线刻出眉与鼻形，鼻上端与眉相连，连接处用阴线刻弧线表示眼。嘴部雕一椭圆形圈，中间凸起，凸起处中部雕一横线。

② 眉、鼻、眼与①同，嘴部略有变化，嘴与鼻同宽，鼻与嘴唇间剔下。

③ 眉、鼻、眼、嘴与②同，眉上有两道短阴刻线，呈"八"

字形。

④眉与鼻相连，上下眼皮用两道阴刻线表示，中间凸起眼珠。阴刻椭圆圈凸起嘴，上下嘴唇间有一阴刻线。

⑤眉与鼻相连，两道阴刻线表示上下眼皮。嘴与鼻同宽，嘴角与鼻翼为同一条线刻成，嘴唇与鼻间剔平。此种形式仅见于元代。

⑥眉、鼻、嘴与④同，双眼为两个椭圆形圈，两眼眼角引出短阴刻线。

⑦双眼及嘴部为三个凹下环形区，区内中部凸起，其上有一阴刻短线，分别表示眼和嘴。"八"字形短眉。

⑧双眼及嘴部为三个环形区，三区交接处凸起鼻子，雕法与⑦略有不同。

⑨椭圆形双眼，楔形鼻，嘴仅为一弧线，此种雕法见于元代。

⑩椭圆形双眼，单阴线雕侧形鼻，嘴的轮廓线与鼻翼线相接。

⑪开脸较为复杂，眉眼用线条较多。

⑫用双曲线表示眉、鼻、面颊，小圆圈眼，阴线刻眼角，嘴用两道阴线表示，见于金代。

⑬眉一端与鼻相连，另一端与外眼角相连，不封闭圆形眼，嘴部亦为环形。

(5) 上衣

上衣有以下几种：

宋 童子衣褶　　　　　清仿宋童子衣褶　　　　　赝品仿宋童子衣褶

①背心。《西湖老人繁胜录》记："御街扑卖磨候罗，多著乾红背心……"穿背心的童子一般手腕上都戴镯。

②交领或圆领短衣，窄袖，衣褶用几道简练的阴刻线表示。手部刻画简单，宽窄与袖齐。手与衣袖相接处有两道阴刻线，似为镯。衣上带有"＊"形或斜方格锦纹。

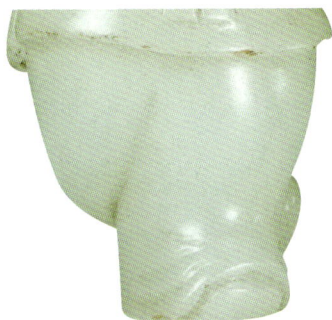

③对襟敞胸衣，不系纽扣，衣下摆向两侧分开。

④长袍。

(6) 裤

一般裤腿较肥大，有的饰有"*"形纹，衣褶极简练。有两种雕法：一种为短粗直线（多为三道）；另一种为长曲线。

(7) 荷叶

与明、清执荷童子比较，宋、元荷叶有以下几个时代特点：

①花、叶较多，荷枝多用钻孔法镂雕。

②荷叶边缘如齿，叶脉细且长，少分权。

③折合的荷叶如微开的蚌壳，张开的荷叶边缘一般分为四部分，但不如四瓣海棠式明显。

④花心较大，为莲蓬式，花瓣层次较少，其上刻有阴线脉。

6.剑具

与玉带钩一样，剑具是流行于春秋末年至南北朝之间的一组玉饰物，它附着在剑身、剑鞘之上，既有古玉器所独具的美饰意义，同时也具有相应的实用作用。玉剑具在战国与汉代最为流行，出土器与传世器都比较多。但是，品相、纹饰上好的较少，而且交易价位相对较高。我曾在上海的朋友处，看见一件带残剑身的玉剑格，是战国时期的，两面纹饰不损，黄玉质。最吸引我的是残败的剑身，与剑格相映成辉，真是手不忍释，美不胜收。南北朝以后的玉剑具就较为少见了。宋代，又是宋代，将这些历史陈迹翻了出来，将这些战场上使用的兵器饰物变成了一件件发思古之幽情的文人把玩品，同样是以"非驴非马"的怪样子流传并影响了他的后代。作为收藏宋代的玉器而言，这种"非驴非马"的

怪样子，就是宋代仿古玉器的一种特定的表现形式。对于宋代仿战国、汉代剑具的认识，我以为应从下面几点大的方面着眼：

（1）不能用现代器物学的眼光去评骘它是否与古代剑具的形制相对应。从器物流传的历史上看，任何仿品，包括清中期乾隆的仿古玉器，尽管仿制者着力想追求原貌，但是不可能，一定附着着本时代所特有的工艺痕迹，而且非常明显，没有谁能绕开"欲盖弥彰"这四个字。相传，张大千临摹了一张石涛的山水画，送给陈半丁先生看，陈先生信以为真地买下了此画，从此留下了"大千仿画高明，陈年（陈半丁）不擅鉴画"的话柄。我以为这不足为奇，第一，陈先生是大画家，但不一定擅鉴；第二，张大千的得逞是以陈先生对这位朋友的信任为前提的。我没有见过有关张大千用假石涛戏弄陈重远先生笔下那些琉璃厂鉴画专家的传说。为什么？因为，临摹得再形似，也会露出个人作画的习惯动作。这些微妙的东西外行一般是看不出来的，而内行能很快地辨识出来，这就是专业与业余的根本区别。

（2）正是这种与古代剑具的不对应所产生出的唯美，才是宋代仿古剑具的真正特点。我们知道，战国、汉代琢制的剑具，具有一定的实用价值，上面的每一构成元素，譬如一凸一凹，都不能仅以美的价值来衡量。而宋代的仿古剑具，完全丧失了实用价值，与玉人、飞天、佩饰一样，都是手中把玩的玩具，是功能改变了形制。虽然与战国、汉代的剑具相比，不伦不类，却生成了另一种独立于古剑具之外的美感。欣赏这种具有宋代仿古韵味的美，有助于对宋代玉器的理解与鉴别。

（3）重提一个前面已经多次提到的话题，宋仿剑具个性化的构成，与所使用工具的不同、雕琢费时的长短有着直接的关系，所以线条力度表现的差异也是一种必然。我以为，观察宋代的剑具，应该归纳与牢记宋代剑具本身具有的鉴定特点，即符合宋代鉴定特征的就是宋代玉器，不符合则另当别论。尽量不要与春秋、战国及汉代相对比，那种对比是一种高层次的鉴定过程，一般初学者最好与经过专家鉴定的标准器相对比，这样大概会产生实际效果。

剑具，是由四种具有相对独立作用与命名的器件组成，这四种剑具的鉴定特点是：

剑首，玉剑首是安装在剑柄顶部的圆形玉饰。宋代始有仿制，到了明、清时的仿品更多。宋代玉剑首的鉴定，主要从下面几点上看：

① 凡是带有阴阳太极图案的玉剑首，多为宋代以后的制品，断代应向后看。

② 宋代玉剑首背面的那道圆槽不规则，线条粗浅而草率。这是仿制的工艺品与

真正的实用品的区别处，剑首不真正与剑柄连接，就没必要费时费工雕制得像真的那样规范。

③ 传统的纹饰如谷纹、涡纹与战国、汉代的雕饰在疏密、大小、形状上都不一样，只要熟悉战国、汉代的这些常见纹饰，就能分辨出真仿的区别。

④ 刀工的表现上，宋代玉剑首与其他玉件刀工一样，出刀入刀用力均匀，少见轻重凸显的刀痕。

剑格，玉剑格是嵌于剑柄与剑身之间，当剑身入鞘后，覆盖剑鞘口部的玉器件。判定宋代的玉剑格，要从下面几点着眼：

① 最重要的一点是宋代的玉剑格作为剑身与剑柄的连接孔比真正的玉剑格要小，完全不足以起到正常军事用剑的稳固而结实连接作用。这是区分战国、汉代真剑格与后代仿剑格的重要一点。当然，像这样已经写在书上的鉴别要点，只能断前不能断后，现代仿品仍能将剑格的孔做得大一些，乃至完全一样。因此，还是要从其他方面，譬如加工痕迹、外形规制等处来观察，千万别斤斤于这几处鉴定特征。

② 宋代玉剑格的边缘棱角比较圆滑，这是为了把玩手感的舒适；而出土的真玉剑格则边缘较锋利，那是作为实用器所具有的特性，即注重实用而忽略其他。

③ 观察玉剑格孔的加工痕迹，宋代的玉剑格孔壁比较光滑细致，这是商业制作对产品的要求；真的玉剑格内壁粗糙，其实用的性质明显。这里附带说一下，观察不同时代的玉器，外行看的是外形，注重的是观感。想要提升自己的鉴定水平，就要仔细观察细部的特征、加工痕迹、外观的几何角度等，使之与鉴定的依据及标准器进行意识上的对比，基本上结果都产生于这些细微之中。至于外观上的仿佛，是每一个造假者的起码功力，都能达到八九不离十的程度。

剑璏，又称"文带"，是嵌在剑鞘侧面中间部位，用来起到与腰带连接作用的玉器件。宋朝雕制的剑璏，粗观与战国汉代基本相仿佛，样子没有大的变化，但是有些细节处，则与前代不相同，带有明显的时代工艺风格。可从三处着眼：

① 长孔的孔壁薄厚不一样，外侧厚而内侧薄。

② 孔内的四个角明显经过规矩处理，处理后呈方形。

③ 孔内壁留有拉丝状的工艺痕迹，有些则带有半圆形砣轮的打磨痕

宋　白玉剑璏

迹。而战国剑璏的孔内工艺处理痕迹显出以钻钻孔后线锯切割的流程，而且基本上不施打磨工序。

剑珌，又称"剑柄"，是镶在剑鞘最下端的一种纯装饰玉件。宋代仿战国、汉代的玉剑珌有几个特点：

①外形的棱角圆滑，打磨的光泽呈哑光程度。

②螭虎形状符合宋代的塑造习惯，见肉不见骨，像一条肉虫趴在那里。

③剑柄的顶部形状分弧顶与平顶两种，与汉代基本相似。

宋　青玉剑珌

【第三节 宋代玉器的鉴定】

宋代玉器相对于现在能够认定的唐代玉器而言,无论是从存世的数量上看,还是从制作工艺的水平上看,都呈现出一个跨度较大的飞跃——当然,我们不能排除在宋代玉器中可能会有唐代玉器参伍的可能性。无可否认,市场流通与收藏者阁中的宋代传世品数量较多,在实际鉴定过程中,同样存在着由于标准器的不足而带来的鉴定标准边缘不清。而且,从唐、宋的含混又发展到宋与辽、金的糊涂账。我们在玉器拍卖的实际断代中,经常会有"宋/辽"这样的标识。只不过这种糊涂已为大家所认同罢了,但是在真正收藏的意义上,"宋"与"辽"是完全有区别的两回事。当你真正上手看过辽代玉器后,你自然会感觉这两个字所包含的造型、用料、雕工风格有很多的不一样。与辽、金的地理位置相比较,宋代,尤其是南宋,集中代表了中原和江南的琢玉风格。而辽、金则在某种程度上,代表了北方。南北方的差异在瓷器的制作上表现最为明显,譬如唐代有"南青北白"的差别,就是说南方的代表瓷是越窑的青瓷,北方的代表瓷是邢窑的白瓷。两种瓷的制作风格与特点互有不同,并不完全是粗犷与细腻的差异,而是两种对等平衡发展的不同风格。对于这一时期的玉器来说,辨识真品与赝品仅是一个方面,同样重要的是断代问题,从收藏价值上看,宋玉与辽、金玉的市场价值完全不同。我在读明代的高濂的《遵生八笺·燕闲清赏笺·论古玉器》时,觉得这位老先生的一些认识方法很重要,他说:

> 宋工制玉,发古之巧,形后之拙无奈。宋人焉不特制巧,其取用材料,亦多心思不及。

> (宋人)其制人物、螭玦、钩环并殉葬等物,象形徒胜汉人之简,不工汉人之难,所以双钩、细碾、书法、卧蚕则迥别矣。

高濂老先生是明代的一位出生在浙江钱塘的收藏大家,鉴、赏、藏通吃。老先生鉴定古玉,主要在雕刻的刀法上下工夫。一般来说,刀法,也就是琢刻后留下的可视痕迹,由于使用的工具不同,走刀的时间也不同,留下的痕迹必然不同。老先生的几句话,点中了宋代琢玉与汉代的根本上的不同。仔细想想,就是这样,我们常见汉代的玉器,在所谓"汉八刀"

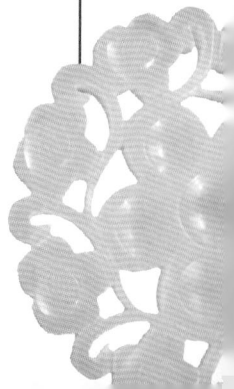

以外，还有一种直接继承战国风格精细一路的雕件，比如卧蚕纹璧。这在宋代的玉器中，已经是比较少见了，更不要说类似于出廓玉璧那样繁复雕琢的作品传世。而寥寥数刀雕出个人物的玉件常见，从用刀简约上看，有点像"汉人之简"。拜读《遵生八笺》，可知先生在世之时，各朝代的玉器与赝品混杂，老先生正是从碾刻的刀法上加以断代的。

对于宋代玉器的鉴定，目前基本上凡是讲玉器鉴定的著作，都讲各自的鉴定心得，我想，除了这些能诉诸文字的东西以外，读者还要从其他艺术门类中找线索、找方法、找答案。譬如那幅现存最早的国画《游春图》，相传是隋代画家展子虔的真迹，上有宋徽宗赵佶的瘦金书题签，历经宋、元、明、清各代名家及皇室的递藏，确为真迹无疑。但是，有一位先生利用古代建筑学的理论，从画中隐约的楼阁结构中看出了问题，提出了疑问。对于此画真伪的讨论我们不管，这位先生观察问题的方法，是值得学习玉器鉴定的人借鉴的。我们观察宋代的玉器，对于人物、动物的神态理解，完全可以从李公麟、赵佶、梁楷、张择端、赵昌、崔白等人的传世画作上

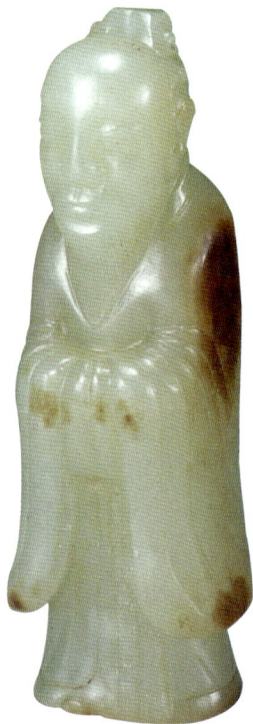

宋 白玉仙人　　　　　　　　宋 木质文官

找到参考，也可以从诸如河南巩县现存的宋陵石刻、四川王建墓出土的石雕坐像，以及大足石刻的宋代雕像上，去体味宋代雕刻艺术的神与形，甚至从一尊宋代的木雕文官的神态上，也能感悟到与手中的玉器雕刻的相通与差异，而不是仅仅局限于如何开脸、衣褶的雕法等周知的鉴定方法。

　　能够通过对其他艺术的关注，从"神韵"的层面去感知，去鉴定，我觉得那是一种高级别的鉴赏，是许多人，包括我都企盼达到的境地。作为收藏的初学者，一旦有了这种高的起点，那么，不管赝品制作的多么乱真，鉴定标准如何不确定，你都能得出一个至少令你自己信服的鉴定结果，因为，你的论据是与之时代相近、气息相通的同门兄弟艺术品。在前面，我们多次探讨了鉴定以外的所谓"功外功"，其实际意义也就在于此。

宋 白玉瑞兽献璧佩

宋 玉兽

【第四节 关于唐、宋玉器的区别】

宋代的玉器，从古玩的收藏与鉴定意义上看，比唐代有着许多可以讲清楚、讲明白的话题。这是因为，宋代以后各朝代玉器艺术的承接，多半都能在宋代寻找到明确的根底与归宿。这些，不仅表现在玉器形式与内容的传承链条上，同时也表现在其他的艺术领域之间。譬如绘画，除了上世纪初发现的唐代敦煌壁画影响了张大千等个别画家的人物画创作以外，自元代以降，延至明、清、民国，包括成名于上世纪初、中阶段的中国画家如吴湖帆、于非闇、陈少梅、刘子久等人，都明显地从宋代画家的囊中讨得了度法的金针，而看不出哪位是胎息于"南宗"发轫者王维画系之中的；再以瓷器而言，我们从瓷器发展的脉络上，可以很清晰看到宋代的官、哥、定、汝、钧五大名窑以及耀州、磁州、吉州等地方名窑对元、明、清诸朝代瓷器制作最直观、最直接的影响，而很难看到唐代制作风格中显性或隐性的类似与仿佛。因此，如果以宋代为射线的起点，将视线向其以后的历史隧道上扫描，几乎在每一时段都能得到相对清晰的影像显示。但是，如果向前寻视唐代对赵宋一朝及其以后的作用，我们至今无法获得比较清楚的感觉。如果将唐代的瓷器制作与赵宋勉强放在一条先后传承的链条之上，你就会发现，这两个相距不远的朝代的瓷器制作水平，根本就没有伯仲排位的可比性，因为无论是在审美造型上，还是在制作精度上，都存在着层次上的差距。但不管其差距有多么明显，在瓷器的传世品中，我们毕竟还能看到这两种不同时代背景下所产生的一种真实的物质距离。那么玉器呢？我们在第一章已经讲了，由于唐代玉器的鉴定特征尚不明确，因此，人们在实际操作中，往往采取一种折中的方法——唐、宋不分家。在这种含糊其辞的鉴定风气之中，一般除了出土器明确定位为唐玉以外，传世器多归在赵宋一朝。此举虽说可以通过无可奈何地，也是不负责任地利用扩大制作年代圈的办法，来减少市场交易鉴定中的不确定，但是，谁都知道这是不得已而为之的下下策。这种折中的最直接的后果，就是使唐、宋玉器的鉴定越来越像一盆永远捣不利落的浆糊，从而使两个朝代的鉴定特征边缘越来越模糊。那么，将唐、宋玉器作一较为清晰的界定，是我与读者的共同希望，但绝非我的力所能及。因为，我所依据的材料并不比有些读者更多，不外乎市场流动中的传世品、朋友阁中的藏品、一点已发表的出土器照片，以及与专家交谈中不断增长的见识，当然，还少不了自己的入藏经验与收藏感悟。

既然在传统的鉴定方法上唐、宋不分家，而我们又想尽量将"李、赵两姓"拉开一点可视的距离，那么，最首要的就是要把宋代玉器与唐代相对比，从而得出一个大致的区隔。我以为大概有下面6点不同：

1. 唐代部分玉器明显受到域外文化的影响，这主要可以从玉带饰、玉飞天以及玉杯等器物造型与人物设计风格上的明显域外化上得以表现出来。而宋代的玉器则更多的是通过中原地区的玉制作传统的回归，满足来自于中原地区的、南宋则主要是江南地区文化层次上的诉求与市井审美的供需，并与北方的辽、金共同构成了一种具有南北风格兼容的玉文化时代。掌握这一点很重要，辽、金与宋的制玉匠人具有流走迁徙的特点，他们居所的不确定，直接导致了琢玉技术的南北杂揉。所以，宋代与辽、金的玉雕在构图上有着明显的不同，但技法上存在着许多的共性。

2. 在文学的创作上，从来就有所谓"唐人尚意，宋人尚理"之说，唐代无论是文学创作，还是工艺制造，处处闪烁着宋代绝无的那种"五花马，千金裘，呼儿将出换美酒，与尔同销万古愁"的万古豪气，反映在玉制作上的一些纹饰、造型，则屡见创新。除了具有域外造型风格的胡人带饰外，尚有不少花草纹饰、禽鸟动物纹饰，多前所未有；而宋代，在理学大昌的社会形态之下，掩盖着貌似太平盛世的自欺欺人。诸如文学上忽而"盖将自其变者而观之"，忽而"盖将自其不变者而观之"，喋喋于哲学上的翻覆，反映在玉器的制作上，则少见形制上、技法上的创新与发展，较多的是潜心研究古制，重发思古之幽情，根据典籍的记载来摹制古代玉器。这一时期有中国历史上第一部古物图录问世，那就是北宋学者吕大临著的《考古图》，为仿制古代器物（包括玉器）提供了似是而非的勾线图样。

3. 唐代的和阗玉材料资源相对于宋代来说，仍属缺稀，所以，唐代的玉件，尤其是和阗玉件，集中地掌握在上层官僚手中，用玉情况与唐以前的古代各朝一样，不是市场行为。所以，在唐代的传世品与出土品中，市井化的雕件较为少见。而宋代的玉制作，从传世的作品来分析，已经开普通百姓佩戴、交易的先河，雕件明显地出现了贴近市庶喜好的造型风格，说明在和阗玉材料能够维持供需平衡的前提下，宋代已经开始了玉器的市场化。理解了这一点，就能从雕件的基本造型上区分唐代

与宋代的不同。但有一点要说明，现在在归口为宋代的玉器中，很有可能混有唐代的作品，这是从学术上要注意的事。至于收藏中的交易，能保证藏品的下限是宋代，其实就很不错了。一些书讲唐代人物的特点是"大头"，准确地说，这是唐、宋两代玉器的共同特点。这种鉴定特征不应该施用在实际的鉴定之中，因为其不能准确地概括出唐或宋代的惟一的本质属性。

4. 我们上面多次提到，唐代的玉器是一种上层官僚社会的专有工艺品，这种结论是建立在下面的三个方面之上：第一，未见具有市庶化倾向的玉雕件出土；第二，出土玉器的棺墓基本上都是唐代官僚阶层，普通黔首的墓葬中较少出现作为陪葬用的玉雕，下面这方唐代出土的澄泥砚，那是标准的社会下层文人的随葬品

唐 冥器澄泥砚

质样式，可以真实折射出与和阗玉器相比较下的阶级差别；第三，有的官僚墓中发掘出用唐以前朝代的古玉作为随葬，可见在唐代用玉随葬是多么的奢华。由于至今未能发掘到唐代皇室墓，所以，尚不清楚唐代皇室随葬玉是什么规制。但是我们目前能通过某些文字记载，了解宋代皇室的用玉情况。在北京故宫博物院藏有一件宋代的白玉提携，据研究，这可能就是宋代皇室的御用器。当然，研究皇室御用与实际收藏意义关系不大，但我们由此可以推知，宋代玉制作的工艺，已经达到了相当高的水平。

5. 从出土的唐代玉器来看，除了玉钗以外，其他品种的数量为数不多，有些样式极为少见。即使是玉钗，唐代能见到的样式基本相同；而玉器制作的样式到了宋代，不仅薪火相传不绝，而且有了极大的发展和突破，延伸出了许多的新品种，如炉、盏、盘、碟、酒器等。我觉得，这就是在和阗玉原材料供应充足的前提下，玉器进入流通领域的必然结果。在收藏的层面上看，见到具有宋代鉴定特

征的大器如炉、碗、酒具等不应怀疑；见到小件如花片、坠饰等，也不要轻视。这些都有可能出现在宋代，而且都有可能是真品，尤其是一些小件。我曾在上海的一家珠宝商行见到一件宋代的人物雕件，虽然小，但各种鉴定特征完全具备，非常开门。当然，这种开门的东西价位相对于一般收藏者来说，还是比较高的。

宋 白玉鸭形盒　　　　　　　　　宋 白玉鸭形盒局部

6. 从直观的制作特点上看，唐代与宋代具有明显区别特征的地方其实并不太多，如果能讲出更多的区别，那么，就不会将唐、宋混而为一了。可以被鉴定事实接受的一个鲜明的区别点是刀痕的不同：唐代用刀的特点是深入轻出，入刀的力度很大，一下就能切到合适的深度，而出刀则渐次拖出。在这种用刀力量的变化中，雕件表面的刀锋可见。对这种现象，可以有多种解释，诸如"上承汉八刀"、"雕工技法不娴熟"、"风格使之然"等，这些都不必管，重要的是记住这种具有明确唐代工艺特征的形式，以及表现出的味道；而宋代雕刻技法作用在玉表面的痕迹则是轻出轻入，了无刀锋力度可言。与唐代相比，显得很理智，不刚烈，我不愿意将之归纳为"娴熟"，而更愿意看作是一种胎息于时代的玉制作风格的表现，因为只有这样，才能从中体会出特有的被时代润化了的味道。当然，上面所说的只是风格距离反差较大的用刀，而也有一些用刀特征不是那么鲜明的作品存在于世，那只能含糊于"唐、宋"之间了。另外，从那些唐代的出土器上看，唐、宋琢玉所使用的工具有着明显的不同，譬如上面说的出刀入刀的不同痕迹，大概总要与砣具的发展有些关系；我曾仔细地观察了出土于1979年的那件唐代青玉鹰照片，照片清晰地保留下了空心桯钻磨出鹰眼的痕迹，我们可以观察到，唐代空心

唐 桯钻动物眼睛

桯钻的直径比宋代的要大，钻壁要厚，与宋代相近的辽、金，则多使用实心的桯
钻。通过观察这些由于工具上的差别而形成的鉴定特征，有助于将有些唐代的玉
器从宋代玉器堆里剥离出来。但是一定要注意，能够构成这些性质上区别的特征，
一定要来自于出土器，或者是经过专家确认无疑的标准器。

【鉴定实例：宋代的青玉携琴访友图牌】

宋 青玉携琴访友图牌（正面、背面）估价350,000元人民币

在宋代玉雕作品中，出现了一种全景式构图的人物山水画面，主要的构图特点在于画面场景宽阔，是大自然视觉的一种微缩，在一个恰当的地方，安厝着主题人物，人物只是这种大型场面中的一个组成部分。这种类型的宋代玉雕，被乾隆皇帝称为"玉图画"，对后世的以全景布局为主题的玉作品，如山子、瓦子、春水秋山玉，乃至于清代的玉牌子的画面设计，都具有不衰的借鉴作用。北京故宫博物院收藏的青玉镂空松下仕女图、青玉人物山子都是现存的宋代玉图画的代表作，标志宋代玉器艺术已达到了相当的高度。

宋 青玉携琴访友图牌局部1

宋 青玉携琴访友图牌局部2
（正面龟鹤）

宋 青玉携琴访友图牌局部3
（背面）

这件青玉镂空携琴访友图牌的规格是9.2厘米×7厘米，玉色莹白，包浆熟旧。画面的主题纹饰是松下老人和一携琴童子，周围的景物描写是：一棵用浮雕手法雕出的弯曲虬折、枝叶繁茂的苍松作为与人物相对应的纵向衬景，松树的阴刻细线是呈放射形状的；松下一士大夫身着长衫，临风飘逸，人像头戴帽巾随风后扬，面部五官是丹凤眼、"八"字眉、楔形鼻。人物的整体形象呈上窄下宽的造型，衣褶的表现上较多地使用了近乎平行的长弧线，线条细而有弹性；二手在前，衣袖下垂，表现出宋代理学环境塑造下高士的理性内涵，身旁雕一仙鹤，鹤身上的羽毛纹饰主要是由鱼鳞纹和直线纹组成的鹤羽，与上述的宋代雕制方法相同；在画面中比较神奇的是仙鹤的边上还雕有一个吐云的乌龟，龟首上扬，口中吐出袅袅祥云，徐徐上升，上端的两朵祥云随即化作一个琼台楼阁，图案的构思与设计正是宋代社会政治背景的真实再现，这是这件玉图画由形式所反映出内容的最重要的视点。在工艺层面上，琼台楼阁利用了糖色玉巧雕而成，显得非常自然贴切，以巧妙的构思来弥补了玉色不完美的缺陷，达到了以工遮瑕的效果。

【第五节 宋代玉器的投资与收藏】

从鉴定的角度看，宋代的玉器与唐代的玉器有一个很相似的地方，那就是真正可用作鉴定标准的出土器很少。老一代鉴定专家，如陈重远先生笔下的那些叱咤琉璃厂的风云人物们，他们的鉴定标准往往是从师傅身上、口中学来的，具有感性色彩的熟悉与记忆。但是绝不能因此怀疑他们的鉴定经验与成果，因为他们的鉴定感觉是用一生时光为代价历练出来的，这些感觉就是向他们的后代口传心授的标准与依据。我坚信，如果用一辈子的精力朝夕厮守着这片土地，每一块土坷垃也能摸出长相来。但我觉得如果用现代的思维形式去分析，那些积累于老一辈意识中的鉴定标准，尚缺少出土器所展示出的考古学特征作为理论与实物的支持，从而使得传统的鉴定方法在判定古玩新与旧的方面胸有成竹，而在断代方面，则多少有些力不从心。这就是我们反观在一些博物馆的藏品中，有不少将清仿品混同于真品的断代失误的理由。这种现象，反映在宋代的玉器中尤为明显。

宋代玉器的这一亩三分地，就像餐桌上的一只大拼盘：有唐代特征不明显的；有辽、金特征与宋代相接近的；还有清仿、民仿的，当然少不了

玛瑙盏

无孔不入的赝品。除了赝品之外，依然有着若干朝代的玉器作品混沌于宋代，这结果对于近代的鉴定方法来说，似乎已经完成了摒除新仿、赝品的使命，因此，即使是在博物馆馆藏宋代玉器的传世品中，也有断代不确定者，但少见赝品；至于断代每一件"宋代"玉器，就是在有一些出土器作为鉴定依据的现在，也不乏含糊其辞，或顾左右而言他。因为，在目前所能认知的宋代玉器鉴定特征之外，究竟还有多少盲点，谁也搞不清楚。

上面的这些文字对于读者比较重要。宋代玉器与唐代玉器同样具有出土器少，鉴定标准外缘不清晰的特点。但是由于唐代的玉器没有形成市场化规模，玉器制品相对较少，传统的鉴定方法把那些感觉特征比较鲜明的划归了唐代，而将断代不确定的一股脑"莫须有"于赵宋，这种类似急救的鉴定历史铸成了既定唐代玉器的单一，而将各种不确定集中于宋代这一现实。对于鉴定，宋代是一个令人头疼的时期，而对于个人的收藏与投资，好像别有另一番景象：正是在那些宋代玉器的混沌之中，蕴含着许多来自于鉴赏方面的与投资方面的未知，这种收藏行为内容的包含，甚至可以超过对历史上任何一个时代玉器的收藏。当然，这里需要一个前提，那就是必须排除赝品，仿古的下限不能低于清中期。

凡是搞收藏的人基本上都明白，想成气候一定要将自己的藏品形成至少是数量上的规模。在目前断代标准含糊的前提下，能维持一个数量上的规模，那么这网中之鱼的内容种类一定会很丰富，在鉴定标准不断明晰的今天或明天，真没准儿从各色鱼中淘换出个金龟。能用宋玉的价钱买一件唐代玉器，或者买一件清代乾隆的仿古玉器，怎么算都不吃亏，这就是收藏与投资宋代玉器的意外回报。虽然从玉器的制作形式上分析，在宋代，玉器已经形成了市场化的供需规

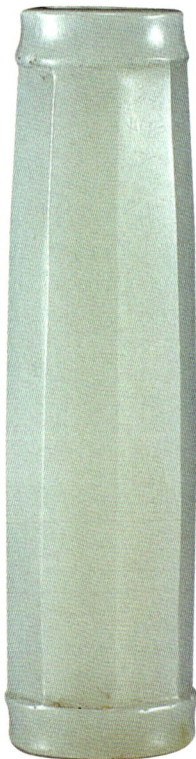

宋 白玉勒子

模，但是无可否认，玉器仍然是少数有钱阶层的贵重饰物，流传到今天的绝对没有多少。而唐代玉器尚无市场化可言，流传至今的可谓吉光片羽。真正清代乾隆的仿古玉器，更属难求。在收藏规律的制约下，唐代玉器的交易价位与宋代玉器相比，必然要走高，这是一定的。现在在古玩的交易市场上，玉器交易有一种不可思议的现象，明、清的老玉卖不过新雕玉件。这是一种完全违反收藏规律的炒作，不奇怪。一张齐白石的经典作品，有时拍价竟低于现代活人的应酬之作，这种不正常的炒作会像风一样很快过去，关键是要抓住时机，人弃我取，人有我优，不失时机地入藏清中期以前的"宋代玉器"。

我们说要不失时机地收藏宋代的玉器，并不是告诉读者逢宋必吃。在交易过程中，至少要注意两个问题：

一是不要"破烂"。所谓"破烂"，是指路分很低的东西，譬如残器、土蚀过于严重的玉件以及雕工粗糙、玉质很差的玉件等。作为研究，这些东西可能有利用的价值，但作为藏品，一般不受藏家的重视，市场价位很低。但是，这路东西有时我要，只要东西对，而且便宜，我愿意买一点作为资料，但不视为藏品。收藏一定有一个由低端藏品向高端藏品发展的过程，这个过程持续的时间越长，你最后抛弃的"破烂"就越多，你的高端藏品就越少。所以，尤其作为一个初涉收藏的人，起点一定要高，邀请专家帮助，把买一百件"破烂"的钱集中起来买一件精品，千万别养成见便宜东西就买的不良习惯。

二是有些人斤斤于对玉件造型、刀法等特征的计较，这些用在玉件的断代上是完全必要的鉴定手段。如果对于初学者入藏或购买宋代玉器来说，我觉得更简单、直观而且重要的，莫过于对玉质的辨识。只要是温润无瑕或瑕疵不多的和阗玉，根据玉质的优劣等级，在价位合适的情况下，就可以买。因为，包括民国仿品在内，只要是在利益驱动下的仿制行为，就不可能用上好的和阗玉。而清中期的乾隆仿古，虽说用的是上好的和阗玉，但那不存在利益的驱动。即使是真正的唐代或宋代的玉器，用杂玉或有用汉白玉雕成的作品，同样不值钱。就目前的传世唐、宋玉器来看，唐代有些是用滑石、汉白玉以及杂玉石雕琢的，上好的和阗玉较少；宋代的传世品中和阗玉较多见，杂玉石相对较少。民国仿品，尤其现在的赝品，雕工讲究一点的，用普通的山料或俄料；廉价的仿品则用南阳玉、岫岩玉等，经过简单的做旧，有的涂上泥巴，就放在地摊上卖。因此我们可以总

结出，玉质不好或不对的玉件，一般不予理睬。当然，经过专家鉴定过的譬如唐代滑石雕件，在价钱不贵的前提下，还是可以买进做标本的。买唐、宋玉器，看材质是初学者首先要学会的基本功，至于通过刀法、造型、磨光来断代，那是很复杂的第二步，初学者往往会因为掌握不准这几种鉴定方法而掉进陷阱，反不如先过辨识玉质这一关来得更可靠些。

对于古玩，不仅要学会鉴定，因为那只是获得真正藏品的手段和通道，就是不懂鉴定也没关系，可以请专家代为长眼，一样能买到好的东西。更重要的是学会"品"与"赏"，能够将藏品把玩一生，不同时间段，生成着不同的认识和欣赏视觉。宋代应处于中国玉器制作史上的转型时期，既保留着汉代的刀工简约、唐代的造型丰腴，又开启着元、明、清细腻雕琢风格的先河，而宋玉这一范畴的本身，也像一只变幻斑斓的万花筒，能在一个相当长的时段里，随时展示给它的收藏者以最值得赏玩品味的东西，"取之无禁，用之不竭，是造物者之无尽藏也"（苏轼语）。因此说，宋代玉器对收藏者的精神回报，要远高于明、清玉器。

宋 玉手镯

第七章

辽、金时期玉器

　　辽代与金代，是与赵宋皇权南北对峙，分庭抗礼的两个北方民族政权，赵宋政权的对外无能，主要表现在对这两个北方少数民族政权的军事无奈之上。而辽、金对赵宋物质资源的鲸吞，以及对人力资源的掠夺，一方面高速度地消耗了赵宋皇权的朝祚寿命，另一方面，则将长江、黄河流域的中原文明源源不断地输送到了北方，使得相对落后的北方契丹、女真民族能以最短暂的时间和最快捷的接力，在某些领域接近乃至达到了赵宋的时代水平标准。

　　从古玩的收藏与交易的角度来看，辽代与金代的古物是一种区域性较强的收藏品，出土品、传世品基本上游弋在我国东北、华北地区的交易市场上，有些是收藏者耳熟能详的品种，譬如玉器中的带板、飞天、春水玉、秋山玉，瓷器中的辽三彩、皮囊壶，铜镜中的双鱼镜、龙纹镜等；有些带有比较鲜明游牧民族色彩的器件如青铜刀具、马具等，则往往不被中原以及江南地区的收藏者所重视，收藏群体人数规模相对较唐、宋小而集中。这就是目下辽、金时代古器物收藏的现状。仅就玉器的收藏来讲，辽、金玉器是玉器收藏大盘中很小的"一角蛋糕"，具体的传世器多寡不清，时有所见，总是真仿参半。但我感觉，其中的精品水平绝对不会低于宋代的精品，而路分低下的传世作品和仿品的数量，绝对少于宋代。

辽 墨玉牌饰（正面、背面）

【第一节 辽代玉器】

辽的建元历史要比赵宋的时间长五十余年，公元907年始建契丹国，公元946年灭五代十国的后晋，于公元947年改号为"辽"。而公元960年，宋太祖赵匡胤才建立北宋。辽代亡于公元1125年，南宋亡于公元1279年。这两个朝代存在的中心时段基本上在一个历史的轴线上。政治、文化、艺术、工艺、宗教诸方面都存在着赵宋对契丹的影响。同时，由于不断的战争掠夺，导致赵宋国朝人力资源的外流，这样，在客观上加速了文化、艺术、工艺方面技能的更直接的交流。

辽 玉双虎饰件

对于玉器的设计制作来说，这种特定时代的动因，直接导致了辽代玉器与赵宋玉器能跨越民族审美意识的惯性而产生出惊人的相似。在琢玉的技法上，辽代的工艺水平与赵宋相仿佛，既没有多大的差距，也没有更新的特色，基本上是延续了唐代的琢玉工艺特征。这里面存在着两种可能：一是辽代的琢玉水平的确与赵宋相近似；二是出土于辽国境内的玉器，未必全是契丹人所为，有可能是赵宋流入辽地的作品，也有可能就是身处辽地的赵宋工匠的作品。所以，在琢玉的工艺表现方面，有些作品很难看出宋、辽之间的区别。

值得注意的是，辽代的镂雕较常见的有两层、三层的雕法，而宋代的镂雕，则以单层的居多，尽管多层的镂雕在赵宋就有端倪，但是，真正广泛应用的，则应是辽与金。我以为，对于一般初学者来说，分辨辽与赵宋的区别，主要应从玉件的题材与造型方面着眼。当然，赵宋的琢玉工匠身

辽　白玉双凤佩

处辽地,琢出的作品就一定会具有契丹民族色彩,仅从造型与题材上仍不能解决根本的辨识问题。这是比较深层次的断代研究,需要对宋代琢玉风格与辽代的琢玉风格有一个相当的总体把握能力,是很专业的研究内容,本书不涉及。

辽代的用玉,多见和阗白玉、青白玉以及少量的青玉,契丹道宗皇帝于清宁四年(公元1058年)十一月曾经颁布禁造玉器令,可见辽代和阗玉资源的输入通道并不畅通,而且,当时的用玉也比较普遍。在传世品中,常见有带有辽代风格的玛瑙、水晶制品,而且数量较多,出土发掘的记录中,也屡见这两种材质的雕件出现。辽代玛瑙制品一般呈红、白两色,水晶质地则通透清莹。水晶、玛瑙材料的广泛使用,可能会从材料上说明了辽代和阗玉材的紧张程度。

辽代琢玉的工艺表现特征是:圆雕、浮雕、镂雕、片雕、巧雕各种形式均有所呈现,其中镂雕出现两层、三层的复式雕法。在作品的表面辅以规范的阴刻线,做工细致精巧,图案造型新颖,其总体风格与唐、宋具有一脉相承的气息。

辽 芦雁穿莲饰件

辽代玉器常见的有飞天、带板、摩羯、佩饰等。其中玉飞天已经形成了辽代本朝的飞天风格,传世品的数量不少,造型特征也比较明显:多见低平发髻,或发髻状如纶巾,与宋飞天相似;双手持物或合十,开脸丰腴,耳大如佛,身体多设计成短而粗的形状,辅以或粗或细的阴线,缺乏唐代飞天特有的那种婀娜轻盈的身姿。裙长不露足,也与唐代的飞天不同。传

世常见的辽代玉飞天造型设计不如唐、宋时期，但是本朝代的特征则比较明显。常见的还有玉带板，雕工细致，布局饱满，与宋代的特征有许多的相同之处，较难辨别。

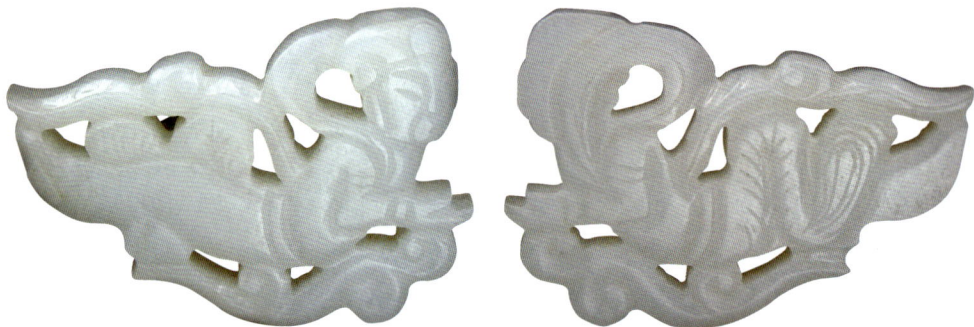

辽 白玉飞天（正面、背面）

在辽代玉器中，有一种水鸟纹佩饰或嵌饰，以鸬鹚鸟为主要构图元素，再辅以莲、荷、水草，构成具有"一路（鸬）连科（莲、荷）"吉祥寓意的作品。这是辽代玉器中比较典型的题材。另外，摩羯、器皿、花片佩饰等多种形式的作品，因不具有典型的辽代风格，就不一一介绍了。

总的来说，辽代所处的时代与赵宋相当，又有着资源的流入，所以，对玉器的整体而言，即使是发掘品，也不能立断是宋是辽，所以，传世品中的与宋相近一路的作品，都划归于宋，辽代作品圈内所包含的作品，是不全面的。作为收藏者，收藏藏品本应朝着时代风格强烈的东西下手，因此，辽代既有的传世品在熟悉唐、宋标准器的前提下，是比较容易通过对比的方法甄别出来的。

辽/金 白玉神鸟　　　　　　辽/金 白玉神鸟

【第二节 金代玉器】

　　金代是一个由女真族建立起来的北方少数民族政权，其领地疆域较大，除东三省之外，尚延伸到河北、山东、陕西、安徽、山西、河南、江苏等地区的境内，与汉族统治的赵宋有着较大面积的接触。这种接触的后果，一方面对赵宋构成了直接的军事威胁与侵犯，造成了与南宋偏安朝廷对峙达百余年之久的一个既定的历史事实；另一方面，又将汉文化源源不断地通过掠夺、迁徙等方式输送到国内，形成了较辽代更深层次的文化浸润与对接。

　　就传世金代玉器来看，基本情况与辽代相仿佛，同样具有出土器少、一部分玉器的宋代鉴定特征较强，有可能划归宋代的特点。同时，元代于公元1234年灭金，于是金代晚期的玉器又有可能与元代相混淆，有一种雕琢细致的作品，被认为是具有"宋做工"的工艺特征，其实更多的是出自元代匠人之手。不管是出于什么原因而定居于金地的琢玉匠人，他们在金地不仅仍然以琢玉为生，而且还要授徒，传递源于中原地区的琢玉技能，这样，对于一件传世的金代玉器，在不存在真伪鉴定的前提下，判定究竟是宋、是金、是元，则是一道更难的难题。

　　不可否认，在元代对金极端仇视的作用下，金代的玉器在很大程度上遭到了毁灭性的干扰。因此，地下出土器比较稀少，传世品也所见不

金　大鹏展翅饰件

多，由此带来的，是在这一时段玉器鉴别体系与相邻朝代玉器鉴别体系的不确定，也许这又是一本永远念不明白的糊涂经。

金代玉器的主要分布区域与辽代玉器基本相同，一般在京津及沈阳、内蒙诸地的古玩交易市场中所见的真品，多为风格粗犷一路，而那些精雕细琢的则比较少见。至于高官阶墓主的随葬玉与佩饰，除博物馆可见外，在民间的交易中一般不会出现。造成这种流传特征的原因主要是金代和阗玉原料供给通道不畅通，往往利用西夏作为购入的中转地，而这种二手资源供需关系又往往受到来自于战争、自然灾害以及西夏国与西域双边关系现状等外在不可控制条件的制约，不能有效地保证用玉与供玉之间的平衡。而这种失衡不仅反映在普通市场的销售方面，有时甚至使得朝廷用玉接近岌岌可危的境地。据《金史》记载：

> 承安元年（公元1196年，承安是金章宗的年号，时为南宋宁宗庆元二年），将郊。礼官言："礼神之玉当用真玉，燔（fán，焚烧）玉当用次玉。昔大定十一年（公元1171年，大定是金世宗年号，时为南宋孝宗乾道七年），天地之玉皆以次玉代之，臣等疑其未尽。礼贵有恒，不能继者不敢以献。若燔真玉，常祀用之，恐有时或阙，反失礼制。若从近代之典，及本朝礼仪，真玉礼神、次玉燔瘗，于礼为当……"上命俱用真玉。

这是一副典型的打肿脸充胖子的历史漫画。那位礼官的确有他当家人的苦衷。当时朝廷用玉明显很匮乏，所以在不得已的情况下，才想出这样一条下策：雕制祀天的苍璧等礼器是看得见摸得着的陈列品，建议用真正的和阗玉；至于在仪礼之中用火焚烧的玉，可以用次玉（我以为就是指岫岩玉等当地可以采到的玉石）作为替代品，这不失一条长远之策，这次焚玉一旦用真玉，形成规制，以后真玉没有了，岂不是有违常礼？从礼官的奏言中，可见和阗玉的供应在金章宗时候已经捉襟见肘了，与偏居一隅的宋宁宗朝野玉器市场的繁荣，形成了鲜明的对比——金代玉器之少，可见一斑。

金 白玉荔枝双鸟

金 白玉荔枝双鸟局部

金 白玉孔雀（正面）

金 白玉孔雀（背面）

就玉器雕制工艺本身而言，金代与赵宋的水平相接近，用玉主要以青玉和白玉为主，也多见玛瑙水晶等其他材质。种类比较常见的有童子、兔、马、鱼等数种，其中较为藏家所重视的童子多做行走状，开脸、发髻的处理与宋童子有差别，雕琢手段基本上与宋工相仿佛。所雕鲤鱼周围配以水藻，注重渲染玉雕中心形象与周边的关系。

在金代玉雕中最受藏家追捧的，首数人们耳熟能详的"春水玉"与"秋山玉"，这两种玉在金代玉器的交易中，往往能有很好的价格表现。"春水"与"秋山"是两种流行于金代玉器中的热门题材，反映了金代贵族社会春、秋两季在围猎中所观察到的场景，完全是用玉雕制出的场景图画，极其真实贴切地反映出北方游牧民族眼中的自然界。我认为，金代的这两种玉图画，就画面所构成的欣赏氛围与视觉效果而言，是中国玉器史上少有的。原因很简单：

一是南北艺术的优+。正如前面所讲，金代琢玉工匠技艺的主要传承，是来自于赵宋，这种琢玉工艺的表现形式在金代很快地将北方游牧地区特有的生态环境作为表现对象，从而形成了具有南北合璧的经典玉雕艺术。

二是具有一种真实淳朴的阅读感觉。所谓的"春水玉"，就是定格于在春天水塘旁边海东青捕食天鹅瞬间的玉雕。海东青，《辽史》中称为"海东青鹘"，是一种以捕食天鹅为主的鹰，在辽国的宫廷里曾豢养过这种动物，每年春季，辽国的皇帝总会在湖边把它放出来，看着它们猎食湖边芦苇间的天鹅。这种生活情节多发生在辽代的契丹族，但作为艺术的提炼与盛行，则是在女真族王朝的金代。"秋山玉"是一种较为纯粹的狩猎场景的定格。其主要画面内容是：在柞树飘红的深秋山林间，一只老虎正在虎视眈眈于一只遁地无门的鹿。作者将画面之外的下一组镜头留给了他的佩戴者与收藏者。需要说明的一点是，柞树的深秋红叶，是工匠利用宋朝传下来的做沁方法，

金 秋山山子

通过人工烤煨制成的皮色，也属巧雕的一种。这两种脍炙人口的作品，仿佛使人置身于老庄笔下的大自然之中，尤其对于现代资本社会中营营逐利的匆匆过客，是一种灵魂上的陶冶、净化与洗涤。

三是动与静的交融。"春水玉"与"秋山玉"的主要构图原理，都是来自于制造出动与静的矛盾冲突，环环相扣。你看，海东青、天鹅、老虎、鹿都是处于定格状态下的动作者，与周围的水草、柞树、山岩的静态形成了高位反差；而画面上已操胜券的海东青与稳操胜券的老虎处于相对静态，与鹄口挣扎的天鹅、惊魂未定的鹿又形成一个低位的动静反差。然而，这些矛盾冲突通过匠心的运作，对元素构成的大小、精粗、虚实进行了精密的设计与调动，最终和谐了。

请读者注意，我们在这里很少讲到雕琢方面的鉴定特征，那是因为，辽、金时期的玉雕工艺与宋代基本上是相同的，没有太大的变化。而且，越是发展到后代，诸如明、清时期，时代特征就越不明显。至于人物的开脸是什么样，龙雕几爪等，那都是形式，我相信，任何一个造假者都比普通鉴别者更明白。所以，在没有真伪争议的情况下，运用那些特征可以准确的断代。对于初学者，首先要掌握的应是真伪的辨别，这里，我没有一语度金针的本领，还是老的办法，第一，要鉴别金代的玉器，一定要有几件金代的标准器，就是一点点比照，也能大概看出真伪；第二，标准器要经过专家的认可，不能骗自己；第三，辽、金的东西较少，最好邀请专家长眼，买与不买，让东西说话。

金 透雕莲荷鸳鸯饰件

【鉴定实例：辽金时期的白玉鸳鸯卧莲帽顶】

辽/金 白玉鸳鸯卧莲帽顶 估价 500,000 元人民币

帽顶和炉顶是否是一物，或各有其名，在玉器收藏界一直存在着不同见解。在这个问题上，我看了许多的实物以及相关的资料，认为这类作品中有很多题材，许多是反映游牧民族生活的写实作品，如鸳鸯卧莲，鸳鸯荷叶，龙穿牡丹，鹘捉天鹅，山林群鹿，五禽莲荷，鹤鹿仙人，其中多数应为宋、辽、金、元时期，其内容都是再现少数民族浓厚生活气息的。而具体的用途则应是帽顶上的装饰物。只是到了明、清两代，废物利用被用来改作木制香炉盖上的钮。而如果是按照帽顶形状仿制的炉顶，作为香炉的握手，其底部应较平坦，挖膛不会很深，这样才能厝置稳当，而且炉顶的底部打眼一般是在中心部位，便于把立钮嵌在炉顶上；而帽顶则不同，帽顶的挖膛很深，而且是左右二边有的是象鼻眼，便于系在帽的顶部，挖膛的实际作用是为了减轻帽顶的分量，其主题纹饰一定是在正面方向的。

这件帽顶是用新疆和阗籽料制成，外形规格是 7 厘米 × 9 厘米，尺寸较大。玉色极其纯净，达到了精光内蕴的标准，其橘红色玉皮和鸳鸯都是正面方向的，由此便可确认是帽顶而不是明清时期的炉顶。这件帽顶的皮色很美，正面刻有含苞待放

的荷花，花上还有一只蜻蜓，荷叶、水草都是镂雕的。荷下有鹭鸶三只，一只仰首向天，一只扭头觅食，另一只则隐藏在水草丛中，形态各异。顶部的荷花托着一个鸳鸯，叶片上雕有锯齿纹向里翻卷，叶脉边单线阴刻，由叶中心向外呈放射状。荷叶四周镂雕水草，与荷叶相缠绕，表现形式十分自然美观，充满生机，明确地表现出面向自然和写实的风格。水草、荷花、鸳鸯的和谐布局，表现出了很高的雕琢工匠的艺术修养。这件作品在镂雕的工艺运用上，虽然明显地采用了钻孔镂空的手法，但是做到了打孔而不通透，即不是从一面钻透到另一面的通孔镂空。这种镂空对技术的掌握要求很高，我见过此类的现代仿品，基本上无法达到真品的既有水平，在打孔镂雕方面无法过关，拿在手上一看，钻孔都一通到底，缺少技术上的审美趣味，把玩兴趣索然。

辽金时期的这种题材对后世的影响深远，比如清代就有以荷雁为题材的作品，大雁受到了清代审美观念下的美化设计，显得靓丽有余而霸气不足。这件作品在帽顶中是出类拔萃的藏品，有眼力、有财力的收藏者一般不会见而失之交臂。

【第三节 辽金玉器的投资与收藏】

　　辽、金玉器的出土器大概比唐代玉器还少，传世品却相对较多，当然，这里包含着非辽、金制作品的混淆其中。我认为，收藏、鉴定辽、金玉器，不能仅从传统鉴定一路延续下来的鉴定特征上着眼，重要的是看玉器本身传递出的那种感觉是否对路，这种感觉在书画的鉴定上，就叫"味道"。你可以仔细体味一下，那种符合北方少数民族审美的画面感觉，与中原赵宋的审美感觉存在着不同的地方，从这一点着眼，就能有50%的胜算。

　　辽、金时期的玉器，是一种南北融合的产物，确切地说，就是用以赵宋为代表的中原琢玉技法琢制出具有鲜明的北方游牧民族特点的玉制品。相比之下，雕琢技法倒是一种带有共性的可效可仿的工艺因素，不足以判断玉件的真伪；而微妙之处在于画面中动静关系的调和与处理。我从朋友处借来一件新仿辽代的玉铃，仔细品味，其漏洞就出在动静关系的不明显上，动与静的反差拉不开，仿制者既不能认识到这一点，对此也无能为力。这就是我们前面反复强调的工外功，即：在传统鉴定方法上增加对风格的考察，就是"鉴"加"品"。因为，在比较深入地探查中古玉的传世特点之后，你会越来越觉得朝代的混沌，加上真伪的混沌，那些万书不离其宗的鉴定方法，已经不能阻隔赝品在交易往来中的畅行通道，而真正能够判定真伪的，往往是一种难以言传的感觉。这种感觉，其实就是对风格、对味道"品"的结果。以书画鉴定而言，据我所见，现在的书画高仿真印刷技术，让一般人来看，可以完全乱真。但是，如果将仿真印刷品挂在墙上仔细观察，形似没有问题，而神采方面绝对可以看出不似之处。借鉴书画鉴定的这种原理，来鉴定辽、金玉器，我感觉是一种无法之法。

　　辽、金的原作品是匠人源于生活环境，潜心而为。就春水、秋山而言，原作品是对大自然的一种选景与定格的第一级复制，不管是粗碾还是细雕，都应该具有明显的南北融合的特征；如果是清代的仿古，想必是以原作品做为蓝本，进行第二级的复制，在仿品中已经融有清代乾隆时期的工艺因素与时代审美，这是作为仿古而不是赝品的必然。对于后人来说，清代仿古已与辽、金原作品相混淆而共同流传于世了，那么，现代赝品极有可能是在清代仿古的基础上再仿，属于第三级的复制品，试想，这种第三代仿品与原作品可能在表面上相仿佛，但距离原作的精神，一定是越来越风马牛不相及的。

杨伯达先生在《隋唐——明代玉器叙略》一文中讲：

> 金代"春水"玉迄今尚无出土者，"秋山"玉仅出土一件，但是，故宫博物院清宫旧藏玉器中确有一批春水秋山玉。经过比较，确认其中有金代的……

从杨先生的话中，我们至少可以窥探出两种信息：

一是金代的最为热门题材的玉器几乎没有出土的记录。这对于用考古学的方法鉴定春水、秋山玉来说，是一件很尴尬的事，标准器的不能确定，必然导致鉴定标准的疲软，真假的争论就永远没有尽头。

二是即使是在北京故宫里藏的春水、秋山玉中有金代的，也可能有一些是后仿品。这种真、仿品的占有比例肯定与古玩市场交易中的真品与仿品、真品与赝品的比例不同。话又说回来，如果出于收藏目的，只要不是现代的仿品，清仿品与原作品各自具有不同的收藏价值，俗话说："没有朱砂，红土为贵"。用于对辽、金玉器的收藏上，不亦宜乎！

辽 玉孔雀

辽 / 金 蝶恋花佩

第八章

元代玉器

【第一节 元代及其元代玉器】

元代是一个疆域横跨欧亚大陆的帝国，与曾经的"大唐帝国"相比，更具有独霸天下的帝国威仪。在这种特定权力的统治下，作为对内、对外贸易交流主要支撑点的海、陆运输，显现得相对的繁荣与畅通。在对中原文化的传承上，一方面元人对自身处于文化沙漠的境地有了一个相对清醒的认识，譬如在由中国历史博物馆编写的《图说中华五千年》中，就有这样的一段文字：

> 蒙古族原来没有文字，成吉思汗即位不久，命畏兀儿人塔塔统阿借用畏兀儿文拼成蒙古文字。

这说明元代的统治者在统一天下之后，曾对于本民族的文化劣势有过深刻的反思。这种反思，成就了元代帝国在文学创作、书画创作、瓷器制造、玉器制造等各文化领域中处于后来居上的地位；另一方面，由于是异族的武力占领，汉族的文人产生了两种分化：一种是以宋代宗室赵孟頫为代表的，这些人虽然在民族气节上深为时人及其以后民众所不齿，但其本身所具有的艺术禀赋与艺术才能，又因成为元代文化艺术的主要构成与支撑而折服世人；另一种是具有高尚民族气节的文人如花鸟、山水画家钱选，这位南宋末年的乡贡进士，在元人的统治下，以"隐于绘事，以终其身"的不合作决心，遁迹山林，潜心绘画艺术，多借题画诗来发泄自己役于异族的郁闷心情，譬如，他在《山居图》上有这样的一首题诗：

> 山居惟爱静，

元 倪云林 江亭山色轴

元 玉秋山饰件（正面）

元 玉秋山饰件（背面）

日午掩柴门。

寡合人多忌，

无求道自尊。

鹦鹏俱有志，

兰艾不同根。

安得蒙庄叟，

相逢细莫论。

　　这是来自于文人不同的社会表现。至于作为工匠的"手艺人"是一种什么心情与态度，各种典籍没有给予记载，但可以想象，他们仍然是任劳任怨地凭着手艺养家糊口。因此，不管文学、书画领域是怎样的利用作品来传递着各种复杂的情感，在瓷器的生产上，这一时代创烧了釉下青花、釉里红，这种里程碑式的成就，是不容否认的历史事实。

　　元代统治者对汉文化的重视与吸收，不仅表现在形式与内容上，也表现在对历

元　白玉瓦子（正面）

元　白玉瓦子（背面）

史的总结与反思之上。就玉器的制造而言，宋代用玉广泛而普遍，由于玉材供需关系相对平衡，所以才能呈现市场化的规模，而金代的玉材供应，由于供给渠道不畅，受制于西夏，在元人的征服势力面前，金代与西夏之间存在着相当严重的矛盾，这也是金代和阗玉资源匮乏的重要原因之一。这时的元代朝廷能够明显地认识到这一点，并对此采取了最为有效的措施，那就是：

第一，有效地保证了玉材的开采与运输通道的畅通，将玉材的产地由和阗扩充到了四川，那件著名的渎山大玉海据乾隆的考证，玉料就是产于四川。

第二，控制了碾玉砂的有效供给。这种碾玉砂产于山西大同，遂设"大同路采砂所"，将砂源源不断地运送到大都。

第三，设置"诸路金玉人匠总管府玉局提举司"、"上都大都路貂鼠软皮等局提领所玛瑙玉局"、"杭州路金玉总管府"这三个总督辖天下玉匠的机构，落实了对中原玉匠组织使用这一玉制作环节中最重要的组成部分。

因此，元代的玉器在承接赵宋玉器制作传统的基础上，又具有开启明代制玉风格先河的作用。元代玉器在历史上占有相对重要的地位。

玉器，作为一种高层次的饰品，主要消费对象历来是社会的统治阶层。通过对不同朝代、不同时段遗留玉器的社会复原性研究，完全可以再现社会统治者对于审美的要求，以及在同一审美坐标上的位置。元代的统治者出身游牧民族，具有一种豪放不羁的性格，所以，对玉施材的要求很简单，那就是用料相对宽大。所雕玉件用途范围广泛，小件的生活用玉器有洗、匜、杯、带板、炉顶、佩饰等，大件的玉器则有玉台床。目前元代玉器鉴定标准的设定仍是以传世器为主，因为出土器很少，而高官阶的墓穴尚不见有发掘报告，也不见有精品玉件出土。

元 鸳鸯

元 鸳鸯（底部）

【第二节 元代玉器的鉴定】

元代玉器的鉴定特征并不明显，如果将出土器与宋、辽、金、明诸代相比较，就会发现这些相邻朝代与元代的风格很难截然拉开，完全不像战国与汉、明与清的那种具有鲜明的层次感觉。这也许就是这一时期中古玉器的特点。相比之下，宋、辽、元、明这四个朝代瓷器的时代分隔，就很鲜明。不过，玉器鉴定边缘模糊，这也许对于收藏者，尤其是初涉收藏的爱好者来说，是一件好事。因为除两宋以外，辽、金、元朝祚都短，传世与出土的玉器相对要少，在鉴定边缘模糊的前提下，入藏相对容易一些。这就牵扯到一个收藏视点与观念的问题，如果将断代放在首位，或先入为主地想收藏某一朝代藏品，而轻易放弃其他朝代的，就会导致许多收藏机遇的流失；相反，如果先着眼于真伪，只要是这四个朝代的就先通吃（当然，还有个品相的问题），而将断代置于次要的位置，那么，你的收藏取向就会在丰富的藏品的基础上逐渐形成，有了这样雄厚的藏品基础，断代的能力也就会逐渐生成了。

在收藏界内，真正"科班"出身的鉴定家其实并不多，绝大多数的鉴定家都是在收藏与"玩"中产生的，譬如鉴定大家朱家溍、启功、王世襄等前辈，无不如此。这一点对于初涉收藏的读者朋友很重要，"先真伪，后断代"，我始终认为这是一条对于一般水平的收藏者入藏古玩时所必须遵守的原则，尤其是收藏宋、辽、金、元这四个朝代的玉器，更应如此。

从宏观上看元代的传世玉器，在雕刻技法中，最突出的表现手法就是立体感表现强烈的镂空、圆雕与浮雕，有些传世玉件能够雕出数层纹饰图案。这些作品虽然有着很强烈的立体感，但是有些因用刀的粗率致使刀痕出廓，也表露了元代雕工所代表的时代风格。元代玉器的品种样式较辽、金为多，但市场交易流动的常见品种

宋 羽毛刀法

辽 羽毛刀法

元 羽毛刀法

则相差不多。有些如北京故宫博物院所藏青玉龙纹双耳活环尊、白玉双人耳礼乐杯、青玉莲托坐龙，甚至那件曾为真武庙道人腌菜的，现收藏于北京团城玉瓮亭中的元代玉器名雕渎山大玉海等，均属精绝之品，不可能流传于市肆；而真正能在民间交易流动的，大多是一些雕工一般、题材常见的小件，尤以小摆件居多。那么，关于元代玉器鉴定标准器的选用，就不应将主要视点对准那些缺乏流通基础的精品之上，而应该更多地向常见品种倾斜。元代玉器在民间的流传交易不多，但也是有所见的。常见的有这样几种：

元 白玉胡人献宝

一、玉押

玉押是元代特有的一种玉质印章。押，是元人的印章形式，蒙古族人的汉字文化在元代初期尚属启蒙阶段，作为印鉴，元人只是在印面上画出一个简单的图案，用铜铸成印章的形式，后来又有了在图案上铸出姓氏，而一般将下面的图案称为"押"，上有"张"字，称"张押"；上有"李"

字，称"李押"。博物馆中常见一些战国及其以后的玉质私印，一般通称为"玉印"；那么，元代也有用玉刻押的，我们则称之为"玉押"。关于玉押，元人陶宗仪在《南村辍耕录》中有下面的解释：

元 "天"字押　　　　　　元 "大吉"押

　　今蒙古、色目人之为官者，多不能执笔画押，例以象牙或木刻而印之。

　　宰辅及近侍，官至一品者，得旨则用玉图书押字，非特赐不能用。

　　玉押与铜押不仅在施印的材质上有铜玉的区别，其形式上也有明显的不同，譬如印钮，铜押的钮多见直柄，或长或短，有的押柄仅见一个细而短的小凸；而玉押的钮上面多雕有瑞兽，形制与玉印相仿；对铜押的评价多从铸口上着眼，而对玉押的评价，则更多地从玉质、雕钮、印文上审视。玉押不是普通意义上的商品玉，其使用级别虽不仅限于一品高官，但持有者的身份要远远高于铜押的使用者。所以，雕琢玉押的材质，不管是白玉还是青玉，其质地均属上品。押钮的雕工也都非常精细，明显地好于一般作为商品的玉件。我曾在古玩店中见过几次据老板称是玉押的玉件，仅从材质上看，有用南阳玉制成的，也有用质地干涩的山料制成的，竟还用俄料制成的，仅此就可断为新仿品。也有一次在北京潘家园的地摊上，见到一方元代玉押真品，玉质雕工均好，有轻微的土沁，可惜价钱太贵，没有成交。对于一般的元代玉器收藏者来说，见到玉押除了从材质与押钮上可以做初步的辨别之外，

元 白玉龙钮押

有条件的最好要打出印蜕。从印章收藏的技巧上看，元押上的汉字并不周正，花押形状也似无规律可言，但是，那种无法之法就藏在元代的那种"味道"之中，现代的书画家也有人将姓刻成元押形式的，外行人品不出来，常看元押的人看一眼就能感觉到味道的不对。因此，收藏一方元代的玉押，不仅需要懂玉，也需要懂印。懂玉可以鉴别出新旧，懂印可以分出琢制的时代。

二、炉顶（帽顶）

"炉顶"这种玉雕件，在宋、元时期本是一种缝制在帽子顶上，用以作为装饰的"帽顶"，用料较大，而且讲究，雕刻细致，是有钱人的一种奢华的装饰品。到了明、清两代，人们将已为世俗所弃的帽顶废物利用，改嵌在铜质或玉质的香炉、熏炉的盖上，所以俗称为"炉顶"。

将宋、元时期的帽顶改称为"炉顶"，那是明、清时期的叫法。这种造型的玉器在宋、元、明、清各时期都有，宋代帽顶较为少见，明、清帽顶邯郸学步，时代特征并不彰显。所以，最具风格特征的，当属元代制品。元代的帽顶，其雕琢方法主要有三种，即镂雕、立体圆雕和浮雕。明、清两代的雕法也基本上沿袭元代，没有大的改进与发展。一般在断代上的共识是这样的：

1. 雕琢层次稍深的多为元。

2. 底部有象鼻穿孔的，属于连缀帽体与帽顶的工艺孔，基本上属于元代。

3. 元代帽顶对于雕琢后的细部抛光往往做不到位，会或多或少地留下一些砣痕。

从雕琢的题材上看，元代的帽顶多雕鸳鸯卧莲、螭虎衔灵芝图案；从雕琢的精度上看，明代的作品稍粗于元代及清代。帽顶（炉顶）的传世品较多，也比较复杂，大概真正属于元代的作品，不会超过10%，更多的是明、清时期专为铜质香炉、熏炉所配的玉钮，一般收藏者很难从雕工与题材上区分朝代，没有办法，只能是按照我们上面所说，先判断新旧，再行断代。至于专家断代的依据，那完全是一种意会，通过玉雕所表述出的味道来感悟，不是能用文字所能传递清楚的。

三、人物

元 胡人戏狮带板及局部

在古玩店里，我们能够经常看见被店主称为元代人物的玉佩，以及以人物为主要题材的诸如带板、佩饰等浮雕玉件。其实，这里面虽然有一些真正元代的作品，也有一些辽、金时期的雕件，还有一些明、清时的制品混杂其中。要说明的是，以浅浮雕手法雕出的佩饰，有些题材与人物服饰是反映中原汉族生活习俗的，这些很难与明代的玉雕所表现的内容形成显著的鉴定反差，一般的折衷做法是含糊其辞地标识"元/明"字样，拍卖交易尤其是这样。真正元代带板上的人物塑形，开脸多圆而宽，具有明显的蒙古人生理形象特点。造型多为人舞狮子、人做地毯以及表现特定的故事情节等，并在上身伴有穿插上下的飘带。而在其雕法处理上，多与唐代的玉铐相仿佛。元代的主要玉雕人物还是通过圆雕的方法雕出的佩件，从对传世品的观察与归纳可知，元代玉人物有这样几点构成了鉴定特征：

一是面部用于勾勒五官的线条多用较粗的阴刻线，凸显出工匠用刀的力度与风格。

二是有些在人物的眼睛上刻有眼球，这是其他时代较为少见的特征。但是，并不是所有的人物眼睛都有如此的雕法。

三是借用了减地的方法，在脸的下方颈部雕凹，使上面的脸部突出，这也是元代人物的一种鉴定特征。

四是在衣褶的雕饰上，明显地注重线条的流动感觉，上下贯通，飘然自若，而少见作细部的刻画。

至于穿着方面，有中原汉族的，也有漠北蒙古族的，不能构成一种鉴定标准。

四、童子

玉雕童子是宋、元玉雕比较重要的一个种类，宋代常见的是执荷童子，形象特征比较明显。而元代童子比较突出的，则是头发。关于元代童子头发的式样，南宋有一位名叫赵珙的都统司计议官，曾奉命出使"往河北蒙古，军前议事"（《齐东野语》）。在他之后撰写的《蒙鞑备录》一书中，曾有这样的描写：

上自成吉思汗，下及国人，皆剃"蕉婆"，如中国小儿留"三搭头"。

文中形容的所谓"三搭头"大概就是常见于宋、元童子的那种脑门一绺、左右各有一绺头发的发型。这种发型应该是宋、辽、金、元时期玉雕

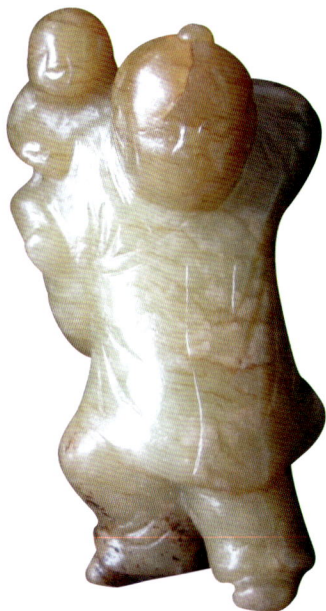

元 黄玉上人童子（正面）

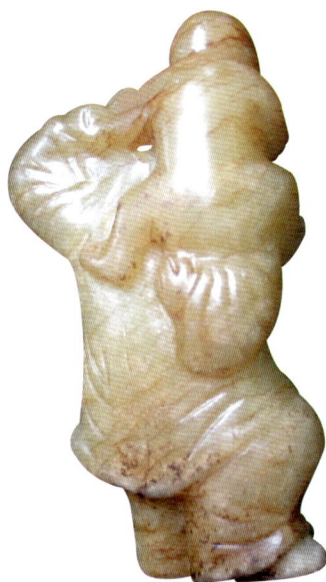

元 黄玉上人童子（背面）

童子的鉴定标志，到了明代，就没有或少见这种发型了。玉器鉴定家张广文先生对宋、元玉雕童子有着深入的研究，并提出过准确的鉴定标准，是现行鉴定的重要依据。现将先生有关鉴定元代童子的一些文字摘录于下：

元代有关童子的玉雕件很多，现选择三件有代表性的不同类型的作品介绍如下：

1. 戏傀儡童子

高6.5厘米、宽5厘米，镂雕山石，山石背面玉质极白，中心部位雕浮云一朵。山石前有树一棵，细枝大叶，结有十果，果上各有一阴刻"十"字。树干利用玉皮原有黄色巧作而成。树下二童子，左边一童子穿对襟宽边外衣，敞胸，胯下一玩具马头，右手扬鞭，双髻结于两耳之上，小嘴，楔形鼻。右侧一童子亦穿宽边对襟衣，敞胸，一足踏地，另一足抬起，左手执一傀儡。傀儡起源很早，宋代傀儡戏已相当流行。《都城纪胜·瓦舍众伎》记宋时傀儡有四种："弄悬丝傀儡、杖头傀儡、水傀儡、肉傀儡。"南宋萧照《中兴祯应图》上画有弄傀儡戏人，手中所举傀儡同这件玉雕童子所举傀儡大体相同，均属杖头傀儡，说明这件玉器制造年代去宋不远。杖头傀儡在元代依然流行，在城市中随时可以买到。元杂剧《神奴儿大闹开封府》中有一节："[徕儿哭科云]老院公，我要傀儡儿耍子。[正末云]哥儿休啼哭，我买将来便了。"便是当时生活的真实反映。

这件玉器背面所刻云纹具有鲜明的元代风格，玉表面多留玉皮颜色，亦为元代玉器的特征。尤其明显的是树上果子表面都刻有"十"字，与金、元时代某些玉器上松球的雕法相同，因而该作品宜定为元代制作。当然也不排除其时代早于元代的可能性。另外，童子所跨的玩具马头，一般后面接有轮子，马身则不易见到。这种玩具在元代已出现。

2. 白玉行走童子

高7厘米、宽3.5厘米。鼻略呈三角形，头顶三绺发，一绺居中，两绺分向两边。短颈，身穿无领对襟衣，敞胸，上衣饰"*"形纹，肥裤腿，一长带自腰部拖下。两腿一前一后呈行走状，手腕带镯，细袖，袖口同手一样粗，一手胸前扶襟，另一手举鞭，鞭甩于脑后。《蒙鞑备录》记载元人发式："上至成吉思汗，下及国人，皆剃婆焦，如中国小儿留三搭头，在囟门者稍长则剪之，两傍者总小角垂于肩上。"郑所南《心史大义略叙》解释："三搭者，环剥去顶上一弯头发，剪短散垂。"这件玉雕童子衣着及雕法同前面所举宋代童子相似而略有变化，发式与所谓小儿三搭头近似，因而应定为元代作品。

3. 白玉系带童子

高4.1厘米、宽2厘米，褐色沁。直鼻、小嘴、脑后二撮发，头顶一撮发，发上有一阴刻"十"字。身穿长袍，腰系长带，腰带之身后部分有五节，似带板，腹前打结。袍两侧下摆向后卷，并有螺旋形阴刻饰线，细袖。腕部似带镯，右手置胸前，左手持瓶（又似葫芦）举于脑侧，瓶口向下喷出云雾，云雾呈重叠"人"字状，两端向外翻卷。这件作品保留了大量宋代艺术风格。尤其云纹酷似宋、金时代工艺品的装饰云纹，但袍后所饰罗旋线同元代龙螭所饰纹饰相同，发顶的十字纹及发式则更接近于元代，当为元代早期作品。

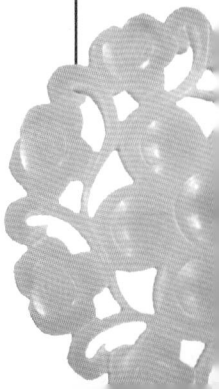

【鉴定实例：元代白玉胡人戏狮铊尾】

元 白玉胡人戏狮铊尾 估价150，000元人民币

　　这件元代的胡人戏狮玉铊尾的形制与唐代有所不同，唐代铊尾的长方形一端是直边，另一端是弧形边。而这件元代铊尾的一头是直边倭角，处于与玉带板相对接的位置；一头是莲花瓣边直角，在玉带的终端。铊尾的外形尺寸是长10.5厘米，宽4.2厘米。玉质莹白无暇，光洁度高，精密度强，与元代一般玉器的用料对比，应算一流的新疆和阗籽料。

　　这件玉铊尾在纹饰上所表现出的民族风格特征非常明显，在画面上设计了树林

元 白玉胡人戏师铊尾局部1

元 白玉胡人戏师铊尾局部2

中有一狮子和胡人正在戏耍的情景，虽然是人与猛兽的组合，但是画面显现出一种轻松和谐的氛围，表现了在战乱频仍的元代，人们从内心期盼和平共处的无争斗社会环境的早日实现。整块铊尾为深浮雕工艺，画面的下层用细密阴线勾勒山水，在水面上狮子头部面积较大，葱管鼻，凸起的勾形圆眼眼角上翘，显示它威猛的兽中之王之势。宽嘴角也往上翘，同上翘的眼角形成对称的角度。眼皮上和嘴角上分别有几根须毛上翻。头发部分全部是细丝毛雕，密密麻麻若隐若现。飘飘洒洒从前额一直披向后颈后，四肢很发达，尾巴上卷，刻画出完全的立体感，仅用了寥寥几刀的勾勒，就将纹饰上的简繁设计充分表现了出来。

画面右面是一位戴着波斯船形帽子的胡人，大眼睛，高鼻梁，脖颈围着一条西藩莲花瓣纹的坎肩，身穿短袄，腰上系着玉带，下身穿一条以凤尾纹线刻的长裙，裙边风吹摆动，像一片伸展的荷叶停留在狮子的面前，手拿树枝高举过头顶挥舞在狮子的面前。裙摆上连着一个圆柱体的物件，似是狮子玩耍的物品，两脚呈弓字步造型，跨在一条独木桥上。

整个作品不论是雕工、玉质都是无可挑剔的，美中不足的是由于年代久远，胡人的右手指有残，微显老修的痕迹。背面光素无纹，沿着正面的造型挖空，以减轻铊尾的整体重量。

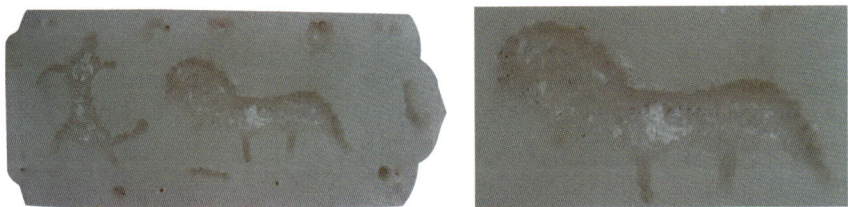

元 白玉胡人戏师铊尾背面及局部3（掏膛）

这是一件不可多得的中古时期的玉雕艺术精品，在其他的玉带饰中也是比较少见的。

【第三节 元代玉器的收藏与投资】

　　元代的玉雕,可以说是中古玉器的殿军,除了元末明初的两朝交界以外,这两个朝代的作品一般是不会混淆的,因为审美的基本点不一样。虽说在元代玉制作的艺术因子中,饱有辽、金北方少数民族的豪放粗犷的工艺风格,同时,也表现出了南宋汉族细腻雕琢的用心,但是,一个民族的生活习性所铸就的对美的观察与欣赏,是无法从根本上改变的。因此说,元代玉雕所呈现出的,是一种风格的多元化。一般在讲元代玉雕时,尤其容易忽略风格中细腻的那一个侧面。元代玉雕不尚斤斤于一个局部的雕饰效果的存在,而是更注重于对总体构成的把握。即以玉鱼为例,北京故宫博物院藏有一件墨鱼衔莲鳜鱼,应属宋代玉雕中的精品。如果仔细观察,就会发现美则美矣,就是缺少一种大气,就像鱼缸里豢养的观赏鱼。而同藏于故宫博物院中的另一条元代玉鱼,状如苏东坡《后赤壁赋》中所写的"巨口细鳞",超比例的头部占全身长的40%,圜眼巨口,凶猛异常。当你将这两条鱼同时观察时,元代的那种彪悍风格的感觉就会油然而生,你就会知道什么是一招一式的鉴定标准以外

北宋 水晶鱼线图　　　　　　　　　　　　元 鳜鱼线图

的"味道"。没有办法,在当前的这种拜金社会环境中,任何专家诉诸文字的鉴定特征,都终将在客观上构成对读者及其收藏者的一种新的伤害,因为做假者也在用功,而且所投入的财力与精力更多。我认识不少鉴定专家,在交谈中,他们都会将一些鉴定心得毫无保留地传授给你,一旦邀请他们写书或写文章,他们往往会缄口不语,或顾左右而言他。因此,收藏者,尤其是初涉收藏的读者,千万不要将希望

寄托在讲鉴定的书本上,而要把这一类的书,看作是一架入门的桥梁,用更多更大的精力去观察实物,去建立自己意识中的标准器概念,去入藏开门的标准器。不知道读者是否注意到,我始终强调收藏者要加强鉴定方法上的"工外功"的锤炼,没有这一套"工外功"在身,第一,你永远不会鉴定;第二,你永远不懂欣赏。不会鉴定,收藏的意义何在?不懂欣赏,收藏又有什么乐趣!

元代玉器的投资趋势从近二十年的走向分析,应该微弱于明、清玉器而强于高古玉,这主要是由于元代的玉器造型语言已经能够被现代人所读懂,譬如下面的这件云龙炉顶,其造型语言与明清玉器已经不存在理解上的隔膜,这是受到现代收藏者欢迎的一个重要方面;另一个方面,元代玉器的制作在一定程度上精细于明代,可以直接与清代接轨。尽管元代属于少数民族的统治,但是在制玉的工艺语言与造型语言上,基本上是在汉文化的美学范围中游弋,所以,做工精美、用料上乘的元代玉器受到现代收藏者的垂青是必然。在元代玉器上施以适当的投资,所承担的市场价格异动风险比较小,因为从现在的市场交易价位走向上分析,这一时期的交易比较平稳,没有受到更大炒作资金的干扰,与元代青花瓷器的市场表现完全不同。

元 云龙炉顶（正面）

元 云龙炉顶（背面）

第九章

中古玉器的品鉴与投资

【第一节 中古玉器的收藏理由】

以唐、宋、辽、金、元为核心的中古玉器，在中国玉器的历史上，虽然占有一定的位置，但从收藏的历史与现状来看，尚不足以引起收藏大家的关注，其原因很简单：

一是前面已经讲过的，收藏界对唐、宋玉器的关注较晚，约在明末清初之际，而对于汉以前高古玉的重视、珍爱与收藏，至少可以追溯到隋、唐时代。因为，在唐代的墓中，曾多次出土有战国、汉代的玉器作为随葬品。我们知道古代书法中有所谓"天下第一行书"之称的《兰亭序》，是唐太宗李世民最为钟爱的宝贝，相传初唐时，《兰亭序》的真迹藏在一个叫辩才的老和尚手里，唐太宗为了将这幅真迹弄到手，不惜屈帝王至尊，指使萧翼将《兰亭序》骗归己有，进而殉葬。当然，这虽是见诸文字的故事，未必真实，但是能说明在唐朝将生前喜爱的东西随葬，是一种时尚。回到中古玉的话题，高古玉古朴高雅，战国是中国玉器制作的第一个高峰时期，因此，收藏战国古玉的历史由来已久，在其惯性的推动下，至今不衰。清代是中国玉器制作史上的第二座高峰，作品玉靓丽宜人，品种数量较多，能为收藏者提供较为广阔的选择空间。而中古玉正处于二者之间的低谷地段，不管怎样强辩，均无法改变其低谷位置所带来的收藏上的不利。

二是从总体数量而论，中古玉器在交易市场上能够流通的传世品相对稀少。我们常讲"物以稀为贵"，这是一条亘古不变的收藏原则，但如果"稀"到了不足以引起收藏者重视的程度，可能绝大多数的收藏者就会采取放弃的态度，就如同狐狸可以望着够不着的葡萄垂涎，因为毕竟还有吃到的希望；而光棍汉为了广寒宫里的嫦娥而无视周围的粉黛钗裙，那就不正常了。中古玉器的存世数量少，收藏不足以形成规模；标准器少，不足以判断时代。这些，都是收藏中古玉器所必需面对的问题。

但是，收藏的一项重要内容是"于无声处听惊雷"，在"人弃我取"中寻找价值与乐趣。中古玉器是中国玉器史中最能代表时代文化、时代风俗与时代精神的雕塑作品，这一点，是那两座玉器制作高峰所不可比拟的，其所饱有的人文内涵与社会评价，至今具有无可逾越的高度。现代收藏与传统收藏最大的区别，就是现代的收藏者与历史上任何一个朝代的收藏者相比，在知识结构上有了天翻地覆的变化，在藏品的视点上，也逐渐从对器物表面的需求走向更深层次上的探索，这种带有学术性质的收藏动因,必然会对传统的收藏对象产生根本性的反思与重新的审视,那么,中古玉器必然要成为备受追捧的炙手之物。这绝不是饥人画饼式的遐想。

在上世纪初,唐三彩无人问津,盗墓者只挑大件的廉价卖给外国人。后经罗振玉、王国维、郑振铎等学者研究,发现其中蕴含着大量历史、文化、艺术、工艺诸方面的信息,唐三彩的收藏价值在极短的时间里,有了大幅度的提升。时至今日,真品唐三彩依然是瓷器收藏中的上品。可见,同样的古玉,其真正收藏价值的提升与延续,外在的表现固然重要,更在于藏品之中所蕴含信息量的程度,不然,同样一方砚台,为什么镌有"纪晓岚"刻款的,交易价就能翻着筋斗扶摇直上?这就是藏品内涵在发挥作用。

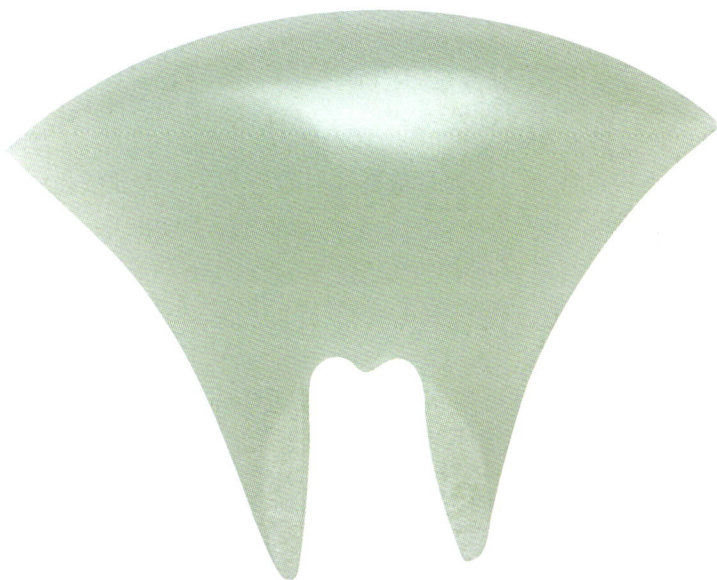

唐 白玉头饰

【第二节 中古玉器的玉质】

话虽如此，既然是个体的收藏行为，就还是要符合个体对收藏的基本要求与惯例，否则，这种个体行为的收藏品就容易与馆藏品、与文物混淆了。对于玉器的收藏，收藏者首先要看的，是玉器质地的好坏，这是一项基本的标准，除了博物馆为了填补空白，可以将玉质放在次要位置以外，判断玉质的好坏是一切收藏玉器行为的基本点。

我们上面讲过，赝品用玉无一例外，全是质地低劣的次玉。如果一件古玉一时看不准朝代，那么，你只要判别一下玉质的优劣，就能大概估计出这件玉器的真伪比例。当然，这仅仅是一种鉴别玉器真伪的基础点，古玉也有用次玉的，但是形制、雕工、包浆的原始状态，又能对真伪做出相应的旁证。唐代的玉器使用范围，尚处于全封闭的状态之中，从传世的作品看，出产于新疆和阗的青玉、白玉的使用频率，保持着较高的状态，而且总体质量要高于战国、汉代。估计李唐是西域和阗玉的主要输出地，这是以与西域保持良好的贸易关系为基础的，而辽、金之所以玉原料紧缺，同样是出于与西域的关系。近年的考古发掘显示，唐代的墓葬中有三种玉器出现：

一是唐代本朝雕制的玉器，具有明显的时代风格。分为两种情况：唐代汉民族工匠雕制品和西域进贡品。

二是唐代本朝的滑石雕制品，可以算作玉器的代用品。唐代玉材料即使在上层社会中，也时有供需不平衡的现象出现。

三是战国、汉代的玉器。这里面又有两种情况：完整的玉器和利用残器改制的玉器。

唐代玉器，只要是和阗玉，其玉质就比较精美，基本上不存在次玉精雕的问题。

宋、辽、金、元诸代的用玉，虽然已经开始了市场化运作，成为在公开场合下交易的商品，但是，可交易的玉制品要受到来自于产量、运输、雕制以及政府与西域的双边关系等方面的辖制，主要还是游弋于有钱阶层的装饰品范围之内，所以，同样不存在次玉精雕的问题。即使是宋代出现了仿古玉器，由于其仿古的销售目的与质量品质具有较鲜明的针对性，因此，仿古器的材质同样毋庸置疑。当然，最能

透雕鹭莲炉顶

体现"富贵莫过帝王家"的，当首属清中期的乾隆朝，这一时期用玉的讲究，已经远远超过"奢侈"二字字义所能概括的范围，达到了空前绝后的境地。中古玉器用玉的精美，还应看作是相对的，既不是最好的，也不能与最好的比较。这是相对于后世，尤其是相对于现代的赝品而言的一种玉质基本概念。

【第三节 中古玉器的沁色】

大凡钟情于古代玉器收藏的人，都十分重视玉件本身所带有的沁色，这是收藏玉器的一种传统行为。沁，是长期掩埋在土壤里的古玉，受到周围有机物的浸蚀后，表面形成的色斑。有的书称为"浸"，意思完全相同。清代的古玉收藏者往往把古玉的沁色形容成玄机四伏、幽深叵测的神秘之区。譬如清代讲玉的名著《古玉辨》，作者刘大同就很详细地介绍了那个时代对古玉沁色的认识过程：

受黄土沁者，色如甘栗，名曰"玵黄"；

受松香沁者，色如蜜蜡，名曰"老玵黄"；

受水银沁者，其色黑，名曰"纯漆黑"；

受血沁者，其色赤，名曰"枣皮红"；

受铜沁者，色如翠石，名曰"鹦哥羽"。

但论色沁，无论何色，以透为贵，次则巧沁。

其实，据我们现在通行的说法，黄色的沁叫"土沁"；黑色的沁叫"水银沁"；绿色的沁叫"铜沁"；红色的沁则称为"血沁"。

沁色对于不同时代玉器的收藏，有着不同的要求。对沁色最为讲究的，要数收藏三代的熟坑老玉，因为这种老玉出土的时间有的很长，经过了上百年的盘摩把玩，沁色已经变得极其漂亮，是任何造假高手都不能通过先进手段所能仿造的。譬如前面商代玉器中讲的那件商代的玉鱼，曾为美国最著名的中国古玉收藏家 Alan Hartman 先生收藏，鱼尾部的血沁在阳光的照射下，能发出醇正浓郁的枣皮红，鱼身的沁色则斑驳而内含，形状与位置都好像透明的内脏，这件商代的古玉，若说玩沁色，基本上就算玩到家了。

收藏唐、宋、辽、金、元玉器，对沁色的要求没有三代那么苛刻，从另一个角度说，这几个朝代的古玉入土年代相对于三代来说，要晚将近两千年，玉的沁色就远不如三代丰富多彩了。这几个朝代的玉器，生坑有的会出现包裹在表面的一层灰皮，这是表面的氧化物所致，灰皮下面就是玉体。在市场上，尤其在地摊上，这些带有灰皮的玉件往往不被买卖双方所注意，应该说，这是捡漏的机会，要注意寻找灰皮剥落处的小天窗，由此窥视下面的玉质，以决定交易与交易价格。在传世品种上，附着在玉表面的一些沁色已经变色，但远不如三代古玉那样沁深直入腠理，这种程度上的微小不同，其尺度、感觉往往只能衡量于心而难以言传。同时，掌握好不同时期的沁色规律，也是鉴别

真伪的一种行之有效的手段。因为伪造的沁色往往有这样几种先天的缺陷:

一是沁与非沁的交界处边缘清晰,没有渐淡的过渡。

二是整个沁色呈完整的色团状,中间缺少浓淡的变化。

宋 人工造沁　　　　　　清 太平圈上的老提油

三是沁色浮在表面,不能深入肌体。而唐、宋古玉沁色虽然不能深入玉体的深处,但仍有一定的深入浸蚀,与浮在表面的伪沁完全不同。

为了沁色的美丽(仿古),或者利用美丽的沁色骗人(赝品),从宋代开始,就有人绞尽脑汁地人工造沁,到了清代,人工造沁已经蔚然成风,什么老提油、狗血沁、叩锈等等五花八门,不一而足。我曾在文物公司买过一只清中期的太平圈,上面的一块黑色斑,就是用老提油的方法仿制的沁色,我买下的原因是留作清中期老提油的标本。

伪沁的仿制对象一般都是三代古玉,也有涉及到唐、宋、辽、金、元诸朝代的,由于真品标准器的或缺,所以在辨识沁色上,可能会有更多的障碍,这就要通过下面三个渠道得到帮助:

一是注意观察博物馆的馆藏展品,这种馆藏品的保险系数相对大些,主要观察沁的边缘状况、浓淡变化以及由此带来的感觉,对于沁色,则不必太介意,因为"灯下不观色"。

二是像我买那只太平圈一样,在专家的指导下,注意对标准器的蒐集,这是一件长期的工作,我的一位搞明、清瓷器研究的学者朋友,他家藏有许多的瓷器,却很少有完整无损的,这些破罐破盘都是供研究对比用的标准器。蒐集标准器是一门必须完成的功课,绝对绕不过去。

三是充分利用拍卖预展的机会,上手摩挲、感觉和仔细观察玉件,这是最好的零距离接触玉件的机会,不要错过。

元 白玉鹤鹿同春山子

元 海东青捕鹅佩

【第四节 设立中古玉器入藏的底线】

对于收藏唐、宋、辽、金、元时期的玉器来说，重点最好放在对真伪的辨识上面，而将断代的边缘模糊处理。我在前面已经反复讲过，唐与宋、宋与辽、金、元，都存在着你中有我，我中有你的现象。当面对一块古玉，需要你做出是否交易的选择时，如果你的重点倾斜于断代，那么，就会有许多的犬牙特征干扰你的判断，影响你的交易决心。如果设立一道真伪的底线，譬如够清仿的年限就可以购入，那么，随着你鉴别水平的不断提高，你会觉得在你的收藏品中，有许多值得研究和品玩的内容在等着你去发掘，你的收藏会变得异常丰富多彩。这，就要归功于这种断代边缘模糊的处理方法。

在对收藏品对收藏者的作用这一问题上，"品"与"鉴"从两个角度精确地规定了作为一名真正意义上的古玩收藏者、爱好者所应具备的两种不可或缺的素质，"鉴"是物质层面的，是因收藏行为而产生精神快慰的基础过程，一旦由于缺乏相关的技术支持而导致这一环节的失败，那么，这一特定的收藏行为就会因此而变得毫无意义可言；"品"是精神层面的，是收藏转换成思维意识上的升华与享受过程，需要来自于文学的、历史的、艺术的、美学的以及考古、宗教等各方面涵养的综合支持。一旦将这种支持自觉地运用于"鉴"方面，就会成为鉴定能力的"工外功"。

作为具有现代意识的收藏者，应该学会用"品"与"鉴"这两条腿走路，互为表里，相得益彰。尤其在鉴定的环节上，我真的不主张毫无悬念地将前辈传薪的鉴定特征用来作为对号入座辨真假的惟一依据，这里并不是否定前辈们在鉴定学上所贡献的卓越建树，而是说所处的时代各异，前辈们的经验可以断前，不能断后。什么意思呢？譬如说高古玉器的对钻穿孔一定是呈蜂腰形，以往的经验是：有蜂腰孔的是真品，仿品是直孔。这大概是上世纪中叶以前在没有鉴定理论指导下的仿品特征，一旦这种"不传六耳"的鉴定机密被白纸黑字地大白于天下，那么，对于此后的鉴定就失去了原有的效力，现在什么时代的玉器是蜂腰孔是极普遍的常识，对钻蜂腰孔也是很一种简单的操作，不用费太多的工夫，用车工常用的"中心

钻"一次性加工就能得到蜂腰眼的样子。但是，作为一个具有高学识、高素质的收藏者，如果能站在而不是躺在前辈们的鉴定成果的高度上，准确地猎捕到赝品在制作过程中所产生的先天具有的那种成本上的盲区，就会逐渐形成对特定时期玉器的一种特定的鉴别方法，譬如古玉的作伪，清代与现代所用的时间、技术、成本完全不同。《玉纪补》中介绍了这样两种作伪的方法：

> 羊玉：以美玉作为小器，割生羊腿皮，纳于其中，以线缝固。数年取出，则玉上自有血纹，以为传世古。

> 狗玉：杀狗不使出血，乘热纳玉器于其腹中，缝固，埋之通衢，数年取出，则玉上自有土花血斑，以为土古。

可见，清代作伪所需要的时间很长，要数年之久，还要埋在车水马龙的马路上，这就需要为此支付很高的制作成本。所以，清代即使是仿品，也有收藏的价值，因为仿古玉与古玉的制作时间不同，审美视点不同，其欣赏点、玩法自然各有不同。而现代的仿品，依靠的是通过高技术含量而用时极短的现代化手段处理，理论上摆脱了制作成本上的高投入，却难以消除由此而带来的鉴定瑕疵，这些瑕疵的出现是无法规避的必然，每件仿品上都有。但这并不能说明制假者的无知，我相信是出于一种追求利润最大化的无奈。在利润最大化的概念指导下所制造的赝品，必然产生制作上的不似，这又从客观上为收藏者提供了新的辨识特征。

中古玉器的收藏，相对于高古玉与明、清玉的收藏来说，有着更多尚待发掘、品玩的内容，只不过传统的古玉收藏多重视三代玉与明、清玉，忽略了这一空间罢了。其实，熟悉高古玉器收藏的人都清楚，良渚文化受到藏家重视，并投入大量的资金购入，使其身价超过三代玉器的历史并不长，而红山文化受到世人瞩目的历史更短，红山文化玉器研究专家孙守道先生在《故国神游——红山文化玉器新品鉴定与探索》中写到：

> 自上世纪70年代中期开始，我对内蒙古自治区昭乌达盟翁牛特旗三星他拉出土大玉龙进行长达数年的反复研究、调查、检验与论证，率先断定其属于红山文化龙形玉，随之又鉴别出一批红山文化玉猪龙、勾云形玉佩、玉鸟、玉龟鳖等各类玉器……

> ——孙守道、刘淑娟著《红山文化玉器新品新鉴》·吉林文史出版社出版

可见，红山文化玉器从对器形的研究认识到价值百万元交易价位的产生，前后用了不到四十年的时间。说实话，良渚文化的神人兽面玉琮尚可以欣赏细部雕琢的精美；而红山文化的玉猪龙的审美着眼点，大概就远非一般的收藏者所能感悟得到的。分析上面这两种文化玉器的交易结果，不外有这样两种可能：

元 白玉花坠

　　一是真正收藏家高端的入藏行为。在中国近现代的收藏史上，倾家荡产于收藏者譬如大收藏家张伯驹先生，为了一件展子虔《游春图》，几乎卖净了家中可卖的东西，的确令收藏界的后辈敬仰。但这种事例不可能发生在更多人的身上。更多的以收藏为购入目标的交易者，都是中等生活水平以下的工薪阶层，而不是时代的富豪。

　　二是玉器的市场投资。这是一支古玩市场资金的生力军，也是古玩市场赖以生存发展的主要动力。由于股市、期货、房地产等外围投资环境的改变，决定了直接注入古玩市场资金流的强弱，也就决定了对玉器交易市场的影响程度。

　　前者即使不能排除存在的可能性，也不会具有普遍意义；而后者的投资取向，则具有一种明显的游离性质。换言之，这种规模的资金一旦注入到古玩市场，随时可以打乱传统收藏的格局，甚至"物以稀为贵"的法则也能被吞噬，捧谁谁红，完全没有规律可言。而且资金来去的预警完全决定于外围投资环境的走向，这在书画界表现得尤为明显。从清代至民国，再至现代，始终是传统"四王"一路的山水画称霸天下，不管陈独秀之流如何贬损，海派的吴待秋、吴湖帆，京津画派的金城、胡佩衡、刘子久等正统山水画家仍然占据着画坛的盟主位置，工笔花鸟画家则基本上处于"受累不讨好"的温饱状态。而当代的工笔画走红，价位数倍、数十倍地超越旧时同样级别以上的山水画家。这里面除了近年对工笔画的形象、直白、俏丽等优势的社会评价有了大幅度提升外，外部资金的运作是重要的异动因素。回到高古玉器的话题，良渚文化玉器的出土量较大，但是真正带有细腻雕工的大件较少，多数是素器或雕工有问题的废品，能够符合高投资标准的精品为数不多；而红山文化的玉器，则面临着赝品充斥、真品存世量极少的投资尴尬境地。如果做进一步的分析，这两种时期玉器的交易后续乏力，除了再次周转外，大概很难再有稍具数量规模的新出土器物面市，以填补市场交易的不足。

　　明、清玉器始终是收藏界追捧的重点，其收藏特点很鲜明：玉质好、雕工满而漂亮，工艺水平远为古今所不能企及。可是，也有两方面的问题不可回避：

　　第一，从作品的内涵上看，漂亮的雕琢工艺掩盖着苍白的内容。一块清中期的白玉件，端详、品赏后的感觉是，除了漂亮之外，还是漂亮。这是玉器在固定于上层消费群体后的极端市场化结果。作为真正意义上的收藏，你有一两件尚可，当收藏的数量膨胀时，绝对会有一种乏味的感觉。清代玉器的精品，其缺陷处就在于很难找到缺陷。这是品赏上的问题。

　　第二，从市场交易上看，即使清代距离我们最近，传世东西较多，如果投放在当今席卷寰宇的收藏市场上，就有杯水车薪的感觉。所以，在拍卖市场上，一件玉器朝买夕卖、东进西出的现象比比皆是，大量的重复交易，层层提高交易价格，已经把明、清玉炒成令人作呕的污秽物一般。因此，明、清玉市场这潭水的深浅已经不再是一个未知数了。

其实，真正以收藏为目的的投入资金很少，即使是拍卖交易，这种资金投入也极为有限。这种买与卖的正常生态关系，维系了古玩市场不温不火的延续与发展，而一旦收藏界有了投资这股超强的资金涌动，就会直接导致出牌的规律、出牌的技巧、出牌的动因的完全紊乱。在现代的玉器交易市场中，竟然出现新工玉件（不是仿品）交易价高出老玉件这种咄咄怪事。这显然不是正常的收藏表现，也超乎正常收藏的交易惯例。现在，即使是新玉，也变得烫手了。

最后，还剩下一个空间，那就是中古玉。

中古玉器绝对是一支"潜力股"，论市场的亲和力，应远超于良渚文化与红山文化；论投资潜力，现在仍在玉器投资视野的盲区之中，属于一个很大的未知数。现在这个投资盲区尚属于收藏者的交易空间，一般收藏者能够驻足于此，一旦投资者的资金有了介入，真正玩中古玉的人就会被压挤出局，这种分析绝不是空穴来风与杞人忧天。

我们前面讲过，中古玉器的收藏历史较晚，出土器相对稀少，而传世器的组成又比较复杂，一般水平的收藏者轻易不敢染指。正是这种既定的现实，才使得收藏环境相对宽裕，赝品利润低、数量少。从近十几年的古玩交易历史上看，在这一领域中淘宝，还是存有一定的空间的，关键是对时机的宏观掌握。据古玩店的朋友说，上世纪80年代初，红山文化的佩件，由于所谓的"工不细"，十块钱都没人要。这是让每一位经手者都捶胸顿足的事情，如果无视现实的市场机遇，而仍然倾全力跟风于明、清玉器的投资与收藏，很可能又会重演痛失良机的后悔剧。

元 白玉炉顶

元 白玉一路连科炉顶

第十章

明代玉器

【第一节 明代玉器的地位】

明代是中国玉器制作史上非常重要的时代，其重要程度甚至超过了西汉。因为西汉的坐标位置是在战国高峰期之后，紧承战国的余绪，身后便是制玉大萧条的肇端。而明代的历史位置是在上升的曲线之中，没有明代，就不会有清代的制玉巅峰。

中国制玉技术发展到了明代，可以说在琢玉工艺上进入了一个历史总结性的阶段，最为突出的一点就是通过对明代出土、传世玉器的雕琢工艺进行微观上的观察，发现自新石器晚期开始出现的各种雕琢刀法痕迹，在明代的精品玉器上基本上不再留有明显的印迹，最后留给观者的只是一件雕琢痕迹不明显，或根本不见雕琢痕迹的完美的作品。这种万法归一的时代的出现，是在雕琢工艺达到了极高的水准之后才有可能出现的大一统。对于玉器的断代与辨伪来说，雕琢玉器表面所留下的运刀痕迹是重要的时代特征，因为每一时代的雕琢工具不同，在奏刀的过程中留下的刀痕也就不同，鉴定玉器的真伪与时代，是观察这种不同刀痕的重要的鉴定手段之一。刀痕是什么？是雕琢工艺原始所带来的一种加工上的成品瑕疵，譬如商代的歧出现象，只有在那种特定工艺水平操作下的工具使用，才会出现这种类似于跳刀的刀痕溢出，一旦工具的运转速度与形状得到了改善，歧出就会消失。再如商代玉器上的折铁线，我们现在往往赞之曰有力度，后人难仿到位。实际上那是商代琢玉砣具原始的必然结果，玉器上的有些线条出现的态势是中间粗、两端尖的枣核状，与同期的甲骨文笔画相若。宋代、清代与现代的仿品所用的砣具不知比商代进步了多少倍，自然不会模仿出商代的折铁线效果。一件尽善尽美的玉器所要达到制作上的最高境界，并不是刀法特性的凸现与线条刚柔性质的展示，而应是不见雕琢痕迹的浑然一体。这种高难度的标准，在明、清以前，只有战国时期的少数玉器能够达到。战国时期最为突出的就是卧蚕纹玉璧的地子，其表现出的棱格形，完全看不见刀痕，全依赖打磨成型。战国以后很难见到这样的工艺出现。

明代是一个融各种刀法于一朝的集大成时代，在这一朝代的近三百年里，完成了由各种复杂的刀法向更为复杂的打磨工艺转化的过渡，也许在完成一件复杂的雕琢工艺中，不可避免地会使用传统的各种刀法，但是由于加强了打磨的工艺力

明 白玉双龙耳杯

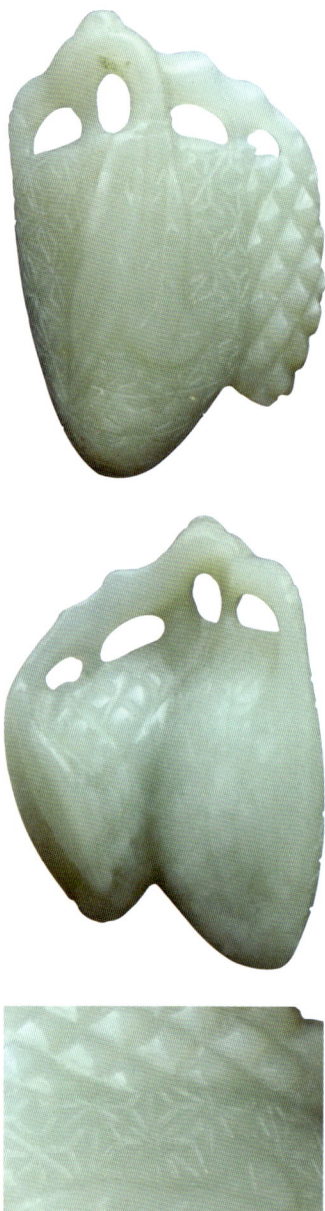

明晚期 松果佩及局部

度，所以融化了其中施用复杂的刀痕，从而形成了明代玉器制作的最突出的特征之一。

有趣的是，明代在结束历代刀法展现的同时，在瓷器的制造上，也结束了此前众多窑口烧制的复杂局面，基本上都归并于景德镇。我们知道，在明代以前，鉴定瓷器最令人头疼的是大小窑口的纷繁众多，尤以唐代为最。而明代以后，除了钧窑、龙泉窑等几个重要窑口外，瓷器官窑的搭建建于景德一镇，这在历史的宏观上为清代制瓷高峰的形成，在景德镇囤积和培养了重要的技术力量。

无可否认，清代的瓷、玉制造业，在历史上处于无与伦比的巅峰时期，其实这种巅峰高度是在明代高起的基础上形成的。就瓷器的制作水平而言，明代永乐、宣德瓷器的精美完全在清代之上。而玉器制品明、清则各有所长，明代虽说万法归一，但仍没有办法完全淘净唐、宋、辽、金、元各历史时期传统工艺在玉器表面上所仅剩的孑遗，仍然存有未臻化境的韵味；而这些遗憾成全了清代在玉器制造上的巨大成就。清代玉器的最大的缺憾就是由于成熟与完美而带来的没有缺憾。

在明、清玉器的断代上，我们发现这两个时代的鉴定特征并不明显，对于一件似清似明的玉器，谁都含糊。这主要是与上面所讲的工艺瑕疵的消失有关，同时，与女真入主中原，由于不谙汉文化而全力借鉴朱明所形成的艺术成就有着最为直接的关系。换言之，明、清两朝的制玉是一脉相承的亲骨肉，作为明、清玉的爱好者，不管涉足哪朝玉器的收藏，都要对另一朝的制作特点深加研究，这样才有可能获得较为完整的鉴定断代知识。

【第二节 明代玉器的分类】

　　从出土与传世玉器的制作种类与规格上看,明代的玉器已经完全不是上层社会的专用品,每一个社会成员都有资格、有机会得以佩戴。佩玉资格的阶级划分,往往在于用料与雕工。明代的皇廷用玉依靠于和阗、吐鲁番等西域地区的进贡,这些地区的贡玉质量逐渐下降,直到景泰年间,撒马儿罕贡玉出现了严重的欺骗行为,《明史》中有这样的记录:

　　景泰七年贡马、驼、玉石。

　　所贡玉石,堪用者止二十四块、六十八斤,余五千九百余斤不适于用,宜令自鬻。而彼坚欲进献,请每五斤赐绢一匹。

　　嘉靖四年,其王亦麻都儿等遣使贡马、驼、方物。

　　西人来贡……所进玉石具粗恶,而使臣所私贷皆良。

上面的《明史》至少为我们提供了这样几条明代用玉的信息:

明　白玉雕双螭耳杯

明 白玉谷纹璧

第一，明代用玉的材质原则上有区别，御用玉材属于贡玉中的优质品，在材质上要远远高于民用玉器，这一点适用于明、清两朝中的所有皇帝。但是，明代以前是否也是这样呢，因为目前缺乏必要的考古发掘，所以尚不能加以断定。

　　第二，皇廷的用玉量很大，一个地区就进贡了六千余斤玉材，数量惊人。但能够符合使用标准的优质玉材供给，并不能满足实际的需要，从而导致了御用玉器成品数量的不足。而这些玉器流传于民间的可能性更小，所以，那些带有御用制作风格的传器，未必真的是明代宫廷御用品。

　　第三，皇廷筛选下来的玉材可以直接进入内地市场，从而有效地支持了市场用玉质量的层次分化，促进了好料精工、劣料粗活的加工工艺的个性化发展，即使民间用玉，也有精品存在。

　　第四，西域使臣走私了大量的优质和阗玉材，民间使用的玉器有可能在材质上与御用玉器相当。这是我们承认明代民间用玉存在优质和阗玉的主要论据所在。

明　乳钉双螭把杯

　　我们之所以要重点讲述关于民间用料的质量问题，就是因为本书阅读者的入藏品，基本上是在明、清民间玉器范围之内，绝不能排除民间使用优质和阗玉的可能。

　　明代玉器的分类比较简单，由于玉器市场在明代得到了繁荣发展，玉器制作大的品种便被锁定在相对狭小而固定的供需范围之内，器形纹饰很多，而种类并不复杂。简单地可以划分为四种，即装饰品、实用品、艺术品与仿古器。

一、装饰类

由于明代玉器市场化进程的不断加快，直接导致了玉制品在民间供需关系的迅速确立，最为突出的考古标志是民间装饰用玉的大量出土，其中有佩饰、花片、带钩、玉嵌簪、玉牌等。另外，官用的带饰也有大量的出土器与传世品。这些装饰品用料的总体特征是质好、工细而料薄。

明代是佩玉很发达的时代，除了对传统装饰玉的继承与发展之外，还大力地将金银宝石等各种贵重装饰物与玉器的雕制有机搭配，形成富丽堂皇的华贵装饰效果。这种以玉嵌形式制作而成的装饰品比较有代表性的是1958年在北京昌平十三陵定陵出土的若干件出土品。而在一般古玩店所能见到的，更多的是晚清民国间的制品，其特点是做工粗糙，玉质较差，所嵌金银的成色与明代不同。

常见的明代装饰类玉器有带钩、带扣、玉牌、花片及带板、佩饰等。

1. 带钩

带钩是明代装饰器的一个重要品种,钩身有带工与素面之分,但钩首则绝大部分都雕以龙头,钩身常见的有这样几种形式：板形、桥形、琵琶形、螳螂肚形、圆棒形等,雕纹多为螭龙、鸟、兽，较战国的纹饰形制简单。

明 白玉螭龙带钩

明 玉羊首带钩

2. 带扣

明代的带钩是一种复古的制作，基本上没有实际上的使用意义，真正具有实用价值的连接器，是一种类似于上世纪中期军用武装带两端的带扣，阴阳两个前端相扣连，带扣背面有纽，用于连缀丝带。这种带扣的玉质一般上好，不大可能是一般庶民所用的奢华装饰器。在收藏的实际操作中，带扣的原装原配是首要的收藏标准，失群的带扣或"插邦车"式的配套成组都严重影响着收藏品的质量价值。

明　白玉带扣（正面、背面）

3. 玉牌

明代男子用于佩饰的有一种玉质牌子，是文人佩戴于腰间以显示其风雅的饰品。从玉牌子的用玉与制作上推论，这种佩饰在明代应该是一种比较普遍的装饰用玉，但通过对现在的传世品的数量与制作特征分析，真正明代传世的玉牌子数量很少，更多的是清仿品。清代的玉牌子比较常见的是明代著名玉匠陆子刚（子冈）所制，琢有篆书、行书款。由于我们现在尚未掌握陆子刚玉牌的出土器，鉴定标准严重缺失，所以，目前对于具有

明 玉莲花万寿纹壶

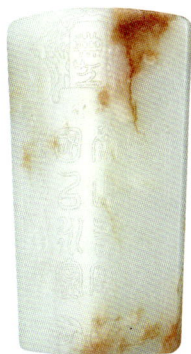

明 白玉宜子孙佩（正面）　明 白玉宜子孙佩（背面）

明代制作风格特征的玉牌子，最好不予评陟，而明显具有清代制作特征的子冈款玉牌子，则应坚决地视为清代的仿古作品。

明 "子冈"款1　明 "子刚"款2

上面左边的"子冈"款，是琢刻在北京故宫所藏明代青玉婴戏图执壶壶盖狮钮下的两个字，由于钮与盖是两件对粘的独立器，所以这两个字始终被掩藏在对粘层中。刻款的位置充分说明了这件执壶不应是明、清时期的陆子刚精仿品，从而被学术界公认为是"子冈"款的鉴定标准器。至于玉牌子的款字特征，尚缺乏定论。目前，对于明代玉器的交易，有"子刚"（或"子冈"）款的白玉精品，交易价均高，北京瀚海1997年12月曾以95,500元人民币成交一件带有"子刚"款的白玉螭龙发簪，发簪玉质极佳，满工，是一件上好的藏品。

4. 花片

在一般古玩交易市场中，比较常见一种薄片状圆形花片，属于明代的

妇女坠饰品，多用白玉或青白玉制成，一般造型简单，采用镂雕与打凹的工艺手段，制作精细，块面的区隔对比明显，具有比较明快的布局设计节奏。明代的玉质花片一般雕工并不复杂，重点在于打磨技术的施展，往往采用平面打磨与打凹相结合的处理手段，将叶面磨成凹状碟形，与清代的处理手段有着明显的区别。

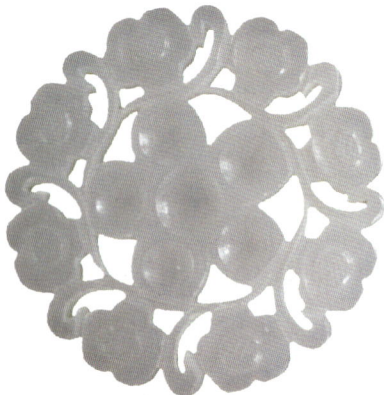

明 白玉花片1　　　　明 白玉花片2

5.带板

在明代玉器的收藏中，玉带板是一项重要的收藏内容。带板，在宋代以前称为"銙"，是缝坠在銙上的片状玉质装饰物，始见于李唐时代，一直延续到清代，各朝均有所见。明代玉带板的形状主要是长方形，也有圆形、正方形、桃形等数种样式，

明 白玉带板

明　玉螭龙匜

明　白玉螭纹环

常见的则多是长方形。明代玉带板的传世品散片较多，成套的罕见，用料均为上等的和阗玉，镂雕，图案设计主辅图层次分明，时代风格鲜明。

6. 佩饰

明代普通玉佩饰总体的制作质量比较粗糙，主要表现在对于细部处理的不到位，譬如对镂雕处的打磨、对刀痕的处理以及对整体表面的打磨处理等。因为这类交易于民间的玉器要求人力成本的核算，所以，不会施用那种典型的明代打磨工艺。也正是如此，我们才能得以窥视这一时期的刀法特征，同时通过对造型与雕工细微处的观察来完成断代的推测。如果仔细观察前面这件作品螭虎的后胯与尾部，尚能隐约感觉到由于工匠对螭虎造型感觉的稔熟而在漫不经心的草率中流露出来的肌肉感与力度感的表达，这是通过长时间的观察才能玩味到的民间玉器的内涵。

明　白玉龙凤鸡心佩

二、实用类

明代的实用器只是就其器形而言，实际上基本上更多地倾向于一种摆饰。实用器社会功能的显示，完全由于可替代品的存在而引发了使用成本上的异化，从而必然导致其品赏功能的加强与实用功能的蜕化。譬如玉砚，既然有了石质、泥质的廉价（与玉制作相比）实用品存在，玉质砚台存在的理由就一定不是发墨而不伤毫，而应该是文人的一种品位对路的弄器。所以，具有明代（包括清代）鉴定特征的实用器，如果设计得非常实用，可

能不一定真实。绝大多数的实用器赝品是凭感觉琢制的，完全符合实用常器的规制，却恰恰忽略了玉制实用器的细部特征，仿制纰漏也就在这里产生。古人的制作是极其严谨科学的，其精密程度远为现代人所不及，笔者没有见过玉质实用器的剖面，但对明、清官窑瓷器的断面进行过仔细的观察，发现胎薄胎厚处的道理与原理，是我们意想不到的。老一辈鉴定专家常说的"手头"，其实包含的内容太丰富了，真的难以言表。

明代玉质实用器一般可以分为两类：

1. 器皿

器皿类玉器主要包括容器如玉碗、玉杯、玉壶、玉盘、玉盖尊、玉盒等，这种玉器的造型设计往往是通过对外壁构件的适度夸大，来营造出对品赏者视觉的冲击效果。譬如北京故宫藏有一件青玉花卉灵芝双耳杯，设计对雕双耳的长度总和几乎等于杯口直径，就是很典型的设计作品，这种夸张在明代以前虽存在但不明显。器皿类玉器还包括一种展示器如花插、香炉、香熏等，设计特征与清代差别不大。

明 青玉匜

器皿类玉器是明代玉器作品中的重器，其特点是用料上乘，设计制作处于明代玉器的最高水平，即使在明代，这路玉器也绝非普通黎庶所能拥有。古玩的收藏有这样一条共识：当时值钱的东西，现在仍然值钱。所以说，明代器皿类玉器现在的交易价格曲线攀升势头很猛。下面是2007年器皿类玉器的拍卖高端成交记录：

拍品名称	成交价	拍卖单位	成交时间
黄玉双螭盖瓶	11,483,125	佳士得	2007.11
白玉龙柄执壶	2,287,125	佳士得	2007.11
青玉竹节形香熏	392,000	北京保利	2007.12
玉兰花插	336,000	匡时国际	2007.12
玉龟纸镇	235,000	北京瀚海	2007.12
白玉单耳三足杯	201,600	北京瀚海	2007.12

（以上拍价单位为元/人民币）

2. 文房

所谓"文房"，是专指文人在书房中所必需的文具。明代文房玉器一般包括玉砚、水呈、笔架、笔管、笔筒、笔洗、砚屏、墨床、臂搁、印章、印盒等，这些文房出土器较少，一般都是传世器。明代的玉质文房用具制作都很精到，材质很好，所以受到各个时期收藏者的喜爱。下面这方羊脂玉的印章形制仿汉印，玉质温润细腻，白中闪有粉色，同时感觉油脂内敛。印面文字琢刻稍存明代何震精神，仔细观察笔画的琢刻，尚觉欠缺阳文玉印技法上的娴熟。

明 羊脂玉"护封"印章

由此也可以推断，带有"子冈"款的阳雕诗文玉牌子，主要应该是清代的作品，属于明代的很少，仅从对阳雕文字碾琢技术的熟练程度就可以有一个大致的判断。玉质文房与实用类玉器的最大不同点在于实用性，文房用具都是具有实用性能的工具，譬如传世的玉质印章、笔杆、笔筒、笔洗、臂搁，都留有使用过的痕迹，这种使用经历的本身就决定了其自身的价值存在：一是经历了自然损耗的炼狱后，能以金刚不损之身岿然于六七百年之后，从"物以稀为贵"的收藏原则上讲，也足以成为收藏者追捧的重点品类；二是玉质文房的使用者如果能够承仰名门贵族的鼻息，或本身就是历史中人，那么，这件玉质文房用具的价值又会有了陡然增加的交易砝码。在实际收藏交易过程中，文房的交易价格往往偏高，譬如在瓷器的交易中，一件康熙的青花笔筒，其交易价大概要高于一件同时期的青花琢器。玉器的交易也有这样的规律存在。下面是成交于2007年的4件高价位成交拍品，可见只要是真品明代玉质文房，都存有较高的交易可能。

明 青玉出戟鬲

拍品名称	成交价	拍卖单位	成交时间
黄玉双螭盖瓶	11,483,125	佳士得	2007.11
骨白玉云龙洗	1,831,125	佳士得	2007.11
玉雕螭龙水呈	313,600	北京翰海	2007.12
白玉松鹿笔架	207,200	北京保利	2007.12

（以上拍价单位为元/人民币）

明 青玉雕龙笔筒

三、陈设类

　　其实在明代,只有为数较少的一些玉器譬如文房、玉簪等属于真正的实用器,绝大部分玉器都是陈设类艺术品,即使是玉质的杯、盘也已经脱离了实用器的设计轨道而作为一种陈设器独立存在。这里分立的陈设器主要是指玉器的原始功能,譬如圆雕人、兽、山子等。这类玉器的形体都比较小,既可以把玩,又可以陈设。陈设器的设计动机纯属于美化、欣赏与陶冶,基本上不考虑参伍任何的实用价值,所以在设计制作过程中,几乎调动了包括巧雕在内的所有工艺手段,具有很强的工艺性。明、清两代玉器制作水平的异同,基本上反映在高端的御制器上,以及数量极少的民间

精品之上。而那些常见的、具有明代民间市场流通水平的普通玉雕件，则不存在或很少存在制作水平上的明显差异。从对明、清玉器的收藏实际操作上看，这类制作简单、时代特征不鲜明的玉器普品，往往正是现代广大收藏者在一般古玩交易市场邂逅与寻找的主要收藏目标。而那些时代特征鲜明的精品玉器，与普通收藏人群的距离与隔膜，是收藏规律下的一种恒定制约，基本上不存在突破的可能性。

明 黄玉连年有余摆件（正面）　　　　明 黄玉连年有余摆件（背面）

　　明代的山子数量相对较少一些，圆雕的人物与动物数量很多，属于常见品。这类玉器的功能比较多样，设于案则为陈列品，穿上系绳就是佩饰把件，而在书画时又可以做镇纸使用。明代的圆雕一般多用籽料，其造型也多随籽料的形状而方圆，我们对之的理解是尽量削方为圆，所以外形大都呈浑圆状。明代的这种陈设类玉器制作标准很杂芜，有些与清代或元代的工艺特征很难拉开时代关系上的距离，断代分析要难于精品。

明 青白玉山子

四、仿古类

玉器的仿古,宋代是一个高峰期,清代又是一个高峰期,这两个仿古高峰期的仿古特点鉴定差距很明显。清代仿古风格与成就的确立,无疑是牢牢地建立在明代的仿古基础之上,继承、完善与发展的结果。明代的仿古玉器从现在的传世器上分析,大约是沿着两条并行的轨道向前发展的:

一是纯粹意义上的仿古。这类仿古器一般不做旧,也不做沁,器身很干净。主要仿琢三代时期的青铜器如彝、簋、觚、匜、尊、觥等,用料讲究,雕工很精细,尤其在打磨的工艺上,时代特征非常突出,是明代玉器中的重器。这种仿古器基本上不会产生于民间的交易玉器之间,多是御制或高层官僚社会阶层的奢华玉制品,因此完全可以视为明代制玉工艺的最高水平。这种玉器的产生与市场的供需没有必然的关系,于是就出现了三个特点,第一,完全不考虑制作成本,对工、料、设计的要求极其严格,是一般用于市场交易的玉器所不可比拟的;第二,样式设计基本上可以复原于青铜器,比起宋代仿古的荒诞不经来说,已经有了非常严谨的崇古意

明 黄玉饕餮纹佩

331

明 兽面纹双耳炉

明　双螭璜

识与仿古标准；第三，明代的这种仿古器在明、清两代的传世玉器中属于罕见的珍品，其与生俱来的制作成本与拥有者的社会成本，都决定了其存世数量的稀少，同时，也决定了自然损耗概率的低微。北京瀚海在2007年12月以134,400元人民币拍出一件明代玉雕仿古饕餮纹出脊匜，可见这种传世玉器的身价。至于现在的交易市场所见到的这类玉器，基本上是后世的再仿品，其收藏价值与交易价值均不能与明代仿古器比肩而论。

　　二是古玉的赝品。明代的高濂在《遵生八笺》中说：

　　　　近日吴中摹拟汉宋螭纹、钩环，用苍黄染色边皮，葱玉或带

　　淡墨色玉，如式琢成，伪乱古制，每得高值。

　　可见，这种玉制品既不能与明代的仿古器相比，又有别于清代乾隆时期的做旧古玉，是一种纯粹意义上的赝品。这种玉器除了模仿古代玉器的形状外，重点是通过采用各种手段制作假沁色，譬如老提油、煨头、羊玉、狗玉等。由于人工做沁要求玉质相对松软，才能在短期内使颜色浸入玉中，所以多用和阗玉以外的杂玉，这是商品假古玉的基本材质特点。这个明代仿古玉的局部与清代中期太平圈的仿古对比，就可以看到由于仿古玉质的不同，直接导致了提油效果的不同。很明显，明代用的是杂玉，而清代用的则是和阗玉，二者的煎黑纯度有着明显的区别。所以，即使是收藏明、清时期的假古玉，也存在着多角度、多层位的选择。当然，真正明代的这类假古玉流传至今，也具有了相应的收藏意义，有些经过几百年的不断盘摩，已经成为极其漂亮的传世古玉。要注意，明代古玉赝品在今天就不能简单地以赝品论之，经过了几百年的岁月，本身已经修成正果，完成了由赝品古玉到真品古玉的蜕变过程。在收藏的实际操作过程中，要充分注意这种玉器与高古玉在鉴定特征方面的混淆。

【第三节 明代玉器的器形纹饰特征】

明代玉器常见的纹饰图案比较复杂，因为所涉及的内容相对广泛，主要有这样几类：

一、纹饰

1.故事传说类

这是明代玉器图案设计的重要组成部分。从明代开始，有大量来自于史籍与民间的传说故事融入到了玉器的图案纹饰设计中来，这种设计思路在元代的玉器中就有出现，只是没有更多数量的出土传世器作为支持，而形不成一种必然的结论。譬如北京故宫博物院藏有一件元代白玉双人耳礼乐杯，外壁凸雕持乐器的伎人5人，明显带有一种故事情节。玉器的图案设计风格的形成与显示，往往与在同一时期内瓷器纹饰的内容设计具有极为相似的地方。以人物故事为主题的纹饰在明代青花瓷中大量地涌现，可能会有效地作用于玉器的设计，这说明玉器与瓷器一样，纹饰的设计都面临着必须完成对同一个市场审美要求的供给。明代玉器中常见的故事传说内容有"八仙"、"刘海"、"麻姑献寿"、"李白仙饮"、"陶潜赏菊"、"赤壁泛舟"等。大量故事情节进入玉纹饰画面，是从明代开始，而清代更有甚于明代。

明 刘海戏金蟾摆件

2. 动植物图案类

明代常见的动物题材的纹饰图案一般内容比较单纯，常见的有龙、凤、鹤、牛、马、鱼、狮、虎、鹿、羊等。其中所要注意的是龙的爪型，一般五爪为御用，三四爪为臣用，是有着严格的区别的。至于仿品专刻五爪龙以增售价，混淆了古代君臣用龙的等级界限，那就是关于真伪的另一个问题了。植物图案就是单一的起装饰作用，常见的有菊花、荷花、石榴花、山茶花、牡丹、松、竹、梅、折枝花等。

明　白玉梅花带饰

3. 仿古图案类

明代的仿古图案主要是在上述的两种仿古器类上得以表现，认识这类图案的真伪优劣，必须对三代青铜器以及玉器有一个充分认

明　仿玉琮

识的过程。没有这种基本功作为基础,对明代仿古玉器几乎就没有发言权。常见的纹样有螭龙纹、螭虎纹、夔龙纹、兽面纹、饕餮纹、卧蚕纹、勾云纹、雷纹等。明代的仿古在纹饰的复制上比宋代更接近于原样,但由于设计者对古器物上的纹饰没有充分的了解,所以常见纹饰的琢刻结构松散,有依样画葫芦的痕迹。

4. 寓意吉祥类

在明代玉器的纹饰中,有大量的具有吉祥寓意的组合图案纹饰出现,这是这一时期玉器图案的特点之一。之所以称这一类图案为"组合",是因为画面上的不同动物、植物在一种吉祥寓意的统领下,有机地构成一幅表达意义完整的画面。譬如蝙蝠与鹿放在一起,寓意"福禄";在马上雕刻一只小猴子,寓意"马上封侯";一只鹭鸶鸟与荷花在一起,寓意"一路连科";一只鸭子与荷叶在一起,寓意"一甲登科";灵芝、水仙、竹子与寿石放在一起,寓意"灵仙祝寿";在柏树上雕有绶带鸟,寓意"百寿"等。

明 白玉渔翁得利摆件(正面)　　　明 白玉渔翁得利摆件(背面)

5. 宗教类

明代玉器中宗教类题材的纹饰常见明八仙、暗八仙、仙人乘槎、罗汉、观音、弥勒、寿星等,这与明代瓷器纹饰中出现同类题材的社会政治背景基本上差不多,都是源于嘉靖至万历之间几代皇帝的笃信道教,上有所好,下必甚焉,可见,带有宗教色彩纹饰的玉器大概应在明代的中晚期,这是一个断代上的常识。

明晚期 仙人乘槎摆件

二、器形

1.带板

玉带板从唐代开始,发展到了明代,虽然基本形状没有发生根本性变化,但是在尺寸的大小、纹饰、雕工的设计方面,都表现出与唐、宋乃至辽、金、元诸时代根本上的不同,主要表现在下面几个方面:

(1)明代玉带板的尺寸与唐、宋、元相比,长度尺寸稍大,多在7厘米以上,但厚度稍逊。

(2)带板的形状由横置或竖置长方形、方形以及横置桃形组成,其中,竖置长方形是一种窄条形。北京故宫藏有一套明代青玉镂空人物带板,共20块,其中有4块就是这种形状,具体的定位情况由于缺少出土报告,现在尚不清楚。这种竖置的带板存世较少,但在古玩店里也会偶有一见,许多收藏者不谙此形,错失了收藏的机会。

明 白玉带板

(3)明代的玉带板在纹饰的布局设计上,更多的是吸收了宋、元以来对于具有镂雕工艺处理的带板、牌饰等作品的设计特点,形成了明代玉带板的鲜明的设计特征。明代的带板主要由两个远近层次组成,主题纹饰处于画面的近端中心，形体设计块面大而整，一般有两种题材，一是带有故事情节的人物造型；二是龙凤。这种近距离的主题纹饰在雕工设计上由于有远层次的背景做依托，所以显得厚实而夺目。画面远层次的图案处于一种背景的位置，多设计为镂雕的工艺格、花草纹，在布局上明显地起到了既热闹画面，又突出了主题的作用。

明 白玉带板

（4）明代玉带板主要的表现手段是镂空浮雕。在层次上，有意地避免了辽、金、元代的多层镂雕的繁复，多采用类似于宋代的两层式雕法，这种处理方法的好处在于加强了整体的阅读效果，因为作为第二层次的背景纹饰本身设计得很细碎，与第一层的主题纹饰已经构成了最佳的组合，所以，明代的带板纹饰设计特点是远近两个层次的组合。

（5）由于带饰的使用者都具有相当的官阶，所以历代出土、传世的玉带饰都显示出用料上的优势，几乎全部选用上等的玉材琢制。明代玉带板的雕琢、打磨等各种工艺都是实施在真正上品的新疆和阗玉材之上，因而表现出明代玉器精品所应该具有的鉴定特征。下图赝品玉带板所用玉料白而干涩，表现有严重的材质瑕疵，仅据此即可断定为赝品。

赝品玉带板

2. 花片

花片是明、清两代妇女经常佩戴的玉饰，属于市场商品交易玉器，传世品较多，由于设计、雕工、用料、打磨等各方面标准相差很大，所以，明代的花片一般交易价格不是很高，远低于同等水平的玉牌子。明代的花片在造型与纹饰上，具有这样几个特点：

（1）明代花片的主要雕制手段是镂空与打凹打磨，这大概是出于对西域和阗贡玉中投放市场的不合格玉材的有效利用，这些玉应属和阗玉不假，可能杂质太多，不堪大用，这是明代和阗玉质花片大量出现的首要理由。譬如上面的白玉花片，本可以雕制更为精美的玉牌与玉带板，估计在镂空处有瑕疵，所以改雕花片。在古代玉器制作中，有"无绺不插花"的说法，意思是说，一块美玉如果无绺无瑕，就不会在玉的表面做精细的雕琢修饰。上面的这块花片尚属精品，一般常见的花片左镂右雕，几乎看不到大的块面。而有一种白玉质"无事（饰）牌"，上面不加任何一点雕琢，由于玉质

明 白玉花片

极好，几乎到了尽善尽美的最佳程度，所以任何雕饰都将成为多余的续貂败笔。在明代的花片收藏操作中，不仅要注意真伪，同时要关注玉料存在的面积大小，这与收藏、交易价值有着直接的关系。

（2）在目前所见的藏品中，明代花片的传世品用玉质量很好，多见和阗白玉或青白玉，不见或很少见其他杂玉。由于花片的用料背景是明代贡玉中的"内销"部分，所以决定了其质量的高端，由于和阗玉的质地密度高于其他杂玉，所以，即使在不施雕工的情况下，仅靠打磨也能将作品加工得精光外溢，这种玉质对感官的冲击力度，是其他杂玉所不能达到的。

（3）明代花片除了镂空以外，真正奏刀雕琢的地方不多，花朵、叶面一

明　白玉螭虎觥

般少施或不施雕工，直接采用以打凹与打磨相结合的加工工艺，利用打磨出的光泽作为精细加工的象征。

（4）还是由于用料方面的原因，明代花片的总体设计风格是灵通剔透。如果不是这种设计风格，就应归为牌饰一类。花片的整体设计在打磨打凹工艺雕制下的每一叶面、花朵，都呈现出凹状碟形而彼此由藤蔓相连属，状如一个小型的攒盘。从而形成了块面间的区隔对比明显，具有靓丽、明快布局节奏等特征。

3. 牌饰

牌饰是文人佩戴在腰间供随时装饰把玩的一种片状玉饰品。明代的牌饰包括两种类型：

一是玉牌子。玉牌子的基本造型应是片状长方形，具有下面几个特征：

（1）明代的玉牌子是文人品位、地位的象征，所以对材质的要求非常严格，真正明代的玉牌子以纯净的和阗白玉为常见，基本上找不到绵、绺等瑕疵的痕迹。清代玉牌子在用玉中期以前好于明代晚期，民国的用玉等级就比较差了，但仍是和阗玉。新工玉牌子用料有和阗山料与俄料混杂，应注意分辨。

（2）明代玉牌子在形制上与清代有所不同，不分额头与牌身。至于玉牌子分出额头与牌身，大概应该是稍后的一段时期的事。明代玉牌子一般不采用镂雕的方式制作，凸雕额头约占玉牌总体长度的1/4弱。

（3）明代的玉牌子上书的文字与图案，以减地阳雕为最佳，因为减地阳雕的技术难度远大于阴刻。在前面，我们曾征引了一方明代羊脂玉的阳

明 白玉瓦当佩

雕印章，通过放大图可见，明代的阳雕文字技术还处于不成熟阶段，转折处尚不能随圆就方，总体呈现出生硬的感觉，同时，也出现明代玉器雕琢常见的歧出现象。这些技术上的瑕疵，是我们赖以辨识明代玉器真伪的重要鉴定要点。

（4）明代玉牌子的纹饰设计一般以一面书一面画为标准的固定形式，主题画多为山水、人物、婴戏、故事，背面一般是阳雕诗文，以琢有名款印章者为上佳。额头的图案多以蟠螭纹或云雷纹为标准化程式，不轻易突破。

（5）明代玉牌子的雕刻较浅，但细节交代得很清楚，看不出有含糊不清的纹饰与用刀的地方；清代的玉牌子剔地较深。这是两个时代玉匠制作风格的不同，大概明代的浅雕得益于灵动，而清代的深雕得益于庄重，就其难度而言，明难于清。比之于篆刻，清代的篆刻大家吴让之之所以技高于徐三庚等辈，就在于浅刻给吴让之带来的灵动感觉，得浑厚易，得灵动难，这是雕琢、篆刻操作的通理。

（6）明代的玉牌子又称"子冈牌"，是借助雕玉名匠陆子冈（或子刚）的名气进行市场交易的商品销售行为。因为目前还没有发掘出一块带有子冈款识的出土器，所以，一切带有子冈款的玉牌子都不能确信是真正陆子冈的作品。对此，我们只要能够辨别出真伪，断代明、清就完全可以了。在没有标准器的前提下，只有上面征引的北京故宫藏的那把玉壶盖上的子冈刻款可信，但并不能以之论证玉牌的是与否。

二是片状玉饰牌。片状玉饰牌是玉牌子的一种造型上的变形，更趋于装饰的味道，估计这种玉饰的佩戴者应该是一些有钱的富人。这类片状玉饰的特征除了部分与玉牌子重合之外，尚有一些独立的设计意义在内：

（1）真正明代的这种片状玉饰牌属于高档的玉器，所以用料一律是纯正的和阗玉，几乎不见有杂玉雕制的记录。在鉴定真伪中，要将对玉质的层次划分作为重要的结论支持。因为这种上好的和阗玉本身的价值就很高，尤其是在现在。这块明代青白玉福禄牌是用料质极好的和阗籽料雕制而成，玉质油润内敛，外罩明代精品玉器特有的玻璃光，显得在靓丽之中蕴含着醇厚。

（2）明代的片状玉饰牌大概是受到了当时社会的高度重视，所以目前所见到的传世真品基本上不见入土的痕迹，有明确出土报告的同类器也很少见。因此，这类玉器很少带有各种颜色的沁色，给人的感觉仍然是纯粹而高傲无瑕。在实际收藏过程中，对牌饰的整体感觉很重要，玉面上的任何一点哪怕是很微小的土沁，都会对玉牌整体价值的评估带来很大的影响。对于高古玉，玩的是沁色；而明、清玉玩的则是玉质。

（3）玉牌子的雕制设计主要是减地阳雕，再配以阴刻线。而片状玉饰牌的主要雕制工艺是镂空，这种镂空与明代花片的不同之处在于，镂空面积小而合理，没有规避玉质瑕疵的主观设计意图。因此，这种玉饰牌的交易价位要远高于花片。在明、

明 青白玉福禄牌

清两代，也有利用减地阳雕雕制的牌饰，我以为，如果没有镂空工艺掺杂其中，就应划归在异形玉牌子的范围之内。

（4）明代的片状玉饰牌纹饰内容主要是寓意吉祥的图案，比玉牌子更能迎合世俗的喜爱，与玉牌子亦书亦画的文人情结的设计风格，有着佩戴者品位、修养上的明显不同。上面的那块福禄牌是在一个草书的"福"字中间，雕一鹿形，寓意"福禄"。这种好口彩作品，至今仍受到人们的喜爱。

（5）尽管片状玉饰牌的用料很好，但是表现在雕工的用刀上，仍感觉到由于刀痕存在的明显，修饰力度的不济，而流露出粗犷重于细腻的缺憾。这种刀痕的残留特征在阴刻线上表现尤为明显，打磨工艺的进步并不能根除这种痕迹的存在。

4. 器皿

明代玉质器皿的社会功能实际上是一种或缺了使用必要条件的陈设品。这种实用器皿一旦拥有充足的理由脱离实用范畴，进而向着陈设器的功用转化，那么，原来所具有的器形、功能以及装饰纹饰的设计标准便出现了功能上的偏颇。北京荣宝斋2004年以605,000元人民币落锤一件唐代白玉雕桃叶盘，雕工很细腻，出土后保存完整，很明显不是用来盛装食物的日用器。可见，玉质器皿在实用与陈设功能上的转换由来已久，只是到了明代才算彻底完成了蜕变过程。因此，明、清时期玉制品中的一个小杯、一个小碟，其收藏价值也要远远高于同等水平的瓷器，都应视为珍贵的艺术陈设品而加以收藏。明代的玉质器皿有些是高等级的收藏品，譬如玉香炉、玉执壶、玉樽、玉瓴、玉花插等，这些玉器的收藏投资很大，需要邀请鉴定专家把关。而一些比较常见的玉杯、玉碟、玉笔洗则是常见的收藏品类。

（1）明代玉质器皿重要的特点在于掏腔技术的成

明 黄玉兽面琮式熏炉

熟，往往掏成薄壁，其厚度约薄于清代同样的器具。同时，薄壁的断面显示很均匀，这是很难达到的高技术标准。

（2）明代玉质器皿琢制技术的成熟同时表现在打磨工艺之上，而打磨技术的成熟又在内腔最直观地表现了出来。这一时期的内腔打磨平整，手感滑腻，这种感觉只有与几个不同朝代的相同器皿对照盘摩，才会产生最直接的鉴定感触。

（3）明代杯碗与碟的工雕特性往往表现在器柄与器的外壁多处采用浮雕与镂雕相结合的工艺方法，通过将雕饰繁缛的外壁与简约的器内腔的对比，生成了比较强烈的视觉冲击，使人觉得华贵而不媚俗，这是明代玉质陈设性器皿的一种阅读感觉，这种感觉在观赏清代与民国作品时很难出现。

（4）明代玉质器皿的用料很大，器柄的长度往往与器皿本身的直径相接近，直观的表现是器柄与器口设在一个平面上，而且尺寸很夸张，可见用料的奢侈程度。在对器柄实施镂空时，镂掉的块面较多，复杂程度已经超过了宋、元。一向以设计雕琢细腻繁缛而著称于世的清代，对明代的这种俏丽而繁琐的镂雕也因收敛而有所不及。

（5）明代常见的玉杯分为单柄、双柄与无柄三种，双柄杯多用双夔式或双兽为耳，杯身多用减地阳雕的手法雕出花卉纹、乳钉纹、山水纹、人物纹等常见外壁纹饰。早、中期的碗多为直口，哆口的一般是明晚期的作品。

明 白玉花瓣式双耳杯

5. 圆雕

明代的圆雕玉器师承比较明显，主要雕制技法游弋在宋、元两代，只是在一些细节上构成了差别。同时，又对清代的圆雕产生着较为深刻的影响。处于承上启下位置中的明代圆雕玉器，很难明确地指出与上下朝代圆雕的鉴定差异，有经验的鉴定专家在很大程度上依靠的是感觉，譬如明代

明 玉骆驼

的玉雕童子的感觉比宋代、清代的要厚实而简约，这种感觉一方面来自于用料方面上的差异，同时，与刀痕的繁简、打磨效果对感官的冲击都有着直接的关系。在细部的处理上，明代的制作设计与前后各时期都存在着不同处理方法，进而构成了各自不同的鉴定特征。

（1）明代常见的普通小型圆雕身体留有充分的平面，有些身体的解剖感觉是靠打磨隐约表现出来的，譬如童子的腰围，清代是通过阴刻腰带来固定位置的，明代则是通过在腰部稍有收缩的一点动作来传达的。明代圆雕在身体上大面积平面的保存，保证了造型的整体通畅顺达的阅读效果，为打磨工艺的施展提供了用武之地。这是与宋代、清代不同的区别点之一。

（2）明代圆雕对于细部的雕饰较宋、清两代写意，这大概与明代玉匠用刀的生硬有关，从琢玉的刀痕上来看，明代玉匠的用刀风格是"简"、"深"、"狠"，毫不缠绵多情，与清代构成明显的用刀风格上的不同，比较容易区分。对于细部的处理手段，同样显示出在用刀风格的作用下所表现出来的粗疏。这是通过对细部刻画处理的仔细观察后得到的断代结论。

（3）明代圆雕的用刀风格是一种制作形式的表现，它不仅反映了明代市场交易供需关系下的工艺样式，同时也折射出了一种明代社会取向性的审美需求与倾向。对于圆雕动物，尽量保留躯体上大面积的无雕工平面。对于圆雕人物，则以写意的方式概括提炼衣褶与解剖位置的表现内容，通过寥寥几刀的准确勾勒，使读者与工匠同时获得了相对准确的设计意图上的共鸣。

6. 仿古器

明代的仿古器我们分为两种：一种是纯粹意义上的仿古，这种仿古一般不做旧，完全是一种对古代玉器欣赏性的仿制，仿制主要以三代玉器为主要目标。同时，在这种目的的操纵下，还用玉雕制了三代

明 黄玉龙纹璜

青铜器，譬如青铜簋、鼎、爵、斝、匜等，这些仿青铜器玉器其实并不算仿古玉器，因为材质的不同，决定了作品的根本上的不同，所以不能称其为"仿"，而是玉器的高端藏品，一般人很难接受；另一种是以营利为目的、以欺骗为手段的赝品，这种玉器的仿制标准是传世的三代玉器。虽然流传至今，这种明代的赝品也已经成了难得的古玉藏品，在各种规模的交易中表现出参差不等的交易成绩，但是作为玉器收藏与鉴定的爱好者，还是要有拨乱反正、去伪存真的的基本能力。我们所讲关于仿古器纹饰与器形方面的识别特征，主要是讲这种明代制作的古玉赝品，因为这种玉器的杀伤力随时对收藏者都是一种很大的威胁。其实，鉴别明仿的古代玉器并不是一件太难的事情，关键是你是否熟悉真品：如果你对商、周、汉代的高古玉比较熟悉，明代的仿品基本上不会对你构成威胁；如果你不熟悉高古玉，那就要尽快补上这一课，否则，这里的一些来自于感悟上的甄别技巧与要点，是很难表述清楚的。常见的明代仿古玉器（这里仍然沿用习惯叫法），在器形与纹饰上有这样几个特征：

（1）由于明代的考古结果不能从器物学上对玉器的仿制给予支持，所以，即使是对照青铜器的实物进行玉质的复制，也会因为完全不懂三代青铜器上纹饰的设计意义而依样画葫芦。这种对古代器物纹饰知识的匮乏，必然导致设计结果的失败。北京故宫藏有一件白玉兽面纹簋，簋身雕有商、周时期青铜器上常见的饕餮纹，虽然雕工极其精到，但是上面的仿古纹饰表明，工匠根本看不明白青铜器纹饰上每一组线条所表达的意思。这是这个时代制玉的先天不足，可以看作是断代的一种参考。宋代、清代都有这种情况出现，宋代更差，清代稍好。

（2）在明代传世的玉器里，恐怕所见更多的是通过各种造假手段伪造的三代古玉。明、清乃至民国时期，真正的收藏家多数都以收藏三代古玉为能事，所以我们看到宋代的仿制古玉，还处于探索与小心翼翼阶段。而明代古玉赝品的制造，已经有了相当完善的工艺流程。同时，从赝品传世的数量与制作的熟练程度上看，明代大概还有着一个良好的伪古玉供需交易通道与环境。这仅仅是对赝品古玉的产生动因有一个市场销售方面的估计，而对造假行业的最致命的死穴就是标准器的不确定。我们通过传世的实物可以得到这样的推测：在没有真伪意识的前提下，当时的制作样设计有四个来源：一是以真正的三代古玉为样式琢制；二是以宋代及其之后的仿制品为样式，由于宋代的仿古本身就存在样式不真实的问题，所以再以此为制作样式标准，肯定有误；三是根据当时的古器物画图，值得注意的是，这种图画又与图画者对所画玉器的鉴别及其复制的真实程度有关；四是自己根据既往的见识杜撰出来的样式，譬如明、清玉质花觚与商代晚期的青铜觚，从器形上两相比较，可见明代与商代的器形稍有近似，而清代则又在明代的基础上再变，那么，商代与清代的觚已经完全不是一回事了。

问题是，如果收藏者根本看不出明代的花觚与商代青铜觚的直接对应关系，那么就不能排除明代花觚是仿宋的结果。在这些层层不真实因素的相互干扰下，明代仿古玉器的时代特征反而能迅速地凸显出来。笔者曾经过眼一件仿春秋玉环，用料、雕工都具有明代传世仿古玉器的特征，但仔细分析玉环的形制与纹饰，就觉得有张冠李戴之嫌了：所雕纹饰是常见于春秋晚期的绦索纹，而器形则与西汉时期流行的龙纹环相似。需要说明的是：第一，这些设计上的失误对于现代的收藏来说，不会构成价值上的降低；第二，这种失误虽然是设计上的瑕疵，同时也为我们提供了相对独立的鉴定与断代方面的特征。作为对市场需求的一种满足，明代的赝品古玉一般都有人工制造的各种伪沁，虽然现在看来手段还是很原始，但已经比宋代有了很大的进步。做伪沁的手段不外乎两种：一是染玉。即将玉放到带有颜色的溶液中浸泡，使玉染上颜色；二是烧烤。因为出土的古玉有些带有焚烧的痕迹，烧烤法就是伪造这种出土玉的效

明 玉花觚

果。至于"提油"、"羊狗玉"等方法，尚不见施用在具有明确明代特征的玉器上。

（3）明代的仿古玉还有一种形式，那就是旧玉新工，这种玉器传世不多，但也同样具有欺骗性。有两种情况：

一是在出土的素器上加饰纹饰。这类玉器的鉴别要点还是在于纹饰与器形的吻合程度、纹饰与器形时代的吻合程度、纹饰与时代刀法的吻合程度。至于线条的力度如何，属于一种见仁见智的软标准。

二是利用残器改形。这类玉器比较容易辨别，为了利用残器，改制的施工往往捉襟见肘，顾此失彼。譬如我曾寓目一件卧蚕纹玉璜，璜的上下弧是单阴线勾边，单阴线以外为平地子，与战国玉璧相同。璜的两端用很突兀的减地来与上下弧边对应。这明显是一件用战国的残璧改制成的璜。改制器的特征是纹饰在布局上有不完整的地方，这种玉器的收藏价值较低，只宜做标本用。

明 白玉瓦子（正面、背面）

【第四节 明代玉器的刀法特征】

正如我们前面所讲，玉器的制作发展到了明代，已经进入了一种"万法归一"的最高境界阶段，许多精品玉器的雕制痕迹已经被打磨下去，呈现在读者面前的只有近乎完美无缺的工艺完成品。我们所见的所谓刀法，实际上是一种加工的痕迹，刀法的明显存在，说明作品完整程度的低下，古代玉器的鉴定断代的鉴定，在很大程度上是依靠这种工艺上的瑕疵来完成的。明代玉器的刀法特征可从四个方面来观察：

一是平面阴刻刀痕较为粗砺。明代玉器素有"粗大明"之类的诮让，虽然就明代玉器的总体而言，这种认识不乏偏颇，但以之来形容与评陟施诸玉器平面奏刀的工艺结果，则有失公允和客观。明代玉器阴刻线条的粗砺表现在三个方面：

1.阴刻线的收刀尺度掌握不准，常常伴有刻线的终端出界或不能完全交接。这种现象是比较原始的用刀痕迹，在商、周以后的玉制作中几乎消失殆尽，而明代做工比较精到的玉器有时也会出现这种显而易见的工艺瑕疵，我们暂不对其形成的原因做深入探讨，只是将这一用刀的特征放大后提出来，作为断代或鉴定的特征之一。下面的这块明代的玉带板很明显是一件雕制的精品，而且玉质很好。如果仔细观察带板的左上角，用刀的

明 阴线出界

明 刀法

战国 刀法

明 白玉坐佛

不规则痕迹就比较明显，横刀冲出了界格，与竖刀没有完全的对接，如果再仔细观察，还可以发现横刀的上端隐约尚存有竖刀的出界痕迹，这是明代玉器比较普遍的现象。

2.在玉器的雕制中，阴线与阳线往往是互为表里的一种视觉现象，阳线的视觉质量往往由双面阴线的处理质量所决定。正是由于明代玉器在阴

明 何震"俞安期印"　　　明 玉印面　　　　明 玉印面局部

线的用刀上存在着明显的特征，所以，阳线所表现出的阅读感觉往往强调的是一种不规则的线条，这在双阴线挤出的阳线作品中表现得比较明显。譬如这方明代阳文"护封"玉印，材质是和阗羊脂玉，可谓难得，不存在普通民间玉器的商品化制作的粗率，可以反映明代对于阳线雕制工艺的一种时代水准。历代玉印都是阴线琢刻，这方阳雕玉印在印文文字的刀法上，明显具有明代何震的味道，是一方不常见的玉质流派印。印面阳雕文字在线条总体上反映出典型的何震生辣风格的切刀味道，如果具体而微地

清乾隆 经文纬武牌　　　清乾隆 经文纬武牌局部

观察，可见除了具有上述的奏刀出界的瑕疵外，阳线也呈现出不规则的线性痕迹。局部放大的"封"字上端，以及"护"字的"隻"，都明显地带有这种表现。我们判断这方印是否为明代作品的依据，仅凭玉材与雕钮不行，主要看两点：一是具有明人治印的风格；二是具有明代玉雕的工艺瑕疵，这方印与上面所引玉带板的刀痕特征完全相同，即可以做出明代作品的判断。再观察清代乾隆时期的这块"经文纬武"玉牌，同样是剔地阳文，在技术的运用上，远远高于明代。最突出的表现在于工匠能有效地控制用刀的走向、力度与起讫位置，已经达到了玉雕加工工艺的最高境界。清代玉器加工工艺在登峰造极的同时，又扼杀了玉器本身所独有的艺术品味的存在，这就是清代玉器雕琢最大的失败之处。

　　我们在下面分别列举了商代、战国、汉代、唐代、宋代、金代以及清代这几个不同时期玉器的阴线以及由双阴线构成的阳线局部图，通过对局部运刀痕迹的对比

商 刀法

战国 刀法

汉 刀法

唐 刀法

宋 刀法

金 刀法

元 刀法

明 刀法

清 刀法

明 黄玉五熊摆件

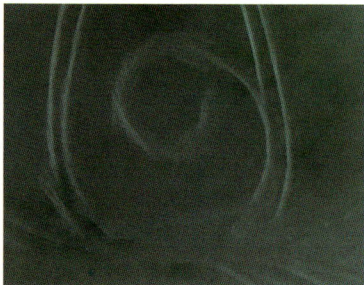

歧出

可以发现，商代的用刀狠，入刀深，观感上具有很强的力度表现，这是以后其他历史时期的琢玉都不能做到的；战国的玉器向以线条具有弹性而闻名，线型很细，形若游丝，表现出相当理智的驾驭琢玉工具的能力；而清代的线条则显现出进入化境的工艺能力。在这些各有优势的"线条擂台"上，如果单讲用刀法线条，明代的水平并不算太高，之所以在总体制作水平上高出除战国以外的其他历史时期，在于刀法之外工艺水平的大幅度提高。因此，对于明代玉器的鉴定，最重要的是从整体上加以考量，任何一点的失察，都会导致鉴定结果的不准确。

3. 所谓"歧出"，是指用刀缺乏弹性，在转折处刀痕走直线，冲出预计轨道。这种现象在商代较为常见，那是由于商代入刀很深所带来的刀痕僵硬，多见于直径小的动物雕眼睛处。这种现象在商代以后很少出现。明代的玉雕用刀特征之一就是出现了歧出，譬如这件翡翠佩件（左上图），具有比较典型的明代玉雕用刀特征，入刀深而硬，圆形线条有歧出现象，这与上面所分析的明代用刀特征是一致的。

二是在明代玉器的各种雕琢技法中，打凹是一种明显带有创新色彩的新工艺，我们通常认为明代的打磨技术最可称道，其实这里就在很大程度上包含着对打凹技术的肯定。我认为，明代首先将磨制工艺揉合于雕琢的刀法之中，使之成为一个互为表里的立体琢玉工艺，为清代制玉高峰的迅速形成，探索出了宽阔而平坦的技术通道。具体地分析，打凹是将平面通过磨削手段，雕制成凹形，用来配合整体的纹饰设计需要。具有打凹工艺的玉雕在断代上首先应考虑是明代或明末清初时期的作品，因为在明以前的各个时期极少出现这种做法的个例，而清代的初期虽仍有这种做法，但为时较短，至清中期以后，也就不复再见这种工艺出现了。打凹工艺的施用，一般多见于花片上的叶片或者装饰纹,比较常见的是打磨成小碟状的装饰纹围在饰品主题图案的外圈,形成连珠纹饰边,这种打磨成碟状的凹面光滑,玻璃质感强,鉴定特征比较突出。在明代的玉器中,也有光素无纹的素器,譬如上面例举的明代花觚,通过局部图可以清楚地看到装饰设计是通过打凹来完成的,任何不具备高级磨光技术的朝代,都不会设计制作出这种样式的玉器出来。明代的打凹技术是很独特的,它需要有相应材质的玉料作为技术支持,我们知道,在可用的玉材中,只有和阗玉的硬度最高,具有形成突出打磨效果的可能,所以,凡是具有明代打凹效果的玉器,即使是仿品,仿制者也付出了相当的制作与材料上的成本,同样适于收藏。

三是明代的打磨工艺反映在平面的浅浮雕上,常见的一种工艺是整体打磨,使玉器的整体雕琢面降低,以达到将玉表面刀痕的锐角去掉,使锋利的边线变得圆滑的效果。这种做法在扁平式玉器的表面有时会有比较突出的表现。我们在上面曾引用了那块明代的白玉带板,通过对局部的观察,可以看到带板的表面在雕刻完成之后,的确经过了这种意在润化刀痕的打磨工序,虽然降低了刀痕的刃性感觉,却在客观上使原来的设计改变了雕制形状,许多的走刀变得因互无关连而显得支离破碎,那些发生在主题图案上的细碎刀痕既奇怪又多余,大有佛头着粪的感觉。这种雕琢工艺的实施,代表着明代同类玉器的一种特点。

四是明代玉器制作上除了刀法特征外,最为重要的鉴定特征是平面上所具有的玻璃光泽。这种光泽,我们一般称为"玻璃光",与清代乾隆时的蜡状光泽成为两大磨光类别。在战国、汉代的玉璧上,比较高级别的沁色为"玻璃沁",通体被一层玻璃光感极强的光亮覆盖,这是一种氧化膜,

明　螭纹剑璏

形成机制尚不清楚，但我想这种氧化膜是一种自然形成的玉质保护层，具有很大的偶然性。对于汉代玉器来说，带有"玻璃沁"的价位远高于没有"玻璃沁"的玉器。而明代精品玉器的出现是一种人为的制造，器表面也有一种带有玻璃光感的层面，据说是在成器之后以手工的方式，用皮毛之类的打磨物打磨，耗费了极大的人工成本。这种具有玻璃光感的明代玉器对于保存的条件要求很高，稍有不慎，就会导致失光。所以，有很多传世的明代玉器虽然是精品，但没有玻璃光泽，就是在流传时出现了保存失误，譬如用手盘、用布擦、经常佩戴于身，都会对光泽产生不可逆转的破坏作用。有鉴于此，可以这样认为，玻璃光是鉴定明代玉器的一个重要条件，但不是惟一的条件。

现在的仿明玉器也能做成玻璃光，我曾在天津沈阳道的地摊上见过一件用岫岩玉仿制的明代花片，镂雕技术已经十分接近明代风格，而打磨的玻璃光泽也产生了一定的厚重感，总体很逼真。但是由于是新作，光亮发贼。据行内人士透露，这种光泽在较短的时间内就会消失。我相信这一信息的可靠性。对鉴定者来说，很难用语言来把新仿品的光泽与明代的光泽区隔和感觉描述清楚，这种辨别能力必须建筑在对这两种不同时期玉器的细心观察对比之上，也就是说不仅要见过真品实物，而且要将其光泽的感觉印在脑子里，随时作为一种标准器而对所见的其他玉器进行对比。任何图录都只是对于器形的一种还原，绝不可能将真品与仿品的光感细微差别记录下来，因此说，明代玉器的打磨效果对于一般的收藏者与一般的仿制者来说，都是盲区。

然而，如果通过放大镜仔细观察，在明代玉器精微光丽的下面，有时经常会发现一些密布的小凹坑，明显是因为打磨前表面处理工艺的不到位。这种凹坑仅依靠最后的磨光处理是不能完全消除的，这属于"粗大明"玉器的工艺瑕疵。我们在前面曾讲过，明代玉器在打磨精微的笼罩下面，存在着许多粗糙的工艺表现：刀痕的粗砺是一方面，阳起线条的不规范也是一方面；在转角处或细部处理上较为粗糙是一方面，平面下的凹坑又是一方面。这些雕制工艺水平的瑕疵往往是隐性的，不仔细注意不易被发现。如果从鉴定特征的视角来看，一件玉器，只有在不同程度上占有这些工艺瑕疵的一部分，才能被认为具有明代制玉的可能。

黄玉骆驼

【第五节 明代玉器的鉴定】

明代玉器是继清代玉器之后的一种炙手可热的玉器收藏品，其所以广受收藏者的青睐的原因在于：

1. 明代玉器与清代玉器一样，是距离我们时间最近的古代玉器工艺制品，由于两者之间相距时段紧凑，不存在另一种历史时期所表现的制玉样式与风格的隔膜，所以，它的样式、纹饰设计与现代的阅读感觉不存在较大的审美上的不相融因素。

2. 明代玉器的用料多数是新疆和阗玉，而且质量明显要好于宋、元时期。

3. 打凹、磨光技术的拔地凸显，完成了对玉器整体效果的包装，使古代玉器的收藏者轻松地摆脱了高古、中古玉器由于琢制刀痕的彰显而带来的对整体器物审视的干扰，使玉器本身所展示的美学语言变得浅显、简练而生动。

4. 明代玉器的存世量相对较大，为收藏者与爱好者提供了一个优越的选择空间。我们在地摊上、古玩店以及各种规模的拍卖会上，都有可能见到明代玉器的交易品，这些质量上优劣参差的玉件，能满足各种收藏实力交易者的不同需求，受众面相当广泛。

然而，明代玉器的传世数量并不像现在的市场统计那样庞大，材质也不完全都是由和阗玉来充当，其中的鉴定关系相当复杂，远非一般收藏爱好者所能轻易掌握。对明代玉器的鉴定，比较硬性的时代特征其实并不多，我们曾反复讲明代是一个"万法归一"的制玉时代，易于表述的诸如龙的喙部应该是长是短，人物的鼻子应该是楔形或蒜头形等这些明显的鉴定要素，在清代的部分玉器中仍时有所见，构不成断代的

明 白玉童子戏鹅摆件

明 透雕玉瓦子

必然条件；而这些特征的提供被仿制者奉为仿制规范，又不能成为鉴定真伪的惟一的依据。所以，明、清玉器的鉴定是相当困难的事。明、清玉器的收藏者在面临对玉器的选择、判断时，既缺少老一代鉴定家的直觉感悟，不具备丰富的阅读经历，同时，身处纷繁复杂的真伪漩涡之中，很难用理智与智慧对眼前的玉器做出专业水平上的甄选。那么，这时最好将鉴定的训练以及鉴定的视点放在明代玉器的制作成本与制作工艺的死角上面，因为如果制作成本与交易价格相对应，不管真仿，都是物有所值，既没捡漏，也没亏本；而明代玉器制作工艺上的纰漏与瑕疵，则又是现代化仿制工艺所未臻之处。

我们知道，收藏高古玉的兴奋点在于对玉器本身沁色的讲究，自宋代以来，出现了很多的造沁手段，时至今日而不绝。人造沁色对玉质有一个相对严格的要求，那就是玉材的质地结构必须松软，只有这样才能将颜色在短时间内注入玉体之中，而玉材中的和阗玉质最为紧密，颜色难以入浸。所以我们所见到的传世高古玉器仿品，基本上不见使用和阗玉的先例，固然仿制成本是一个方面，浸色的工艺限制才是一个决定用料的主要原因。所以，买高古玉一旦失手，损失很大；明代玉器不需要做沁，所以好一点的仿明玉器也多见和阗玉制品，在对玉料确定为和阗玉乃至籽料无误的基础上，首先要注意的是刀工是否接近明代的风格，因为只要料对了，交易价位就不会有多大的出入，接近明代的风格就偏重于明代预期；风格有距离，就视为新的和阗玉器。现在有些明、清玉的交易价要低于新玉，我以为不是明、清玉的价值有所降低，而是新品价值窜升的结果，而这种价位走势的拐点就在2005年前后。将鉴定的指标对准是否是和阗玉质，这是一个非专业鉴定者目前不得已而为之的办法，因为现代的新仿明代玉器与真品的差别很小，以至于非专业人员很难凭借有限的寓目经历对此实施正确的判断。有一件白玉狮就是一件明代的仿品，雕琢很精到，神气十足，刀法也有明代的那种硬度，是比较少见的仿古精品。只是在打磨的玻璃光上显得力不能到，这些是工艺上的不足。最重要的是所用的玉材似乎不是和阗白玉，所以在交易与收藏上，就要具体对待了。现在常见的新仿明、清玉都是用俄罗斯玉来冒充和阗白玉，俄料与和阗玉的价值相差悬殊，所以我们强调的是先要对材质进行正确的判断，材质不对，一切免谈，这是对明、清玉器鉴定的基础。

对于一般收藏者来说，鉴定明代玉器最重要的地方就是辨析玉质，其次就是观察琢玉所施用的刀法、刀痕的风格表现。我们在前面已经详细地剖析了明代琢玉用刀的特征，线条缺乏弹性，不能精准地把握运刀的走向，同时，对既有刀痕的处理欠缺精细，这些与清代的玉器有着明显的距离。之所以形成这种刀工的特征，原因还是在于工具！工具对于瓷器来说，时代特征的表述并不十分明显，明、清瓷器区隔线的产生并不是工具异化的结果，是釉料的不同所致；而明、清玉器在雕饰风格上的差别，我认为在很大程度上是琢玉工具改良的必然结果。明、清雕琢的白玉童子往往基本风格相近，但是刀工却有着直观上细微的差别，清代童子的衣褶处理得柔软、规矩，刀痕处被磨光，基本上看不到行刀痕迹；而明代的童子衣褶处则显出硬折的刀痕走向，少了一些柔软，多了几分刚性。而仿品的刀法表现则明显带有与明、清不同的感觉。我不习惯于评陟哪个朝代刀痕的有力与无力，那是一种见仁见智的说法，不是鉴定所需要的刚性语言；同时，作为撰述者又要表述出不同时代所具有的不同刀法表现，所以，我的看法是，要记住上面三种玉器及其局部的特征，虽然作为标准器的选择未必具有普遍意义，但能将不同时期施用刀法差别的一些仿佛展现出来，同样具有象征意义。

明　白玉鹤鹿人物摆件

　　从公私所藏的传世品上看，明代玉器制作应同时存在着两个不同的质量标准：

　　1. 仿古玉器的质量定位

　　仿古玉器在用料方面的特点是料头大、玉质好，表现出了比较奢侈的玉料占有和使用的能力。仅从这一点上看，明代的仿古玉器已经明显地规定了使用者在社会阶层中的位置。同时，明代仿古玉器的设计与雕工，都堪与清代"乾隆仿古"相媲美。而且，明代的仿古玉器基本上不做旧，没

有巧雕，也很少见到绵、绺、瑕疵。这种品质的仿古玉器即使在明代也不多见，大概仅属于皇帝的御用弄器。这里之所以着重的提出，是想提醒明代玉器的收藏者两个方面的问题：

（1）明代的这种仿古玉器绝不像现在琳琅满目的街头仿古"翡翠瓶"或地摊上的仿古玉器那样可以轻易得见，就是有些古玉专家研究一生古玉，也不一定有上手真正明代仿古玉的机缘，民间这种水平的玉器交易存在真品的可能性极其渺茫。

（2）明代仿古玉器只能代表明代玉器制作的最高水平，而不能代表玉器制作的普遍水平，与一般市场商品玉器不存在可比性。在鉴定的实践中，如果用仿古玉器作为鉴定的质量标准，那一定错失很多的收藏机会。

2. 商品玉器的质量定位

就实际的收藏而论，我们一般财力的收藏者所能常见的明代玉器，多是流通于明代市场、用于交易的商品玉器。这种玉器的构成成分比较复杂，鉴定起来也费周折，要从这样几个方面认识：

（1）明代商品玉器的用料不一定完全使用新疆的和阗玉，也有相当数量的其他玉种，譬如南阳玉、岫岩玉以及一些不知名的地方玉。用料的不同，大概与交易价格有直接的关系，这就是玉器的市场商品色彩。就收藏的价值而论，当然是以新疆的和阗玉为妙，但并不能因此拒绝对其他玉质真品的收藏。其他玉材的质地比和阗玉软，经历代的盘摩所呈现的颜色与包浆的浑厚感，要远胜和阗玉。因此，鉴定明代商品玉器不能仅以玉质为依据。

（2）商品玉器的主要作用是用来交易，所以纹饰的设计是以满足时代的审美需求为主要原则，这一类玉器的纹饰设计总体风格取通俗甜美一路，适合于社会中等

明 白玉衔枝摆件

以上的人群佩戴。值得注意的是花片，实际上近乎于废料利用，为了去掉玉材上的瑕疵，工匠极尽各种雕刻技巧为能事，化腐朽为神奇。这种玉器无碍于佩戴的美学瞻仰，但对于玉器的收藏来说，一般难以达到相当高度的交易价位。这就是商品玉器的实用价值与收藏价值的不同步性。有一件明代白玉鸡心佩是由和阗籽料雕制而成。通过仔细观察雕件的整体可见，这块籽料玉质洁白油润，玉皮漂亮，但极有可能原材料具有大面积的瑕疵存在，所以，工匠在设计利用这块材料时，左镂右镂，以至于整体造型诘诎盘桓，不见大的块面，类似这样的作品，雕丁往往鬼伸神岑，极尽精微之能事，代表了具有一定数量的明代商品玉器的制作形式与用料理念。一般以和阗玉为材料的仿品都会因交易方面的原因而尽量避免出现这种情况。所以，有明显瑕疵的雕件可能会是真品的一个旁证。当然，我们这里所讲有一个必要的前提，那就是必须是和阗玉材质，至于新仿品多用的俄料，就不在本话题讨论之内。

（3）明代商品玉器的雕工有繁有简，有粗有精，完全不能一言以蔽之。因为作为商品，玉器制作的成本与销售对象，以及交易价格都有直接的关系。好玉精雕，属于工细一路；杂玉粗雕，几近写意。这两种雕制风格对于明代人来说，可能代表着购买者的社会经济地位，对于今天收藏者的欣赏来说，几乎见仁见智。后代的仿明玉器基本上都在细腻一路上做文章，因此要在和阗玉的材质上格外注意，一旦材质有问题，大概就要做根本上的否定。

明代玉器在鉴别上，要从玉质开始，经过对刀法、纹饰中非人力所能致的因素特点的观察，才能得到初步的认定。其他有关雕饰的具体式样，并不是鉴定中最为重要的依据，因为我讲你听，造假的人也听。

【鉴定实例: 明代白玉镂空花卉佩】

明 白玉镂空花卉佩（对） 估价 40,000 元人民币

明清时期的玉器收藏，所要注意的地方很多，比如真伪的辨识、材料的辨识、制作时间的断代等，这些收藏元素的不同，往往决定着藏品价值、价位的高低，因此对于这些元素的观察，是相当重要的。

明清玉器的镂雕工艺已经达到了登峰造极的境地，但是，这种细腻精美的工艺往往掩盖着另一种先天瑕疵，那就是玉材质地的不纯洁。有些玉佩被镂雕得几乎看不到较大面积的质地，这样的佩饰工艺再精微，也不会引起真正内行收藏者的兴趣，因为玉料的先天不足所带来的镂雕，可以被认为是千疮百孔。

这件明代佩饰的直径规格是 5.5 厘米×5 厘米，雕刻两组立体花瓣，中心和边缘各有梅花纹饰，但有所变化，具有典型的明代下凹打洼的工艺展示。尽管这件明代白玉镂空花卉佩也是镂雕工艺，但是留地的面积很大，在充分显示出镂雕工艺精湛的同时，还能展示出玉质的细腻绵润的特征，与上述的所谓"千疮百孔"不能同日而语。这件玉佩饰的收藏特征在于：

1. 玉质油润，白度适当，属于和阗籽料。对材质的高标准要求，是明清玉收藏的重要视点之一。由于已经采用了镂空工艺，所以佩饰的存留表面部位可视玉质非常纯净，完全达到了无瑕无绺的高标准。

2. 打洼工艺精湛，玉表面仍带有明代玉器特有的玻璃光。如果能够仔细观察环绕一周的凹形洼饰（俗称"连珠纹"，是明代特有的一种纹饰，清代以后就不见了）就可以发现，洼地的磨光精细，出高光，表现出了明代的打磨特征。我们一般见到的明代玉器，这种高光都受到了比较严重的损伤，很少见到保存完好的原始模样，这件佩饰能得以完好的保存，比较难得。

3. 镂空处的线条比较粗硕，没有元代或清代的镂雕线条所表现出的那种细致绵延。不重视对细部感觉的刻画处理，是明代"粗大明"评价的主要由来。

4. 玉佩的边角缺少清代作品那样的圆滑过渡，有些类似于战国玉器的清角，但是没有战国玉器那样锋利。

古人有"梅开五福"的说法，梅花有五片花瓣，此花佩以中心的大梅花为主题纹饰，挖膛较深，然后在它的四周以缠枝的形式绕成一周围一圈，每个花瓣出枝后中间嵌了一朵小梅花，有八朵小梅花绕成众星捧月的形式。小梅花的下凹打洼较浅，但中心有网格形纹饰修饰花蕾。由于玉佩的质地好，时代特征明显，而且又是成对的，从明代的风格来看，也许是娶妻的聘礼或嫁女的嫁妆，使用的规格不会太低，属于高路分的佩饰品。

明
代
玉
器

367

明 玉兽面纹卣

第十一章

清代玉器

【第一节 清代玉器的概述】

在中国玉器制作史中,清代玉器的坐标位置与明代相比,显得简单而清晰。原因很简单,明代的继承关系明显来自于唐代以降的各个历史时期,在朱明时代完成了对错综复杂的制玉技法的梳理与规整,最终形成了淡化刀痕,万法归一的玉器制作形态,为清代制玉奠定了高海拔的基础,从而使得清代中期的制玉工艺水平能够顺理成章地站在朱明时代制玉巨人的肩上,在短短的一百年内迅速形成了中国制玉史上的巅峰高度。从这个角度上看,清代的制玉继承渊源主要来自于明代。同时,对赵宋时期的工艺也有明显的特征借鉴。这就是清代玉器制作的上承血缘关系。

清代玉器制作的最佳时段很短,仅在乾隆一朝。由于玉器的制作不像瓷器一样,有年款作为标识,所以在收藏界中,往往将工料俱佳的、带有明显清代制玉风格的玉器划归于清代的中期,相当于乾隆朝及其前后的一小段时间。毫无疑问,清代玉器,尤其是清中期的精品玉器,在用料、设计、琢制等每个环节上所达到的精妙程度,都已经幻化而成了后世玉器制作的真空区域。这种兴奋状态保持的时间不长,乾隆以后的制作水平便迅速下滑,繁荣不再。晚清、民国的玉器,更是一路低迷地耗尽昔日余晖的最后一缕霞光。

对于玉器的收藏者来说,投资清代玉器是大多数人的偏爱与选择,因为清代玉器,当然这里所指的是清中期的玉作品,长久以来被视为最为完美的制作标准符号,达到了雅俗共赏的最高美学境界,在商品玉器的交易中,占有绝对的数量与交易价格上的优势。这是清代玉器在鉴定标准上的一个方面。另一个方

清乾隆 白玉兽面花卉纹耳炉

面，在所见的清代玉器中，具有明确记录的出土器极少，见于民间交易与收藏的几乎都是传世器，很难被认同为清代玉器鉴定意义上的标准器，而真正具有标准意义的清代玉器又深锁在北京故宫等昔日的皇朝禁地，与一般收藏者的借鉴观摩存在着距离上的隔膜。同时，百余年来，仿古玉器基本上集中在高古三代与清中期这两大区域之间，尤其以清代玉器的伪制最为难辨，原因有四：

1. 时代相距很近，对玉器的审美需求基本上没有发生太大的迁移。

2. 琢玉工具没有发生根本性的改变，手工制作成分在很长一段时间内保持在基本稳定的水平线上。

3. 由于清代玉器基本上都是靠相授传递，没有入土经历，所以在仿制时无须制作沁色与仿旧，仿制的技术准入因此而降低。

4. 对玉材的要求相对单一，只要是和阗玉就被视为对路。

所有这些来自于各个方面的因素，都已经形成了对清代玉器鉴定的干扰，而这些鉴定上的干扰同时又是市场交易的利益符号，将清代玉器的收藏交易市场牢牢锁定在一个混沌的状态之中，永无海清河晏之日。

作为清代玉器的鉴定行为，其责任不在于对这一历史延续至今的混沌拨乱反正，而是要通过对待鉴定玉器的审视，来发现与清代制玉特征不相符合的疑似点，在个人鉴定水平的极限处对所鉴定的玉器提出明确的鉴定结论。

对清代玉器的基本认识，要从下面五个方面入手。

1. 清代的大型玉雕

清代的玉雕以用料宽博、造型硕大为重要特点，尤其是乾隆时期的大型玉雕件，有的可达上千斤重，这种大型的雕件存世数量并不罕见，往往是为数众多的工匠通力合作才能完成的作品。对这种大件玉雕的认读方法，与常见的小品不同，小品玉件如玉别子、把件、山子等，重在对细节上的处理，在精妙上见彩；而大型玉雕则要求雕制气韵上的贯通、手法的一致以及整体形式的划一。由于施工的玉材体积大，所以必须以繁、满为主要的设计指标；以雕制手段的全、精为展示标准，在同一画面上，山水、人物、动物、亭台楼阁的雕琢依靠工匠娴熟的深浅浮雕、阴刻阳起、镂钻剔刻等各种技法的运用来完成。欣赏这种玉器，主要的观察点有这样几个：

（1）这种大型的玉雕一般不存在仿品的问题，可以真实地，有时甚至是零距离地观察领略清代刀法的真实面目。

（2）在这种大型的玉雕作品中，人物、动物的雕琢特征都能真实地得

黄玉英雄双联瓶

以表现，而且很少有小型作品那样细腻的修饰，表现出来的是一种纯粹的雕琢加工痕迹。

（3）可以通过对这样的大型玉雕的观察，窥视未经严格意义上打磨工序处理的雕琢面貌。这一点很重要，清代的小件玉器最突出的特点之一就是打磨，往往将雕琢的原始用刀痕迹用打磨的方法化去，我们常见的清代小件玉器多是经过这种工艺处理后的成品，不能进一步了解清代琢玉的原始状况，不利于对清代玉器制作的根本认识。

清　白玉甪端

有很多清代玉器的收藏者不屑于对这些大型玉器进行深入观察研究，其实这些玉器所能提供的信息是小型玉器所完全不可能提供的。譬如乾隆时期的"大禹治水山子"，用料万余斤，是多名制玉高手通力合作的结果。山子通体立雕，耗时约十年之久，所用资费巨大，可称一件世界级的玉雕作品。据说，乾隆时期的御用玉匠，有时即使是一个小小的把件，也要求数人合作。设计、开坯、雕制、打磨，各游丁专艺，讲究各司其职。所以，这件"大禹治水山子"的成功问世，与御用玉匠娴熟的技艺和彼此工序的紧密衔接分不开。这种信息的透露，相信能从根本上揭示清代玉器制作巅峰迅速形成的个中奥秘。

乾隆时期的玉雕图案讲究繁复多变，各司其职的玉匠凭借着这种图案的表现优势来实施巧夺天工的能事，其中对于雕琢中的细节的处理，是乾隆时期玉匠的独造本领。譬如在以前的雕琢中，常见有入刀后收刀的痕

迹，有些还有试刀的刀痕，表现在雕件上，就是出现"错刀"或"毛碴"。这些现象在清中期的乾隆玉器上，玉工处理得十分得当，将"错刀"、"毛碴"等痕迹用打磨的方式化掉，基本上看不见这种工艺瑕疵的存在。读者知道，现在厝置在北京北海团城内的著名元代玉雕"渎山大玉海"，重约七千斤，器身外壁的浮雕本为元代玉工所雕制，后来经乾隆玉工的改雕，成为现在的纹饰样式。在细小处尚存在着毛碴，就是元代的工艺遗痕。

　　大型玉雕的出现是清代制玉巅峰的形成标志，而这种巅峰状态的出现并不是以一两件高端精品的琢制成功为坐标定位的，它需要有相对一段较长时间的高位运行期作为历史认可的基础。这就是我们常将清代的中期，也就是乾隆朝认做巅峰的原因之一。在乾隆时期，一件玉器琢制的时间长达数年是常见的事，著名的"秋山行旅"山子，自乾隆三十一年开工，至乾隆三十五年才告竣，这种耗时长久的玉雕作品，能在琢制风格上保持一致，是一件很了不起的事。我们对此应该很用心地加以观察，因为这些作品不存在后仿的可能，是纯"绿色"的清代玉器标准器。

清 青玉双鱼花插

　　2.清代的仿古玉器

　　清代乾隆时期不仅是玉器制造的巅峰时期，同时也是中国制玉史上仿古的巅峰。主要表现在以下四个方面：

　　（1）从玉器的材质上仿，选材多以薄片形为主。

　　（2）仿制入土后的效果，譬如将玉焚烧后制成鸡骨白，或利用各种手段，仿制

清乾隆 黄玉匜

清中期　白玉菱龙纹簋

清 仿汉剑首（正面、背面）

成与老三代沁色相近的色块、色斑。

（3）仿古代玉器的造型，多仿汉代的各种玉佩件，包括鸡心佩、透雕螭虎佩以及佩环、系璧等，常见采用汉代常用的镂雕手法，具有很强的模仿性，有些惟妙惟肖的仿品甚至连汉代玉器上常见的利用细线跳刀手法刻出的云纹也能表现出来。同时，也有仿玉翁仲、汉八刀等粗砺风格一路的作品。这些精仿品如果没有鉴定汉代玉器的经验与眼力，是很难分辨出来的。

（4）纹饰雕工上仿汉代玉器。常见的是玉佩的中间部分仿汉代结构，而两端向外延伸，一般雕出汉代常见的螭龙纹、凤鸟纹、勾云纹等，那些仿汉代的系璧常镂雕篆书"宜子孙"字样，这种系璧是清中期的仿古重器，大都配有梓檀木匣及套匣，有的还带有册页，上有乾隆的御制诗。当然，这种包装的仿古玉器一定是御用精品。

在清中期的仿古玉器中，除了仿老三代玉器以外，还有相当一部分是仿制三代青铜器的，主要有瓶、壶、樽、觚等器形。由于乾隆皇帝对古代器物所表现出极大的兴趣，所以对于皇宫中藏品的鉴定、分等级诸事，都由他亲自参与，为仿古铜器的造办处亲自设计纹样，对于藏品烂熟于胸，在这种环境下雕制的玉质仿青铜器，基本上达到了仅遵古制的仿制标准。这一时期的仿古的玉瓶、玉花觚等大件立器多数配以高档梓檀、红木的木座，有些还嵌以银丝。这些小器作木活出于宫廷里的木匠高手，与玉器配套紧密，丝丝对缝，如果出现器、座配合失当的情况，大概就会出现真仿的问题。

清代玉器

377

清 仿商玉饰件（正面、背面）

　　清中期的仿古玉器一方面在造型纹饰上符合古制，另一方面在雕工上出现了两种风格的分化：一种是具有比较鲜明的本朝特征，一种是雕工力追前朝。具有后一种仿古玉器雕制风格的作品一般对玉质做仿旧的处理，譬如宫廷玉雕仿鸡骨白，采用的是火烧法，经过悉心的技术处理后，极似商、周时期的鸡骨白玉效果。对这种清中期的仿古玉器的鉴别，主要还在于鉴定者对于真正鸡骨白古玉细微特征掌握的程度，以及对清代仿古鸡骨白的特征表示的把握。因为鸡骨白在交易中有三种价值形态，即商、周、汉代的鸡骨白玉器；清仿鸡骨白玉器；其他时期的仿鸡骨白玉器。前两种在收藏交易中各有所值，但分别归属于两个收藏群体，所以必须加以厘清。第三种仿品则比较复杂，多数是晚清民国时期的赝品，另有一部分是现代的赝品，在交易收藏时必须加以剔除。

　　清代的仿古玉还有一种类型是"做沁"。软玉是一种矿物质，千年乃至更长时间的掩埋过程，使周围土壤中的有机物质对玉的材质形成了破坏性的浸蚀，受到浸蚀的部分玉质发生了颜色上的变化，较为严重的则发生了质地上的变化。前者就是玉质的受沁；后者则是鸡骨白的成因。清代人工做沁的手段很多，有油炸、有火烧、有先烧后冻；有镶在羊腿里的，称为"羊玉"；有缝在狗肚子里的，称为"狗玉"。这些清代的仿沁玉流传至今，具有很大的欺骗性，是收藏高古玉者的大敌。

清乾隆　仿古匜

3. 清代玉器的雕工特征
直接表现自然景观是清代玉器设计样式的特征之一，这一点与唐代及其以前的各时代有所不同：唐代玉雕的纹饰设计大多采用变体几何图形或抽象纹饰来表现天地自然，是一种间接的示意，除动物造型以外，其他纹饰包括云纹、花卉纹、鸟形纹等，都表现出不同程度的夸张变形，读者需要通过一种对既有纹饰的想象来品释与识别。赵宋以后，玉雕纹饰开始有了表现自然的具象主题，譬如花、叶以及果实等图案。明、清时期有关自然题材逐渐丰富了起来，譬如明代的花鸟、虫草、山石、树木等图案，为清代自然景观表现的畅达奠定了设计理念与设计理论上的基础。

　　清代玉雕中的自然描述都是直接来自于对大自然的客观反映，譬如常见的花瓶、花插，有雕琢成梅桩式的，也有雕成竹节、兰花等各种式样的；再譬如文房中的玉质洗，被雕成海棠式、荷叶式、灵芝式、竹节式等多种样式，这些无不以自然为本，既折射了时代文人寄情林泉的盛世情怀，又显示出玉器设计对社会上层建筑的隐形干预。在商品玉器的设计制作中，出现了更为广泛自然的题材，尤其是以动物为造型的圆雕如马、牛、羊、猫、狗、鸭、鹅、鸡等，神态设计由前朝的静止状态一变为神态各异的动态，这些用于民间交易的商品玉器虽然在用料上未若御用玉器精美，在神态的刻画上则大有过之之处。

清　白玉灵芝饰件

　　清代的玉山子是对自然景观描述的最直接的载体，其特点是用料大、耗时长、表现场面宽阔，同时，塑造的种类范围也庞杂。再以"大禹治水山子"为例，可以说是一部清代玉雕的图像百科画卷，山子上将先民的治水场面甚至表情都做了刻画，山水树木、亭台楼阁的交代都丝丝入扣，无一处含糊混沌，由于这件山子太大，制作工艺与工序特殊，所以对它的观察点与作为把件的小型山子的方位角度不用完全等同。每一位想在鉴定玉器学科上有所建树的人，都必须通览甚至铭记这块玉山子所反映出的内

容，它为我们所提供的原始制作信息实在是太丰富了。

清代玉器除了山子，尚有一些花坠、把件、佩饰件等，无不折射着清代玉器制作的社会性特征，这些小型玉器通常采用的是镂雕的手法，刀法娴熟、细密，往往在刀工稀少的地方反见精微。譬如对衣褶的处理，寥寥数刀，使线条所表现出的概括力与准确度，往往是在与仿品的对比中才得以显现的。那些雕工少甚至没有雕工的地方，其实是最能体现设计者的匠心所在之处。

清 青玉山子（正面、背面）

清代的玉雕人物多用籽料雕制童子，造型不再是宋、元时期执荷童子的想象行为，而是带有浓郁生活气息的形象写实，譬如有骑马、打鼓、耍猴、爬行、嬉戏等林林总总的造型设计，所雕制的人物眼眶、眉毛都用纤细的阴刻线表示出来。值得注意的是，这一时期人物的鼻子形状有方形鼻、蒜头鼻、圆形鼻、钩形鼻等多种样式，这种形式上的不拘一格，反映出清代，尤其是清中期玉器设计制造环境的宽松与自由，与意识形态上的文字狱形成了极其鲜明的社会形态上的反差。在雕工上，基本上使用了从鼻翼两侧入刀的斜刀法，使鼻子的侧端形成坡状，再用砣压，打磨光滑，这种雕琢工艺是清代人物玉器的标志性特征。

将绘画融于玉器的画面之中，是清代玉器设计的典型风格特征。有不少玉雕画面本身就是一幅国画，或是一幅带有国画意境的构图。可见清代玉器的设计制作已不再是匠人的独擅，明显地参伍着文人的文化意识因素。比较突出的是玉质笔筒，

清乾隆　白玉花熏

在外壁的设计上与清早期的康熙朝青花笔筒品位相接近，通景山水、人物画卷，多用斜刀琢刻，用料宽大，是文房用具中的重器。

　　4.清代玉器的用料特征

　　清代玉器的制作品种由于市场化的供需联动关系，所以出现了不少生活用玉的新品种，譬如玉盘、玉碗、玉碟、玉壶、玉香熏、玉鼻烟壶等，这些真正作为生活实用的玉制品有两种层次的做工与材质：一是宫廷御用品，其用玉、雕工仍然是历代玉器中的顶级水平，不必细说；二是民用的商品玉质实用器，用料基本上以和阗山料为主，清中期以后，用岫岩玉为材料的玉件开始呈较大规模地出现，而且雕工明显达不到清中期的制作水平。到了清晚期，和阗玉已经不再被广泛地使用，代之以岫岩玉，一部分制成商品玉进入市场流通，另一部分用来仿古。

　　在用料方面，清中期不管是御用玉器，还是商品玉器，基本上都使用来自于新疆的和阗玉，区别在于，御用多是籽料，商品玉多用山料。中期以后，玉器的制作中道而衰，良辰难再，除御用器仍保持和阗籽料外，民用的商品玉器多用岫岩玉来填充由于和阗玉的短缺所带来的玉料空缺，玉器市场的用料开始大乱。

清晚期 玉太平有象挂件

　　5.清代玉器的款识

　　历史上的玉器制作基本上不予雕刻款字，明代的有些玉器刻有"米"形符号，用途目前尚不清楚。但是，清代玉器，尤其是宫廷玉器，往往琢刻有诗词、年号或者吉祥语，字迹工整纤细，明显是当时琢玉的一流工匠所为，后代的仿品一般做不到如此的精细。清代玉器流行琢刻诗文，尤其御用玉器，大都刻有乾隆皇帝的御制诗以及年号款。在仿古玉器上，常见雕有"乾隆仿古"图章楷书款，有的还见到以千字文为字头的分类顺序款，譬如"天字一号"、"地字二号"、"洪字七号"等，这些有的现存于北京故宫，有的已经成为民间的交易藏玉。但是，有些不同时代的仿品也刻有类似的数字，由于这种带数字的玉器是清代玉器中的极精制品，一般人缺乏鉴定标准，所以，容易给轻易解囊的收藏者带来很大的经济损失。这些带有分类顺序款的玉器就如同官窑瓷器一样，是御用玉器。清代官窑瓷器分带年款与不带年款两种，御用玉器也分带款与不带款两种。不管哪一种，流入民间的数量都极少，而且大都有清廷的造册登记。当遇到这种带年款的玉器时，是真品一定能查到造册记录，否则，尽量不予定论。

在鉴定带年款的清代玉器时，值得注意的是：

（1）带年款的玉器均为乾隆时期所刻，乾隆之后很少再出现类似的年款玉器。如果在雕工不具备乾隆特征的玉器上出现年款，则应视为仿品。

（2）乾隆时期的年款多刻在玉器如杯、碗的底部或口沿边，很少刻在其他部位。

（3）书体有篆书与楷书两种。

乾隆时期的玉器代表了清代玉器制作的最高水平，就是清代的乾隆之后，琢制水平也不能达到那样的高度，所以，后世的仿品即使仿有乾隆的年款，也比较容易露出仿品的痕迹，因为整体制作水平的降低，本身就决定了价值交换的地位。

在常见的商品玉佩饰、系璧上，多见刻有"宜子孙"、"子孙常宜"等寄福字样。这是满足市场供需关系的商品纹样，在今天的交易中，仍然具有着很大的交易潜力。

清代玉器

383

【第二节 清代玉器的分类】

　　玉器的分类在不同的时代，有着不同的分类标准。纵观玉器制作史，可以总结出这样一条规律，即随着时代的发展，玉器实际应具有的社会功能逐渐萎缩，取而代之的则是具有实用功能的装饰与陈设。就以玉璧的功能衍化来说，在商、周时期，玉璧是一种礼天的祭祀重器，发展到春秋、战国以后，玉璧虽说仍属于礼器的范畴之内，但实际已经不再具有礼器的威严与不可动摇性。到了李唐以后，玉璧成了纯粹意义上的装饰件，又称"系璧"。所以说，玉器的分类在每个时期，都具有其独特的时代特性。在清代玉器的分类中，高古、中古玉器中的礼器、殉葬器已经基本绝迹，玉器的存在走向是沿着实用、装饰与陈列的轨道向前发展。我们将清代玉器按用途分为三种，即生活类、陈设类与佩饰类。

一、生活类

　　生活类玉器最早的实物可溯源于殷商妇好墓的发掘品，但我们并不知道这些生活类的玉器是否真正作用于生活。当我们仔细观察明代的杯、碗、盘等生活类玉器时，发现明代的这些器具并不适合于实用，于是，我们由此可以得出这样的一个结论：玉器中的实用器，一旦有了制造成本更为低廉的瓷器作为代用品时，那种原来社会所赋予的实用价值便迅速降低，在转化为一种奢华陈列品的同时，彻底地否定了其作为器具在使用领域中的价值存在。这是明代之前生活类用玉的功能转化过程。清代对于玉器来说，是一个相对异常的时代，我们从传世的清代生活类玉器的分类上，可以大概分为两类：

　　1.纯粹陈设性的生活类玉器

　　这类玉器的造型包括仿古器如匜、簋、盘、壶、卣等，纹饰器形均效三代青铜器样式，用料精美，体大壁薄，多为清宫御制，是清代玉器中的精极之品。同时还包括造型与普通生活用器相近或经改良后的生活用器形，譬如杯、碗、盘、茶壶、执壶等。这种类型玉器有两个造型特征：一是器具的外形设计不再以实用为基点，而尽量做到美学意义上的夸张，譬如杯的外壁极尽雕琢能事，把柄部长而大，既浪费有限的玉料又难于把握，至少不是民间的普遍实用品；二是壁薄，体大壁薄的玉器很容易遭到外来作用的破坏，可见在设计之初，这类玉器就具有相对独立的陈设意义。生活类玉器的社会功能的转换，直接来自于廉价的瓷器的替代，而且由来已久，如果说1976年出土于广西贵县罗泊湾的西汉前期玉杯是否为实用器尚不明确的话，那么唐代的青玉把杯从形制设计上分析，完全不适合于饮用动作，应是一件纯粹借实用器形设计的陈设玉器。这种玉器在清代的传世品很多，器形纹饰的设计有的极其繁缛，有的则光素无饰，不管设计成分多寡，其艺术水平的到达标准是统一的。

2. 具有实用经历的生活类玉器

真正具有实用经历的玉器在明代以前的特征并不明显，通过对出土器与传世较为可靠的玉器观察，即使是素器也不具备实用的形制条件，这在明代玉器中已经讲过。由于清代距离我们的时间很近，我们对于这一时期生活类玉器的实用性有了一个地上传衍的观察机会，发现至少在清代，部分玉器大概具有一定的实用经历。这些玉器的基本特征是：

（1）盘、碗、壶类型的生活常见器具的壁较厚，适合于日常作为容器使用。同时，也增加了抗外力破坏的能力。

（2）用料一般属于质地不纯净的青玉或青白玉，在以白玉为时尚的清代，作为商品玉器的制造使用质量不佳的青玉或青白玉，可以有效地降低

清 白玉碗

清中期 白玉壶

清中期 玉螭龙蜡台（对）

制作成本与使用成本，进而提高生活类实用玉器进入市场的准入资格。

（3）雕工粗糙，与陈设器有明显的区别。而且素器的数量也较多，尤以茶壶为最典型。

（4）香熏、鼻烟壶、鼻烟碟等奢侈型实用玉器一般用料与陈设品相同，多见白玉、黄玉，质量普遍上佳。

（5）香熏、鼻烟壶、鼻烟碟等类型玉器的雕工很精细，具有明显的清代琢玉风格。而本身在实用性之外，还具有陈设性与把玩性，所以交易价位较盘、碗等纯实用性玉器要高。

可见，真正用于日常生活的玉器即使交易价位较低，也不会有更多的器形参与其中，这就是价值规律的作用。这些玉器现在也时有所见，但不算高品位的收藏品，与陈设品的收藏不在同一等级之上。

鼻烟壶作为实用玉器，是乾隆时期玉器中的重要品种之一，存世量最大，雕琢掏膛技术达到了玉制作的极点。相比之下，乾隆以后的制造虽有精品，但终逊一筹。

清中期具有实用经历的玉碗、玉壶，壁的厚度渐薄，精巧于前。在明末清初时期的玉碗、玉壶身上，经常雕有"福"、"禄"、"寿"等吉祥字样，这是之前所没有的纹饰。而清中期也雕有这种纹饰，但字体的呈现感觉与明末清初不同，比较粗糙，这是典型清中期民间实用品的特征。

在清代晚期及至民国，民间常用的生活类玉器大量使用岫岩玉雕制，岫岩玉的玉质比白玉软，雕制难度小，速度快，能充分满足市场的需要。同时，岫岩玉的料源充足低廉，易于交易。这一时段岫岩玉制品的特点是：

1. 玉料的颜色种类较复杂，但缺少和阗玉的油润感觉。

2. 雕工粗细均有，民间生活用玉较粗，仿古玉器则比较细。

3. 御用玉器仍使用和阗玉，岫岩玉只能在民间玉器中出现，不可能雕有御用形制的器形纹饰。

清晚期/民国 岫玉头簪

二、陈设类

陈设类玉器是清代重要的传世作品，在用料、设计、雕制工艺诸方面都有着极为严格的规范标准，主要品种包括玉瓶、花觚、香炉、鼎、彝、山子等。清代陈设

清中期 黄玉出戟瓶

清乾隆　白玉双耳扁瓶

玉器的特点是器形稍大，重点在于仿古器的制作，譬如玉鼎、玉簋、觯瓶、玉璧、玉琮等。仿古器的边口部常用规矩的阴刻线为主要装饰形式，两侧多雕有双兽衔环耳，兽头形虽仿古，但出以繁复的设计与雕工，仍显出清作的本色。真正清中期到代的陈设类玉器存世数量较少，但几乎每一件都是精品，具有很高的交易价值与收藏价值。清代专门用于陈设的玉器从传世品上看，可以分为如下几种：

1. 玉鼎。玉鼎多仿三代青铜器兽面纹，惯以斜刀法铲出纹饰，在清代陈设器中常与玉瓶、玉盒配套，组成惯用的陈设形式。

2. 玉瓶。玉瓶的造型有琮式瓶、葫芦瓶、梅瓶、长颈瓶等多种样式，其中最为常见的是抱月瓶，扁腹短颈，上有瓶盖下有底足。多以凸雕或阴线的手法雕出瓶腹的纹饰，用料宽博，豪华奢侈。

3. 玉花觚。玉花觚的造型长颈哆口，中间多为四方形或鼓形凸起，足底外撇。清代玉花觚大多配有红木、梓檀木的木座，镂雕或嵌以银丝。高水平的收藏，必须是器、座俱全，而且是原装原套。

4. 玉插屏。玉插屏是清代陈设玉器中的重器之一。插屏的主要组成部分玉板有浮雕，也有平雕，图案多是即成的套路如耕织图、爱菊图、百寿图等。用料为新疆和阗白玉，质地纯正，这种没有瑕疵的大块玉料多为御用垄断，一般市场行为的商品玉制作没有使用的机会。插屏还有另一种形式，就是将古代的玉璧镶嵌到屏板上，这种做法始于清中期。

清中期 白玉花觚

清中期 白玉太平有象圆插屏

5. 香熏。香熏是用来贮放已燃檀香木屑的玉质器具，分为熏炉与熏筒。熏炉多为仿古样式，外形像簋，外壁雕以缠枝莲纹或穿牡丹纹，两侧有耳，为花朵状。熏炉必须有炉盖，红木或梓檀木质，上有镂雕玉质团花炉顶。需要注意的是，盖上的镂空纹饰必须与炉身纹饰相同。如果纹饰不同或雕饰的风格不同，则应视为配炉或配盖。现在民间传世的清代熏炉多数失盖，也有民国或现代用硬木配制的，有的配制年代久远，包浆厚实，具有很大的欺骗性。原装原套的熏炉与配盖的熏炉收藏价值相差很大，但是失盖的熏炉价值差距更大，所以，在收藏带盖带座的器物时，一方面辨真伪，另一方面辨附加件，应用同等的精力来完成。熏筒有竹质与玉质两种，玉熏筒周身镂雕，白玉质地，民间较少见到。

6. 杯、碗。清中期的一些用和阗玉精雕的杯、碗，雕制的初衷即是一种高级的陈设器，比较典型的是"痕都斯坦"（hindorstain）式杯、碗，碗壁菲薄如纸，胎体透明度很高。这种玉器的琢制一方面对于玉材的要求极为苛刻，另一方面对施工者又具有极大的技术难度挑战，因为薄壁素面的杯、碗，没有一点藏拙的地方，属于高难度的制作，在同等品质、同等价位面前，应首先考虑对这样制作难度的玉器的收藏。

清乾隆　痕都斯坦玉碗

7. 玉山子。玉山子是陈设品中的大项，多厝置在文房的案几上清供，一般不在手中把玩。清代玉山子的块头有大小，一般收藏多以较小型的为主要对象。小型山子的特点是籽料居多，如果皮色好，工匠还考虑施以巧雕工艺。同时，山子的雕琢形式有镂雕、浮雕与薄意三种，其中薄意的雕琢形式与印章的雕刻意韵相通，比浅浮雕的入刀还浅，仅薄薄一层，具有很强烈的文房味道。

从上面的叙述可见,清代的陈设类玉器有不少是由生活实用器衍化而来的,而与此并行不悖的是尚有真正的实用玉器的存在。在收藏的实际操作中,这两种功能的玉器完全不能等同视之,价值差别很大,要严格加以区分。

三、佩饰类

清代的玉佩饰是最为常见的玉质装饰器,由于用料小、制作难度低,同时又具有最为广大的受众,所以清代的佩饰类玉器存世量较大,属于一般层次的玉佩饰并不具备较高交易价格区位上的可操作性。收藏清代的玉佩饰与收藏清代的陈设器完全不同,一定要着眼于配饰中的精品,而属于一般雕工、玉质的作品,比较适合于低端投资者的收藏。那么,什么质量标准的玉佩饰属于精品呢?

第一,精品玉佩饰的用料应该是和阗玉中的籽料,或是山流水料,质地通透油润,精光内敛,经过数百年的佩戴养蕴,感觉迥异于其他玉器作品。

第二,雕工用刀精准,譬如面部刻画、衣褶处理,每一刀都具有一定的概括力度。

第三,打磨效果符合清中期的标准样式,呈蜡样光泽,浑厚而不失灵动,这是仿制者最难达到的效果。

第四,设计美观,符合时代的审美习惯。

这些是清代玉器精品所必须具备的品质要求,清晚期作品与民国、现

清中期 白玉福字佩

清晚期 白玉福字佩

清 糖玉瓜形佩

代的仿品很难全面达到上面的这些质量标准。

清代玉佩饰的种类很多，作为收藏者来说，应该提纲契领地掌握几种器类的辨识方法。

1. 龙佩

以龙形为佩饰，可追溯到新石器时期辽河流域的红山文化，遗址出土有著名的"C"形龙和猪首龙，"C"形龙的体态滚圆，横断面呈椭圆形，龙喙凸出，长鬣后飘，几道阴刻线简单而准确，整个造型在抽象中含有具象。之后的各个时期的出土器均有龙形佩饰露面，在造型方面，各时代都有明确的特征表现，而以清代玉龙佩的造型变化最大。清早期龙的头部较长，中晚期相对短而见方。龙的头部长鬣雕刻零乱而没有明确的飘动规律，两腮长有锯齿形纹饰，神态安详，温文娴静，与明代及其之前的龙形在神气上有较大的不同。需要掌握的是，清中期的龙以正面为常见，而明代及其以前的龙造型则一律是侧面的。清代还有一种龙形，是雕刻在玉牌子的额部，一般雕成双龙对峙，共衔一颗圆珠，俗称"二龙戏珠"，珠的中间穿孔，以供系绳。龙的尾部与前期也有变化，尤其发展到了清晚期，龙尾雕成秋叶形状，比较典型。

清中期 黄玉龙纹璜

龙凤形佩饰最为流行的时代是战国时期，主要有两种造型：一是以龙为主题纹饰，凤为辅助主题的纹饰，共同组合成佩饰；二是龙、凤连体，共同成为佩饰的主题纹饰。这种佩饰的雕制特点是更多地采用了相当成熟的镂空技法。以龙凤为佩饰的形制组合一直延续到清代，主要的佩饰类型不再仅仅局限于片状的传统饰品样式，花坠是清代较为常见的

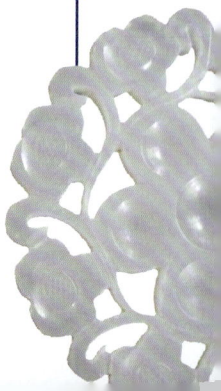

一种龙凤形组合形式的载体。

2. 观音、佛像

玉质观音像是人们喜爱的佩饰,观音像的佩戴与收藏者的群体很大,远非一般意义上的玉器收藏概念所能涵括。清代玉质观音可以分两种:一是精品观音,所选玉料上佳,雕工极其精细,主要的技术形成表现在观音的开脸,这种高水平的开脸能使得观音面现慈祥,双目微合而若有所视,世间一切均在掌握的开合之间。这种雕制水平的观音像与其他玉器相比,虽属小品一类,但由于宫廷对制作技术与制作材料的垄断,所以这种白玉观音佩饰在清代是一种高社会阶层的佩饰消费,一般人不存在佩戴与拥有的可能性。二是普通观音。这种观音像是由普通玉料雕成的商品玉佩饰,雕工不如精品观音细腻,制作水平参差不一,表现特征主要是:

(1)用料一般,与普通商品玉基本相同。

(2)雕刻线条简单。

(3)开脸水平不一。

(4)整体雕工缺乏圆润对称的视觉感。

(5)刀口处理往往不到位,留有毛碴。

这种玉质观音虽是清代的作品,但如果具有上述的某一点质量缺陷,特别是在开脸的技术水平存在缺陷,那么,即使在今天的交易中,也没有较高的价格操作可能。

与玉质观音佩饰一样,玉质如来佛也是广受人们喜爱的佩饰。清代常见的如来佛像有坐姿与立姿两种,不管属于哪种姿态,都以肚大翩翩、笑容饱满为最佳制作标准。精品玉质如来佛要具有下面三项标准:

(1)开脸给佩戴者的感觉一定要欢喜轻松,这不是一种滑稽的表象,而是看透天下事的超脱。佩戴者会因此而感到一种暗示的潜力量存在。

(2)注意嘴部肌肉细腻的刻画。玉质如来佛在神

清 玉坐佛

态上表现出的那种由衷而发的大笑，完全是依靠对嘴部肌肉的刻画来完成的，高水平的刻画线条概括力很强，如来佛笑得自然轻松。

（3）如来佛的肚子大小也是一种标准，所雕肚子大而宽厚即为上乘。

如来佛的用料情况与观音一样，用上佳玉料雕制的作品很少见，普通玉料较多。

现在佩戴观音、如来佛的群体很大，由于优等玉材的枯竭，多改为以硬玉翡翠为材料，这种翡翠观音、如来佛颜色鲜艳，带有比玉质更强烈的豪华富贵色彩，所以，玉质观音、如来佛雕件便逐渐从佩戴者的群体之中消失。作为清代玉器的收藏者，应该加大对精品观音、如来佛的蒐集力度，这是一个很有味道、同时也是很有难度挑战的收藏行为。

清 青玉观音

3. 系璧

玉璧是古代的一种重要的礼器，从形制上、用料上乃至使用上，都有着严格的要求。在收藏古玉的范围内，我们现在可见的有战国、西汉这两个时代的玉璧比较具备礼器的要求，至于新石器时代良渚文化玉璧的作用，除考古发掘可见的殉葬以外，其他社会功能尚不清楚。玉璧从唐代开始，形制开始向小巧的佩饰方向衍化，《周礼》所规定的制作、使用规格，至少在唐代就已经荡然无存了。

到了清代，玉璧已经完全佩饰化了，表现在器形小巧，璧身常钻有小

孔，以供系绳佩戴用，所以又称为"系璧"。清代系璧的特征是：

（1）玉璧中间的圆孔，即玉璧规制上的"好"，要比常规玉璧小，超出了常见战国、西汉时期"肉"、"好"的常规比例（"肉"就是指玉璧的孔外缘至璧的外缘部分）。

（2）乾隆时期的玉璧纹饰设计有所创新，表现为在上佳的和阗白玉上设计琢刻出由阔带组成的几何形图案，这是乾隆朝玉制作中的精品。后世虽沿袭这种图案设计，但在雕工上远不及乾隆；即使具有上好的雕工，又受到玉材的限制。这种用料、设计与制作的同一性，是在相互制衡中形成的鉴定条件，对晚清民国的仿品产生着重要的制约作用。

清 白玉璧

（3）乾隆时期出现了大量的仿古玉璧，是用一种带有旧玉颜色的地方玉按照古玉璧的形式做旧仿制，通过火烧、油炸等一整套仿古工艺处理，基本上可以乱真。这些仿古玉璧尤其对现代的收藏者欺骗性极大，几乎到了防不胜防的地步。

（4）除了仿古玉璧之外，尚有改制玉璧充填其间。在清中期有大量的古代素面玉璧出土，乾隆时的御用工匠就在这些素器上添刻纹饰，使整个玉璧产生亦古亦今的神秘味道。这种玉璧在现在的断代实践中，极容易产生判断错位，因为看雕工肯定是清代的风格，而器形材质又具有汉、唐的影子，单一断定为哪个朝代都有失误的可能。这种情况，行内术语称为"旧仿旧"。

4.其他

　　清代还有很多样式的胸坠饰品,譬如鸡心形坠、鸡心形片坠等。一些带有镶嵌工艺处理的玉片整体以吉祥字表现,如玉质"福"字、"寿"字、"善"字等,用银镶边佩戴。还有一种随形玉坠,材料往往取自和阗籽料的原形,坠面不施雕琢,根据原有的天然形状打磨而成器。这种类型的坠饰分带玉皮与不带玉皮两种,带玉皮的交易价要稍高一些。所以,一些商人为了提高交易价格,常常在无皮的和阗料上做出红色的玉皮子以充籽料。这种做"皮子"的加工过程对玉质有较大的伤害,多数失掉了应有的油润光泽,很难盘玩出来。一旦付之于抛光工艺,人工所做的皮子又很容易被抛掉。因此,这种带有人工加工痕迹的带皮玉器,尽量不要收藏。

　　另外,还有一些其他形状的玉佩饰品如钟形佩、叶形佩、铲形佩等,均属于异形佩饰。不管在器形上有何不同,清代玉佩饰的基本设计理念是一致的,雕工的基本风格是一致的,这就足以构成对清代玉佩饰鉴定的依据。

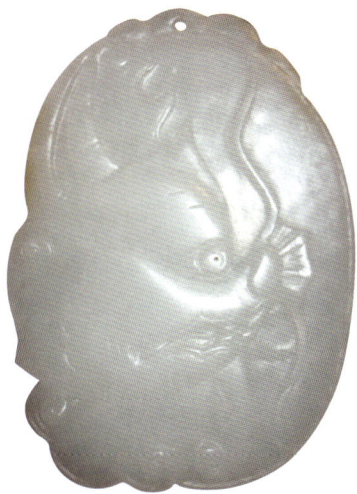

清　白玉连年有余佩

　　现代仿清玉佩饰的死穴其实并不是雕工的似与不似,而更多的在于与清代玉材料质量等观的和阗籽料的极度缺乏。以白度相近似的俄料作为替代是一种无奈之举,这又必然导致了具有隐密性质的制作死穴的明显化。所以说,辨识清代的玉器,首先要做的不是通过观察纹饰、刀法与器形产生辨识结论,而应该是辨别玉器材质的好坏与真伪。

〖第三节 清代玉器用料与造型特征〗

就玉器的材料来说，细分可以得出很多种类，譬如新疆产的和阗玉、河南产的南阳玉、辽宁产的岫岩玉，还有青海玉、酒泉玉及其他更多的地方杂玉等。清代玉器的用玉比较单纯，御用玉器所使用的都是来自于新疆的和阗玉，民间的商品玉器在很大程度上也使用的是和阗玉，二者的区别在于玉质的出品地与质量上的差别。

清代玉雕的造型特征与明代及其以前有明显的不同，主要是雕制风格统治在宫廷制作样式之中，工艺要求普遍较高，主要以镂雕为主，造型缤纷多样，很少有重复的雕件出现。

一、清代玉器的用料特征

清代玉器的用料从传世品上看，是很单纯的，主要使用来自于新疆的和阗玉。但如果再将和阗玉讲清楚，那是很费周折的事，因为玉质的分类与划分层次等级，是要建立在标准器的确立的基础之上的，同时，最重要的是实物的对比，缺少了这一环节，文字的描述很难一言以蔽之。这里所讲的有关和阗玉的一些文字常识，只是辨玉的基础。

对玉材的划分，粗浅地说有籽料、山料与山流水料这三种，这仅是一种常识。那么，同是山料，孰好孰次呢？这就要通过对产地、石性等方面的观察来完成专业性的判断。都知道和阗玉产于新疆，但是，新疆的不同地域出产的和阗玉，其品质也各有不同：

所谓山料是指没有经过河水浸泡冲刷的玉材。这种玉的通透性差，石性较大。由于材料形体硕大，可以雕制大件的玉器作品。譬如那件"大禹治水山子"就一定要用山料，因为籽料没有这样大的体积。这种最好的山料基本上都属于宫廷的贡玉，一般人不得使用。

墨玉县产碧玉。碧玉的颜色呈暗绿色，又称"鹦哥绿"、"白果绿"、"松花绿"等，以通透润泽者为上品，混沌带灰色者为下品。有些碧玉还带有黑色的斑点，属于杂质外现，等级又差一些了。与碧玉相接近的是一种更深颜色的玉种，叫"墨玉"。当碧玉中所含杂质的密度足以使整个玉质变成黑色时，就形成了墨玉。墨玉的黑色生成深浅不均，在玉材表面的显示有点状、片状以及浑然黑色。墨玉常常与白玉共生

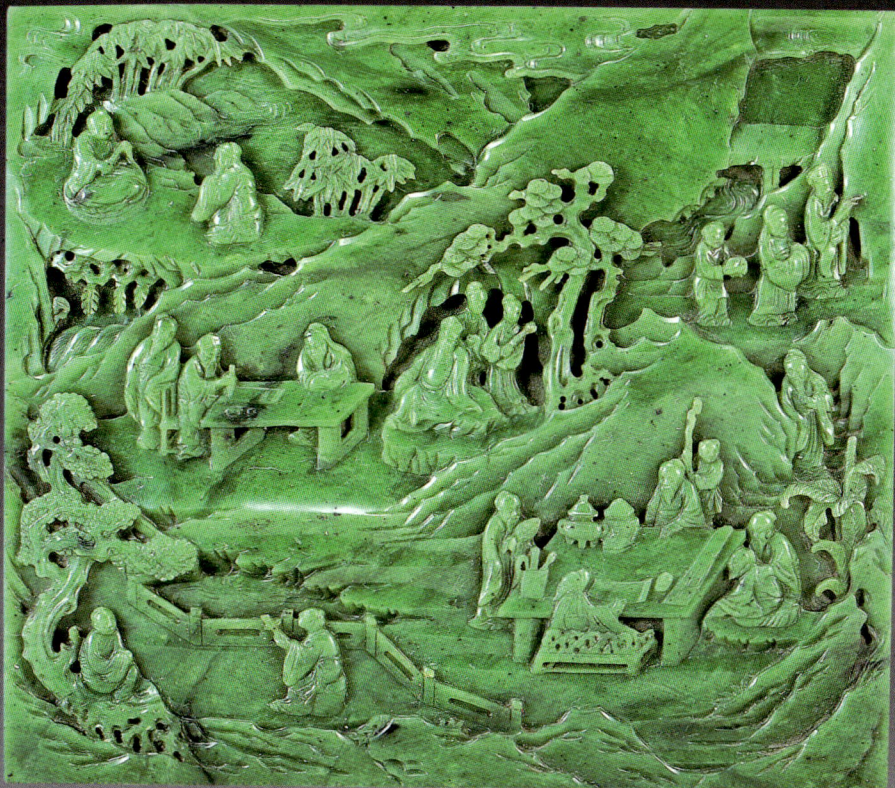

清 碧玉人物版（鹦哥绿）

清 碧玉人物板局部

于一体，被琢玉工匠常视为巧雕的天赐材质。

　　青玉是一种青色的玉材，主要色调是青中闪绿，属于常见的普通玉材，在软玉中的硬度最高，有"钢玉"之称。比较纯正的青色是"竹叶青"、"虾籽青"、"熊胆青"等。青白玉则是介乎于青玉与白玉之间的一种混色玉，这种青白玉多雕制较为大件的玉器如笔筒、花插、插屏、山子等。在白玉中，还夹杂着一种"糖玉"，就是在白玉体上生成一块绛红色的颜色玉，由于这种颜色又像融化了的红砂糖，所以称为"糖玉"。糖玉颜色鲜艳纯正，透明度高，适合于巧雕，具有较高的交易价值。

　　籽料是经过山水冲入河底的玉块，呈卵石形状。由于玉质纯净油润，被奉为玉中的精品。尤其籽料的外面包有橙红色或黄色的玉皮，既可以巧雕出带有寓意的主题纹饰，又可以证明籽料的高贵出身，所以，带玉皮的籽料作品价格很高，同时也难于邂逅。

　　由于产地位置的不同，即使是白玉，也可以分出许多的不同种类。一般没有见过羊脂玉的人多数将羊脂玉想象为纯白色，而且越白越好。实际上，羊脂玉的名贵并不是表现在它的白度上，而在于具有凝脂质一样的感觉上。"白如割脂"是对羊脂玉的最为准确的描述，在白中闪出淡淡的黄色或粉色，那种油腻般的厚重与普通白玉外面包裹着的浮油完全不同，是一种由里及表的质的感觉。这种感觉必须在比较中才能生成。白玉中除了羊脂玉外，尚有"雪花白"、"梨花白"、"象牙白"、"鱼肚白"、"糙米白"、"鸡骨白"等多种上品白色。其中鸡骨白是来自于新石器时代良渚文化玉器的一种对钙化玉质的形容，汉代以后已经十分少见了。清中期的仿古玉器

山流水料（上）与山料（下）对比

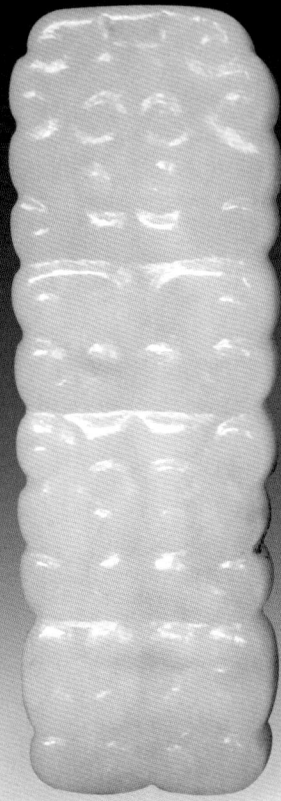

籽料（上）与俄料（下）对比

也很少仿制。到了清晚期，民间多用地方杂玉火烧后仿制，经火烧制后的鸡骨白颜色分布不均，手头较轻，有的可辨火烧的痕迹。

清 白玉斧形佩

　　一般常见的白玉有两个选择标准：一是要白；二是要润。现在白玉的替代品俄料只白不润，所以不算上品；而只润不白，则降为青玉中的上品。

　　黄玉的存世量要少于白玉，因此，从这个意义上说，黄玉要贵重于白玉，但在实际交易过程中，黄玉与白玉的价位基本上相等。黄玉的硬度要高于白玉，玉质多呈不透明的淡黄色，色泽浓艳的黄玉极其少见，以"鸡油黄"、"蜜蜡黄"、"甘栗黄"、"秋葵黄"、"米黄"等为上佳品，清代皇宫的御用玉器常用黄玉琢制，仿古玉器也常见黄玉雕制的如玉璧、玉炉顶、玉瓺、玉簋等，黄玉的玉质等级不在羊脂白玉之下。

　　还有一种玉材，属于山料中的水玉，俗称"山流水"。上好的山流水玉玉质纯净，透明度比籽料要高，但是在光泽的表现上，没有籽料的那种油脂感，而剔透过之，好像玉中含有水分，过于水灵。与山料相比，比山料表面光滑润泽，清代多用山流水料雕成项链、挂件、鼻烟壶、烟袋嘴。清晚期以后，用这种山流水料雕制的玉器就很少见到了。现代有一种水玉，特征很像山流水，商家多将这种水料含糊地归为籽料范畴之内。其实，这种水料并不是出产于新疆的和阗山流水料，价格很低。还有将水玉经过水煮加色，做成玉皮，以充籽玉的，其特征是：

　　1. 玉皮的颜色是循着玉器的璺路深浅而变化的，有璺则深，无璺则浅。

清中期 岫玉花片（正面）

清中期 岫玉花片（背面）

2. 表面光泽较差，原因是玉表面经过了做皮工序的水煮，失去了原有的光泽，如经打磨，又恐将玉皮色磨掉，这就是造假中的顾此失彼。

只有充分地了解了产玉的区域划分，才能进一步判断一件雕饰繁缛华丽的类似御用的玉器，其雕工、纹饰与玉材的坑口能不能达到某种品位程度上的统一。如果不能统一，这件玉器就一定有问题。

在了解了产地的知识之后，还要知道一些关于"玉性"方面的常识。

玉性是和阗玉材质内部的瑕疵，主要表现在玉质内部肌理上生成的生长线，以及类似于棉絮一样的结体物。这两种物质是天然生长在玉结构内部的，对琢制成型的玉器在观瞻上产生了破坏作用，在一定程度上对交易价格具有较为致命的影响，从这个方面来说，玉性越少越好，没有最好。

玉质内部的絮状物

但是，这种玉质上的瑕疵恰恰保证了和阗玉的真正，没有玉性表现的玉器，基本上只存在两种可能：一是和阗玉中的上佳材料；一是和阗玉材的赝品。尤其在当今的玉器市场上，上等和阗玉几乎不存在邂逅的可能，那么，玉器的材质就要受到质疑。

在一块玉料中，质地的差别往往会表现得很明显，常常粗糙的与细腻的、纯净的与杂质的富集于一体，这种现象，我们称为"阴阳面"，阳面是指质优的一面，也称为"堵头"或"顶面"；阴面则是质差的那面了。这种阴阳面的玉料多出现在山料中，籽料绝没有这种现象。阴阳玉材多用于仿古器的制作。

利用对玉质的辨别来鉴定清代玉器，看似间接，其实最为直截了当。如果眼前出现的玉器是真正的羊脂白玉，或是真正的黄玉，那么，其传承的出身、收藏的档次就已经基本上肯定了，雕制的朝代与器形、纹饰，都不过是锦上添花而已；如果不是这种名贵的或是质地特征鲜明的和阗玉

清乾隆　痕都斯坦花卉纹匜

清乾隆　痕都斯坦花卉纹匜(底部)

材，即使是按照御用玉器的样式精心雕制，也不会是宫廷之物。这样说来，玉材才是仿制高档玉器难以逾越的鸿沟。

二、清代玉器的造型特征

清代玉器的造型主要有两个组成因素：一是对传统玉器设计样式的继承，主要表现在仿古与对传统样式的改良之上，譬如佩饰、圆雕件、山子、别子等，都在赵宋以来的基本样式上做出了新的样式选择；二是大量吸收外来造型的设计因素，以玉器的雕制设计为载体，充分展现出异域线性与装饰式样的美感，最为突出的是痕都斯坦（hindorstain）式玉器。有了痕玉的加盟，乾隆时期的玉器制作显得格外热闹，这一时期玉器制作能够走向巅峰，与痕玉革故鼎新的重要作用有着直接的关系。如果我们站在同一历史坐标点上观察横向的乾隆时代，就会发现外来的艺术渐浸于对传统艺术的认知与感受，是乾隆时代艺术风格形成与成熟的一个重要的前提，同时也全力作用于对传统艺术的进一步更新与发展。不清楚这一点，就不会对清代玉器的器形特征有一个相对全面的理解与认识。

清代是继赵宋以来的又一次大规模的仿古阶段，所不同的是，清代的

清中期 白玉狮钮鼎式炉

清代玉器

407

仿古从学术上得到了金石学、朴学，甚至是原始器物学方面的支持，同时大量出土的古代玉器、古代青铜器，又对仿古做出了技术上的支持。更为重要的一点是得到了以乾隆为首的皇权支持，仿古得以毫无成本概念、时间概念地潜心制作。在这些诸多有利条件下，清代的仿古玉器迅速地将古代器形纹饰与本朝特征融为一体，形成了具有亦古亦今的特征。在清代仿古玉器中，有不少在器形纹饰上不完全遵循古制的作品，有人将此归罪于对古代器物的不了解。其实清代的匠人对于古制的了解程度，并不在今人之下，譬如清代仿三代的仿古瓷器，不动手，谁能辨别出孰铜孰瓷？这就是谨遵古制的能力表现。所以笔者以为，仿古而不遵古制，正是清代仿古玉器设计理念的精髓所在。对清代的玉器，我们只有认真研究的资格，在玉器的设计雕制上，清代工匠大师们的艺术模仿力与创造力并不在现代人之下。

清代仿古玉器虽说成就很高，其制作时间主要围绕在清中期进行，仿古作品的种类并不复杂，主要有下面几种：

1. 仿汉代玉璧

汉代玉璧的材质不是很好，白玉不白。造型呈薄片状，常以透雕方法雕出出廓的纹饰。清代仿汉代玉璧尽管在总体的规制上是以汉代玉璧实物为仿制蓝本，基本上可以乱真，但在细节的处理上则明显地表现出本朝的雕制风格。

一是用料明显要好于汉代。这是清代玉器最为突出的特征之一，汉代玉璧多用颜色深绿的苍水玉雕制，偶有使用和阗玉的作品出土，属于为数极少的出廓璧类型。清代，尤其是清中期的"乾隆仿古"时期，一律使用和阗玉，两个时代玉璧在玉质上就有很大的差别。

二是雕工的不同。两种玉璧在雕制的细微处有所不同，譬如在用刀上，清仿品的繁缛的雕饰工艺充斥

清中期 长宜子孙出廓璧

于玉璧的每一个细小的局部，而仔细观察汉代玉璧刀法、刀痕、打磨的处理方法与结果，明显原始于清代的仿古器。

三是器形的不同。汉代玉璧相对较大，一般在15厘米左右；清代仿古玉璧的制作没有礼制的限制，仅仿其形，所以多小于汉璧，直径基本上在6厘米左右。汉代的玉璧用于祀典，清代的仿汉璧用于佩戴，尺寸有异，用途各宜。

四是纹饰设计不同。汉代玉璧的设计风格虽然上承战国遗响，但是其所处时代的审美水平标准，以及玉料、雕琢工艺、工具诸方面都与清代有着极大的不同。在清代仿汉璧的纹饰设计中，突出了清代独有的繁复而俏丽的特点，这与清代本朝玉器纹饰的设计风格是相一致的，但在客观上同时隐藏了汉代的古朴本色。这种古今关系在作品上的对应形式，忠实地诠释了乾隆仿古而不泥古的行为观念。

2. 仿良渚文化玉琮

在古代玉琮中，最为著名的，而且最受历代收藏家青睐的，要数良渚文化时期的兽面纹玉琮。《周礼》中对玉琮的制作意义有过诠释，但好像从来没有哪个朝代认真地履行过，西周朝的玉琮就已经很少出现了，而且出土传世的玉琮多是素面琮，战国、两汉偶有玉琮出土，雕制的质量粗糙，应属于随葬品，没有太大的收藏意义。清代的仿古玉器最精细的要数仿良渚文化的玉琮了，兽面纹的雕琢多用纤细的阴刻线条，少了原始砣具加工工艺的味道，过分地严整规范，导致了风格与纹饰对应的不相容，良渚玉琮上神秘莫测的神人兽面纹，在清代上佳的玉质、精微的琢刻之后，与原始玉琮的精神分道扬镳了。我们不去评陟两个时代传世玉作品的优劣，只能用不同的欣赏视线来审视我们所感兴趣的作品。在观察清仿玉琮作品时，有时会发现在同一件玉琮体上，杂糅着不同时代标志性的设计，譬如主体造型短小、矮射，这是西周玉琮的常见器形，而纹饰设计则雕有良渚玉琮典型的神人兽面纹，无论从良渚时代的角度，还是从商、周时代的角度来阅读，确实感到不伦不类；但如果站在玉器制作的视角上品读，仍不妨承认它是在优等玉质与精细雕琢工艺共同创造下的鬼斧神工。

3. 仿古代动物

仿制古代玉质动物是清代仿古中的小品，也属于较为常见的一个品种。有仿商代的玉兔、玉虎、凤鸟等。商代的这类玉雕动物本身的动作设计比较简单原始，但是却有着从简朴中所流露出的生命活力，纹饰多用双

阴线雕出，器形一是圆雕，二是片状，而以片状为常见。清代仿商玉动物多仿圆雕，片状较少见。片状动物的仿制多用有色玉雕制，这种有色玉有天然与仿旧两种分别，仿旧玉是用人工着色的方法处理。雕工的线条与商代特有的"折铁线"直观差距极大："折铁线"粗放，入刀收刀明显，转折处生硬，接刀痕迹明显；清仿用刀规范而理智，驾驭刀法的娴熟程度与商代线条所表现的能力远不在同一层面上。清代仿古的线条运用，以阴刻细线为主，所施用的斜刀纹饰圆滑丰满。譬如仿汉代的玉马，汉代玉马的器形较大，雕琢用刀简练而生出博大的气势；清代的仿汉玉马整体较小，大约是按照当时一件普通摆件的尺寸来设计下料，玉质是新疆的和阗玉，设计、雕工、打磨，无处不透露着清代玉工的时代特征，只不过是借用了汉代玉马的造形传递乾隆仿古的神采。

明代也有不少传世的仿古玉器，与清代的仿古区别比较细微，主要的区别点有二：一是明代仿古玉器的壁厚，清代薄；二是明代仿古玉器的作工趋于拘谨，对于古代器形亦步亦趋，基本上不越雷池，清代设计精微中见率意，能融入本朝的设计意图。

清 仿宋双獾

清代玉器中更常见的是具有本朝雕制风格的玉制品。在用料方面，清中期前后多用新疆的和阗玉，用料比较奢侈，在质量上，清廷御制器除了大型的山子、插屏外，一律使用籽料，这一时期虽然为后世留下了很多精泣鬼神的玉器作品，同时，也极大地消耗了有限的籽料资源，这种对籽料资源竭泽而渔式地开发使用，直接导致了中期之后用玉质量的直线下降，以至于在晚清、民国的一段时间内几乎无籽料可采可用。因此说，籽料玉器出现最为丰盛的时段，是在清中期的乾隆一朝。而嘉庆、道光以降，用料则呈现出江河日下的颓势。民间用料相对稳定，籽料所见不多，更多地使用和阗山料，只是清代山料的坑口选择较好，玉质润泽而通透，下籽料一等。至于日用器的用玉，则常见地方玉如岫岩玉、南阳玉、蓝田玉等，这些用具现在时有可见，虽是玉器，但不具备收藏的质量层次。

作者曾于上世纪70年代以极其低廉的价钱买到两幅清代地方官员写给皇帝的奏事书卷,上面的轴头是岫岩玉质的。由这两个轴头可见清代中期以后和阗玉料的紧缺程度。但同时通过与上世纪50年代开采的岫岩玉料质的对比,仍然可见清代即使是岫岩玉,其质地表现出的油润通透感觉与颜色给视觉所带来的色彩感受也均好于现代。因此对于清晚期的非和阗玉质雕制精品,要注意从玉质上加以辨别与判断,好的玉质一定配有好的雕工,对材料的观察与认识是收藏清代玉器基础中的基础。

清岫岩玉画轴头

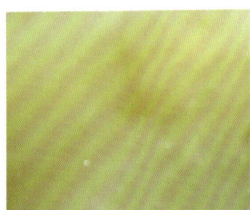

清 岫岩玉轴头局部　　　清 岫岩玉轴头局部　　　　　新岫玉

清代玉器上的纹饰设计理念比较清晰,主要围绕着吉祥的口彩设计雕制,一般有多福多寿类、子孙满堂类、加官进爵类、吉祥如意类等,几乎充满了整个清代的玉器设计。而这些抽象的口彩主要通过具象的谐音来传达表示,譬如三只绵羊同雕于一处,表示"三阳开泰";在马上雕一只猴子,表示"马上封侯";在大象上雕一个玉壶春瓶,表示"太平有象";在葫芦的上面雕一只蝙蝠、下面雕出藤蔓,表示"福禄连绵"等,寄托着对未来的各种美好期望。这种通过谐音来表示出具象的手法,一直沿用到现代的翡翠雕制上,所用极其广泛。

清代玉器的造型特征基本上是在明代的基础上发展起来的,除了御用玉器的形制发展得更为规范、制作更为严谨外,常见的玉器造型与刀工特

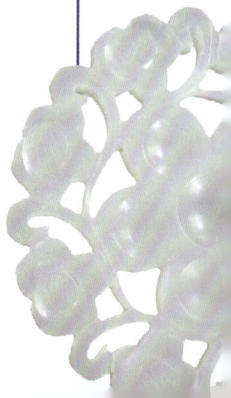

征并不十分明显。常见的有这样几种：

1. 人物

清代人物雕件的种类主要有如来佛、观世音、罗汉、寿星、八仙、老翁、童子、翁仲等，对人物的刻画与设计都高度写实。无论是对人物的动作塑造，还是描写人物的神态毛发，都体现着雕制的精谨与设计的微妙，具有工笔画一样的逼真，达到了历代工细一路玉雕的极致。清代人物玉雕件圆雕很多，片状较少。所以，在收藏清代玉人物的过程中，要注意蒐集存世较少的片状人物雕件。在雕制的特征上，人物开脸有"五官一把抓"的特点，意思是五官涉及的位置比较集中而紧凑，大概这与清代的审美有关。同时，鼻翼的两侧是利用铲地隐起的手法突出鼻子的，与此前的阴线雕刻不同。

清 白玉童子

2. 动物

清代玉雕动物的基本特征与人物相近，具有非常细腻的神态刻画。动物的体表保留着相对面积的光面，依靠隐起与打磨相结合的方法，表现出肌肉骨骼上的解剖关系。玉雕动物在唐代以降，基本上都是以模仿汉代为能事，而汉代的造型基础又来自于殷商。这一点从妇好墓的出土动物玉雕可见，大都走造型简约、气格开张的风格一路。这种风格的延续到了明、清时期，尤其到了清代的中期以后，才得到了比较彻底的改变，这与郎世宁等国外画家的入驻清宫，对乾隆的美学影响有着直接的关系。这时玉雕动物的造型设计与雕制工艺实施已经分属于两种几乎完全不同的独立领域。因为这一时期和阗籽料的造型设计明显带有西洋写实主义的味道，而流通于民间的商品玉则多数还停留在明代民间玉器的传统设计理念之上。而这一切变化与延续，都是在同一雕制工艺水平的基础上来完成的。所以，对于清代玉雕动物的观察，更重要的是从形态上领悟，从相邻的艺术如郎世宁、蒋廷锡等宫廷画家的绘画中寻找内在的灵犀之处。

清中期 黄玉羊

3. 玉牌子

玉牌子又称"玉别子"、"子冈牌"，是由浅浮雕佩饰发展过来的一种玉质饰品，佩戴对象基本上是明、清时期的文人。清代玉牌子与明代的不同之处在于，明代没有额头，清代则多雕有额头。我们在明代玉器中已经讲过，明代琢玉名匠陆子冈是否真的有亲雕玉牌子存世，尚无定论，清代所有冠名"子冈（刚）"款的玉牌子，都是仿品。在玉器的交易操作中，子冈牌是一种很独特的例外，雕制者可以公开仿制，收藏者明知是假也买。因此，清代的"子冈牌"是一种饰品的代称，与陆子冈（刚）没有什么关系。

在清代，玉牌子的雕制材料都是上好的新疆和阗白玉或黄玉，很少见到其他种类玉质的牌子。这些材质在今天基本上已经很难见到而且极其贵重，一块这样的上等和阗玉在手，谁也不会轻易仿制一块玉牌子。所以，鉴定一块玉牌子，还是要从玉质的鉴定入手，只要玉质不好，即使是和阗玉，也要多加警惕。

清乾隆 庭院高士牌（正面、背面）

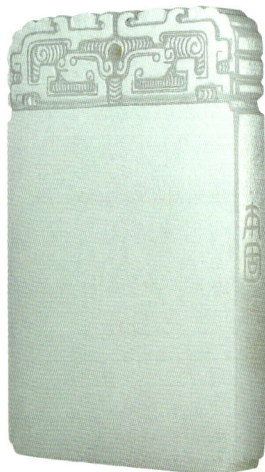

清中期 白玉无饰牌

清代玉牌子基本上是长方形，长度多在5厘米～6厘米，宽度在3厘米～4厘米左右，一般由额头与牌身两部分组成，额头是与主题内容无关的装饰纹饰，约占玉牌总体长度的1/5弱，多镂雕或浮雕双龙戏珠、蟠螭纹、卷草纹、云纹等纹饰。牌身的主要形式是一画一诗，在题诗面上，往往有楷书或篆书的"子冈（子刚）"落款。玉牌子的雕制题材主要是适合于文人身份的如渔樵耕读、渔舟唱晚、竹林访贤、太平有象等，另有与文人情怀稍远的题材有十二属相图、花卉、仕女、婴戏等。清中期的玉牌子最好，装饰设计繁密，有时将侧窄面也雕有细密的纹饰，后人以"六面工"相称。雕工讲究剔地阳雕，显露出雕工线条上的深厚功力。打磨最能体现出清代玉工的特点，出蜡样光泽，精光内敛，时代特征极为突出。还有一种玉牌仅长方形白玉一块，上有一穿孔，这种牌子叫"无饰牌"，没有纹饰，意取"无事"的谐音，寓意带此牌保佑平安无事。这种无饰牌的用料极好，最为珍贵，很少见。

清代的玉牌子，在收藏的实际操作中，只要玉质好、雕工好，就适合于收藏，无须乎顾及真假陆子冈。

现代新品玉牌子用真正和阗玉雕制的越来越少，多用南阳白玉或俄罗斯白玉冒充，这是收藏玉牌子的最大有形障碍，所以，对玉牌子的甄别关键，还是对玉质的甄别。

4. 山子

山子是惟一的一种对玉质要求不苛刻的玉雕作品，因为山子的设计是以玉料的具体形状为基础的，一些绺裂与瑕疵对于山子的设计雕制来说，影响不大，这是山子在用料方面的得天独厚。清代的山子雕琢形式分两种：一是山式；二是窟式。所谓山式，是将玉雕成自然的山形，点缀有茅屋、庭院、人物，山与人物的透视比例基本上与国画相近。这种形式的设计创作背景很辽阔，可以顺应玉材的各种形状，雕出千变万化的立体情景。多见利用玉皮的红色雕出秋叶正红的美景。所谓窟式，是利用一块籽料的正面，用雕凿石窟的样式，将主题人物置于石洞之内。如果说山式的主题是自然景观，那么，窟式的主题一定是人物。这两种山子的制作选择分别表现了不同的主题内容。在对材料的运用上，山式一般将山形雕制成上大下小的三角形，将各种瑕疵绺裂融化在高浮雕悬崖峭壁的雕饰之中。而窟式则充分利用籽料的椭圆形，随形凿洞，尽量保留籽料的外皮面积，有时根据主题设计的需要，仅使用浅浮雕或薄意的形式，将大面积的玉料作为背景保存。在有些修饰不细的地方，还依稀可以见到桯钻的痕迹，明显带有宋、元玉山子的雕制方法。

清代的玉山子的精品制作，在对作品每一处的雕饰上，都能处理得极其细腻，几乎无懈可击，但常见一般的商品玉山子，一般用料多非和阗玉质，块大，入刀较浅，这样大概会节约人力成本，打磨也不具备清代典型的光泽标准。所以，我们在观察一件玉质山子时，不能像观察玉牌子那样重在玉料，而要看纹饰与刀法的综合表现。

清中期 松下老人山子

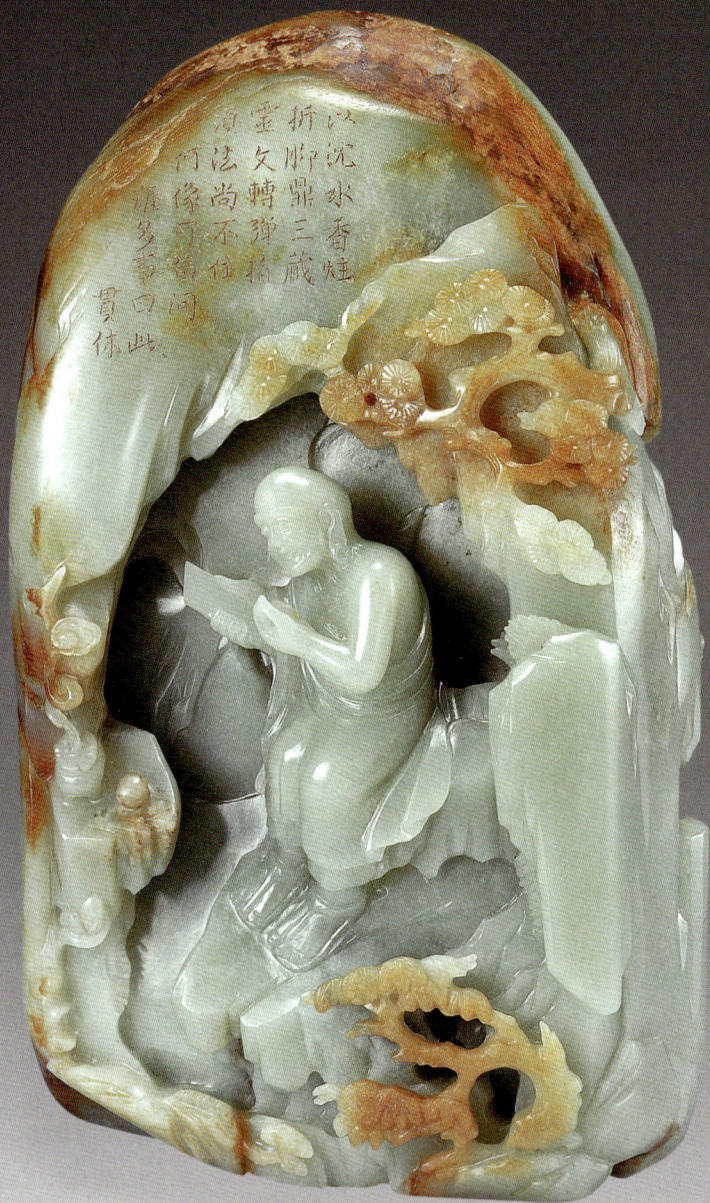

以沈水香娃
折脚鼎三蔵同
灵法尚不仕□此
洞像弹指休
藩多歎貫
像

清中期 罗汉山子

【附：清代收藏家论玉器】

　　每岁五、六月，大水暴涨，则玉随流而至。玉之多寡，由水之大小。七、八月水退，乃可取。彼人谓之"捞玉"，其国中有禁。

　　叶尔羌者，回疆一大城也。其地有河，产玉石子，大者如盘如斗，小者如拳如栗；有重至三四百斤者，其色亦各不同，如雪之白、翠之青、蜡之黄、丹之朱、墨之黑者，皆上品。其尤难得者，则有一种羊脂朱斑、一种碧如波斯菜，而金片透湿者则愈美。河底大小石错落平铺，玉子杂生其间。采之至法：远岸官一员守之；近河岸营，官一员守之。派熟练回子或三十人一行，或二十人一行，截河并肩，赤脚踏石而步，遇有玉子，回子即脚踏知之，鞠躬拾起。岸上兵击锣一棒，官即过朱一点，迨回子出水，官则按点数索其玉子。

　　玉有五色：白、黄、碧三色俱贵，白色如酥者尤贵，餐色油然；及有雪花者次之；黄贵色如栗者，谓之"甘黄"，焦黄者次之；碧色青如蓝黑者为上，或有细黑星及色淡者次之；又有赤玉红如鸡冠，允称最贵之品，无如此种美玉，世不多觏；绿玉则深绿色者为佳，淡者次之；甘青玉其色淡青而带黄，菜玉非青非绛，色如菜叶最下；墨玉价亦不高。

　　玉之色曰赤如鸡冠、黄如蒸栗、白如截肪、黑如纯漆，谓之玉符，而青玉独无说焉。今青白者常有，黑者时有，黄、赤者绝无。

　　墨玉，纯黑如墨，以通体莹澈、光润如鉴、无脑性、无斑驳者为佳。其色浅质杂、黯淡无光者次之。又有洒墨玉，俗呼为甩墨玉，乃白质黑斑，仿佛以帚蘸墨，淋漓点洒而成者，一斑点停匀、疏密得宜者佳。其浓处不分点，淡处微见晕者，皆不足取也。复有墨白相间之玉，体一色判，界限分明：白既如脂，黑亦似墨，各不相混。经玉人别出心裁，相度形色，雕琢成器，往往成就天然妙趣，为寰中绝无仅有之奇，名为巧作，亦足什袭。白玉内尚有带皮子之一种，此种出和阗，为水产玉子之绝佳者。盖玉子产于河内，随流涌出，水落后暴露滩间，日暄风三散，水荡沙磨，久久而玉体生膜，肤裹淡赤色，似秋梨，谓之"秋梨皮"。而皮

内之玉，亦有臧否之别。今之鼻烟壶、板指、翎管、烟袋嘴多有此类琢成者，价亦较常品倍之，然其皮色总以秋梨皮为定评，过深过浅，皆非所善也。碧玉出南徼，质性坚脆，颜色黯然，且多脑性，不甚纯洁。惟体质有重大者，如禁苑承光殿前之大玉瓮，大径六七尺，能容一人横卧，是乃以庞然取贵者也。至黄玉、青玉佳品，亦不多见，大致以明净莹润者为贵，色黯驳杂者次之，菜玉类碧玉，色深绿似菠菜，故呼为菜"绿玉"，市廛呼为"玛纳斯"。玛纳斯者，新疆回城之名也，以之名玉者，因菜玉为彼处所产，故以城名名之也。

——唐荣祚·《玉说》

改古

凡玉偶有损伤，不可改作，致变其本来面目。真古玉必有古色或土斑，周遍无间；若有光处，即系改琢。

角头古玉

秦之玉作在陕西之万村，吴之玉作在浙江之安溪，所遗玉角甚夥。万村之玉坚洁，安溪之玉纪松。琢之玉件，谓之"角头古玉"。玉质虽古，而器则新也。亦能盘出色浆。

伪石灰古

以玉件用火烧之，则其色灰如鸡骨。然以伪石灰古，然玉上必有火劫纹，真者无之。

羊玉

以美玉作为小器，割生羊腿皮，纳于其中，以线缝固。数年取出，则玉上自有血纹，以伪传世古。然终不如真者之温静。

狗玉

杀狗不使出血，乘热纳玉器于其腹中，缝固。埋之通衢，数年取出，则玉上有土花血斑，以伪土古。然必有新色及雕琢痕。

梅玉

以质松之玉制为古器，用重乌梅水煮之。竟日，则玉松处为乌梅水搜空，宛似水激痕。然后以提油上色，以为水坑古。然真者其痕自然，不能造作也。

风玉

制器以浓灰水稍加乌梅煮之竟日，乘热取出，置风雪中一夜，则玉纹冻裂。玉质坚者，其纹细如发丝，再以提油法上色，以伪牛毛纹。

叩锈

乾隆时，无锡阿叩作毛坯玉器，用铁屑拌之，热醋淬之，置湿地十余日，再埋通衢数月。然后取出，则玉为铁屑所蚀，遍体橘皮纹，纹中铁锈作深红色（煮之则色变黑），且有土斑灰，不易退，宛如古玉。审视乃能辨之。凡伪古玉，无土斑而有红色者其色必浮，盖自外入故也。有土斑而灰之不变，及红色盘之易退者，赝鼎也。以此辨之。

提油法

以硵提为上，其色能透入玉理，灰煮不退，与真无异。惟天阴则鲜明，晴爽反混浊。真色则否。

——刘心白·《玉纪补》

老提油

雕刻固好，颜色亦鲜明夺目，惟色皆成片，无牛毛、蚌壳等纹。近世玩玉者多半以此误认为汉玉，盖其色比旧玉反觉光润可爱也。

新提油

系先用色染，再放于滚油锅内炸透，然其色外浮，纵有血丝，亦系浮于外面。甚而有红白相间，即玉贾所谓"猪油炖酱"者。细察中发空色，不似真旧光由内吐。俗谓"油炸鬼"即此。

猫狗葬

金陵、苏州玉贾专作此物。据云：用夹石之玉，先染以色，次放于油内炸透，再将猫犬杀毙，破开肚腹，趁热将玉藏于内，埋在土中数年，然后取出。血痕成团成块，亦有水银光亮藏在玉内。不似真旧之变化百出，一望而知其伪也。

——蔡可权·《辨玉小识》

【鉴定实例：清代改制的玉佩件】

清 改制玉佩件（正面、背面） 估价 15,000 元人民币

在传世玉器中，凡是原先有雕琢纹饰，后世又重新加工的器件，在古玩界都称之为"改制件"，或称"动手件"。改制件主要包括旧器的器形的改造，旧料新琢，以及素面器的后琢纹饰等等。改造的原因很多，有的是由于损伤、残缺而导致品相残损，出于某种商业的需要而进行的改造；也有的是由于出土时本身就有所损坏，或

者在入土时为了杜绝日后的盗墓,预先将殉葬品破坏,比较明显的就是战国时期的青铜质带钩,大部分前端的钩首都被折断就是这种做法的证据。后世出于商业目的,往往根据器件破损程度的不同,因形制宜,随形改制成另一器物,比如将残损的玉璧改成玉璜、将料面较大的玉璜改成坠饰等。还有一种改制是旧料新琢,就是将原出土的未成形的玉料,雕琢成带工的器件,比如在良渚文化的出土器中,就有许多未经雕制的成型玉料,近代有人就在玉料上雕出良渚玉器的标志性纹饰,用来冒充真良渚出土器,这也称为"老料新工"。旧器改造是较常见的现象,在清末民初时颇为流行。

从这件玉佩所具有的弧度上看,应是玉杯的残件,因为背面的管口由小到大呈喇叭形,正好构成了玉杯的对剖面;其二,其纹饰工艺是竖向的,如果是剑饰类原器改制的,其纹饰应当是横向的;其三,佩件的口沿用一圈回纹作为装饰,而玉杯的边沿通常也是雕有这样的纹饰。所以,从这三点着眼,可以分析出这件佩饰是由玉杯的残器改制的。

佩件的造型规格是5.5厘米×2.5厘米,皮色是桂花皮子,洒洒点点,色泽艳丽,丰满。纹饰上部是素工,中间以一条边线为界,阴线、细斜线排列紧密、整齐。中间是饕餮纹,间隔斜方格纹,边缘是一道回纹,勾线挺拔。佩的背面光素无纹,玉质洁白如雪,隐隐可以看到有三排细刻小字"磨之而隐现雪",意思是经改制后才发现洁白如雪的好玉质,原来被隐藏在其中了。从背面的器形和包浆来分析,这6个字也应当是改制后刻的。这几个字对于这件玉佩来讲,凭空增加了本身的把玩重量,具有另一种层次的美感。

因为这件玉佩是改制件,带有着不完整的身份,所以交易价格必然会受到影响,所以目前的市场价格应在15,000元人民币左右。可以推想,这种品质的完整器,目前交易价格的拉升幅度应该还有50%～100%的空间。

【第四节 清代玉器的投资】

　　因为我们这里所讲的是以民间普通玉器为主要对象，所以不包括清廷制造的高端制品。作为普通预期的投资，笔者以为这个投资范围中间价格位移的不确定性太大，很难控制。因为清代是一个玉器的精品时代，其间精品与普品的质量区隔很明显，也就是说按质论价的透明度很高，不存在中间的似是而非。对于清廷的御用玉器，不管大件小件，即使是山料，也一定是和阗玉中的优选材料，这种玉器无论在什么时间内交易，都具有高端的价位表现；而一般民间的普通玉器，相比之下，工、料均自惭形秽，在年代上既没有老三代的优势，在工、料上又没有宫廷制玉的精美，所以，在一般的交易场所所见的清代玉器，工、料都不够中等藏品的级别，这就会大大地影响作为投资的价格预期。因此，以收藏为目标的清代玉器交易，尽可以选择收藏自己喜爱的造型；但是作为投资，清代的普品则不是一种最佳的选择。

　　如果从投资的角度来审视清代玉器的交易，笔者以为如果用同等数量的资金，譬如10,000元人民币，与其买一件中等偏下或者就是低端的清代玉器，倒不如买一件老三代的传品，或者是唐、宋时期的作品，因为在清代宫廷御用精品的价位不断攀升的情况下，民间的普品不但不会随着水涨而船高，相反，在制作质量、用料质量的鲜明的对比之下，极有可能成为食之无肉、弃之可惜的鸡肋。作为收藏，这本来无所谓，反正是自己喜欢就行；但是作为投资，这种资本运营对象的选择是有问题的。因此建议对于清代玉器的投资，一定要以精品为主要选择，没有精品，宁可将资金投向老三代玉器。

第十二章

民
国
玉
器

　　民国是中国瓷玉史上的一个比较特殊的时期，因为清代玉器，即使是光绪、宣统时的作品，都可以归为老玉器的范畴之中，而民国玉至少在20年前还被认为是新玉，稍有藏玉经历的人都不会对这一时期的玉器投资。瓷器的收藏同样存在这样的现象，带有"江西陶瓷公司"、"觯斋"、"懿德堂"等公、私堂款的民国瓷，20年前几乎没有人收藏。现在，民国年间的公、私堂款瓷器已被视为民国时的官窑瓷器，而对这一时期玉器的年代评价，已经上升到"老玉"的地位，而受到一般水平收藏者的认可。

　　对民国玉器是新是老的界定与认可，说明着界定标准的不同。而实际上民国玉器在历史上所起到的新旧过渡的作用是客观的存在，谁也改变不了。在民国时期，玉器设计雕制的创新意识几乎处于停滞状态，更多的是赝品意义上的仿制古玉器，包括仿制高古玉和明、清玉，以满足市场对古玉收藏与佩戴的大量的需求。这一时期的仿制是从两个方面进行的：一是仿雕工器形；二是仿玉材玉沁。民国的这种仿品，其实就是今天的赝品，与清中期的所谓"乾隆仿古"有着本质上的差别。这些玉器的制作，仍未能摆脱赝品制作成本的约束，总体反映在用料与雕制用工上的投机行为，只要是带有商业利益色彩的仿制，无不在成本的制约下显现出动机与初衷。

民国 "懿德堂" 款茶杯

【第一节 民国玉器的材质特征】

我们在清代玉器中讲过,清中期对于和阗玉材无限制的开采与使用,实际上是一种对有限资源的过度透支。到了嘉庆、道光以后,以优质和阗玉雕制的玉器日渐稀少,清晚期所用玉材的质量直线下降,使用优质和阗玉已经成为一种豪华的奢侈行为。进入民国,清代皇室的那种不计成本的玉器生产体制已经不复存在,玉制品的设计制作完全进入了市场化的渠道,所用的玉材种类由原来的单一一变而多元起来,各种玉材充斥市场,形成了比较复杂的用料特征。而占领市场主要份额的是岫岩玉,同时还有部分青白玉。

一、岫岩玉

在民国时期,岫岩玉是使用最多的玉料之一。这种玉料的质地比白玉要软,使用起来有两个优势:第一,由于质地相对较软,在雕琢过程中可以节省人力成本资源,轻易雕制出复杂的设计纹饰与器形;第二,还是由于质地软,易于受沁,所以可在成型的玉器上实施各种做旧、做沁的复杂工艺手段。而这些手段如果在质地硬于岫岩玉的和阗玉材上施用,无疑会增加人力上的、材料上的以及时间上的成本投入,这是商业行为所不允许的。

岫岩玉分为老岫岩玉与新岫岩玉两种。老岫岩玉比新岫岩玉的硬度微高,琢刻出来的玉器如果不是用专业的眼光审视,很难看出玉器质地的软

民国 岫玉花片

民国 岫玉叶形花片

硬。这种老岫岩玉由于硬度较高，所以在起刀与收刀处，常常留有毛碴，说明其硬度的表现在于"脆"，没有和阗玉的那种硬中带有的油润。老岫岩玉的另一种成型表现是经过打磨后，玉器表面的光泽保持的时间不会长久，所以我们今天所见到的老岫岩玉作品，都似乎存在打磨上的欠缺，这是玉质的原因所决定的。在老岫岩玉中，对收藏者构成威胁最大的是一种白色的老岫岩玉，因为民国玉器距今已经将近百年，玉质包浆都已经出现了古董般的老气，很容易让收藏者误认为是和阗白玉，即使是今天涉世不深的销售者，也有可能将老岫岩玉的民国作品误买误卖。这种白色的老岫岩玉的辨识有以下几个特征：

1. 上面讲了，在起刀、收刀处有毛碴，说明玉质的脆性大，玻璃质感强。所以玉中所含有的絮状物表现得比较明显。下面这个老岫岩玉轴头虽然是清代的作品，我们完全可以通过对局部的放大，看到其玻璃样的质感与其中絮状物的显示直观视觉。

老岫岩玉中的絮状物

老岫岩玉中的质地不纯

2. 白色的老岫岩玉玉色不如和阗白玉纯正。不纯正的和阗白玉闪青，成为青白玉。而老岫岩玉则往往在白中闪出淡淡的黄色。

3. 和阗白玉的光泽是内敛的表象，老岫岩玉的光泽在外，有与玻璃相接近的视觉感受。

4. 老岫岩玉可以用刀子刻画出刀痕，和阗玉则完全不能。

岫岩玉用刀刻后的痕迹

在当今的古玉器收藏中，不少人看准了民国时期的老岫岩玉作品，予以规模投资，这是在玉器收藏投资中超前的做法。现在已经基本上将民国时期老岫岩玉划归到旧玉中交易，其原因在于：

第一，民国玉器无论在设计、琢制各方面，都上承明、清两代的遗风，与现代的仿古有着较大的历史隔膜，其历史位置是偏上的。

第二，虽然民国玉器的产生距离现代不过只有近百年的历史，但是同样遭到了上世纪中叶的文化冲击，作品所剩无多。

第三，由于开采层位的不同，民国所用老岫岩玉现在基本上绝迹了，现在的新岫岩玉玉质较老岫岩玉更软，玻璃质感更强。

清晚期 岫玉花片（正面、背面）

我们对民国时期的老岫岩玉的基本特征有了一个了解，就收藏意义上讲，第一，可以辨别民国时利用岫岩玉仿制的御用玉器与真正御用玉器的区别；第二，可以辨别现代利用新岫岩玉仿制的民国乃至清代的玉器；第三，民国老岫岩玉器在民间尚有一定规模的交易流动，可以酌情入藏。

二、青白玉

民国时期较好的和阗白玉已经极度匮乏，老岫岩玉占领了玉器市场的主要份额地位，同时，来自于新疆和阗的青白玉开始显示出其重要的地位，除了仿旧以外，比较重要的玉器多用青白玉雕琢，从青白玉作品的雕工上，仍然可以依稀品味出清代琢制的味道。

在民国时期开掘的青白玉在颜色上很容易与青绿色的老岫岩玉相混淆，这两者的不同点是：

1. 青白玉的质地明显要硬于岫岩玉，用刀磨不动，刀在青白玉上

打滑。

2. 经过打磨后，青白玉的光泽比岫岩玉亮，但颜色没有岫岩玉艳丽，传世的民国作品，青白玉的打磨质感依旧，而岫岩玉如果经常盘摩或保护不当，则完全没有了打磨的痕迹。

3. 反应在成型的雕件作品上，青白玉很少见到起刀、收刀的毛碴，岫岩玉由于玻璃质感强，容易带有毛碴。

民国 玉蝉形佩

在古玉的交易中，我们经常看见民国时期用青白玉雕制的摆件如瓶、炉、香熏、碗、盘、插屏等，另有许多小件作品如鼻烟壶、印盒、墨床等，很少见用这种玉料做的首饰。即使偶有一见用青白玉或青玉琢制的镯子，雕工也显得很粗糙，纯属民间的普通商品玉器。也有雕工比较精细的青白玉作品，譬如一般文房用品的玉质就属于优等材质，而雕工明显精细于普通商品玉。这还是符合那条规律：好玉质必有好雕工。民国期间的不少文房玉器玉质都很细腻，油润，杂质很少，比较好的色彩呈竹叶青色，用来雕制的笔筒、砚屏、墨床、笔山等，都属于那一时期的精品，交易价格至今仍然不菲。我们知道，青白玉的颜色具有混合成色的特性，在白色中含有一种淡绿色，形成了不白、不青、不绿的一种特殊的玉色。在民国时期，青白玉属于相对比较廉价的玉材，真正上好的青白玉极其少见。

三、碧玉

　　碧玉同样是民国时期的一种常用玉材，属于颜色玉的一种。玉质呈半透明状，暗绿色。有一种不透明而且带有深绿颜色的碧玉，俗称"墨色绿玉"。这种玉材的杂质为棉絮状物，或黑色点状包裹物，我们又称为"黑星"、"黑点"。品质上好的碧玉有些看不到絮状物，但大部分都能看到黑色点状包裹物，这种显现的杂质虽然为观赏带来了瑕疵，但证实了玉材的真实身份。属于碧玉中上品的材质比较纯净，其颜色绿而鲜艳，比较少见。而为数极其罕见的碧玉极品的颜色与翡翠相近，在不动手的情况下，辨识碧玉与翡翠的主要依据就是黑星的是否存在。同时，在灯光的照射下，翡翠的色彩表现很稳定，而碧玉就出现不稳定的呈色感觉。碧玉的硬度与白玉相仿，民国时常用来仿古，常见的碧玉制品有香炉、香熏、仿古瓶、簋等，所雕纹饰多为回文、兽面纹，纹饰涉及风格主要仿清代而不仿三代旧器，所以距离真正古制相去甚远。

　　民国时期还比较常用墨玉雕制动物。墨玉有的纯黑，有的呈云状或呈点状，多与白玉共生，所以经常利用这一特点制成巧雕玉件，譬如常雕成一黑一白两只獾，名曰"合獾（欢）"，这种黑白巧雕在当时的交易价格就很高，现在仍然如此。

　　在民国时期，用玉的一个总的趋势是优质玉料相当少见，普通质量的玉器很多，在现代收藏中，要注意发现具有民国雕琢特征的优质玉料。民国玉器在后代基本上不存在仿品，所以，通过对玉质的审视与判定，可以将断代的下限向上提升，基本上不会出现原则上的纰漏。

民
国
玉
器

429

【第二节 民国玉器的雕琢特征】

鉴定民国玉器对于初学者来说，具有相当的难度，因为民国时期的玉器很多造型设计、纹饰设计、雕制工艺以及用刀方法等，都与清代玉器的鉴定特征相近，在玉器的鉴定学上，民国玉器很难成为一个独立的时代而存在。同时，民国玉器又是距离普通收藏者、距离收藏交易市场最近的一个介乎于熟悉与陌生之间的鉴定状态。在上世纪的60年代以前，民国玉器是再普通不过的常见品，谁都熟悉。但是真正民国玉器究竟应该具有什么样的工艺特征，大部分人又都难以述说清楚。由此可见，民国玉器对于我们现代的鉴定认识，并不因为年代近而变得容易一些。

民国玉器与清代玉器的距离感觉是若即若离，在面上相仿佛的同时，掩盖着作为一个时代所应该具有的时代特征。

一、玉人物

民国的玉人物多数仿清代，有这样几处区别，构成了民国玉人物的鉴定特征：

1. 玉质。民国玉人物的玉质远不如清代，前面已经讲了，清代的用料主要是和阗玉，民国用料主要是老岫岩玉以及品质不高的青白玉、碧玉等，尤其在抛光后，材质内的杂质如玉筋、棉絮状物等就会显露出来。这种用料的区别是重要的区别点。

2. 五官发型。清代玉人物的五官特征是所谓的"一把抓"，而且比较低，多集中在脸的2/3处，上部1/3处没有雕工，前额显大，施用阴刻刀法，细线勾描出五官，头发的雕刻出于象形；民国玉人物从整体

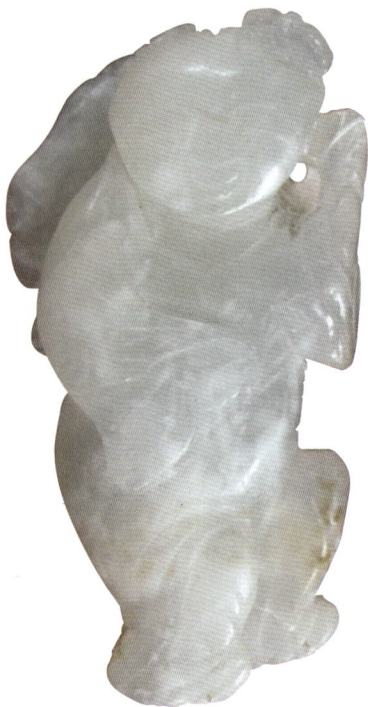

民国 白玉执荷童子

民国 仿战国玉璜

看与清代相接近，只是头发比较接近现代，五官的刻线比清代略粗，就合理成分来讲，似乎比清代更近于解剖位置。当然，这种判断要熟悉清代人物的基础上才有可能发生，如果对清代人物的五官特征不熟悉，就不可能产生阴刻线粗细的比较。

3. 衣褶。清代人物的衣褶是用斜刀法雕出来的，产生出一点立体的效果；而民国的衣褶也用斜刀法，但是刀的倾斜角度比清代小，所产生的立体效果不如清代强烈。民国时的雕琢工具想来不会比清代有多大的进步，只是手法不同，用时、用工、用料的投入成本不同，质量标准不同，所以得到的雕制效果也就自然不同。民国的雕制工艺水平更接近于清代，与现代的距离相差很大。

二、花片、挂坠

清代的玉花片用料较厚，基本采用镂雕的方法，花叶的边部用阴刻单线勾勒，叶子中间用阴线雕出叶筋，多雕盛开的牡丹花，象征着大富大贵。民国仿清代的花片以吉祥主题为常见，多用平面雕刻的方法，花朵的立体感觉不强烈，雕工比清代繁复而粗糙，比清代花片的件头大而用料薄，但是玉质次的玉料稍厚。"葫芦万代"花片在民国时期最为常见，因其寓有"福禄万代"的口彩而广受普通市民的欢迎。这种类型的器形变化很多，叶面用阴线雕出叶筋，圆雕的葫芦上雕有"米"，与明代相

民国 白玉佛手佩

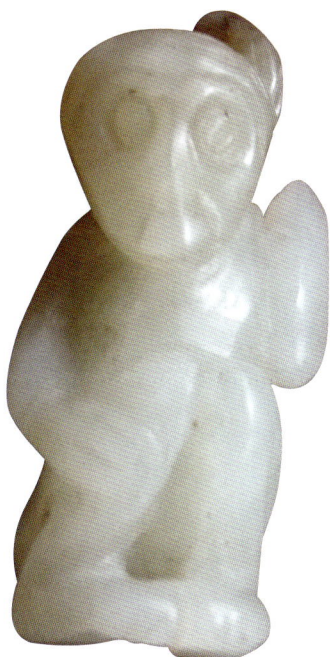

民国　玉猴坠

近似，阴线浅而粗。另有圆雕葫芦万代挂坠，叶蔓用透雕的方法雕出，葫芦与枝蔓的相连处多用斜刀雕出，葫芦的表面打磨没有清代那样讲究，出蜡状光泽，仔细观察下，可以看见打磨未净的刀痕。

三、吉祥题材

民国的玉器不仅仅是亦步亦趋地仿制清代，一些造型同样具有时代性。这一时期出现了比清代更多的吉祥口彩的玉造型，形成了民国独有的器形特征。譬如清代的玉雕"寿"字，玉质一定是和阗白玉，而且料厚，多雕刻成一笔写就的草书，用浅细的阴刻线沿着字体的边缘勾勒，刀工娴熟，线条规范，底子打磨精细平整，虽上承明代的形式，但有明显的本朝风格。民国时也有这种从明代开始的制作样式，同样一笔写成，区别在于在字的周围衍生了一些其他的花纹装饰，字的边缘没有明、清时的阴刻勾线，雕工显得复杂于清代。

四、仿古题材

民国时期的仿古玉器见于第三节。

【第三节 民国玉器的仿古工艺特征】

　　仿古玉器是民国玉器制作中的一个重要的组成部分，这与民国时的社会需求有着直接的关系，民国建元以后，前清皇朝的遗老们基本上都隐居民间，做了寓公。这些人第一手中有钱，第二常怀思古之幽情，成为玉器市场上仿古玉器的主要需求者；而对于玉器的制作者来说，仿古玉器的利润要远远高于普通玉器，因此，仿古玉器得以在民国时期大规模出现在玉器交易场肆，也结束了清代以来仿古不计成本的制作历史。

一、仿古玉器的器形种类

　　民国仿古类玉器的主要器形种类是在高古玉的范围之内游移，交易中多见仿制良渚文化的神人兽面琮、商代的玉人、战国时期的玉璧、"S"形龙佩以及汉代的出廓璧、翁仲等。使用的玉料分为两种：

　　一是用和阗玉譬如黄玉、碧玉、墨玉、青白玉仿制，这类仿品的玉质较好，有一定硬度，雕工很精细，代表了民国玉器制作的最高水平。公认仿制最为成功的是商代的玉鱼，鱼眼用双阴线琢出，鱼身的边缘用细而有力的单阴线勾勒，相当标准，如果不进行实物的对比，非高古玉专业鉴定人员一般很难看清仿制品所表现出的差异。一旦与真品商代玉鱼进行实物比较，就会发现真品鱼背上的出脊纹呈现出视觉很硬的锯齿形状，而仿品出脊纹的棱角视觉与真品不同，比较圆滑，鱼尾的分叉也与商代分叉的硬度不一样，感觉稍软，像花朵一样，柔美有余而力度不足，这是玉材质地硬度不同所造成的结果。仿汉代的翁仲，真品

民国 玉带饰

刀工简练，概括力极强，仅七八刀就能把人物的形体雕制出来，具有汉八刀的味道。民国仿汉翁仲的用刀虽说也很简练，但是刀痕的位置缺少高度的概括力度，与汉代的阅读感觉不同，这是琢玉工艺、工具时空跨越的结果。当然，我们在此只是重点地强调了民国仿品与高古玉真品的不同，更多的是从工艺工具上找出各自的时代特征，以便于收藏者在实际操作中的观察与运用，尺短寸长，至于两个时代作品的好坏品评，那是见仁见智的个人审美，不能带入到鉴定的判断因素中来。可以比之于工笔画与写意画：大写意需要的职业能力是高度概括，工笔则更多的是细致而肖像，这是完全不同的两个艺术标准区域。如果令工笔大家于非闇先生临摹写意大家潘天寿先生的画，很可能出现笔到意不到的作品，这就是职业能力的区域限制。民国玉匠仿汉代的汉八刀作品，在气格上一定表现得很局促，道理是一样的。话虽如此，这些用较好的和阗料精心仿制的高古玉器，不管在当时还是在现代，都可以那一时代的精品视之。

二是用岫岩玉仿制。用岫岩玉仿制的高古玉，由于玉材价值相对低廉，所以雕工粗糙，表现在线条粗，缺少相应的力度感，这是岫岩玉质地硬度特点所决定的，并且多施之于人造古沁。用岫岩玉仿古有一个特点，那就是根据玉材颜色的不同来仿制颜色能够对应的古代玉器，譬如用青灰色岫岩玉仿战国的"S"形龙佩，而清代仿制这种龙形佩多用糖玉或和阗白玉，从玉质上就能够提供相对准确的断代依据。

二、仿古玉器制作的工艺特征

民国仿古玉用料的区分是：用质量较好的和阗玉仿高古玉器，而用质量一般的和阗玉与岫岩玉仿明、清玉器。在仿古的各种工艺中，最难于仿制的，同时又是投入人力成本最大的，是做旧这一环节。

仿古中的做旧历史可以上溯到赵宋时代。其时收藏古玉的人群主要集中在社会上层。由于出土、传世的古玉的数量远远不能使交易中的供需关系达到平衡，所以仿制古玉的现象应运而生。宋代的仿古玉器在今天看来有易辨与难辨两个方面：易辨在于宋代的仿古基本上没有器物学作为仿制形制的支持，同时，真正出土器又很难置于工匠案头为制作蓝本，所以这一时期的仿古玉器形制基本上与古玉器南辕北辙，再加上第二代的仿古玉器是在第一代仿古玉器的基础上进行的，实际上是一种"以讹传讹"式的谬种误传，只要现在的收藏者掌握一些相关的古器物学知识，譬如青铜器上的纹饰常见的是什么样式，商、周各有什么不同，与

器形相对应的应该是什么纹饰等，从形制与纹饰上鉴别宋代的仿古器是比较容易的；难辨之处在于，宋代距今时间很长，在宋代即使是未经做旧的新玉，流传至今也已经成为纯粹意义上的旧玉了，如果再加上当时的做旧，以及近千年来人们的盘摩，在真实的包浆下面，是旧玉还是仿旧玉，全凭直观的感觉。这对于老一代鉴定家来说，尚需谨慎对待，而一旦与70、80后的收藏者直面，如果没有千锤百炼的经历，很难依靠直觉鉴定出孰真孰仿，这是不可逆的鉴定科学延续进程中的一种必然与无奈。

民 国　玉佩饰

民国时期的仿古已经进入比较科学的领域，这不仅反映在玉器的仿古上面，其他领域也都具有高水平的表现，譬如青铜器的"潍坊造"，就是以真正的出土器做蓝本，形成了一整套仿古的工艺流程。瓷器的仿古也有"小窑"的传说，仿品几近无懈可击，现在的中年及其以下的鉴定专业人员，能靠手、眼等直观感觉得出正确鉴定结论的，大概为数不多。这绝不是对现代年轻鉴定专业人员的轻易否定，而是现在的鉴定环境与前辈们所处的琉璃厂时代完全不同，没有可比性的存在。民国时期的仿古玉器尽管在形制上能做到基本相仿佛，但是缺乏宋代仿古玉器的那种时间上的包庇，极容易在包浆上、在旧气上乃至在沁色上露出破绽。

观察民国的仿古玉器主要还是从材质上辨识，仿古玉器的用料有两种，一是和阗玉，由于这类玉质的硬度高，所以走清代仿古的路子，仿古器形而不做旧，玉器表面干净而典雅；二是用岫岩玉仿制，由于这种玉质较软，易于通过各种手段做出旧气与沁色，所以我们将这种制造目的在于欺骗的仿古玉器称为"赝品"。

沁色是古代玉器经过漫长时间的掩埋，被周围土质中的有机物浸蚀后所产生的玉质上的变化。玉器上沁色的形成至少需要有这样两个条件：一是玉器必须有足够的与土壤接触时间，这就是三代玉器的沁色漂亮，明、清玉器无沁色的原因；二是必须与周围的土壤以及可以造成对玉器浸蚀的物质有足够时间的相对稳定的接触。在这两种条件的作用下，那些高古玉器的表面或玉质的内里，就会生成各种颜色、各种形状的沁色：白色称之为"水沁"；黑色称之为"水银沁"；绿色称之为"铜沁"；紫红色称之为"血沁"；黄色称之为"土沁"；象牙黄色称之为"鸡骨白"。

在辨别玉器的时候要注意的是，沁色一定是与玉质、形制、刀工、纹饰特征紧密相联的，譬如一件具有血沁的玉琮，质地为和阗玉，纹饰为神人兽面纹，那就明显不对了，具有神人兽面纹的玉琮基本上是良渚文化时的玉器，良渚文化目前尚没有见到有和阗玉出土的报告，也不会形成血沁，据此可以提出质疑。同样，在一件形制为商代的和阗玉器上，沁色没有看出问题，但是刀法的表现与标准器不相符合，那么，就要再仔细审视沁色的颜色与分布状态，会找到更多的质疑理由。鉴定玉器，必须要从整体上观察，一票否决。既不错杀又不放过是最为理想的境地；退而求其次，宁可错杀也不放过是保证收藏品质的最低心理底线。

民国 烤皮玉挂件

民国 仿良渚玉璧

第十三章

翡翠

翡翠在矿物学中被称之为"硬玉"，与称之为"软玉"的和阗玉在颜色与硬度上有着明显的区别。由于翡翠所含的矿物质不同，杂质的多少不同，尤其是受其内部结构中微量元素的影响，造成了颜色上的千差万别。艳丽而不失典雅、华贵而不俗气，能够显示出佩戴人的身份，同时也寓示着财富与喜庆。这就是翡翠的装饰价值之所在。

翡翠在我国出现较早，大约在战国时期就有所饰用。而真正成为一种高社会阶层的装饰消费品，并且大量涌入中原地区，还是在清代。翡翠以其靓丽华贵的高雅气质，很快得到宫廷的认可。当时有大量的高档翡翠材料被宫廷收购，并专门聘请技术高超的雕刻工匠，按照既定的设计形式为宫廷加工各种翡翠饰件。在清代雕刻的翡翠作品中，一些吉祥的主题口彩往往通过翡翠漂亮的红绿颜色表达出来，譬如：一只鹭鸶口衔莲花，象征着主人科举一路顺畅，金榜及第，取名"一路连科"；一只老鹰和一只大熊在一起，称之为"英雄"；灵芝寓意长寿；竹节表示节节高升。在翡翠的雕刻设计中，几乎每一个图案都有其非常明确的寓意指向。在这些吉祥的口彩和寓意笼罩下，使得翡翠存在的社会意义不仅在于美化佩戴者本身，而且逐渐发展成为对未来的一种祝愿；同时，对于翡翠的占有也不仅仅于收藏者的专好，而是受到了更为广泛人群的关注与喜爱。在清代，翡翠雕件除了用于皇后、妃子的装饰佩戴外，还被皇帝用于奖赏臣属。上有所好，下必甚焉。从社会的上层阶级开始对翡翠注入异样的关注目光，民间自然也就有所仿效。但是，民间所交易的翡翠与

清 翡翠龙首带钩

明　翡翠莲花坠

玉器一样，材质大多不是很好，颜色较差，交易的价值也不会很高。这种质量的翡翠雕件一般多用于实际佩戴或馈赠，基本上不用作收藏，所以传世到今天的这路翠件，多有磕碰残缺，没有更大的收藏价值。只有真正从宫廷里流散出来的翡翠，才被视为珍品，收藏起来，成为今后的升值砝码。翡翠由于颜色的艳丽、雕工的精致一直流传到今天。无可否认，翡翠的开采形式与开采年代有着直接而密切的关系，现代的翡翠质量应该说好于清代，即使故宫中所藏御用传器，其质地也逊色于现在的新料，这是开采层的不同。现代翡翠的佩戴者与收藏者的关注点并不在同一个层面上，收藏者追求年份与出身，于是便喜欢具有明确清代雕工特征的老翠件；佩戴者则喜欢具有现代雕饰风格的新翠。但有一点是共同的，那就是翡翠材料要档次高，雕工要精，只有符合这两种条件的翠件，才能既产生华丽的装饰效果，同时又具有强大的后续升值空间。

古今翡翠的产地主要都在缅甸。在古代，我国云南省的腾冲、大理是著名的翡翠集散地，但数量较少。在一些有关古籍如《云材石谱》、《明一统志》等书中，有新疆和阗与云南都出产翡翠的记载。其实，我国虽然有着琢制、佩戴翡翠的悠久历史和传统，但目前并没有产出真正意义上的翡翠的记录，典籍所言的新疆翡翠，我想应该是和阗玉中带有翠绿色的碧玉。这种碧玉中的精品材料与翡翠很相似，极容易混淆，就是现在，也有人常常把碧玉当作翡翠来购买。其实，翡翠与碧玉是有着根本区别的两种不同的材料。而所谓的云南翡翠，也是根本的子虚乌有，云南出翡翠的说法主要源于翡翠多由云南输入，就是现在，云南也是主要的翡翠进境通道。缅甸从古至今都是翡翠的重要矿产国，每年都是宝石、翡翠大型交易会的轴心国家，我国前去参加的主要是外贸、首饰公司等专门行业的专门人员，前去购买大量的翡翠原石，根据石材的好坏进行雕刻，好的材料，带绿色多的大都加工成高档首饰或高档礼品，而大块原色的材料，根据材料不同而多加工成大型摆件等。在加工设计中，因材施琢是相当重要的技巧，在可能的情况下，尽量减小耗料的重量。因为精品翡翠的成品体积与交易价值是紧密相关的，所以加工的侧重点也随着材料的不同而有所不同。同时，翡翠又不以体积、重量大小论价值，重要的是看材质的优劣程度，以及雕工是否精细。好的翡翠可以价值连城，差的翠根子一文不值，这就是翡翠价格的差距。2004年在上海的一个拍卖会上，一条小颗粒的翠珠项链竟然拍到1,430,000元人民币，一只不大的翡翠戒指在上海的拍卖会上拍到了40多万元人民币。可见翡翠是世界上最贵重的商品之一。

从收藏的视角上看，可以从这样几个方面来认定翡翠的价值层次：

1.翡翠内部结构绺裂的多少。一般的辨别经验是，内部存在绺裂的多为真品，

清 翡翠童子耳炉

但是，没有的也不能据此而否定，以绺裂处少而不明显的为优。

2. 翡翠内部所含有的杂质如"绵"、"瑕"等，越少越好。

3. 同等质量品质的翡翠体积、重量都是价值的主要判断标准。这又有别于黄金的价值与重量关系，重量大的单位价值要远高于重量小的单位价值，所以，在相同品质的标准下，10个10克的小翡翠，价值总和要大大低于一个100克的大翡翠。

4. 翡翠对于地子的质量要求很高，我们对地子的分类俗称"种分"。欣赏的标准与对玉器的要求正好相反，岫岩玉之所以逊于和阗玉，就是因为质地太清澈，没有和阗玉的那种含蓄；而翡翠对地子的要求是含水的质感越强，品质分数越高，所谓"玻璃地"、"冰种"都是对这种翡翠地子的最高评价。质量中等偏上的翡翠往往地子好而绿色差（或没有绿色），或有绿色而地子又差，市场交易的评价是将对地子的选择做为第一要义，而对绿色的选择看成是地子选择后的附属条件。

5. 对颜色的划分主要看翠绿色的构成，高级的翠色要有纯正的浓、艳的绿色，可以大致分为两大类：一是艳绿，翡翠的绿色就像我们生活中的大葱葱心一样娇嫩，俗称"葱心绿"；二是浓绿，色彩浓重的翡翠则是能在浓郁中透露出空灵，绿色的深邃、纯正是在水头充足的地子的衬托下展现出来的，而不仅仅是一块绿疙瘩。

【第一节 翡翠的质地】

一、翡翠的质地

大家都知道翡翠在矿物学中被称为"硬玉"，属辉石类，它的化学成份为硅酸铝钠。既然是硬玉，那么，它就是一种具有高硬度的材质，与软玉相比，翡翠的硬度为7°、比重为3.33；而被称之为"软玉"的和阗玉，它的硬度在6°～6.5°之间、比重在2.96～3.17之间，这是籽料的硬度，山料则相对差一些。翡翠除颜色特征外，还有一个特殊的标志，即材质的中心部位呈小晶料的纤维状、片状，或黑点状的闪光，这是其他玉石所没有的特征。另外，翡翠由于质地硬度较高，抛光后的光泽十分明亮，呈柔和的玻璃光泽，而和阗玉抛光后呈现的是油润半透明的光泽，与翡翠有明显的视觉差别。在各种玉材中，有不少主要颜色呈绿色的，如新疆和阗玉中的碧玉、辽宁的岫岩玉、河南的南阳玉都有很漂亮的绿色，但都没有翡翠的硬度高，抛光后呈现的不是玻璃样的光泽，同为绿色，与翡翠还是有区别的。碧玉常常与翡翠混淆，但翡翠与玉的光泽感与硬度感完全不同，翡翠的质地越好，其透明程度与硬度的表现也会随之增高，如果没有这种感觉，或这种感觉较差，那就一定不是好的翡翠，或根本不是翡翠。现在有一种国产新翠，其材质的硬度就明显不高，虽然颜色艳丽，光泽感也很强，但如果仔细观察，就会发现表现强烈的光泽感只是漂浮在翠的表面，一经长时间与身体摩擦，上面的浮光就会消失，使得雕件黯然失色，这种翠的价值不是很高，不适宜收藏，要注意辨别。

翡翠的原材料基本上都产自缅甸，缅甸翡翠的硬度高，质地细腻，是当今雕刻佩饰、首饰的最为理想的原材料，我们称之为"A货"。翡翠的原材料都是天然形成的，其颜色以浓、艳的绿色为上品，凡是上品的翡翠，其基本的条件就是首先要考虑地子的通透性与"水头"的充足与否。一般将通透得像玻璃一样的质地称之为"玻璃地"。有浓绿的颜色、有玻璃地子，就能称之为翡翠中的上品；而那些仅有比较纯正的颜色而没有高品质的地子的翡翠，收藏价值不会很高；像下面介绍的这件翡翠葫芦坠的翠地子通透感很好，但颜色稍差，仍不失为一件好的藏品，其实际的交易价格定位，往往在有色无地的翡翠之上。如果地子极好，即使没有颜色也十分珍贵，譬如常说的"冰种"翡翠就是这样。可见，虽然人们佩戴翡翠主要是因为那种浓、艳的颜色能烘托出高贵的气质，但真正决定翡翠身价的，却是无色的地子，这一点是

现代翡翠葫芦坠

不少翡翠的收藏者所不清楚的。有些翡翠没有形成绿色带或没有较大面积的绿片，只要地子的水头充足而纯净，就能够上中等以上的玻璃地品位，再好于玻璃地的地子，就能以"冰种"相称。"冰种"是对翡翠地子最高标准的一种极称，反映了专业水平对翡翠地子的评价等级，因而构成了专业与非专业之间的差距。

我们讲翡翠的"种分"，是指出产翡翠矿石的范围与区域，同时，又是对翡翠的颜色与地子透明程度的总评价。在一种特定的区域内，出产的翡翠矿石基本上属于同一种分，但是级别质量有所不同。就像收藏端砚讲究"麻子坑"，而同样是麻子坑出的端石，品质的差异很不一样。翠种的好与差就是指翠地子与颜色的质量高低。常见的翡翠又分为"新种"、"老种"和"新老种"，都是以翡翠在强光照射下的色彩纯正度与透明程度的感觉为标准的，而不是指雕制时间的长短，就雕件而论，新种雕件有可能早于老种雕件。

新种翡翠的地子的透明度很低，几乎不透明，只有星星点点的绿色或成片的不透明绿色，有的很像瓷器的胎子，我们称之为"瓷绿"。这种"瓷绿"级别的翡翠多用来雕刻摆件或低端的挂件，一般不做首饰用，价格也

翡翠

445

明　翡翠莲花坠

较低,具有一般实力的佩戴者都可以承受。只是这种翠不适宜收藏,同时价格的上涨也只能是一种被动的跟风。

新老种指的是半透明的翡翠,在这种地子上如果再有一些比较纯正的绿色,就具备了一定的佩饰与收藏两方面的价值,适合做首饰。

规格最高的当属老种翡翠,它的透明度好,绿色浓、艳而纯正。色彩的质量是老种翡翠的重要标志。

关于地子的透明度的等级划分,基本上建立在视觉的感知上,往往用完全建立在概念上的"一分水"、"二分水"来加以区别。"一分"指1市尺的1/100,约0.3厘米,譬如在理念上将待鉴定的翡翠切为0.3厘米的薄片,呈现出不浑浊的透明体,即达到"一分水"的等级,这算是较好的玻璃地子;如果感觉到切成0.6厘米的切片,同样呈现出不浑浊的透明感觉,即达到了"二分水"的标准,那就是很好的玻璃地了。

清 翡翠   现代 飘蓝花翡翠

关于色彩的质量,我们常讲要纯正而浓、艳,这种标准完全建立在感觉的认识水平上,主要靠眼睛辨别,基本上不依靠仪器进行,所以有它适意性的一面。种分不光是对透明度,同时还要对包含着的绿色好坏的评价。也就是说还要比较绿色的浓、艳、鲜、嫩之间的差别。有的翠绿色即使透明,但因其绿色过于鲜嫩,不够应达到的浓、艳程度,同样可称之为新种翠。因此,如何充分利用光线在翡翠中的透射和反射的特点,使翡翠中最具有价值的绿色最大限度地焕发出光彩和艳美,很重要的因素在于雕

现代 弥勒佛（正面）

现代 弥勒佛（背面）

制者在原石的加工中对这些高难度技术的理解、掌握与掌握的娴熟程度。譬如原始材料呈半透明状，应该因材设计的雕件为薄片形，目的是以增加雕件的透明度，如果再设计成较厚实的造型，就属于设计上的明显的不合理，就会造成相当的成本损失。在颜色的浓淡上，设计上的是否合理也决定着雕件的成本投入与等级水平，譬如翠的绿色很深，在设计上就要稍薄一些，这样可以在增加雕件的通透感的同时，又比较合理地增加了雕件的数量；相反，绿色浅的原始材料就要设计稍厚一些的作品造型，以增加翠绿色的浓艳度。这是一种设计制造方面的技巧，我们在购买饰件时要充分注意到这一点。翠的绿色浅淡而厚，需要仔细观察的是绿色是否透到底，如果真有是深入到骨里的绿色感觉，即便价格高一些也是值得的；如果翠的绿色仅浮在雕件的表面一层，那价值就不应很高。

对翡翠地子的一般理解就是：除去翡翠绿色以外的部分通称为地子（包括紫罗兰色的翡）。就一般常见的翡翠饰品来说，地子所占的面积很大，可以分为很多种类：如玻璃地、瓷地、水地、蛋清地、干白地、狗屎地、豆青地等，其中藏于狗屎地中的绿属于浓艳型的高绿，俗话说"狗屎地子出高翠"，这是老一辈的鉴定家经常讲的经验之谈。

翡翠的质地还有一种情况，就是地子的性大或不透明。地子的性大，多表现在有石花、石脑；而不透明的地子在绿色中基本上不显现，被突出的石花、石脑所占有。因此，这种地子的翡翠在绿色与地子的交接部位，常会因为石脑、石花的出现而使绿色受到连带的影响，直接影响到翡翠的

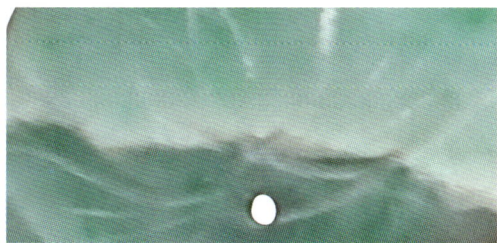

清 翡翠中的石脑

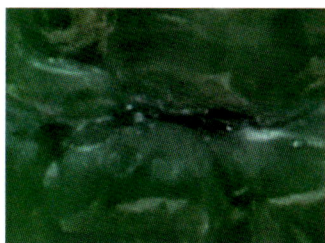

现代 翡翠中的石脑

价值。这类翡翠比较常见，多雕刻成摆件或挂件，极少有做成戒指面等首饰的，价格都不是很高。

买翠件是要讲究厚度的，要在一定的厚度的前提下再看透明度，翠地子杂质越少越好，杂质可直接影响翠的美观，同样也影响翠本身的价值。

但是，现在的市场上翡翠带一些杂质，也证明了翠是"A货"而不是"B货"和赝品。翡翠的"B货"就是通过人为的手段改变了材质内部的晶体，用激光的手法，去除质地里的杂质，使翠的质地匀净而漂亮。这样的翠由于晶体已经受到了不同程度的破坏，比重减小，所以很容易破碎。

观察翡翠的透明程度还与光线有着直接的关系：光线好，其透明程度就高；光线不好，透明的程度就相对降低。所以，经营翡翠的环境一定是光照充足。在强烈

正常光线　　　　　　　　强光光线
正常光线下与强光下的不同视觉效果

的灯光下，翠的地子和颜色都会产生不真实的幻化色彩，会直接导致购买者对翡翠产生偏高的价格定位。对于购买翡翠的人来说，要注意在这种特定环境下的强光线带来的视觉差，尽量在正常的日光下看翠，才能看清楚购买翠件所必需的各种关注点。而作为收藏者，一定要学会在各种光线下看翡翠，从而正确评估出翠件的交易价格，否则，极容易在价格评估上出问题。

二、易与翡翠混淆的材质鉴别

在绿色的装饰材料中，除了价值高于翡翠的祖母绿等宝石级的材质外，其他一般绿色材质多有冒充翡翠制成饰品的事例发生，这种冒充会使佩戴者蒙受经济上的损失。所以关于翡翠的鉴定，要比其他古玩鉴定复杂一些，就是因为不仅要断代、辨真伪，同时还要排除相近材质的干扰与混杂，譬如用澳洲翠磨制的手镯，你不能

说是赝品，与买到"B货"、"C货"完全不同。用买缅甸翡翠的价钱买了澳翠，只能说买贵了，不能说买错了。这种经济上的损失，实际就是不清楚与翡翠特征相临界的其他材质所导致的。因为翡翠本身的颜色为绿色，所以，对于一般没有经验的人来说，凡是绿色的材质都容易与翡翠相混淆。如果能够掌握一些与翡翠相似的材质知识，通过认真的观察，翡翠与其他材质还是比较容易区分的。常见的易混淆的饰品材质有：

1. 绿料石

翡翠属天然形成的矿物质，是有一定硬度的，而料石就是绿色玻璃，在清代也有天然形成的，它的质地透明，绿色纯正，在清代经常用作仿制翡翠。在鉴定旧的翡翠饰物中，一要看是否烧色，二要看是否料仿，因为这两者的价值都没有真品高，料仿也就是绿色玻璃仿，它的颜色虽然也是艳绿的，但绿色极为死板而呆滞，透明的地子缺少灵气，常见料仿翠牌子，料的地子也是白的，在白地子的某一部位有绿色，没有晕散的感觉也没有翠绿色的来源与走向，显得很孤单，绿色与地子色没有过渡，为一种绞拌状、均匀状或点状，死板呆滞的痕迹非常明显。料的硬度也没有翡翠的高，我们见到的旧料仿翠饰物的表面常有一些硬伤或毛牛纹，还有失亮的现象，这些都显示出它的质地较软，手感明显比翡翠要轻，再有就是料的断口处为亮碴，而翡翠为玉性，断口是暗碴的参差状。仿造的器形也有大有小，大的为手镯、鼻烟壶、烟袋嘴子等，小的是戒面或小圆点，用以百宝镶嵌。而现代很少用料仿，因为有了合成翡翠的工艺，比料仿还要逼真的多。

要想鉴别料仿，就要懂得一些有关料器的特征，再经过与翡翠的直接对比，就会掌握区别的方法：

（1）料的颜色虽为绿色，但是满绿的料器常常表现出超乎寻常的浓艳程度，即使在老坑种的高翠中也数少见。

清 绿料戒指1　　　　清 绿料戒指2

（2）用放大镜观察，料器晶体中带有很小的气泡，这是铸造中不可避免的工艺特征。所以，一旦看到满绿的翠，一定要用放大镜细细的观察，至少要看有没有气泡。这种属于料器的特征，在翡翠的材质中绝对没有。

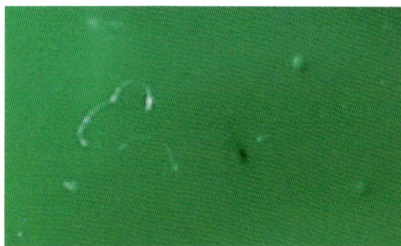

清 绿料质戒指气泡与划痕

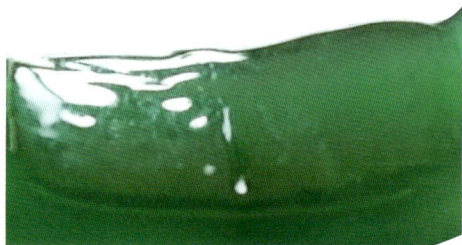

清 绿料质戒指里口铸痕

（3）绿料器的绿色常常表现出很高的透明度，但缺少细微处的变化，正是像平涂绿色一样的均匀，所以视觉上的感受是呆板而僵硬。

（4）料器体内的气泡直接导致了料器的比重比翡翠的比重要小，约为2.5，手头上的感觉要比翡翠轻而发飘。

（5）由于料器的硬度比较低，所以经过一段时间后，器表面就会有硬伤或细小的毛牛纹，而且极容易破碎。料器经过抛光后会产生很亮的光泽，但因硬度低而使得光泽很快就消褪了。

（6）在料器的破损处还能看到亮碴呈贝壳状，而翡翠为暗淡的参差状。

民国 料质烟嘴及断面

如果一件非常漂亮的翠件，价格又较低，一定要注意从材质上鉴别真伪。

2.绿玛瑙

玛瑙也属于天然宝石,颜色有多种,有红玛瑙、花玛瑙、水草玛瑙、黑玛瑙等,以红玛瑙最为常见,也是玛瑙中的佳品,而绿玛瑙多为人工染色,不是天然形成的。绿玛瑙的质地非常均匀,其绿色也和翠色相差不多,如果绿玛瑙见得少的话,是容易混淆的。其实绿玛瑙除了颜色与翡翠相似外,其他的特点是与翡翠不同的。首先颜色,玛瑙的绿色与翠色只是比较接近,但仔细观察,对比着看它们还是有区别的,翠绿色表现得纯正,而玛瑙的绿色是绿中带有蓝色,表现得非常均匀而没有色源,绿玛瑙的断口为半亮贝壳状。其次就是绿玛瑙没有翠性的闪光点,发闷,天然玛瑙是有一定硬度的,而人工染色玛瑙硬度都不是很高,拿在手里明显比翠要轻,这就提醒我们,见到绿色玛瑙一定要注意。但是近些年来,不光是绿玛瑙染色,几乎所有颜色的玛瑙都不是天然的了,都是人工合成玛瑙。合成绿玛瑙一般是为了仿翠料,而合成红玛瑙是因为现在红玛瑙少见了,红玛瑙制品现在也属于时髦的佩饰品,这还是供需关系不平衡所导致的。

3.碧玉

碧玉属于软玉中的一个品种,颜色也为绿色,但绿并不是很鲜艳,呈现的是黯淡的绿,往往整个器身都是绿的,没有地子色,而翡翠的绿为艳绿色,即便是暗绿色,也常带有地子色,不带地子的满绿翡翠极少见,这种普通的碧玉还是比较好区分的。有一种上好的碧玉,其颜色也是较艳的翠绿色,硬度也比较高(碧玉的硬度在软玉里算是比较高的),它们的比重和断口与翡翠相差不多,这种碧玉和翡翠是比较容易混的,最好是对比着看,掌握好他们之间的特点:

(1)翡翠的翠性为雪片、蚊子翅,而这些特征碧玉是没有的。

(2)碧玉的玉石中常常带有黑色的斑点,这些斑点常为不规则棱角状,而翡翠基本上不带有这种黑斑点,偶有黑点也多为圆形点状,这是翡翠与碧玉的根本区别。

(3)翡翠的颜色常以自己的形状出现,色源非常明显,那就是一条绿色的筋线。而碧玉的颜色较为均匀,没有绿筋。

(4)碧玉的绿色没有翡翠那样鲜艳,显得深沉有余而靓丽不足。在强光下,翡翠的呈色非常纯正,而碧玉的颜色往往发灰绿色。

(5)翡翠的地子讲究通透水灵,带有神气;碧玉恰恰相反,质地均匀

而沉实，呈半透明状，润泽而性柔。碧玉的地子以精光内敛为佳，翡翠的地子则贵在高透明度，两者的最佳品位完全不在同一个点上。

清 碧玉

清 翡翠

（6）翡翠为翠性，碧玉为石性。

4.澳洲玉

澳洲玉也称为澳翠，是一种产于澳大利亚的绿色玉石，颜色更接近于翡翠，石性也与翡翠极为相似，但只有绿色与翡翠相近，其他特征与翠相距甚远。澳翠的绿色虽然很鲜艳，但鲜艳中闪黄色，让人产生绿色很稚嫩的感觉，与翡翠纯正的绿色相比要差很多。只有见翡翠多了，才会有这种感觉。澳洲玉的比重小，只有2.6，手感比翡翠要轻。同时，硬度也没有翡翠高，手头较轻。重要的一点是翡翠有蚊子翅等翠性的表现，而澳洲翠是没有这种表现的。澳洲翠所表现的是均匀的绿色，没有任何形状特点，也看不出绿色的色源，这与翠色是完全不同的。我们常见到的澳洲翠多制成戒面或用戒面镶成胸坠、雕刻挂坠等，颜色也很漂亮，再加上现在的镶工很时尚，其价格也不是很高，和翡翠相比价格要低。澳洲翠和绿玛瑙也容易混，一定要注意区分，好在它们的价值都相差不大，买错了也不会受到什么经济损失。

5.河南玉

河南玉因为多是绿色，所以又称"河南翠"。在河南翠的绿色中，可见有石质中的沙星闪光，与翠的特性很相似，很容易相混。但它们还是有着不同之处：首先河南翠的颜色为翠绿色，并有一种灰暗的感觉，没有翡翠那样纯正的绿色，并且翠色的形状成片，无明显的色源，绿色分布均匀，没有形成色形，俗称之为"死翠色"；而天然翡翠有自己的色源，由于绿色的分布不均匀，产生一定的绿色形状，一旦佩戴时间长了，这种绿色带会自然晕散，形成"活绿"，也就是常说的翠要买活绿色，越戴会越漂亮，越戴其绿色也越多。再有就是翡翠的硬度高而密度大，断口处呈参差不齐状；而河南翠的硬度低，密度小，颜色软，没有浓艳的感觉，断口处为平坦状，这些都是和翡翠的不同点。

澳洲翠坠

清 翡翠夔龙双耳链式瓶

6. 蓝田玉

翡翠因其绿色而著名,凡是绿色的玉或宝石都可能会与翡翠相混淆。蓝田玉因产自陕西省蓝田县而得名,它的颜色也是绿色,同时也能表现出绿的色源,为一片一片的绿色。有一定的硬度,但没有翡翠的硬度高。绿色有的很艳,有的为暗绿色,表现在手镯上形成了片绿。蓝田玉与翠的最大区别在于,翡翠的翠性能表现出明显的闪光点、雪片、蚊子翅等杂质,而蓝田玉则没有这些特征,它所表现的不是翠性,而更像石性,敲击的声音也没有翡翠的声音悦耳,像敲石头的声音,颜色虽然也是绿色,但与翡翠相比,蓝田玉的绿色发干,没有润泽的感觉,这是它们的晶体里所含的杂质不同而造成的。蓝田玉所含杂质为大块的黑色,这种矿物质据说如果长期佩戴对人体是有好处,只是黑色杂质影响了佩戴美观,也正因为这些,蓝田玉的价值不高,几十元就能买一只手镯。

三、翡翠仿制品

仿制翡翠分旧仿、新仿两种:

1. 旧仿

旧仿的手法比较简单,通过一种特殊的炝翠工艺手段,将无色的翡翠染绿。旧仿的材质本身是没有多少绿色或根本没有绿的翡翠材料,把这样的翠材料用绿色的水煮,然后再用冷水泡,使颜色顺着翡翠的裂璺进入体内,变成了绿色。对于缺少鉴定经验的收藏者来说,很容易与真正的翡翠相混淆。这种仿制的绿色往往经过十余年的佩戴,炝出的绿色就会逐渐发

清 翡翠蝴蝶

黄，显现出不纯正的颜色。而真正翡翠的颜色不管深浅、浓淡，都具有纯正的色调，不会褪变出其他的颜色。同时，真正翡翠的表面很干净，没有炸裂的璺路，而炝翠的色是人为加进去的，它的绿色不是很自然，有裂璺的地方就有明显的绿色，没裂璺的地方就没有绿色，这种绿色是呈由表及里的发展态势，也就是外深而内浅，绿色是顺着细小裂璺往里边深入，并且由无数条嵌入裂璺的绿丝组成。换言之，有裂璺处就有绿色，没有裂璺处就没有绿色，这是炝翠的最大特点。而天然翡翠就不是这样，表面的绿色绝不呈现出丝状的走向，同时也没有开片的裂璺。观察这一特点时最好用放大镜细细观察，因为好的炝翠，裂璺表现得非常细小，肉眼很难看的清楚，这是鉴定是否是炝翠的一种方法。再有一点就是炝翠的手头比较轻，声音敲击时发闷而不清脆。往往我们在鉴定真假翡翠时，失误缘于漫不经心，而踟蹰不决则是缺少自信。当然，在学习中失误与踟蹰不决总是难免的，关键是要牢记所经历的过程及其结果。记得有一次一个朋友拿来一件清代翡翠雕花坠，说是朋友推荐卖给他的祖传货，我通过放大镜观察，发现了表面的裂璺，就判断为炝色。朋友引述了几件听来的关于这件翡翠的故事，再次观察，发现这件翠坠不但是一件炝色翠，而且仿制的年代也在近几年，是块纯粹的新翠新工。不过，这件翠坠仿旧做得非常到位，雕工完全是仿清代，花卉的边缘打磨光滑，地子面磨得也很平，连加色的手法也是清代流行的做法，够得上高仿品的水平，一般年轻的专业鉴定人员未必能轻易看出。这是我常年鉴定养成的一种职业思维定力，不管观察什么东西，非常尊重自己第一眼的感觉。因为第一判断是在未经干扰情况下作出的纯净思维，基本上能反映出自己的鉴定水平，这与"固执己见"式的顽冥有着本质的区别。

2. 新仿

新仿翡翠的手段比旧仿进步、高明了许多，利用了现代的高科技，使无绿色的翡翠变得有了绿色，同时，还可以使含有黑色斑点杂质的翠变得非常匀净。对于这种经过激光清洗过的翡翠，我们称之为"B货"，或者"C货"，而未经任何处理的纯正翡翠，就是"A货"。

经过处理的翡翠，质地、颜色非常鲜艳，靓丽而时尚，表现出的翠地子洁白、匀净，几乎没有杂质附着其中。更具吸引力的是，这样色、地俱佳的翡翠雕件，其价格也仅在中等，很适合大众购买与收藏。对于翡翠的投资者来说，面对一件上好的，而且完全可以令人心仪神往的翡翠饰品，至少要从下面两个方面来观察：

（1）从价位上观察。一件地子清澈、绿色浓艳的翡翠饰品，基本价格普遍应该在什么位置上，而手中的这件"上等翡翠"饰品价格定位大大低于市价，只有三种可能：一是捡漏；二是商家无知；三是翠件经过了动手处理。就我的经验而言，前两点为真的可能性几乎是零，只有第三点属于买家。

（2）从材质上观察。在肯定翡翠饰品的材料本身为真之后，可进一步观察，在翡翠的质地上，没有任何一点杂质，只有两种可能：一是极品翡翠，几乎不能进行价格上的判断，这种翡翠一般人很难有机会见到；二是"A货"以外的材质，这类翡翠料在动手处理之前一般没有或仅有星星点点的绿色，质地非常差，地面也不干净，含有很多的杂质，这类翠料非常便宜，有一些人进了这种低档翠料，为了提高这些翠料的价值，就通过激光的清洗，提取出其中的可视杂质，使原来翠料的质地变干净的同时，又突出了翠的绿色，这种手法适合于原本或多或少带点了绿色的翠料，这就是"B货"；至于为了使绿色浓艳一些，或在没有绿色的翠上人为地加绿色，我们称之为"C货"，几年之后绿色将逐渐褪掉，光泽也会消失。

通过上面的讲述，至少让读者明白，买翡翠，要选杂质少的，越少越好；但是少到没有杂质的程度，就走向了事物的另一个极端，这个辩证法，必须明白。

我们的建议是不要买"A货"以外的其他种类的翡翠，因为在激光的参与下，强加进去的绿色是否会对人体产生其他的作用，我们不得而知，但升值、保值空间的狭窄是肯定的，用同等的投入买"A货"，佩戴与收藏都踏实。

清 翡翠桑蚕坠

【第二节 翡翠的颜色】

　　翡翠的颜色不单单是红色或绿色，这两种颜色只能代表翡翠的两个主要色调。实际上，红色的翡是翠的里皮，我们所见到的老山料中的翠材都带有外皮，而很少见到有里皮的，这就是为什么翡比翠稀少的根本原因。清代为了提高其翡翠的销售价格，利用各种手段，将无色的翠炝烧成翡红颜色。在现代的翡翠挂件中，真正的红翡或黄翡还是很少见的，多数都是炝烧上去或激光打进去的，即使有真正的翡饰件，交易价格也会很高。

　　翡翠除了红、绿两色外，还有紫、白、黄、褐、蓝、灰、黑等色，它们的颜色深浅不一，尤属绿色最富于变化。

一、颜色的分类

　　在翡翠的颜色特征之外，还有一个重要的结构标志，那就是翡翠的中心部分是一种纤维状、片状或黑色点状的闪光小晶粒，这是其他宝石所不具备的特征。在观察翡翠时，先要观察的就是翠料中是否存有纤维状、棉絮状的闪光晶粒。黑点状的杂质也会或多或少在地翠料中反映出来，这些杂质除了影响翡翠的美观外，双刃剑的另一面同时又是证明翠料可信程度的重要依据。现代翠料的"B货"恰恰就是把这些杂质清洗干净，虽然保证了翡翠雕件的美观，同时也暴露了质地不纯净的另一面。当一件翡翠雕件非常干净，没有任何一点黑斑杂质，就一般商品雕件的材料来说，首先要考虑的，就是翡翠是否存在被清洗过的可能。有杂质的绿色翠，如果是颜色较好的翠料，杂质的存在往往影响到对鲜艳、漂亮颜色的欣赏与交易，所以"B货"往往就是把杂质去掉，而留下艳丽的绿色翠，这种做法也叫做"高仿"。因为只清洗晶体，而不加颜色，因此这种货的颜色还是很纯正，价值也是较高的。而真正的翡翠料体内应有非常细小的晶体闪光点，这对于初学者来说，需要用放大镜细细观察；而有经验的专业鉴定人员，则只须凭多年对翡翠接触也可鉴别出来。在排除了是"B货"的可能性之后，即可判定这件只有晶体没有杂质的翡翠是一件极品，应具有极高的交易价格与收藏价值。

　　翡翠的颜色分为两个系列：

　　第一系列是以红为主要颜色的翡色系列，翡色又分为红、黄两组：

1. 红色有橙红、棕红、褐红及大红。

2. 黄色有淡黄、纯黄、棕黄、蜜蜡黄、褐栗黄等。

其中又以色纯的蜜蜡黄色、褐栗色为上品。

第二系列是以绿为主要颜色的翠色系列,翠的颜色是由深、浅不同的三种绿色组成:

1. 艳丽的绿色有葱心绿、阳俏绿、黄阳绿等。

2. 深沉的绿色有油青绿、菠菜绿、墨绿、瓜皮绿等。

3. 浓艳的绿色有硬绿。

"硬绿"的定义是不管在什么样的光线下看都是一样的绿,这种绿只附着在翠料的某个部位,比如一只翠手镯的某一段,哪怕是很短的一小段浓艳的硬绿,这只手镯的价格就会飙升很高。如果硬绿占有的面积大,那就是翠件中的极品。在现代翡翠饰品中,真正硬绿极其少见,所见多是烧上或激光打进去的赝品。有"硬绿"色就必然有"软绿"色,所谓"软绿"色是指一种行进无力的带子形绿色条,这种绿色在质地上绵延出现,没有颜色精神与颜色特点,往往绿色和地子的界线分不清楚。这种具有软绿的翠色特点是绿色与翠地子的界限含混不清,绿的色调浅淡,有时甚至可以以"地子绿"称之。

清 翡翠手镯

翡翠除了硬绿、软绿的表现形式外,尚有很多种常见的质地特征,譬如还有一种在纯净而艳丽的翠地子上,出现带有星点状的、一块一块的绿色,我们俗称之为"点子绿"、"疙瘩绿"等,其表现形式就是翠的绿色呈

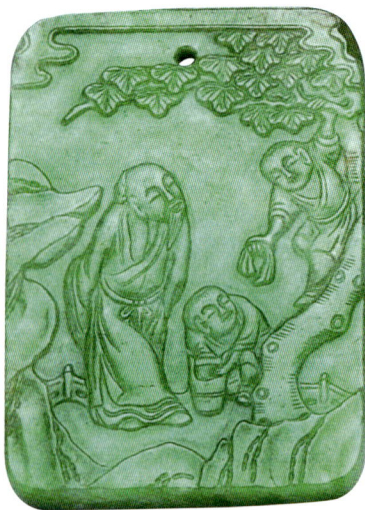

清中期 翡翠人物牌

大小不同、互不相通的点子状或疙瘩状，这种点状分布在翠体中，像天空的星星，又称之为"满天星"。这种绿的形状每当出现变化时，绿色通常十分艳丽。现在在市场上有时能见到绿色均匀的"点子绿"，极少见到块状的疙瘩绿，即使是这种均匀的"点子绿"，交易价格也很高。因为大部分的买卖者都没有或极少见过块状的疙瘩绿，所以把均匀的地子绿误认作是疙瘩绿，并导致了价格上的一个误区。有趣的是，偶尔也能见到块状的疙瘩绿，由于买卖双方都陷进认识上的误区之中，这种真正疙瘩绿价格往往又比地子绿或匀水绿的价格低，或者相等，这时才是真正识货人的捡漏机会，因为疙瘩绿的价值永远高于地子绿或匀水绿、浓绿的翠饰品。这就是常说的"捡漏"。作为市场的交易行为，对商品的认识漏洞是伴随商业行为的存在而永远存在的，买卖双方在对同一件商品的认识上，谁出现了漏洞，谁就有可能失手，而对方就是成功的捡漏者。在古玩交易行为的持续过程中，与其说"交易"，毋宁说是在伺机猎取对方由于判断上、认识上的失误而导致的商机。这种表面上实力均等的心理、技术上的较量，其实是一种相当专业的游戏，游戏的结果往往在买卖双方参加游戏的第一时间就已经有了胜负的答案，没有任何悬念。因此捡漏也需要"行业准入"的资格，那就是棋高一招或几招的眼力，市场上永远有漏货的，也永远有打眼的。

二、翠的绿颜色

翡翠中的翠，以绿色为常见色，绿色是区别翠的等级的重要标准之一。因此，对于绿色的研究，是研究翡翠价值形成与等级划分的重要话题。

在翡翠中，翠绿色的变化最为游离不定，导致色彩的分类也纷繁复杂，按照绿色的特点，行业内部将翠绿划分成这样几种：

1.菠菜绿

指绿色较暗的半透明或色彩不鲜的绿翠。这种绿的颜色像菠菜叶的绿一样深沉，质地不是很好，属于普通的翠料。当今的市场上流通的河南翠常见这种颜色，多雕成较大件摆设工艺品，雕成首饰价格不是很高。

2. 丝瓜绿

绿色呈丝瓜络形的硬丝状分布，绿色多是艳绿色。翠的质地很干净，呈透明或半透明状，这种绿色很少见，颜色浓而艳，地子干净、漂亮，被大多数人认可，价格也比较高。

3. 阳俏绿

绿色鲜艳而明亮，质地为半透明状，属于新种翡翠。

4. 玻璃艳绿

绿色艳丽，质地透明，可以说是极品等级的好翡翠，质地的透明度极高，所以，我们叫它为"玻璃种翠"，而南方称之为"冰种翠"，都是以翡翠的地子为视角的。在玻璃种的地子上带有艳绿的颜色，是很少见的极品，现在常见的是翠的质地为玻璃种，绿的颜色很淡，甚至没有绿色，其价值也是相当高。

5. 宝石绿

这种绿色非常纯正，质地透明，颜色近似绿宝石，也称之为"宝石绿"。这种材料的翠极易与绿宝石相混淆，在购买绿宝石时要注意区分。宝石绿的价格固然很高，但现在的市场上很难一见真正的宝石绿翠。

6. 艳绿

艳绿的质地有透明、半透明与不透明三种。其颜色浓艳、质地透明的艳绿为上品，半透明的稍差一些。质地透明的价位极高，质地不透明的价位要低很多。我们常见到的是半透明或不透明的艳绿翠，这两种翠的绿色常常干涩，就是质地不润所起的作用。半透明的翠稍好一些，而不透明的干绿就要差得更多。在购买与收藏的选择上，如果同时出现两种翡翠，一块为不透明的干地，绿色很浓艳；另一块质地很好，透明度较高，但绿色却很淡，行家一定要选择质地好的后者，因为翡翠带绿色的很多，而质地好的却很少，这是一个玩翠的通则。

7. 黄杨绿

黄杨绿色就像春天刚发芽的黄杨树叶色，绿色中稍稍闪黄色。质地有透明和半透明的两种。这种翠色在当今人们的眼里认知度还是很不够的，所以，这种本来就少见的翠色即使在市场上出现，交易价格也不是很高。

具有黄杨绿色的翡翠在清代是很受重视的，皇宫里的翡翠传器也有这种色料，民间很难见得到，所以今后的价格肯定会有拉高的可能。

8. 豆青绿

这种绿色的翠作品最为常见，俗话里有"十绿九豆"的说法。豆青绿的绿色如豆青，质地半透明。这种豆青绿的翠比较大众化，绿色淡而匀净，地子也是豆青色，没有什么特色，这种颜色的翠主要看其雕工，雕工好，价格会高一些，雕工不好，价格会很低，只能佩戴不宜收藏。

9. 墨绿

墨绿色过于浓艳，以至于到了发黑的程度，而在强光下黑色翠又能看到绿色，它的质地为半透明或不透明，半透明的墨翠能够见到一些绿色，而不透明的墨翠只能看到黑色，而看不到绿色。在加工时这种墨绿翠多用透雕法，以增加其透明的程度，常见的器形有墨翠挂坠、墨翠手镯、墨翠牌子、墨翠扳指等。墨翠的价格很低，交易价位的高低多由设计形式与雕工精粗而决定。

10. 油青绿

油青绿色翠在市场上比较常见，质地为透明、半透明、不透明。绿色中泛青色，色不正，欠缺鲜艳的感觉。质地通透的油青绿翡翠很漂亮，其绿色一般很纯正，也有一定的价值；反之，透明程度越差，其绿色就越加不正，其交易价值也会随着透明度的降低而降低。油青色翠在古代很普通，属于商品翠件的一种常用料，直到上世纪90年代末期以前，极少有人用来仿制清代的作品。近几年，有人开始用油青色翠仿制清代作品，主要手段是先清洗油青翠的质地，同时把翠色也清洗得淡一些，处理后的油青翠，质地变得透明程度高了，颜色也漂亮了很多，交易价格自然也会高一些。油青色翡翠料源很充足，因质地色彩不漂亮而很少有人购买，这样就产生了人工处理的过程。要想识别是否被处理过，就要观察油青翠料上有没有黑色小的杂质物，因为大多数油青翠都带有杂质，有些很小的杂质，要用放大镜才可看到，如果看到一块纯净度很高的油青翠，那就要引起高度注意，只要有微小的杂质存在，那就可以肯定是真品。

11. 瓜皮绿与瓜皮青

无论哪一种绿，其色都不是很纯正，两种绿色很接近，都是绿中微闪青色，有的在青色中微带有绿色。质地均为半透明或不透明，很少有透明的。这种绿色质地较为匀净，在青色中往往夹带有比较艳的绿线或绿片。这两种颜色相互影响，但又有较明显的分界线，属于新种翡翠，在当今的市场上多见，有透明度的价格就会高一些。反之，价格就会很低。总之，瓜皮绿与瓜皮青的价格百姓都能够接受，属于

清 翡翠鼻烟壶

清 翡翠瓜型鼻烟壶

非常普通的绿色翠。

12. 金丝绿

也称为"筋丝绿"。是根据翠的绿色特点而得名的,其绿色很浓艳,表现为硬绿似筋丝状,与丝瓜绿有着共同之处,质地较好,透明程度也高,也就是俗称的"水头"好,虽然这种翠的地子好,但其翠的地子与绿色之间互相不照应,似乎都是独立体。这种翠的市场价值比较高。

13. 白地俏绿

这种绿色鲜艳而水头不足,具体表现在质地的不透明,在白色的地子上常常带有少许较为艳丽的绿色,这种翠属于新种翠,常被雕为观音、佛像、小挂坠等,利用其自身带的艳绿进行巧雕,把星点的绿色全部表现出来,而白地子又可透雕,以补充由于玉质的不透明而带来的雕件沉闷的观感。在现代的商品翠的交易中,白地俏绿还是较为多见的,其价格适中,属于一般的佩饰品。

现代 白地俏绿福字佩

14. 鹦哥毛绿

这种绿色像鹦哥的绿色羽毛一样有娇嫩气,是翡翠中极为少见的绿色之一。鹦哥毛绿的质地普遍上好,多为透明状,少数为半透明状。这种绿色在清代的价值就很高,那个时候的传器尚能偶尔见到这种翠色,现在的市场上很难见到这种绿色的翡翠。当然,货真价实的鹦哥毛绿其交易价格也是非常昂贵的,尤其是玻璃种,更是非常罕见的品种。半透明的这种绿色还可以见到,但价格也是很高的,这种翡翠既可以佩戴又可以收藏，有很大的升值空间。

15. 江水绿

翠的质地较差，为不透明或半透明，绿色像江中的水一样的浑浊，用来形容绿色不正，闪淡淡的蓝色。这种翠料较多，适合雕一些大件的工艺品，或小件的挂件，雕工均为透雕，以增加其透明的程度，而不适合做首饰用料，由于江水绿的料源很丰富，所以雕件大多不贵，是当今市场销量最多的一种翡翠。

16. 乏绿

乏绿的绿色发灰、发蓝，不是纯正的绿色。其质地也不好，基本不透明，或者是半透明。属低档翡翠，雕工也是采用透雕法，以提高它的透明程度，做工粗糙，价格相当低。乏绿属于天然翠料，比"C货"要强很多。但是因为"乏绿"料没有"C货"漂亮，所以至今没有得到人们的认可。

在收藏中，能经常见到的翡翠色大概就是这些。对于翡翠颜色的认定，专业与非专业的视角与深度有着明显的区别，我年轻时，看到了一件翠挂件，挂件的一面颜色为绿中闪黄，黄中夹绿，看上去斑斑点点，感觉不是很好。我以为是块乏绿，就随手把它放到了一边。我的老师见到后，把这件翠拿到了手中，对我讲："这件翠可不能乱放，它不是普通的翠，是块高翠。"我问老师："您怎么能断定这里边有高绿呢？"老师说："其实很好看，你只要记住一句话就可以了，叫做'狗屎地子出高翠'。这就是说，在不干净的翠地子里，尤其是夹杂着黄色杂质的翠里，往往藏有漂亮的绿色，不光是成品这样，就是买赌石这点也很重要，这都是古人总结出来的经验，放在今天也同样适用。"这些经验不是书本上所能传递的信息，必须要有老师的口传心授。过去的专家能从狗屎地子中看见高翠，而现代则是看到翠地子不干净，称之为有杂质，看到好的翠色，就想着把杂质去掉，这就出现了激光清洗处理法，使得人们看到翠绿色是那么的娇艳、漂亮，地子是那么的干净，佩戴起来显得很有档次。殊不知，这种急功近利的处理方法毁了多少价值千金万金的高翠，有时真的令行家欲哭无泪。

三、外表皮颜色

讲翡翠的外表皮，首先要了解翡翠的原材料，翡翠的原石和白玉的原石是基本相同的，主要分为籽料和山料两种，籽料是具有风化过的外表皮，多产于河床、河底等处，经大自然的河水冲刷滚磨而成，在南方被称为"老坑种"。山料，就是没有被风化过的外表皮，在原产地属新开采的

翡翠

467

现代 带皮籽料挂件

翡翠，在南方称这种翡翠为"新坑种"。

翡翠的料质与和阗玉一样，按照不同的标准，可以得到不同的分类结果。一般延续对和阗玉的分类方法，将翡翠料质分为籽料、山料与半山料三种。

1. 籽料

籽料的外表皮粗细、薄厚都不相同，外表皮的颜色深浅也不相同，这是因为外表皮在风化后，翠料的内部的杂质含量与外部的环境各有不同，所以翠料的外表皮的颜色也有所不同。基本颜色有黄、白、红、棕、褐、灰和黑色，色泽较为暗淡，颜色与颜色之间的分界线并不十分清晰，常表现为淡黄色、灰白色、黄白色、浅黄色、土黄色、米黄色、暗黄色、黄褐色、灰褐色、黑褐色、棕红色、红褐色、暗红色、黄红色等混合状态。看得出来，基本色调多以深浅的黄色、较暗的红色为主。翡翠的外表皮状态在一定的程度上可以反映出翠的内部本质，而表皮的颜色又和里边的翠色紧密相连，研究这些表面的生成现象，对于掌握翡翠内部的变化特点和规律，对翡翠进行全面的认识、了解是十分重要的。

就一般比较常见的表皮而言，皮松的籽料，大多表现为皮面粗糙，结晶颗粒粗大而明显，其表皮的风化层往往也很厚，它的内部结构特点表现为地子粗糙，透明度也不好，质地也多松软。而皮紧的籽料，表现为表面细润，结晶颗粒极为细小不易看到，表面的风化层往往也很薄，这是因为翠皮紧而不易风化。它的内部特点常常表现为地子细润，透明度好，硬度也高，也就是我们常说的老种料。

精品人工翠皮

真籽料翠皮

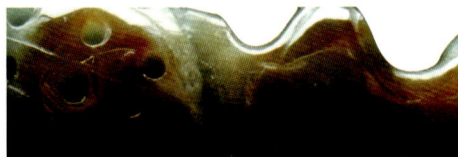

一般人工翠皮

籽料是一种出产位置的概念，指这种翡翠料的采集地在溪水、河水之中，与和阗玉有所不同的是，和阗玉中的籽料以下就不再有更细致的分类，而翡翠在籽料概念之下，还可以分为三种：

第一是水籽料。水籽料的外皮颜色多以棕褐色、黑褐色、树皮色、红褐色、暗红色、黄红色等深色调为主，这种水籽料的料皮表面薄而光滑，内部质地呈半透明状、细腻、色正，水头足，是最好的翡翠材料。水籽料又称"细皮籽"，属于老坑。

第二是土籽料。土籽料的料皮厚，皮表面较水籽料而粗，可见结晶颗粒。皮色以黄色为主，分土黄、米黄、棕黄等，这种籽料的内部翡翠质地较水籽粗，透明度与硬度都低，属于新坑一类。

第三沙皮籽料。沙皮籽料是一种介于水籽与土籽之间的籽料，皮质坚实而致密，呈沙样粒状结构，内中翡翠的质量不稳定，属于新老坑。

现在我们在鉴定翡翠时就不能轻易说"老种翠"或"老坑翠"、"籽料"等，因为这种翠太少见了，即便见到了，首先看真假，是不是经过激光清洗过的"B货"。如果真是高翠，不论是翠原料也好，翠饰品也罢，其价格都是非常昂贵的，这种翠料，不管当时花多少钱购买，以后还是有升值空间的。正因为籽料价值高，所以就有人把一些翡翠山料或其他一些绿色石料，包以假皮以冒充籽料翡翠，这是从原材料上仿。这种现象通过用放大镜观察，就不难发现假的外表皮石性不对，也可以说根本没有石纹，质地软而具有粉末状，更没有细晶颗粒现象，与真正的翡翠外表皮相比还是有区别的。

2. 山料

山料是一种翡翠矿石，直接开采出来，没有被风化的外表皮包裹，为原产地新开采的翡翠原料，与开采出来的石头的形状一样。由于不像籽料那样有着在水中浸泡几千万年的经历，所以山料的水头都差，透明度也远不如籽料。翡翠中的山料概念与和阗玉中的山料概念基本相同，属于新种翠。在购买原石料时不用隔皮看瓤，直接能看到翠的本来面目，但翠的质量较为一般，表现为透明度不是很高，颜色均匀浅淡，较少有浓艳的绿色。现在市场上销售的翡翠，原料大多为新山料，没有风化的外表皮，其价格也比籽料低很多，主要是因为现在翡翠的需求量很大，可以说人人都佩戴翡翠，所以翡翠的原材料不等风化，就被人们开采了出来，籽料也就越来越少，价格也越来越高了。

3. 半山料

半山料是指具有在水中浸泡的经历，但时间上要短于籽料，在形状上尚未形成卵石状的翡翠。这种翡翠的质量介于山料与籽料之间，属于新老坑范畴。在和阗玉的分类中，与"山流水"料相当。

无论从哪个角度看一件翡翠，单从一方面看翡翠的优劣，都是不公平的，要从各个方位而不是从一个角度去看，去评价、评定，一件翡翠的价格也是一样，看它的正面，也要看它的反面，看原材料的质量，还要看做工的精细程度，这样才能正确地评定出它应具备的交易价值。

四、翡翠地子及翡翠地子的颜色

翡翠地子，也可以理解为一件翡翠的非绿色地方，都可以统称为"地子"。地子的种类很多，名称和叫法也不统一，有时用翠的颜色加翠的水头来称呼一些常见的翡翠，如"干白地"就是形容这块翠是白色不透明的。而"灰地"就是翠的颜色发灰，也不透明。再有就是以物体来形容，如"藕粉地"就是非常浅淡的紫罗兰色，半透明状；"蛋清地"是指翠地子闪淡淡的青光，极似鸡蛋清。我们北方也习惯称一些翠地子为"玻璃地"，很准确地表述了这种翡翠的地子通透如玻璃一样。而将玻璃地中的一些中间无色如冰状的地子称"冰种"，则更加形象。这种翡翠的透明度极好，也可称为"种分好"。玻璃地的翡翠无论颜色浅淡与浓艳，都会非常漂亮，其价值也是最贵的，极具收藏价值。

常见的翡翠地子有下面八种：

1. 清水地

清水地分透明与半透明两种，地子上时常泛有青绿色，呈丝状。透明地子上的绿色较半透明地子的绿色更艳一些，半透明地子上的绿色常发青。

2. 水地子

具有水地子的翡翠，其地子的透明度往往很高，像水一样通透。绿颜色很淡，通常也被视为"地子绿"，绿色较为匀净。

3. 藕粉地

地子有透明和半透明两种，像熟了的藕一样，浅淡而均匀。藕粉地的主要颜色是粉色或紫色，也就是我们常说的紫罗兰色。

4. 鼻涕地

透明度较高，地子有时稍显闷，如清鼻涕一样。这种地子的翠绿色较少，有也是较浅淡、大片的绿，常用来做手镯、鼻烟壶、工艺品摆件等，不适合做精致的首饰。

5. 豆青地

是一种半透明如同鲜青豆一样的地子，特点为常常带有石花，绿色较浅并布满翠饰物全身，通体为浅淡的绿，也是较为常见的一种翠。

清 翡翠观音像

6. 狗屎地

翠为不透明地子，质地粗糙，水头也很差，为黑褐色或黄褐色，色形似狗屎，是一种地子很差的翠。但有一点值得注意，就是在这种地子的里边或旁边有时会夹有好翠色，这就是前面提到的"狗屎地子出高翠"。这种高翠的翠色浓艳，透明度也好，可视为"硬绿"。狗屎地子的翠是最容易被人们忽略的，表面看是不好，可是经过精雕细琢，就能成为一块价值不菲的高翠雕件。

7. 瓷地子

瓷地子的外观表象与瓷器质地的特点一样，凝滞而沉实，半透明或不透明，因此而得名。白瓷地上常带有漂浮的绿色，而这种绿色常常很鲜艳，往往利用这点绿色巧雕在白色瓷地子上，也称之为"白里俏"。

8. 白花地

地子为半透明或不透明，质地粗糙，色白显生，常常在白色地里带有石花，石脑等，这是白花地翠的特征，半透明的地子还好一些，不透明的地子石花、石脑非常明显，但有了这些杂质，也可以作为断定翡翠真伪的重要依据。

以上讲了常见的一些翡翠地子，其实还有很多种，例如干白地、糙白地、石灰地、香灰地、紫水地、灰水地等，大多讲的是翠地子的颜色。了解翠地子是为了更好地了解绿色。每当我们看到一件翡翠时，第一眼就是

现代 "狗屎地子"

对这件翡翠的绿色进行感性的评价：地子上有没有绿、有什么样的绿、绿的面积比例有多大等，往往因为绿色而忽略了翠的地子。按照一般常规而言，地子好时绿也好，地子不好绿色也不会好；特殊的还常常会出现地子好而绿不好、地子不好而绿色好的情况，前者比较好理解，而后者的特殊就不那么容易理解了。其实前边所说的"狗屎地子出高翠"就是地子与绿的特殊关系。这一实例讲了绿色与地子之间的某种关系和一定的内在联系，狗屎地子都知道不好看，质地也粗糙，而地子中的绿色却是细腻而漂亮的，被称之为"高绿"、"高翠"。所谓地子好绿不好，就是讲的翠地子非常好，质透细润，而没有绿色，有也只是淡淡的绿色，也称这种翠叫"地子绿"，非常适合雕刻观音、佛像、手镯、朝珠串、鼻烟壶等，因为地子好，色泽柔和。

在实际的收藏与佩戴中，总听有人说自己经过一段时间的佩戴后，翠的绿色好像越来越多了，是不是长了？这到底是怎么回事？一个原因是本身经常佩戴翠，使人身体里的油，深入到了翠体；另一个原因是这块翠的绿色是活的，虽不是很浓艳，但是一定很柔和，致使翠的绿色把周围的地子都映绿了，也是由于绿色能够与地子相融和，从而增加了绿色的范围，这就是行里常说的"绿吃地子"。所以说在现实中翠的绿色是可以"长"的，条件是一定要买"活翠"，即可以生长的绿色翠，这就需要眼力，需要掌握一些辨别活翠的基本特征。绿翠要吃地子，就要有绿色的生长线，尤其是要有较为艳绿的翠线，这是活翠比较明显的特点之一。还有一句话也是针对这一点说的，即"宁买绿色一条线，不买绿色一大片"。一条线常表现为绿色浓艳，又叫硬绿，色浓而气壮，形成一种走势有力的带状绿色，其绿色和翠地子明显地能区分开，这种翠料的绿色就是能生长的"活翠"；如果绿色一大片，不是浓艳的大片绿，而是表现为浅淡的绿色，绵绵延延，所表现的是一种色软而气衰、走势无力的带子绿，翠地子和翠的绿色混为一起，很难区分，互相影响，这种翠料的绿色是不能生长的，只能与翠地子产生一种互为渐变的关系，戴久了，地子会变得通透而有灵性，翠色也会随之产生变化。

五、翡翠的其他颜色

一般人都知道翡翠是绿色的。至于其他颜色的翡翠，许多非专业的收藏者就很难判定是翠、是玉，还是其他什么材料。

其实，翡翠除了绿色以外，还有很多种颜色，最为常见的有紫罗兰色，藕粉色，黑色、白色、红色、蓝色等，我们逐一介绍它们的特点。

1. 紫罗兰色

紫罗兰也称"紫翠"，是一种深色的粉翠。一般紫翠的地子多见纯净，分透明与半透明两种。透明度好的为佳品，半透明的等而下之。紫罗兰色在翡翠中是较为少见的，数量不是很多。单一的紫罗兰色还是能见到的，比如翠手镯，有一段色为紫罗兰色，而再与翠的绿色、翡的黄、红色同时在一件材料上出现，就很难见到了。这种多种颜色的组合表现在饰物上，都是有一部分为紫色、一部分为绿色，加上透明的地子色，清代常把这三种颜色在一起的饰物誉之为"福、禄、寿"。这三种颜色并不是平均分配的，很有可能绿色或紫色所占的比例很小，只有一点点，但就这一点点其价值也是非常贵的，这是因为三色在一起的翠料雕件极少，现在市场上所能见到的三色翠，基本上都是经人工激光打进去的紫罗兰色的非"A货"材质。鉴定真假的重要一点，就是要看颜色与颜色之间有没有渐淡的过渡色。天然翡翠的颜色都不是呈均匀状地分布在材料上的。譬如翠手镯上可能会有一小段的绿、很少的翠红色，绝大部分是藕荷色的地子，过渡色可能是地子色，也可能是翠的其他绿色，也有可能是一段有杂质的翠。而现在的三色翠镯，是三种颜色平均分布在手镯上的，没有过渡色。这种翠虽然好看，而且售价不高，但是不宜购买佩戴，更没有收藏价值。需要注意的是，紫罗兰与绿色一样，都是翡翠材料上的一种颜色，与藕粉地色不能混淆。

2. 藕粉色

藕粉色是一种较为娇艳、浅淡的颜色。这种颜色大多以翠地子的身份出现，质地干净、色泽均匀，呈透明或半透明状，在市场上可以经常见到。在入藏时有一点要注意，天然藕粉色是非常浅淡的，而人为染色多浓艳漂亮，两者的交易价格有很大的差距。即使是一种单一的藕粉色，其价格也是很高的，而染色藕粉色的价格很低。在挑选佩戴时，除了要谨记前面讲的有关鉴定知识外，还要从已成交品的价位上来判断。

3. 墨翠

翡翠讲究的就是要有绿色，诸绿之中尤以艳绿色称为翠中的上品。与绿色共同生存的还有一种墨翠，在各种翠色里可以说是最差的一种颜色。墨翠的质地缺乏必要的透明程度，没有灵润的水头，从表面看是黑色，如果在强光的照射下，能看到的是墨绿色。这种翠的雕工是很讲究的，很适合于透雕，以增加质地的透明度，因为色不好，所以这种翠件的价位高低主要看雕工。虽然墨翠不如绿翠讲究，但是墨翠的保真程度较高，到现在还没有见到仿品。

4. 白翠

清 翡翠观音像

白色翠主要是指翠地子为不透明或半透明状，具有这样地子色的翡翠大多无绿色，如果带点绿的话，那一定是很鲜艳的。做工大多为巧雕法，把艳绿色雕在饰物的迎面处，以增饰物的经济价值。多被视为地子色的白翠质地不透明，也没有水头，多称为"瓷地"，像瓷器一样不透明，但很晶莹。

5.红翡

红翡体中的红色深浅不一，一般只有与绿色在一起，大多用巧雕法，利用它们的颜色来突出其题材，增加了饰件的华贵之感。如果再加上漂亮的藕粉地子，就形成了"三多"的说法，即"福多、子多、寿多"，或是"桃园三结义"。需要知道的一点是，最常见的红翡是作为皮色出现在翠料上的，而我们现在所见到的翠上带有翡或翡皮子，那大多都是烧上去的，而不是天然形成的，主要的辨别特征就是人工烧制的不透明，而真正的翡皮子具有较高的透明度。

6.黄翡

黄翡与红翡构成两种翡颜色的系列分支，由深浅不一的黄色组成。淡黄色较为多见，作为皮色出现在翠料上。由于颜色较淡，多呈现出透明或半透明性状。加工中也同样用巧雕的手法，把表皮雕刻成图案，露出地子，使两种颜色互相衬托，整个饰物华丽而不失典雅。需要注意的是，红翡也好、黄翡也好，与紫罗兰一样，所指的都是翡翠质地之外的颜色构成，而不是地子色，与翠的藕粉地子色有着本质的区别，颜色比藕粉地要深一些。这两者比较容易混。

7.其他

除了上面常见的6种颜色外，翡翠还有灰色、灰白色等一些不常见的颜色，这里就不再细说了。

不管翡翠的既成颜色有多少，翠以绿色为上品的规律是永恒的。即使一件饰物上同时存在极少见的三色翠，它们从经济价值来说都不如满绿翠价值高。而赝品、人工动手的"B货"、"C货"无不是围绕着翠绿色彩的鲜艳大费周折，所以无论是鉴定翡翠还是购买翡翠，在对地子进行规范选择的前提下，一定要多围绕绿色进行缜密的观察，譬如颜色的周围是否有过渡色、颜色的纯正度以及地子杂质的存在情况等。

〖第三节 翡翠的雕制工艺〗

一、翡翠的雕工

收藏翡翠都讲究对质地、颜色的要求，对于雕刻工艺而言，在造型设计的参与下，雕制工艺与雕制结果直接作用于造型的美观，从而构成了仅次于材质标准的另一项重要的选择条件。一件品质上佳的翡翠原材料，一定都配有精微入化的雕工，这是首饰行内恒定的因果关系。当然，也不能据此逆推为雕工好，材质一定好。

翡翠的雕工可以分为旧雕工与新雕工两种。旧雕工指的是清代的工艺。在清代，有大量的翡翠原材料进入宫廷御用与市井贸易之中。此时的雕工风格与清代玉器是一致的，讲究刀法纤细、设计繁复，尤其是到了清代晚期，以更加复杂的纹饰设计与雕工作为商品翡翠饰件的主要卖点，纹饰多设计成吉祥图案，追求漂亮的口彩。尤其是质地好的翠牌子，除吉祥题材以外，多雕成一面人物、一面诗句的一统形式。清代翡翠图案的雕工设计多为平地起花，与玉器制作中的铲地阳起技法相同，即把主题轮廓画在雕刻物上，再把题材以外的地子铲掉磨平，以达到突出主题纹饰的目的。这种雕工讲究所铲除的地子一定要平整，经过抛光后，地面上没有波浪纹、没有刻刀留下的痕迹；而凸起的花纹边角一定要圆滑，不能有挡手的地方；饰物的边沿部分大都用阴刻线条雕刻，整体饰物阴、阳线条交错，显得雕法热闹而又复杂。这种形式的雕刻在硬度很高的翡翠上实施，操作上的难度很大，可以充分地显示出雕制设计的工艺水平。

在清代初期，翡翠多为宫廷所有，对翡翠选材非常严格，要求翡翠的绿色纯正而艳丽，与祖母绿的成色相当，材料的厚度要以能雕刻的牌子为标准，常见施用的雕琢技法有平地起花、半浮雕、镂空雕等。平地起花的地面铲得非常平整，这是后世雕工所不能及的；半浮雕多采用斜刀法，刀工表现出柔和而纤细的特征，这种手法多表现在人物的脸部、鼻部，而眼、眉、口等部位都是用较细的阴刻线来完成，这种雕刻主要通过平面的阴线衬出斜刀的鼻翼的立体感，时代特征非常明显。还有一种仿商、周时期青铜器花纹的设计，主要是乾隆时期的雕工特征，所采用的是凸雕加双阴刻线的表现形式，纹饰常见有回纹、螭虎纹等，多雕刻在大型的工艺品上。清代晚期这种雕工较为少见，多改雕繁复的吉祥图案，斜刀法往往表现得比乾隆工要粗糙，缺少那种柔和的线条弹性，平地起花、半浮雕的手法已很少看到。

　　镂空的雕刻手法反映在工艺上的主要作用就是可除去翡翠质地中的一些瑕疵，把优质翡翠留下。镂空的雕法讲究刀工要柔和、干净而不留毛碴，以表现出翡翠最佳的效果。清代早期的大件翡翠作品，多采用镂空的雕刻手法，因为体积较大的翡翠料很少有优质的，往往有带绿与不带绿，透明、半透明与不透明相混杂，这些只能通过工匠的镂空手段，把不透明的部分去除掉，经过精心设计留下优质的翡翠，雕刻成精美的摆件工艺品。乾隆时期翡翠的雕制就多见采用这种手法，最著名的饰件有清中期的翡翠龙纹带扣、翡翠龙钩，均采用的是透雕技法。带扣上的龙纹透雕后，整条龙盘卧在带板上，栩栩如生。翡翠龙钩是由龙头回头形成了钩状，钩的背面横卧一条透雕的螭虎，不但增加了立体感的效果，同时也形成了鲜明的时代特征。还有一种雕刻技法，就是利用在同一块石材上的两种以上颜色进行巧雕，如果翡和翠在同一个界面上，就为巧雕提供了塑造两种以上造型的可能，譬如清代慈禧时期的翡翠白菜，代表了晚清时期巧雕艺术的最高成就，白菜叶子的颜色是翠绿色，菜帮是浅雅的藕粉色，而根部又是黄翡，三种颜色构成了白菜的三个部位，天造地设。而翡翠本身通体透明度非常高，算得上佳料配佳工的典范作品。翠绿、红翡、紫罗兰三色同时出现在一件作品上极其罕见，现在偶尔可见的是手镯，藕粉色多作为地子出现在饰物上。当然如果三种翠色同时出现在一块材料中，那么原石的价格就会很高，如果再巧雕成为饰物，就会出现天价的交易。在同一块料上出现两种颜色，绿翠往往和黄翡巧雕在一起的作品比较常见。有一件翡翠葫芦丝就是利用了黄翡、绿翠两种颜色巧雕刻成的，葫芦的黄翡色是主色，在葫芦身上有一小块绿，工匠利用这一小块绿巧雕成了一只金蟾，将翠绿与黄色巧妙地搭配在一起，组成了一件绝妙的翡翠艺术品。有时很普通的翠料，经过精心设计的巧妙雕刻，立使作品的价值倍增。

　　清代优秀的翠玉工匠多在皇宫里设计琢刻御用翡翠，这些人的技术多是世传，有着渊远的传承因素，通过对清代翡翠雕件的观察欣赏，可见他们的手艺之好，远为一般工匠所不能及。晚清民国以来，一般质量标准的翡翠大量参与市场的交易与竞争，好翠料日渐稀少，一般水平的商品翡翠饰品成为更多寻常百姓的装饰用品，在这种市场供应量突然膨胀的情况下，雕制翡翠的工匠越来越多，而且工艺水平普遍下降。这一时期的样式设计与雕琢方法基本上仿清中期的宫廷翠雕工雕件，只是雕工远比宫廷作

翡
翠

479

现代　翡翠艳绿灵芝纹牌子（正面）

现代　翡翠艳绿灵芝纹牌子（背面）

粗糙。于是出现了样式是清中期的，而所投入的工料成本则是市场化的，市场交易的价格也很便宜，这就是民国时期翡翠制品的时代特征，反映在交易价格上，就是大多数百姓都能佩戴的商品翡翠。

翡翠也分御用品和商品两种，就像清代瓷器中的官窑和民窑一样。御用翡翠雕工精细，选材好，价格也很高；商品翡翠雕工稍粗，选材也不是很好，交易价格相对要低得多。现在古玩市场所交易的清代翡翠饰品，绝大多数都是后者，这路翠件的品位与收藏水平都不高，仅具有一般的佩戴价值。流传到今天，价位也不会很高。当然，其中不乏料好、工细的翠件，是收藏者高价入藏的猎取对象。

现在市场上所销售的翡翠大多为现代雕工，极少有旧的翡翠饰品，即使在文物公司所能见到的一些旧翡翠，大多数的年份也在晚清与民国时段。在现代的雕工中，有些雕件的吉祥图案在纹饰、图案上倾力仿制清代，刀工也追清中期阴刻线条的那种纤细、柔和的味道，这种仿清代做工到位的翡翠饰品，称之为高仿，交易价格相对较高，但绝大多数的翡翠件新料新工，明显具有现代的设计情结，符合当今时代大众的审美需要。

现代普通新翡翠的设计对材料的要求不是很严格，但是作为高档翡翠制品，同样要设计施工在老坑水籽料上，在材料的选择上，高档次的雕件很少含糊，尽管经过几百年的开采，优质的翡翠料越来越少，在价格杠杆的作用下，好料仍然可以见到。就现代雕工水平上的好翡翠而言，至少要具备以下几个条件：

1. 质地好。表现在翠质上的瑕疵越少越好，种分越透越好。

2. 绿色要硬。浓艳的绿色我们称之为"硬绿"。

3. 图案一定要有喻意。

4. 雕工不管是仿清代风格还是具有现代的美学特征，都要以精细为制作上的第一要义。

这四点加在一起，构成了一件没有缺憾的高档翡翠作品。我们在前面曾反复强调过，凡是上好的翠料，就一定会配有好的雕工。而现在真正好的雕工多仿清代，或雕制现代高档翠件，以赚取更大的经济利益，从而使得中档及其以下的普通翠件很少出自名家之手，所呈现的局面正如同《圣经·马太福音》所预示的那样，材质越好，上帝越把最好的雕刻技术附加给它，所以才会有古代绝佳翡翠作品传流在今天。现在，即使到缅甸购入原料，好的翠料也很少能买到，绝大多数是普通翠料，然后到广东等地再

加工。广东加工的翡翠特点是图案比较现代，件件都有寓意，雕工还算精细，花坠多为透雕，花、叶多用阴刻线条来表示，比较纤细，符合当前时尚的需要。河南也加工翡翠，但雕工在精细方面不及广东，雕刻粗糙，很多饰品只表现了形而精神不似。花坠的刀工也时见用斜刀法，但收刀处往往不够圆润，常常带有毛碴，在刀工与图案的设计上，大多仿广东等地雕刻。在现在所见到的河南翠中，雕工精细的很少，相应的高档翠料也很少，加工翠手镯的直观特征是脊背处打磨不平，留有较明显的刀痕。而大件的翡翠工艺品摆件雕工更粗，因为用的廉价的次等翠料，所以雕刻也是多采用透雕法，雕工繁复，往往以表面加工的热闹，来掩饰翠质的低劣。雕刻成件后往往都上油或打蜡，为的是掩盖刀工的粗糙。总之，有些河南的雕工比较粗，翠的质量较低，所以销售的价格也很低，但是这种低价格的翠制品同样受到相应阶层消费人群的欢迎，同样成为商品翡翠在市场交易的主流。

每个地方都有各自雕制的地方特点，只有熟悉地掌握了雕工出自于什么地方，才能对翡翠的收藏价值及交易价格有所了解。譬如具有河南工特点的一种新翠，绿色深而透明，应该属于新种翡翠，经仪器鉴定确属于 A 货，这种翡翠的硬度不高，达不到缅甸翡翠的硬度，销售价格也远逊于缅甸翡翠。这种翡翠，笔者的建议是只可佩戴，不宜收藏。

我们知道，一块翡翠石材必须要有一定的硬度，才能施展最好的雕工。质地绵软的翡翠容易吃刀，雕出来的线条粗软，没有刚性，常常伴有断刀的现象发生。譬如我们现在市场上见到新工新翠种料雕刻的饰物，有挂件、观音、佛、手镯、摆件、手把件等，雕刻粗糙，观音、佛的开脸很多都不正，施刀时断时续；手镯圈口的边缘处常留有雕刻后的痕迹。这些现象一方面属于刀工的生疏、不娴熟所致，另一方面则与翠料的质地绵软有直接的关系。而广东加工的缅甸翡翠就没有这种现象。缅甸翡翠的硬度高，所雕刻观音、佛的开脸都面显慈祥，轮廓清晰于细微处能传达出造型精神，同时采用斜刀法施刀，刀法娴熟规范，雕刻的翠牌子多为平地起花，地子铲得很平，没有凹凸不平的感觉，翠手镯的泥鳅背打磨的非常光滑，口部没有毛碴，戴着感觉很舒服，在雕制风格上力追清代作工。

现代新工翡翠南方的巧雕工艺非常好，能巧妙地利用翡色和翠色结合起来雕刻，比如翡翠龙凤花坠，用绿色雕刻成龙，用黄翡雕刻成了凤，巧妙的设计、雕刻，使这块翡翠料的艺术价值与收藏价值得到了极大的提升。还有利用翠的紫罗兰色，或藕粉地子来进行巧雕，紫罗兰的颜色浓艳，适合雕刻花卉；藕粉色浅淡，则常常用来做地子。总之，只要翡翠在同一块料上具有两种以上的颜色，都可以实施巧雕。这种翡翠往往比单色翠的价值要高，所以在单色翠料中，只要颜色能分出明显的深浅反差，一般都会制成巧雕作品。

翡翠的雕制，由于设计理念的不同、市场审美需求的不同，以及雕制工具、工艺的不同，清代与现代出现了很多的不同时代特征，稍有鉴定翡翠阅历的人，基本上都能通过对器形与刀法的观察，对雕工的新旧有一个起码的判断。即以翠手镯为例，旧的翠手镯形状多为藤条形、圆棍形，清代早、中期只有一种藤条式雕刻形式，素而无花，但加工打磨得非常光滑，看不出刀痕，戴着也很舒服，尤其是手镯的里口，一点毛碴的痕迹都没有。清代晚期开始出现了扁口形镯，即形状为口里是扁平的，口外为泥鳅背状，这种形状的手镯一直延续到了今天，当今市场上绝大多数的翠手镯都是这种扁口形手镯，由此可以知道，扁口镯出现的上限时间是在清末。另一种饰物就是翠牌子，清代翠牌子的雕法是正面人物或图案，背面诗词，而现代翠牌子的雕工设计，除了一面图一面字外，更多的是将图案与字设计在一面，使人感觉主题比较乱，所以觉得翠牌子还是仿旧的雕刻看着舒服些。不过，仿旧的雕饰往往过于繁复，容易出现雕制工艺上的瑕疵。

清代巧雕的做法多为翠料上有两种颜色以上的才用来巧雕，而现代巧雕，不单纯是在两种颜色以上雕刻，还可利用颜色的深浅来进行巧雕。如一块黄翡饰物，就是黄颜色有深有浅，工匠利用了这一条件，深黄色部位凸雕成一条龙，浅黄色做地子，这种巧妙的雕法突出了黄色的浓艳，所雕的这条龙也更加神灵活现，加上精工细琢，大大增加了这块黄翡料的价值。

翡翠项链的新、旧做法也有所不同。清代晚期多用上等翡翠磨成圆珠，穿成项链，每个珠子挑出来都可以成为一件独立品，属老种翡翠，而项链的形状为宝塔形，即圆珠从中间开始，中间的翠珠最大，往两边的翠珠直径越来越小，这样把直径大而质地好、浓艳硬绿的翠珠佩戴在胸前，显示出翠项链的价值。而新的翡翠项链则不然，是由把翡翠磨成大小均一的珠子串成，用料也和清代的有所不同，多不用上等翡翠，而是新种翡翠，绿色较为浅淡，但较均匀，地子多是半透明状，看上去也很漂亮，但价值却远不及清代项链，也有少数翠项链穿成塔式，从用料上看翡翠不够优质，新种翠，大多为新做工。

二、翡翠的抛光技法

无论是新的翡翠还是旧的翡翠，雕工完成以后的最后一道工序就是抛

光。抛光的好坏直接影响饰品本身的价值。清代的玉器与翡翠都是非常讲究抛光技术的，尤其是宫廷里的玉器、翡翠加工雕刻完成以后，抛光的质量标准是很严格的，同时，抛光的工艺流程甚至比设计雕琢更复杂。清代和阗玉的抛光技术标准是呈现出一种蜡样的光泽，不要求表面光亮。而翡翠是用细的皮带轮打磨实施抛光的，这

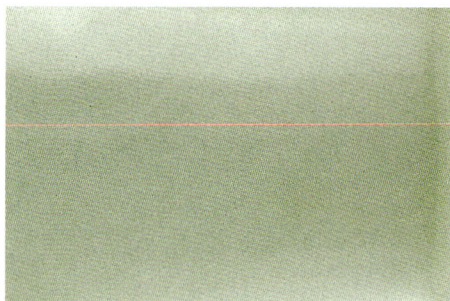

清代白玉的打磨效果

现代翡翠的打磨效果

种工艺执行的标准就是展示出柔和的玻璃光泽，这是对不同质地的饰件指定的不同标准。如果是圆戒面的抛光，要注意半圆弧度的整体光感，不能只有顶部光泽；平面饰物的抛光，要注意地子一定铲平磨平的程度，抛光后的地子不能有波浪纹，这是最关键的。地子铲不平的最后直观结果是会出现大量的波浪纹，翠牌子最容易出这种问题。而地子铲平了，抛光不好，虽没有波浪纹，但是玻璃光泽出不来。清代的翠鼻烟壶，有的带有刻工，有的则光素无纹，在抛光技法上会有所不同：在刻有花纹的烟壶上，抛光是全方位的，首先要把所刻花纹的边角部位打磨光滑，才可抛光，完成了雕刻的凸起花纹后，还要深入到底部把地子也要抛出亮光，这样整体的抛光效果才会出来，对于抛光到位的一件作品来说，花纹与地子的光泽呈现应该是一样的。而素面翠烟壶，则要求素身打磨平整，不能留有刀痕或毛碴，尤其是烟壶的口部和底部，然后再行抛光。

　　清代的镂空饰件抛光是一项难度很高的工艺，首先雕刻好后要把镂空花纹里的残碴清理干净，然后把雕刻时留下的刀痕，尤其是毛碴要打磨光滑，最后再全方位的抛光，而重点是要把工具探到镂空花纹的里边，由里到外都抛出光泽来才是一件完整的作品，如果单纯抛光花纹表面部位，而不抛透雕花纹的里边，同样会使人感到抛光技术的粗糙。

　　清代翡翠人物的抛光的技术水平主要在于脸部，也就是常说的开脸好不好，譬如翠观音、翠佛等，开脸是极其重要的雕制技术，同时开脸的难度极大，因为面积太小，很难将凹凸完全施工到位。一旦凹处不能到位，就会形成凸起处与凹陷处的

光感不同，从而造成人物观感上的变形。因此说，一件好的翡翠人物挂件，面部抛光是真正检验制作水平的关键处，譬如脸部用斜刀法雕制，如果斜刀的刀口处抛光与正面的抛光不能达到同一种光感水平，那么人物的脸部就一定会出现阴阳脸，这是雕工所不能解决的问题。清代上好翠料的雕件绝对不会出现阴阳脸的笑话。

现代 翡翠弥勒佛及局部

现代的翡翠制作与清代相比，更加注意抛光技术的实施与工艺性的提高。在清代，翠料基本上都是同一种性质，现在所见传器的抛光技术实施也基本上相近似。对于不同的翠料，存在着不同的抛光方法：山料翡翠的表皮没有被风化过，主要是原产地新开采的原石料，呈半透明状。对以这种原料加工而成的制品，主要观察抛光时所用的力度，力度小了很难抛出亮光；籽料则不然，它多产于河床，经过数十万年的风化与河水的冲刷、翻滚搬动，而形成的卵石状翡翠原料。这种料的硬度高，透明度极好，即使不抛光，也有自己内敛的光泽，稍经打磨光泽就已经很好。经过雕刻成形后，主要是把雕刻时的毛碴打磨光滑，很简单的抛光就能出现强烈的光泽。现代翡翠的抛光主要讲究雕件所呈现出的亮度，尤其是一些地方上的新翠种譬如河南翠，以较为艳丽的苹果绿色为佳品，它们的硬度较高，能出玻璃光泽。河南翠多雕刻挂件、手镯、观音、佛像等。近几年河南还出了一种新种翠，其硬度不是很高，绿色较深，呈透明状。在工艺上，河南翠只要在雕琢成型后抛光时打磨平整、光滑就可以完成制作工序了，不需要太着力于抛光；而后者则不然，由于其硬度不是很高，虽为透明体，也要用铊机打磨上亮后，才能显示出其本身的透明程度。过若干年后，玻璃光泽就会褪掉。笔者见过一件河南翠挂件，做工为透雕，刀工不是很圆滑，留有毛碴。这就需要借助打磨来弥补，打磨的过程也就是抛光的过程，一般新的翠玉件要求抛光很亮，而这件河南翠挂件只注意到了表面的打磨，忽视了透雕凹处的打磨，所以翠件拿出来明显地暴露出凹孔中存留的毛碴亮光。笔者平时经常注意观察到很多的新翠、地方翠制品，多具有这种工艺制作上的遗憾。在真正质量较好的缅甸翠雕件中，就很少发现这种现象，所以很多地方翠雕件如手镯、挂件等，销售价格很低。如果提高制作质量，从资源的角度上看，这些地方翠件还是有一定的市场空间的，毕竟缅甸翠的资源成本、运输成本都远远超过了地方翠。而普通佩戴者与收藏者对翠质的重视程度完全不同，如果在这一点上形成一个分水岭：收藏者一定要注意高投资，买真正上等翠雕件；而一般佩戴者则尽可用买一件缅甸翠的钱，买十件地方翠饰件，常戴常新。我以为这是最为理想的市场格局。

不幸的是，现在市场上交易、流通的翡翠雕件有很多赝品，在"B货"、"C货"之外，还有人工合成的所谓翡翠。这些翡翠的质地干净漂亮，有些竟可以乱真，蒙蔽似懂非懂的收藏者。这种赝品的纹饰雕工有人工雕制，也有用电脑刻的。雕工虽然一般，但是上光的感觉却都很好，看上去大都能够呈现出玻璃光泽，只是这种光泽所保持的时间不会很长。

【第四节 翡翠的雕工图案】

翡翠的纹饰雕琢设计发展到了清代中期，与玉器同步在制作上产生了一个质的飞跃，同时造就了具有传承意义上的示范工艺标准与实施这种标准的工匠。他们的作品不但设计造型具有极其鲜明的时代特征，而且雕刻精细，在硬度超过软玉的翡翠上，同样塑造出广为社会喜闻乐见的传世作品。从传世的清代翡翠造型纹饰上看，几乎每件雕刻作品都有它所固有的寓意。有的题材可用谐音借意来表达人们心里对未来幸福的向往，希望自己的生活会越来越好。这些愿望都表现在了设计雕制翡翠的主题之中。

如果单纯就翡翠雕制主题的设计而言，清代和现代所表现的图案、题材在很大程度上具有相关的相似性，大多为吉祥、喜庆、美好的寓意。在具体的表达上，各个不同的时代又有着隶属于本时代的特征。清代很多具有时代特性的图案是在接纳了前朝的翡翠设计精华的基础上迅速形成的，而现代翡翠的图案设计雕制又分为仿古图案和现代图案，传承发展关系明确，在一定程度上反映了市场对翡翠造型设计上的需要区隔规模，只有在对清代及其以后的翡翠造型有了一种鉴定意义上的清算，才能通过对器形的审视来判断投资行为的合理性。

、翡翠的常见图案

在清代，雕玉、雕翠高手基本上集中在皇宫御用，尤其是清代早、中期的翡翠作品，所见精品的图案大多与宫廷御用有关。最为流行的图案有下面这样几种：

1. 龙凤呈祥

图案是在一块翠牌中雕有一龙一凤，后来发展成雕制出一龙一凤图案的对牌。传说有龙出现的地方，就一定有凤相随，龙凤同时出现会使天下太平、五谷丰登。龙凤是人们心中作为一种理念上象征吉祥出现的祥兽瑞鸟，同时，又是古代皇权的象征，围绕这一主题的设计，是御用器的纹饰特征之一，与寻常百姓对美的诉求有着俨然的区隔。所以，在

帝王专政的时代，龙凤图案的设计与使用附着于皇权之上，与玉器、瓷器官窑有着同样的适用范围。

2. 二龙戏珠

图案为两条云龙嘴对嘴含一火珠。传说中二龙所含的珠是一颗宝珠，可避水火之灾。清代晚期的翠牌或翠花坠的上端多用二龙戏珠作为饰物上的边框。火珠的中间往往有穿孔，以拴绳之用。这种雕刻图案最为常见。

3. 平安牌

按照字音，即把翠或玉料打磨平整，表面不加任何雕饰，所以也称"无饰牌"，"无饰"与"无事"相谐音，所以又寓有平安无事的意思。平安牌的用料标准在各种器形雕件中的质量要求是最高的，因为不加任何雕制手段，所以料的表面不能有一点瑕疵，同时，由于平面展示面积大，对于打磨工艺的要求极高，牌子表面不能有丝毫的波浪纹。平安牌的用料一般为籽料，质地干净，具有相当的质量标准，而翠绿颜色的分布必须均匀，才能显示出翠饰件的档次。长方形的翠料上端常雕有二龙戏珠图案，或是卧姿瑞兽。下面的无饰平面代表平安。这种平安牌子多由出远门的人佩戴，有的是自己购买，有的是他人相送。将要出远门的游子，有人送一块平安牌佩戴，可以说是最好的礼物了。还有一种平安牌，雕刻图案是在翠牌的平面上刻有麦穗，喻意为岁岁平安，多是长辈送给晚辈的最好礼物，表示祝福平安。也有把翠料琢制成瓶形，其表面也是平的，均为平安之意。

4. 子辰佩

子辰佩上所雕的图案以一条盘着的龙为主题图案，龙身肥大，龙头昂而向上，几乎占了饰物的全部。只在龙的上部雕有一只老鼠，仅占很小的位置。按生肖之说，辰为龙，子为鼠；龙为天子皇帝，子是龙颜皇帝的子民，所以在图案中占有很小的位置，表示子民要永远效忠于皇帝、臣服于皇帝。现在所见到的精品子辰佩一般都是清代皇宫中的御用品，雕刻手法也多为透雕，龙的立体感极强，活灵活现，而小老鼠极为温顺地依附于龙的旁边。直到清代晚期，这种图案才广泛流传于民间，寄予了百姓望子成龙、出人头地的期望。清晚期至民国时段的子辰佩雕工已经远不能与清中期相比，用翠也属于常见的普通等级材料。

5. 福从天降

图案雕出一个小孩手向上举，呈伸手状，而在手的上方雕有一飞舞的蝙蝠，就要落在小孩的手中，"蝠"与"福"同音，意为福从天上降下来了，人们一定要用手去接住。其寓意就是企盼着幸福来临，而佩戴此翠一定会有好运自天而降，也可以称之为"福从天降"或"福自天来"。翠料一般，但雕工很精致。

清 "福自天来" 翡翠牌拓片（正面）　清 "福自天来" 翡翠牌拓片（背面）

6. 英雄佩

图案为下半部雕有一只熊，上半部的天空中雕有一只飞翔的苍鹰向下俯冲，与熊做争斗状。"鹰"与"英"谐音，"熊"与"雄"谐音，取"英雄"之意。此图案是力量的象征，因为两只猛兽相斗，最后终归是勇者胜，以此来比喻英勇无敌的英雄。鹰熊佩常送给即将出征的勇士，以期望他们能像英雄一样勇敢地去战斗，同时也会送给凯旋而归的勇士，以表彰他们作战勇敢。后来民间又把这种图案的佩饰给自己的小孩佩戴，尤其是男孩，希望他们长大以后能像英雄一样无所畏惧。

7. 事事如意

纹饰为一个柿子和一支如意。"柿"与"事"谐音，加上如意，取事事如意、万事如意的祝愿企盼。柿柿如意佩饰大多为浅刻刀法，刀工纤细，预示着你想要做的事情都会称心如意，是一种较为常见的吉祥纹饰，可作为礼品互相馈赠。另有一种与之极为相似的纹饰，就是图案中有几个柿子，而不是单一的，还有桃子。桃子的形状似心的形状，寓意为心想事成。几个柿子叫做"诸事"，与心状桃子、如意合在一起，表示"事事如心"、"诸事遂心"的意思，期望着未来的事业都能遂心所愿，非常适宜作为礼品，清代以来非常流行。

8. 长命百岁

以长命百岁为寓意纹饰的佩饰多雕刻成锁形，一面字，另一面的图案上雕有一只雄鸡长鸣，鸡的旁边是若干的稻穗。雄鸡的长鸣与"长命"谐

翡翠
489

音，稻穗又示以"百岁"，合起来为"长命百岁"。清代晚期的小孩，脖子上常挂一这种图案的翠锁片，称之为"长命锁"，也是小孩健康长命而免于灾病的一种护身符，多为家里祖辈相传留下来的。如果在长鸣的雄鸡旁边再雕有牡丹花，那是另一种讲究：牡丹花在我国的习俗中被称之为百花之王，雍容华贵，象征着"大福大贵"，有"富贵花"之称，与长鸣的雄鸡合称"长命富贵"。这种寓有长命的佩饰从清代一直延续到了今天，尽管构图有所不同，所含有的祝愿期盼意义是一致的。雄鸡与牡丹、稻穗在一起，是大人们对子孙后代健康长寿、大福大贵的一种希望。这种希望代代相传，一直到了今天。这两种图案在清代是非常流行的，无论是哪种图案，都是长辈送给晚辈的礼物。

9. 年年有余

纹饰中雕有两条鲶鱼，"鲶"与"年"同音，而"鱼"又与"余"同音，表示渴望过一种年年都有节余的富裕生活。又因为两条鲶鱼的首尾相连，又被称之为"连年有余"。另一种寓意相同的纹饰是：雕有一童子手持莲花怀抱鱼，"莲"与"连"同音，也是连年有余的意思；如果雕有一个磬和一条鱼，"磬"与"庆"是同音，寓意为"吉庆有余"；还有一种纹饰是一妇人手中提鱼，因为"妇"与"富"同音，又可称之为"富富有余"。这些纹饰的雕工多在翡翠的平面上浅刻，刀工较细，翠材料较为普通。

清末 翡翠吉庆有余坠   清 翡翠吉庆有余坠拓片

10. 太师少师

纹饰雕有一只大狮子和一只小狮子，两只狮子嬉戏，因为"狮"与"师"同音，谐"狮"为"师"，也可说成为"太师少师"。在周朝，以"太师"、"太傅"、"太保"为"三公"，以"少师"、"少傅"、"少保"为"三孤"，是重要的朝臣。太师少师寓意为辈辈仕途通达，为官不绝。这种图案不光在翠牌上有，在玉件中、瓷器的画片中都常有出现，是清代最为常见的图案之一。

11. 一路连科

图案为莲花和一只回首望莲的鹭鸶，"莲"与"连"谐音、"鹭"与"路"谐音，寓意为"一路连科"。一路连科是送给科举时代赶考的举子的，是对他们科举金榜及第的祝福语，祝他们可以顺利完成十年寒窗，一举成名。翠的雕工为平地刻，因为送礼的局限性较强，所以这种图案较少，传世品也少。

12. 福在眼前

图案为一只蝙蝠趴在一枚铜钱上，眼睛盯着钱。因为"蝠"与"福"同音，"钱"与"前"同音，而钱币的孔又称"眼"，所以谐音为"福在眼前"，喻意福气马上就要降临，未来的生活充满着美好的愿景，也可称为"眼前是福"。如果将蝙蝠改成喜鹊，就是"喜在眼前"。总之，是人们追求幸福的一种愿望。是一种较为流行的图案，也是馈赠亲朋好友的最佳礼品。

以上讲了清代较为多见的花纹图案，无论什么图案，所表达的方法基本上都是利用谐音来完成，在寓意上传达了人们对未来生活的追求与憧憬。

现在作为交易收藏品所能见到的，还有一些是具有清代时代特征的典型翠饰品，这些饰品在今天已不再具有实用的价值，纯属于历史的遗迹，但却是很珍贵的收藏品种。下面介绍一下这些清代的典型饰物。

现代的翡翠雕刻，除了有本时代的特征外，还有很多是用旧翠成品改制成的现代饰品，使旧的器物可以利用，图案除了继承清代的以外，还有很多当代流行的图案、题材，我们了解一下最常见的花纹图案及雕刻题材。

1. 五福捧寿

图案为中间有一寿桃或篆书写的寿字，周围有五只蝙蝠，"蝠"与"福"同音，桃代表寿。为什么是五只蝙蝠呢？那是过去人们讲究五福为"一曰寿、二曰富、三曰康宁、四曰攸好德、五曰考终命"，喻意为幸福长寿，希望自己不但要寿命长，还要有福气。如果是一枚寿桃有数只的蝙蝠，可讲成多福多寿，雕有钱币的可称为福寿双全。旧时人们企盼美好的生活，现在的人们同样希望能过上幸福生活，并且有过之而无不及。

清 东红玛瑙太平圈

清中期 籽料白玉太平圈

现代 翡翠太平圈

2. 一路平安

图案为鹭鸶、花瓶、鹌鹑，"鹭"与"路"谐音，"瓶"与"平"谐音，"鹌"与"安"谐音，寓有预祝出门在外的人一路平安的意思。

3. 平安扣

现在最流行戴的是一种由清代的"太平圈"发展而来的"平安扣"，用翠或玉磨成一圆形圈状，中间的孔较小（清代的平安圈中间的孔较大），表面打磨得平整而光滑，拴一红绳就可佩戴，非常简单，又被称之为"平安扣"，也有用黄金或白金在平安扣中间的孔上镶嵌花纹图案的各种样式，非常漂亮，更突出了其时代特征，也说明了人们是非常看重平安的。平安扣也是馈赠友人的佳品，它的价格不是很高，经济而又实惠。

4. 官上加官

图案为一只公鸡的鸡冠上再雕刻鸡冠花，"冠"与"官"谐音，鸡冠花也多是送给当官的人，预祝能够再得到高升，接受的人自然会很高兴。在"三多"（福、禄、寿）中，"禄"也指的是当官运，形象表示是鹿，与蝙蝠、桃或寿星组合，就是福、禄、寿三多，表示未来这三种运气都要有，而且是越多越好。

5. 数钱

图案为一只老鼠或若干只老鼠，将爪子雕刻在一串钱印中，似乎在数钱，也称"老鼠（数）钱"，是送给做生意或开公司的人最好的礼品，接受礼品的人也会非常喜欢这种口彩。

6. 观音

图案为一观音坐在荷花上，手持净水瓶或一枝莲花，面目表情非常的慈祥，手上大多有阴刻线雕的佛光。所雕观音有很浅的，也有高出翠底子的半浮雕，有用非常好的翠料的，大多数是用普通翠料雕制而

现代 五鼠捧钱佩   清 鼠钱佩拓片

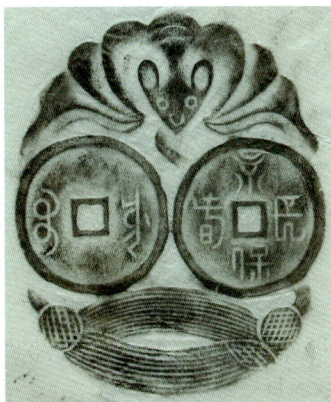

成。它的价值根据翠的材质而定，但有一点是相同的，就是观音的雕工一定要好，尤其是开脸一定要开得好，要雕出观音脸部的慈祥。观音也称"观世音"，人们普遍认为观音不但可以保佑自己，还可以帮助人们解脱烦恼，所以大家都非常喜欢佩戴，也是馈赠的佳品。但是如果观音雕刻的作工粗糙，特别是观音的脸部开得不好，那就很少有人佩戴和收藏，认为观音雕得不慈祥，也就根本起不到保佑的作用。

7. 弥勒佛

图案为一佛像，佛盘腿而坐，嘴张开，呈大笑状，脸应该开得很慈祥。作为挂件，多在翠片上雕刻，而更多的是独立体佛，料厚的，肚子鼓而且大，光头，耳大垂肩，手中大多拿一串佛珠。脸部一定要干净，翠的绿色,最好雕刻在佛的肚子上，因为那是较为突出的部分，绿色会显得更加

现代 弥勒佛   现代 弥勒佛局部

鲜艳,所刻花纹刀工要利落,不能见到毛碴。观音与佛的雕件穿孔一定不能在头上,那是对佛与观音的大不敬,而应该将穿孔放在背光上才算合理。过去南方佩戴者讲究男戴观音女戴佛,后来北方也开始这样佩戴。其实大可不必过于讲究,因为无论是观音还是佛都是一种起保佑的作用希望寄托,男女佩戴什么都不为错。

8.松鹤延年

在翠挂件的图案中常能见到一只仙鹤站立在一棵大松树下,取名"松鹤延年",寓延年益寿或志节清高之意。因为松树在古代人们的心中被认为是"百才之长",松树是一种长寿的象征,还常常作为有志有节的代表和象征,所刻图案很是形象,翠的绿色往往巧雕成松树枝,使之能长青不老,翠也多雕成牌子,一面是图案,一面是字,属较高档的馈赠礼品。

9.喜报三元

图案上有两只喜鹊、三个桂元或三个元宝。这个图案是清代常见的,而现在仍然用此图来寓示前程锦绣。三元是状元、会元、解元,都是古时科举会考的佼佼者,是当时学子们十年寒窗梦寐以求的结果,同时,又是通向仕途的重要通道。而喜鹊则是民俗中的一种吉祥鸟,喜鹊到,好事报,是专门报喜讯的,表示了一种希望和向往。不同图案相同意思的还有"三元及第"、"状元及第"、"连中三元"等。

10.福至心灵

图案为蝙蝠、寿桃与灵芝。"福"与"蝠"同音,为美满幸福之意;桃子历来都带有长寿的寓意而形似心;再配以灵芝的"灵"字,组成"福寿心灵",喻意为福运到来之时,会变得更加长寿而聪明。这种图案古时有,现在更加流行,因为人人都渴望幸福,都希望自己更加聪明。现在还有一种灵芝图案,单雕刻一只灵芝,灵芝

清 福寿牌拓片

的形状极似如意，可称之为"福寿如意"，灵芝也有长生不老之意，所以灵芝也可以是长寿的象征，如意属吉祥题材。

11. 玉堂富贵

图案是以玉兰花、海棠花、牡丹花三种长寿花为喻意。玉兰花同玉，海棠花同"堂"，牡丹花为富贵花，合起来寓意为"玉堂富贵"。也有仅用其中一种花独立成为图案的，都有大富贵之意。雕刻花纹为浅阴刻线，纤细而流畅，大多为牌子，一面花，一面字。字不像玉牌子那样铲地阳雕，而是用阴刻线琢出，基本上都是"玉堂富贵"、"金玉满堂"、"满堂富贵"等四字吉祥语，明显继承延续了清代的花纹图案。也有将这种图案雕刻在翠锁上，送给晚辈的，愿他们一生都能富贵、衣食无忧。还有一种与玉堂富贵相似的图案，就是五个柿子和海棠花在一起，"柿"与"世"、"棠"与"堂"相谐音，喻意为五世同堂，虽然这在当前很难做到，但表示了对家庭和睦、人丁兴旺的一种祝福与寄托，图案也改为三个柿子和一支灵芝在一起，喻为"事事如意"。

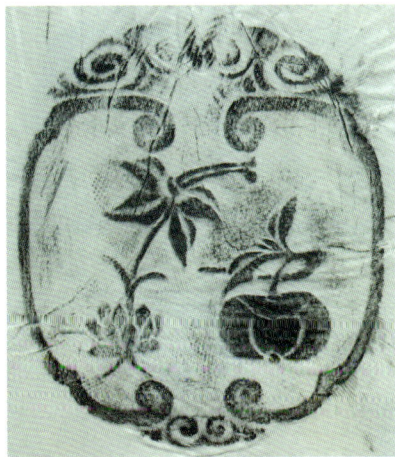

清　玉堂富贵佩拓片

在现代翡翠的雕刻中，有很多继承了清代的造型，喻意也延续了下来，有的是完全仿制清代饰物，有的加进去了一些本时代的特征，还有的饰物造型完全是本时代的风格。不管用哪种方式，都可鉴定出当代的作工。因为即使是形神毕肖地仿制清代，由于施用材质的不同，雕琢的工具与思维观念上的不同，一定会流露出时代的制作烙印。只有一种形式，在

鉴定年代时要加以注意，就是用旧翠件改制的半新工。有的旧翡翠饰件随着朝代的变迁已不再使用了，比如旧的翎管、扳指、鼻烟壶、翠簪子等，它们的料都很好，价值也较高，这就给宝石行里的工匠提供了机会，他们利用这些旧的成品，经过加工改制成了具有时代风格特征的饰件。譬如，旧的高翠扳指，可改成方形或长方形的戒指，料小的可做成手串，用金镶起来，做成方形的可减少翠料的损失；还有，旧的翡翠鼻烟壶，有绿的可做戒指面，无绿的地方可雕刻成翠挂件；好的翡翠翎管可改成戒圈。一件旧翡翠件，经过改制后，往往产生明显的经济效益。

二、翡翠的常见器形

清代翡翠制品使用范围要小于玉器，主要是两个原因所致：一是玉器的使用年代久远，覆盖面积很大，到了清代已经成为一种不可或缺的社会美化的重要资源，从而形成了一种强有力的使用惯势。而翡翠真正进入社会的流通与使用领域的时间比较短暂，只能偏居于装饰一隅，不能进入社会美化资源的主流；二是玉器的资源来源在于国内，翡翠的资源在国外，除了运输不便以外，跨国贸易是阻碍翡翠大面积使用的又一重要的原因。所以，从常见翡翠收藏品的造型上归纳，大概可以总结出下面几种：

1. 翎管

在清代，有一种长形的翡翠管状器，中间有盲孔，管的上部有扁纽，纽的中间有横穿孔，用以系绳。这种器物叫"翎管"。清代皇帝对大臣给予荣誉或奖赏时，常赏赐一种戴在官帽上的花翎，翎管就是连接官帽与花翎的一种翠质连接器。花翎又分两种，即花翎和蓝翎，在花翎中又有单眼、双眼和三眼之分。六品以下的官员给蓝翎，五品以上赏赐单眼花翎，双眼花翎则是地位更高的官员才能得到。三眼花翎为最高等级，是专门赏赐给诸如亲王、郡王、贝勒等皇亲贵胄或立有特殊功勋的人的专门品。直到清中期，花翎都是十分珍贵的器具，这是因为花翎是一种荣誉的象征。后来蓝翎和单眼花翎可以用钱来买，也就不显得珍贵了。不管是什么样的花翎，都需要插在翎管中，才可以佩戴在帽子上。这就有了大批的翎管的出现。翎管材质有翡翠、和阗玉两种，玉质多于翡翠。翠翎管的材质又分两种：一种为上等的翡翠，质地细腻，透明度好；一种是普通的翠料，白色地子上带星星点点的绿，这种翠翎管传世品较多。上等好的翠翎管现在看来只有在拍卖会上才可以得到。还有一种是料仿翠翎管，绿料的颜色极似翡翠，光泽也好，做工也非常规整，非常容易与翡翠相混淆，只是绿料中常常带有细小的气泡，没有翡翠的颗粒结晶体，这些只有用放大镜仔细观察，才可看的清楚。翎管是清代的特殊产物，在现代翎管已不再具有实用意义了，也就不再加工翎管了。真正上等好的翎管多用来玩赏，很少佩戴。我们常看到市场上有一种翠或玉的扁圈，就是用翎管切磨改制而成的。

2. 朝珠

清代官员上朝时在脖子上佩戴的一种必不可少的珠串形装饰。虽然朝珠具有严格的规定，但在制作上仍有很多的讲究。首先，制作材质多种多样，如有翡翠、琥珀、红宝石、蓝宝石、碧玺等，当然虽为宝石，质量有好有差，全套朝珠由很多的部分组成。主体是珠子，共108粒，其中每隔27粒就有一粒直径大的圆珠相隔，这种大珠共4粒，俗称"佛头"；其中有一粒打3个眼，而和三眼连在一起的一个葫芦形连接件叫"佛头嘴"。在佛头嘴旁边有一丝带，系着一个方圆扁形的"背云"，还有用一段丝绳系着的叫"大坠"，三眼佛头和两边的佛头之间，一边系有一串较小的圆珠，一边系着两串小圆珠，这三串小圆珠叫"纪念"，纪念各串10粒小圆珠，共30粒纪念，这30粒圆珠除个头比朝珠小以外，材质也多用不同于朝珠的异种材质。例如有一朝珠串，朝珠是琥珀的，纪念有可能是翡翠的，也有可能是珊瑚的，虽然材质不同，但是不影响其互相搭配。纪念在整个朝珠中一边配有一串，一边配有两串，在佩戴时是有一定讲究的：男人佩戴朝珠的规矩是左边两串纪念，右边一串纪念；女人是左边一串纪念，而右边为两串。在纪念的尽头有一坠形宝石，叫"坠角"。背云多是用金银所镶嵌，坠角总是用金银小帽衔着宝石，小小的金银帽有用花丝盘成，也有用点蓝的，其做工极为精致。还有材质较轻的朝珠，如菩提朝珠、沉香朝珠等。朝珠的称呼主要看身子的材质，珊瑚身子就叫珊瑚朝珠，翠身子就叫翠朝珠，不用佛头等配件来称呼。

3. 表杠

清中期以后，社会上层的人士们有些使用怀表，而怀表的表链上常挂有一种叫"表杠"的小装饰，是怀表的附属装饰品，与现在的手机坠作用相似。有些使用怀表的人对于挂坠很是讲究，常用精美的玉翠作挂坠，其价格远远超过了怀表本身。表杠也是一样，讲究的用上等的好翠制成，长约2厘米～3厘米，细棍形，由于用料较小，整根翠为通绿，玻璃地，有的是整根的，有的是两截的。不管是哪种形式，它们的中间都要镶一金箍把表杠圈起来，金箍中有一个小的金圈，以便挂在表链上，所以根本看不出表杠是整只的还是两截的。如果从价值上看，完整的要高于两截的，比怀表还要贵出几倍，而两截的最为多见，因为用料更小，价值略低一些。佩戴怀表的人有许多为了显示身份，常常是将怀表放在衣服的口袋里，而把表杠露在外边。一般仅从表杠的质地做工上，就能预测到怀表的价值，有的在表杠的下边用活环挂有

1个或2个翡翠小坠，有的小坠雕成图章形，图章虽小，但有一小兽纽，印面上刻有本人的名字，以示怀表的专有归属。总之，怀表的表杠，用的均为优质翡翠，而普通翡翠磨成表杠的极少。由于现代人都戴手表，已不再用怀表了，也就没有表杠了，所见到的表杠多为清代晚期或民国时期的，由于不再具有实用价值了，所以多用来改镶成胸坠，或截断了镶成手坠等，也有人原样保存，什么也不改，作为名副其实的收藏品收藏。

4.鼻烟壶

鼻烟壶个不大，是装鼻烟的容器，明代万历年间由意大利传教士把鼻烟当做礼品带来中国，而装鼻烟的容器即为鼻烟壶。我们现在所看到的鼻烟壶大多为乾隆以后的作品，各种材质的都有，其功能也由原来的盛烟发展到了后来的赏赐品、馈赠品与收藏品了。鼻烟壶的体积虽小，但造型多种多样，每个时期都有其独特的形制特点。鼻烟壶的形制大体都是有一小口，顺口往里挖膛，膛挖得越大越好，胎壁越薄越好。玛瑙烟壶竟然可达到水上漂浮的分量，做工极为精致。烟壶带有小盖，别看盖只有我们的指甲盖大小，但有的在上面雕有螭虎或兽形，好的烟壶配有好盖，有翡翠盖、珊瑚盖以及各种宝石盖，娇小而可爱。在盖上配有象牙、兽骨或木质的小铲，是铲鼻烟用的。底足分平底足与圈形足两种。材质有翡翠、玛瑙、玉、铜胎画珐琅、竹木牙角雕、料、瓷等。翡翠质烟壶所占数量比例不是很大，清中期的翡翠鼻烟壶用好翠制作，上好的翡翠质鼻烟壶大多没有雕工，光素的壶身打磨得非常平整，壶盖也多用翡翠、珊瑚或宝石制作。为了不伤翠料，翡翠质的鼻烟壶膛掏得都不是很大，此时的鼻烟壶已明显消弱了其实用性，鉴赏与收藏的意义则大大加强，烟壶的收藏价值已经超过了其使用价值，并且成了财富的象征。清代晚期民间也开始了大量的鼻烟壶的使用，这时期的翠烟壶材质使用

清 翡翠鼻烟壶

很一般化,翠的身上经常带有很多的绺,杂质多而绿色浅淡,大多翠烟壶都带有雕工。

5. 帽正

帽正是清代独有的翠品种,帽正为素圆形,大小与烟壶盖相当,只是烟壶盖是直上直下,而帽正是上面比较大,下面比较小,底面有很小的象鼻横眼,用以缝缀在帽子前面正中间。在清代戴帽子时,帽子的某一部分应该对准鼻尖以示端庄,所以将翡翠质地的饰品缝坠在相应的位置上,作为位置标准,这个翡翠饰品就是"帽正"。帽正虽小,但所用翠料极好,尤其是皇宫里或达官贵人所用的帽正,翠的质地通透,颜色艳丽,磨工规整。由于帽正用料小,大多为浓艳的绿色,其价值也是非常高的。到了清代晚期,普通百姓也流行戴帽正,所以帽正的数量大幅增加,翠的材质也就很一般了,绿色浅淡,有的只有很少的绿色,价格也不是很高。由于好的帽正是素面无饰,有一定的厚度,所以后代往往利用其改制成各种饰品。

清代除了翡翠帽正外,还有翡翠帽花、翡翠帽幅。帽幅是薄片形,与翡翠秋叶极为相似。帽幅的边上有很细小的孔,用以穿针引线,缝在帽子上。材质比较一般,只有极少数用好翡翠雕刻。另有一种人物帽幅,是用翠片或玉片雕刻成寿星状,缝在帽子上。这种帽幅在民国时期改用岫岩玉雕刻成寿星或小孩,缝在帽子上,使帽幅大众化,一直流传到今天仍然随时可见,在过去不是值钱的东西,在今天同样不值什么钱,只有一个历史价值。

6. 戒指

一讲到戒指,我们首先想到的形式是用黄金或白金镶翠、镶宝石的戒指。这种镶嵌戒指的形式在清代晚期才开始。而清早期,由于缅甸翡翠的

清 翡翠马鞍戒指　　　　清 翡翠戒箍

大量运入内地，其中的一部分质好而小的材料做成了翡翠戒指。其形制均为马鞍形。这种形式的翠戒大多不用金子镶嵌。当时的翠料较多，做的马鞍戒指也很多，所以翡翠戒指在当时的价值不是很高。而现代用于市场交易的商品翡翠戒指极少看到天然色的"A货"翡料，大多为烧上去的绿色。翡翠戒指一般分为马鞍形和戒箍形两种。翡翠马鞍戒指在雕制时，将绿色都用在戒指的马鞍形面上，指圈部分大多不带有绿色，极少有满绿的。如果一只翡翠马鞍戒通体为透明的艳绿色，那么，这只戒指的价值是非常昂贵的。不带绿的部分往往是白地、藕粉地，以藕粉地的价格高一些。另一种形式为戒箍，也就是一个圆圈，宽度不是很宽，中间带有凹横，或有较粗的阴刻线，这种戒指在清代需要镶金银托后，才能戴在手指上。戒箍较细，用料也少，所以旧的戒箍用料都是满绿的翡翠，只是绿色有浅淡、浓艳之分。现在我们见到的翠戒箍，新工极少做成这种形状，旧的戒箍大多没有金或银镶的托，那是因为年代久远而脱落了。清代晚期翠戒指也有镶金银托的，银托大多为蒙镶，还有素镶和花镶。花镶为花丝镶嵌，翡翠面用的都比较大，托用的银料也较多，显得戒指的个儿很大。而金镶翠戒面有很多的形状，有方形、圆形、长方形、马眼形、马鞍形。最为常见的是椭圆形，也称之为"腰圆"。镶嵌的样式也很古朴，均为手工镶嵌，带有时代特征。

7. 手镯

手镯的形成是在远古时代。古人把石头磨成环状，开始时是拿在手中当武器防身用，不需要时可戴在手腕上以备不时之需。这个环状器发展到了明代就成为了具

清 翡翠手镯

有纯粹装饰作用的手镯。明代晚期的手镯只有玉质的，还没有发现翡翠料手镯出现。到了清代才开始大批量利用翡翠原料生产手镯。除了翠料外，还有红翡手镯和黄翡手镯。翡的颜色有深有浅。天然翡手镯料的透明度好，颜色自然而纯正，在清代也有烧上去的翡色，其色显得呆板，透明度不高。在当时翡翠较多，再加上烧制的翡料，所以翡料手镯的价值都不是很高。手镯与其他翡翠饰品一样，一定要讲究翠料的绿色。翠手镯所用的料大多是优质的翠料，有满绿的，属极品，在清代尚可一见。更多的则是一段绿，一段地子。地子有白色，有藕粉色，以藕粉地子为最好，有一种三色翡翠最为有名，即在翠条上有一段绿翠，一段红翡或黄翡，再加上藕粉地子，称之为"福、禄、寿"。这也是旧时的商家送给买主的吉祥语，以便货好出手。

清代翡翠手镯的形式有两种，一种为圆藤条式，这种手镯对翡翠的质量要求很高，必须达到绿多而色浓艳的水平，透明度高，在清代是最常见的手镯形式；还有一种形式就是扁条形，扁条的两边刀切得非常整齐，没有坡度，较为少见，翠料好，鲜艳的绿色，洁白的地子，透明度高，价值也高。另有一种也是扁条形，但里边是平的，外边有一斜坡，呈泥鳅背状，一般称这种形式的手镯叫"蒲镯"。蒲镯的翠料都比较一般，料的圆度不够，只能磨成平的，或是翠的绿色颜色较深，光泽不好，磨成扁平形式。扁条薄了往往降低了绿色的深度感觉，使翠的绿色变得鲜艳漂亮起来，还可以减少翠料中的杂质，这种形式的翠手镯在当时是少见的。扁平式手镯一直延续到今天，现代人们也非常讲究戴手镯，尤其是翠玉手镯，扁平式手镯成为了主流形式，一是好的翠料也少见了，再有就是现代人更讲究戴着美观、秀气，于是圆藤条式手镯已很少见了。

清代还有一种紫色翠，由于紫翠颜色较深，透明程度差，而价值较低，紫翠可雕刻成较大的摆件，也可打磨成扁平手镯。雕刻摆件多用透雕。手镯多打磨成扁平条式，无论用什么方法雕刻打磨都是为了减少颜色的深度，没有太高的经济价值，而这种翠紫色较淡，颜色纯正的就是紫罗兰，它的透明度也较高，在当时它的经济价值就很高，现在的紫罗兰色更为少见，价值也就更高了。其他还有用金银镶嵌宝石翠玉的手镯，也有宝石翡翠互相搭配的镶嵌手镯，凡是镶宝石的手镯年代都较晚。

8. 扳指

为一圆筒形，套在大拇指上，最早是古人拉弓射箭之用，材质也为骨

清 翡翠扳指

清 翡翠扳指

质或象牙的，流行到清代，扳指已不再实用，而成为达官贵人的一种手上装饰，材质也由骨质、象牙转变成了翡翠、玉、玛瑙、竹木等。木扳指是专门用沉香木或香木制成，很名贵。不管哪种材质，均以翡翠为最佳。翡翠扳指大多满绿色，质地极好，有露白地子的，为娇艳的绿色，磨工将扳指的里部研磨得非常平整，外部的圆弧打磨规整，扳指的两头，一头平齐，一头为斜坡似唇口。清代扳指的壁有薄厚两种，薄的大多有雕工。雕工有好有差，好的雕工极细，翠的质量也好，别看扳指的料头不大，价格却极高；差的雕工翠料也是比较普通的，翠料上往往都有绺，有绺才雕花，多雕有著名的图案如八骏图、刀马人等，这种普通的扳指是较为多见的，价格也不是很高；胎壁厚的扳指，翠料一般都好，不用雕花，大多为素器。以前的商人买一个清代上好翠的素扳指，往往是用来改活，譬如改成方形翠戒面、雕成小挂件等，因此毁了不少扳指。现代的翡翠料已极少做扳指了，所见到的扳指大多是清代的制品，是清代翡翠收藏的一个品种。

9.十八子

十八子就是由十八粒较大的圆珠组成的串珠。据说十八子为18罗汉的意思，戴在手上可以神仙护体，驱灾避邪。十八子俗称为"手串"、"念珠"、"数珠"。真正的念珠、数珠应为108粒，它们都是佛教僧尼念佛记数的工具，到了普通人的手中就产生了用途上的变化，原有的宗教功能有所减弱，甚至不少人并不清楚它的作用，而把玩佩戴的社会功能得到了极大的加强，是一种没有男女区别的腕饰品。一百零八子最常见的是菩提子，也有伽南香木的，但是很少见。而十八子则较多用的是伽南香木，也有沉香木、珊瑚、碧玺、翡翠、红蓝宝石、琥珀、金珀等材料制成的。十八子珠的直径较大，圆形、长圆形均有，佛头子可以是4个，也可以是2个，与十八子珠的直径一样大。佛头嘴外常挂有一个翠盘肠和两个小翠坠，盘肠的翠片很薄，有2厘米见方，花纹像一根绳子互相缠绕，翠的质量一般，单拿出来没有收藏价值。圆珠有素的，有带雕工的，雕工多为"寿"字，工很细，素珠与带雕工的价值相差不多。

10. 头簪

头簪的形式是一细长的小棍，前端呈尖形。古时用以别长发，俗称"簪子"。制作簪子的材质很多，明代以后，玉料的使用比较普遍，雕玉件剩下的料头就可雕磨成细小的长棍形头簪，传说最著名的是当时陆子刚雕的玉簪，长一尺余，较宽，玉质的质地不是很好，但做工极细，有花纹图案，也有他本人的镌字。但后来所见到的子刚雕刻的头簪，基本上都是仿品。清代翠料大量地出现，又出现了翠材质的头簪，数量较多，有的翠头簪质地很好，通身清绿，磨成两头宽中间细或中间镶金箍，也称之为翠如意形押发簪。但也有很多是翠的下角料雕磨的，翠的地子发干，有艳绿色也属于干绿，多为平民百姓用，价值不高。即使现在所见到的翠簪属于清代制品，如果翠质不好，价值同样不高。因为现代的翠头簪已完全失去了实用意义，所存在的价值基本上只有收藏或改制，而后者在市场的作用下，更胜于前者。所以，翡翠发簪的价值是以质地的质量为判断依据的。

清 翡翠刀形头簪

簪子还有很多材质，有金、银、铜、玉、玛瑙、象牙、珊瑚等，现在所能常见的多是银、铜、翠、玉，其他材质就比较少见了，翠、玉石料的头簪多中间镶金或银箍，这样可以省料，较小的翠料就可拼成头簪，一样有经济价值。现在时常可见一些玉质簪头，原来的簪身为银质，被后人拆卸另有他用，仅剩一些翠质簪头，很难派上用场。

对于古代的翡翠制品来说，有很多的器形随着朝代的更迭、大众审美的转换、物理使用上的进步而迅速地退出市场，譬如像翡翠朝珠、翡翠翎管、翡翠簪子、翡翠鼻烟壶等，均为清代各阶层人士的常用品，现代的人已经完全没有见过甚至不知道这些东西的用途与用法。但翡翠作为日渐

清 翡翠簪头

清 翡翠簪头局部

现代 貔貅挂件

稀有的珍贵饰品,即使丧失了全部的实用价值,它的存在仍然得到了其社会价值的另一部分,即收藏与改制的支持,使这些器形与器形上的图案继续保持物种应有的传承关系。清代以后,由于高级翡翠的使用阶层在社会地位上起了根本性的变化,所以直接导致了原有高级翡翠在造型上的更迭。民国时期,主要是对满清遗留下来的旧雕件的改制,使之迅速地走向市场交易。在那个时期,改制了大量的诸如扳指、鼻烟壶等器件,在"拆旧更新",满足平民的美化需求之外,也几乎葬送了那一个时代的部分翡翠制作的特征。近几十年,大规模改制的现象基本没有了,翡翠的制作都是在原料上进行,除了延续部分清代的造型以外,主要还是创造了一批比较符合时代需求的样式,我们分别介绍几种常见的雕刻器物。

1. 貔貅

形状似麒麟,身上有很多细小的鳞,在翠的雕刻中常用阴刻线来表示,做工细的一般表现在阴刻线也很纤细。貔貅的嘴很大,常常叼有一枚铜钱。据传说那是聚财之物,属于瑞兽,肚子很大,而且只进食不排泄。多雕刻成立体形状,有成对的,也有单只的,小一点的可挂在身上,大一点的可作为把件拿在手中,以希望能够有财运,也是馈赠友人的佳礼,人人都希望能有财运,翡翠料越好,貔貅的雕工也就越细。貔貅题材的雕件很适合大众消费,是当前较为流行的饰物。

2. 戒指

戒指是戴在手上的装饰物,旧时的戒指为马鞍形,都是整只的翠,绿色在马鞍的面上,还有一种是戒箍,有素的,也有用金银镶嵌的,素面戒指的用料较为一般,而用金银镶嵌的翡翠料都比较好,透明度高,绿色浓艳,交易价值也很高。现在具有时代风格的翡翠戒指很少有马鞍形的,多用金子镶嵌，男士可戴素戒箍或用较多的金镶翠戒面，而女士都是用黄金或者白金镶成各种花形的戒指佩戴，做工精细，有镂空镶、有花丝镶，还有闷镶等。镶一颗翠面的称为"单镶"，镶多颗翠面的称之为"群镶"，还有配以钻石镶，红、蓝宝石镶等。这些新的镶法，都是近几十年的创新设计，为清代民国所没有，具有突出的时代特征。与翠戒指配套的还有翠耳坠、胸坠。

3. 手镯

现在市场上的翡翠手镯很多，但翠料的品种却很单一，像过去的翡红、翡黄手镯现在基本上已经绝迹了，即便看到了，也茫然于对真品、赝品、人工炝色的辨别之中。因为现在所见到的翡色，基本上都是人工炝色的，天然色极少，其价值自然也不相同。天然藕粉地的手镯也很难见到，有的是用激光在白色的翠地上打进去的藕粉色，需要认真地识别才可得知真假。翡翠手镯的形制也由原来的藤条式改成了圈口，里边为平的，而外边还是泥鳅背状，这是与旧手镯在形制上最大的区别。这种式样的手镯，一定是现代做工，清代很少有圈口里是平的手镯，而现代手镯很少见藤条式的。

4. 项链

清代穿成翡翠项链的珠子有两个明显的特点：一是直径不大，而且大小不会很均匀；二是翠珠的成色有好有差，不统一，多有一些杂质在内。导致这两个特点的原因是，磨制翡翠珠子多是用下脚料，也属于废物再用，所以，一定具有上述的两个特征。如果不具备上述的特征的翡翠项链，也只有两个可能：一是用一块好料磨成的珠子，价格很贵；二是赝品。第一种可能只有在大型的拍卖会上也许能够偶然见到，一般的交易场合很难邂逅。清代翠项链的价值会高一些，因为那时的翠料多，优质的翠料也多，所磨的珠子直径的大小、成色比较统一，拼凑材质的痕迹不明显，即使是用下角料拼凑的，也是经过了精心的挑选与配伍。这与现在翡翠项链的磨工、用料以及组合方法有很大的不同。在穿法上，现代与清代项链也有所不同，现代项链的穿法是把小的珠子放在项链的左右两端，中间部位放直径大的珠，戴在项上，呈塔形：胸前的珠子最大，放在了最显露的中间部位，以此往上一直到了颈部的后面，翠珠越来越小，这种塔形项链比较省材料。再有就是现代的项链用料较为一般，色为浅淡的绿色，极少有浓艳的，但是色却很均匀，没有深浅之分，价值也不是很高，有时

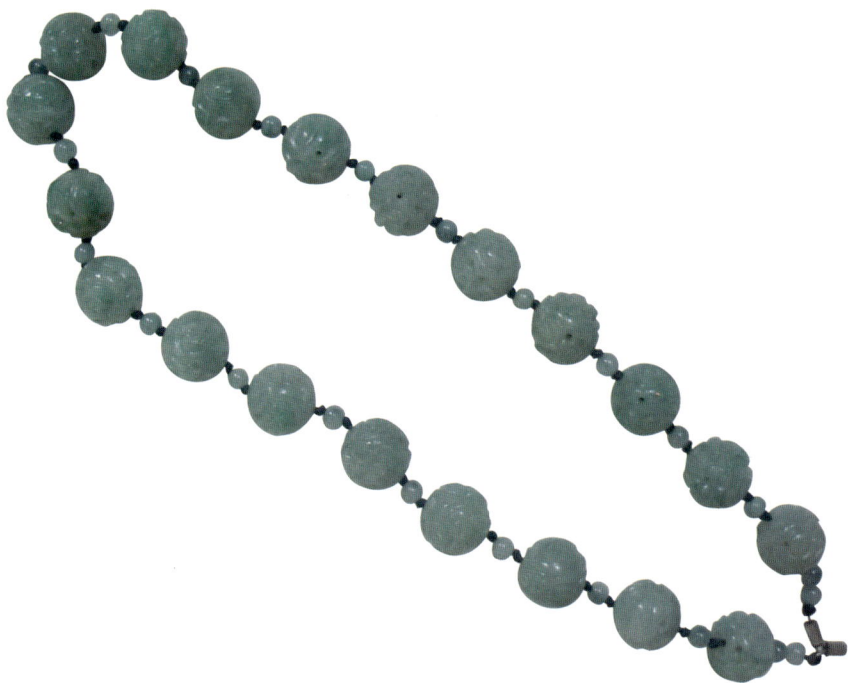

清 翡翠龙团珠项链

在项链的中间部分，有一翠穿的花朵，即用极小的翠珠穿起来盘成一朵花，放在项链上，以增加项链的豪华程度，提高其经济价值，这种形式只是更加突出了时代特点。不管是哪种形式，都与旧翠项链价格无法相攀比，因为翠料少，好的翠料更少。

5. 蝉

翡翠蝉用的料大多透明度较高，加之精美的雕工，可以很清楚地看到它薄如纱幕的翅膀。有时雕成一片树叶，有一只蝉趴在叶子上，有"一夜成名"的寓示，现在的人们对蝉有了新认识，是喜爱佩戴的饰物之一。

6. 一把抓

一把抓是形容翠雕件的大小正好可用一只手握住，这是按照翡翠雕件的体积来笼统命名的。一把抓的用料多是透明或半透明的中等以上的好料，它们的颜色特点都偏于浅淡，浓艳的很少，因为浓艳的翠基本上用于做首饰。一把抓的料讲究要透，透明度越高越好，有许多一把抓因为块较大但透明度不高而折价。除了透明度以外，一把抓的雕制还要讲究它的雕工，雕工要精细，所雕花纹的边角一定要打磨圆滑，不能留有毛碴，雕刻大件翠饰物很容易留有毛碴，这种做工表面看不出来什么，可是一上手就能感觉到做工的精细程度。雕工的粗细直接影响交易价格,常见的造型有佛手、灵芝、避邪兽等。

7.摆件

摆件的个头有大有小,小的可以摆放在多宝格里,大的要放到条案上或展柜里,翠摆件的料不是太好,但是雕工一定要好。摆件的雕工大多用透雕法,用此方法可增加一些翠料的透明度,还可去除一些翠料中的杂质。保留的翠绿色要雕在花纹的显眼部位,以突出其绿色,提高商品的价值,常见的大摆件题材有八仙过海、大白菜、群仙祝寿、亭台楼阁等等,小摆件的题材就更多了,有雕人物的、动物的(避邪兽),还有花卉等。

第五节 "炝翠"、"B货" 与 "C货"

　　通过上面的讲述与实物照片的分析，我们至此应该树立这样的一个认识观念，即翡翠的材料源是有限的，而从古至今，尤其是现当代的大量社会需求是无限的，翡翠材料源的萎缩与枯竭其实距离我们很近。以现在的用料质量与半世纪以前的用料质量相对比，即可发现，如果说翡翠质量的好坏比例基本能维持在同一水平之上，那么，清代民国时期取用质量标准应在中等以上，所以我们看那一时期的作品基本上没有劣等材料；而现代、当代的用料基本上是料即用，按质论价，所以，上等翡翠料与劣等料的使用比例陡然增大，这就是市场化的必然结果。劣等翡翠的加盟仍然不能满足人们的审美视觉与价值占有的数量要求，而优等翡翠量少价昂，这就决定了在市场供需关系不平衡日益凸显的时代，必然产生一种起到平衡作用的砝码，那就是赝品。从市场的角度来看，赝品的出现，可以暂时起到调整市场供需关系的不平衡的作用，但是以损害一部分人的利益为代价的。对此，鉴定学与仿制学始终浴血于绵长无垠的拉锯战之中，至今未见胜负。这里，仅就翡翠中的一些相关知识作一介绍，以引起读者的注意。

　　1. 炝翠

　　处理、仿制翡翠因时代不同而形成的手法也不同，清代大多用炝翠上绿的手法，而现代多采用激光清洗的方法，或用合成翡翠料制成，这些手法都是为了让翡翠的地子变得更纯洁透明、绿色更浓艳，以增加市场的交易价值。

　　炝翠是清代仿制翡翠绿色的一种主要方法，实际上是人工通过烧炙、浸色的方法，将绿色后天地强加在翡翠的材质上。这种炝翠在清代与民国时期很常见，在鉴定实践中很容易与真翡翠相混淆。我们现在见到的旧翠炝色是较容易区分的，因为炝色时间已久，原来的绿色现在已经闪出黄绿色，也就是说在原有的绿色中带有黄色，有时也闪蓝黄色，鉴定这种翡翠要凭多年的实践经验与直觉，往往第一眼是非常重要的，行话说"冷眼观炝翠"，所说的就是第一眼所传递出的信息，这是直观地观察翡翠本身固有的绿色。除此之外，还要看翡翠绿色的形状，翠料本身是真的，只是缺少或者根本就没有绿色，那就先用火烧或水煮，使翠料产生了很多的小裂璺，再浸入绿色溶液中，人为地炝进绿色。通过这种手法所生成的绿色，形状死板而不自然，绿色的表现是由表及里，外深而内浅，顺着翠的裂璺走，呈现出绿色的丝状。

清 焓翠胸坠

B 货螭虎坠

C货螭虎坠

由此可知，凡有绿丝的地方，就一定有裂璺存在，没有裂璺的地方就没有绿色，这是人工炝绿的重要鉴定特征之一。同时，炝出来的绿色怕高温，在高温下，炝翠的绿色会很快消失，而真的翡翠是不会出现这种情况的。这也是一种关于炝翠的鉴定特征，但只能鉴定旧炝翠，在购买现代新翡翠时是不能用这种方法的。

2. "B货"

这是一种通过现代工艺加工后的翡翠，是近十几年才有的新工艺。由于翡翠的需求量很大，优质翡翠的比例已经很小了，现在开采出来的翡翠原料，经过筛选后用于一般市场交易的，劣等级的很多，主要表现在材质上所含的杂质很多，带有很多黑色的点状杂质，地子也多为瓷地，即使有绿色，其色也不正，往往色深发黑，影响了对翠质本身所带有绿色的观赏效果。再有就是翠的地子不够通透，颜色不正。这就出现了一种新的加工工艺，用激光清洗翡翠，使翠料中的杂质消失，地子相应地提高了透明度。加工后的翡翠无论是地子，还是绿色，看起来都与高翠差不多，十分漂亮艳丽，高贵典雅。同时，价格又比高翠便宜很多，深受消费者的喜爱。尤其是"B货"手镯，既漂亮又大方，绿色艳丽，是馈赠亲朋好友的最佳礼品。

"B货"是一种经过人为处理过的翡翠，翠料内部的晶体遭到破坏，比重减小而硬度降低，较原翡翠料易碎。所以，在佩戴"B货"首饰时，一定要注意磕碰与划痕，特别是带手镯时，磕碰了极易因出现裂璺而易断。这种商品只可佩戴，不适宜收藏，因为经过现代工艺处理过，失去天然的本色。

3. "C货"

"C货"翡翠看起来比"B货"更加漂亮，颜色丰富而艳丽，外形式样与"A货"、"B货"一样，只有颜色上的区别，比前两种翡翠的颜色要多，而且越名贵的颜色，"C货"就越多，有的"C货"手镯半截绿、半截白地子，甚至整只手镯都是艳绿色，看起来和高翠没什么区别，也有仿过去的紫色翠中的紫罗兰色，地子多仿名贵的藕粉地。翡翠很少有三种或两种颜色同在一件作品上的，以手镯为例，"C货"多为三种颜色在一起，有翠绿色、翡红色，加上藕粉地子，三种颜色分的很清楚，各占1/3。人们非常讲究翠的颜色，色多是富贵的象征，三种翠色在一起喻意着福多、禄多、寿多，足以让人们喜爱了，在清代翠料较多，还能见得到，而今天这种材料几乎见不到真的，非常难得。而"C货"这三种颜色在一起的饰物很多，各种题材都有，价格也不贵。

"C货"是一种用翡翠的下脚料与玻璃一起，经过人工合成出来的材料。玻璃的透明度很高，可以增加各种所需的颜色，制作成本很低，交易价格高，销售利润几乎达到了暴利的程度。由于"C货"添加合成的材料都是化学物质，所以佩戴是否会对人体产生不好的作用，这里不便深究。建议一定要买"A货"，虽然不如"C货"漂亮，但至少不会伤害身体。尤其不要贪图便宜买给儿童佩戴。

【第六节 翡翠的收藏与保养】

一、翡翠的收藏

收藏翡翠是一种文化知识的传播，自古收藏活动就伴随着经济价值而生存、发展。特别是在今天经济飞速发展的时代，收藏品也有了它的价值归宿。文物以及旧工艺品瞬间成为了收藏的重点，高档新工艺品鼎足于旧物，也同样被列为收藏品的行列之中。旧的翡翠不但要看它的材质如何，同时可以通过对雕工及雕刻的题材的品味与把玩，把收藏的兴趣点提高到时代的高度之上。例如对于素器，要欣赏翡翠色彩由于艳丽浓艳而带来的迷幻与陶醉，而对于带有精细雕工的作品，一方面欣赏清代纹饰的设计匠心，同时，对比着当代的雕琢用刀，充分领略在工艺水平相对落后条件下所产生的那种不可复制的艺术行为。而现代翡翠的作品，除继承了清代的一些题材外，其他很少有与清代相同的地方，由于琢刻工具完全现代化了，甚至有用电脑刻翠，大大地降低了手工成本，这是与清代制品的最大的不同，同时，现代翡翠也不乏好工好料，由于翠件新，所以精神十足，靓丽与豪华感觉程度远远高于清代同等水平的传世品。同时又因为翡翠的实用性很强，多为现代时尚女性所喜爱，所以，绝大部分人还是喜欢未经他人佩戴过的新品。现在的翡翠交易，呈现出新旧各有群体涌动的浩大局面，就中的喜忧情节参半：喜者，古往今来的翡翠传承延续，始终依靠着收藏与佩戴者所投入的热情与关注，今天收藏翡翠的鼎沸之势，是中国历史上绝无仅有的一次热潮，将为翡翠艺术的发展，提供出巨大的推动力；忧者，由于翡翠原料的不足，已经形成了市场供需矛盾的升级，表现为尽管翡翠的行情飞涨，但是仍然需求势头不减，有行有市，这种现象再行发展，一定会演化成竭泽而渔的悲剧，断绝了子孙后代对翡翠的认识通路，重蹈我们现在绝大部分人对田黄石不闻、不问、不感兴趣的覆辙。

二、翡翠的保养

有了众多的收藏品，就相应地产生了一个保养、保存的问题。严格

地讲，翡翠收藏对环境的要求是有讲究的，如温度、湿度、空气净化、光线强弱、包装用具等等都应有一整套保存办法。而对于一般的收藏者来说，没有必要建立这样规范的收藏措施，只要注意几点必要的保管要点，同样可以使藏品得到养护。重要的是对收藏品进行整理，也就是要分门别类地保管。因为收藏的品类是不同的，要求也就不相同。像书画、邮票等纸类收藏品，保管的规格就高一些，因为它们对气温和湿度的要求都比较敏感，同时防霉防蛀是纸类藏品的重中之重。而对于翡翠、玉器等藏品，也应根据藏品材质的物理特点进行有效地处置。根据经验总结出以下几点翡翠保养的常识。

1. 环境

翡翠的体积虽小，保管比较方便，但同样需要相应干净而整齐的收藏环境。室内环境的干净是不要让翠饰件落上尘土，形成污垢而浸在纹饰表面上，既影响了美观，又损伤了翠的光泽。存放翡翠的地方一定要整齐规范，如果环境凌乱不堪，在寻找所需要的翠件时，很容易损伤翠件。同时，为了防止意外的损伤，即使不在室内铺设地毯，也要保证翠件的下面有柔软的毯子相接，切忌悬空。

2. 把玩

养翠不用油，而要常用手玩。在清代翠玉讲究过蜡，据说可以保护原来的光泽，使其永不失亮。其实这是商家的一种做法，为了好卖，不需盘玩，过蜡烤一下，就能出油亮的光泽，但这种光泽持续的时间比较短，还有一点就是为了遮住玉质的伤痕。如果要使光泽持续时间长，就必须佩戴、盘玩。经过多年的佩戴、盘玩，翡翠是能玩出包浆来，发出较厚的油质光泽，而对于新工新料的佩件，要时常佩戴，尤其是贴在胸前、戴在手上，或手中盘玩，与人的皮肤接触，通过翡翠特殊的矿物质，可以达到翠养人、人养翠的结果。

3. 洗涤

当翡翠产生了油污，切忌化学制剂清洗，可用较热的水浸泡，因为真翡翠是耐高温的，一小时后用软布擦拭清洗。再有就是洗澡时最好把翡翠饰物摘掉，因为洗发水和浴液均有化学成分，是极易把翡翠表面的光泽洗掉的。

4. 包装

在我们平时存放翡翠饰品时，最好把翠件独立包装存放，不宜群放，最好在包装盒外贴上标签，写明饰件的名称，以便佩戴时好找到。而大件的翡翠最好做硬匣，里面配以软锦囊。可再配一玻璃的插盖，使其在盒里就可以展示。而小件翡翠适宜装在锦盒里，并且要锦盒带扣卡子，以免在取放、展示翠件时掉到地上。

【作者简介】

赵春霞，1957年生于北京。大学学历，主修古器物学，职业鉴定瓷器、玉器、杂项三十余年。主要著作有：

整理注释类
《陈浏谈古瓷》(原名《雅》)、《许之衡谈瓷器》(原名《饮流斋说瓷》);

著作类
《明清玉》、《硬玉》、《翡翠》、《实用文玩收藏指南·珠宝翡翠》、《鉴定入门百家谈·赵春霞谈清代瓷器》、《鉴定入门百家谈·赵春霞谈杂项》。